『少女の友』
創刊100周年記念特集

100th Anniversary features of *Shojo no Tomo*

『少女の友』の創刊から終刊までの歩みを振り返り、
その魅力を、少女時代に熱烈な愛読者だった田辺聖子さん、
中原淳一の仕事を今に伝える中原蒼二さん、
そしていま、圧倒的な人気を誇るふたりのクリエーター、
安野モヨコさんとあさのあつこさんに語っていただきました。

明治四一年二月創刊号〜昭和三十年六月終刊号

表紙で見る『少女の友』の歩み

日本の少女雑誌史上最長の、四十八年間続いた『少女の友』。その歩みは日本の激動の時代とも重なります。

明治41年2月号

明治43年7月号

明治44年1月号

大正2年7月号

大正3年1月号

大正4年1月号

大正5年7月号

大正6年1月号

大正7年7月号

大正8年1月号

大正9年1月号

大正10年1月号

大正12年7月号

大正13年7月号

大正14年7月号

大正15年1月号

昭和2年7月号

昭和3年7月号

昭和4年9月号

昭和5年7月号

昭和11年9月号

昭和10年1月号

昭和9年10月号

昭和7年1月号

昭和6年9月号

昭和16年9月号

昭和15年1月号

昭和14年5月号

昭和13年6月号

昭和12年1月号

昭和20年8月号

昭和20年2月号

昭和19年1月号

昭和18年7月号

昭和17年7月号

昭和25年6月号

昭和24年1月号

昭和23年1月号

昭和22年1月号

昭和21年1月号

昭和30年4月号

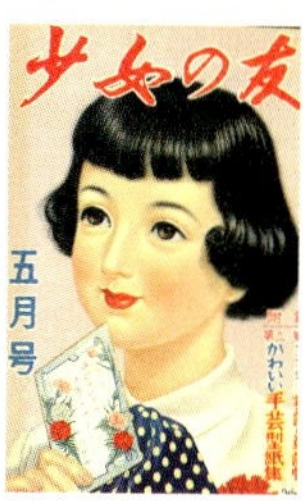

昭和29年5月号

昭和28年7月号

昭和27年5月号

昭和26年5月号

明治四十一年二月創刊

明治 41 年 2 月号

記念すべき創刊号。しばらくは毎号同じ表紙絵だった!

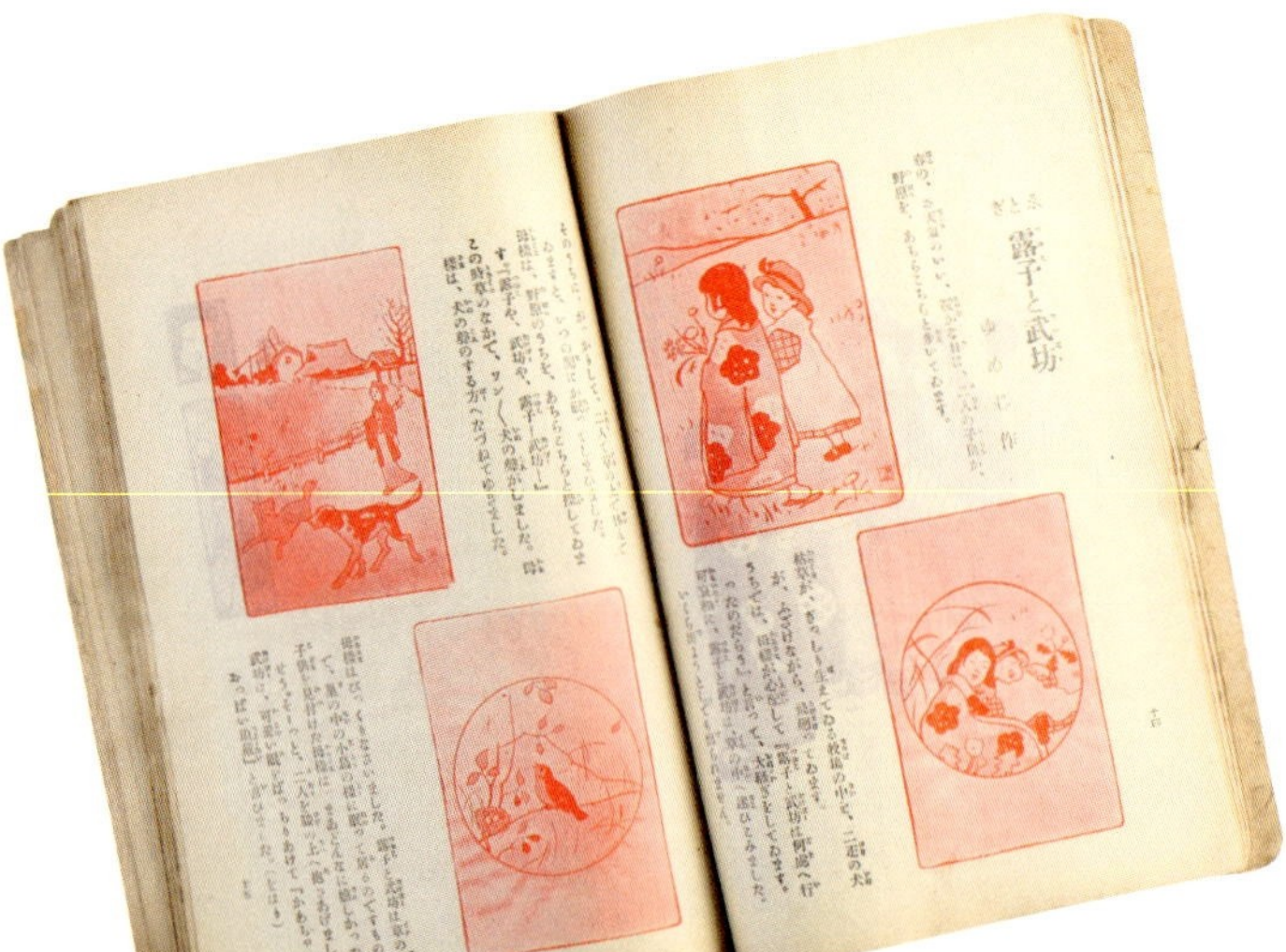

創刊号、竹久夢二の絵とぎ話「露子と武坊」より。与謝野晶子も童話をよせた

明治の女の子の「お友だち」として誕生

今から百年ほど前、紀元節を期して一冊の雑誌が誕生しました。その名は『少女の友』。家族的親愛主義をモットーに読者との密接な交流を重視した、読者の〈お友だち〉のような愛らしい雑誌です。表紙の少女には華美な服装はさせない、「継母」「妾」などの言葉は使わないなど教育的配慮もなされ、少女たちの健やかな成長を育みました。

明治・大正期

代表的少女雑誌に成長

この頃、出版ジャーナリズムの隆盛とともに少女雑誌の創刊が相次ぎました。当時の雑誌は高価なものでしたが、テレビやラジオがなかった時代に一冊の雑誌がもたらす喜びはとても大きく、読者は大切に読んだといいます。

大正 12 年 10 月号

関東大震災直後の号。岩下小葉の記事「命からがら逃げ出した記者が恐怖の三日間」が当局の朝鮮人記事掲載禁止事項に触れ発売禁止に

大正 12 年 1 月号

林唯一描く、愛くるしい瞳のモダンな少女

大正 10 年 7 月号

女流画家・原田なみぢも表紙を描いた

大正 3 年 9 月号

売れっ子川端龍子が表紙を担当。題字は北大路魯山人

『少女の友』歴代主筆

「主筆」は今でいう編集長です。誌面でも筆をふるっていました。

初代主筆 **星野 久**（ほしの ひさし）（筆名水裏（すいり））
創刊号～大正8年8月号

愛読者集会が大好きで読者から親しまれた

第二代・第四代主筆 **岩下天年**（いわした てんねん）（筆名小葉（しょうよう））
大正8年9月号～大正13年5月号
昭和3年1月号～昭和6年5月号

編集者人生を『少女の友』に捧げた高潔な人

昭和戦前期

女学生に熱烈に支持された黄金時代

ロマンチックでハイセンスな誌面づくりにますます磨きをかけ、都会の女学生の間で絶大な人気を誇りました。内山基主筆のもと優れた作家・画家が集結。若き中原淳一が表紙絵のほか編集にも深く関わりました。

昭和11年の『少女の友』

中原淳一は19歳でデビュー。5年半表紙を飾っに

昭和5年9月号

読者出身の深谷美保子が雑誌の顔に

昭和14年春増刊号

快活さにあふれる松本かつぢの絵

昭和15年9月号

洋画家・宮本三郎による清楚な少女

昭和17年7月号

時局を反映しつつも表情は明るい

第三代主筆**浅原六朗**(あさはらろくろう)（筆名鏡村(きょうそん)）

大正13年6月号〜昭和2年12月号

童謡「てるてる坊主」を作詞し誌上で発表した

第五代主筆**内山基**(うちやまもとい)

昭和6年6月号〜昭和20年9月号

読者を育み大きな影響を与えた名編集長

昭和戦後期

時代とともに少女に夢を与える

困難な時代にも『少女の友』は消えることなく灯りをともし、読者の〈友〉であり続けました。ザラ紙を綴じただけの時代を経て一歩一歩明るさを取り戻し、平和な時代の訪れとともに再び夢と憧れを読者に届けました。

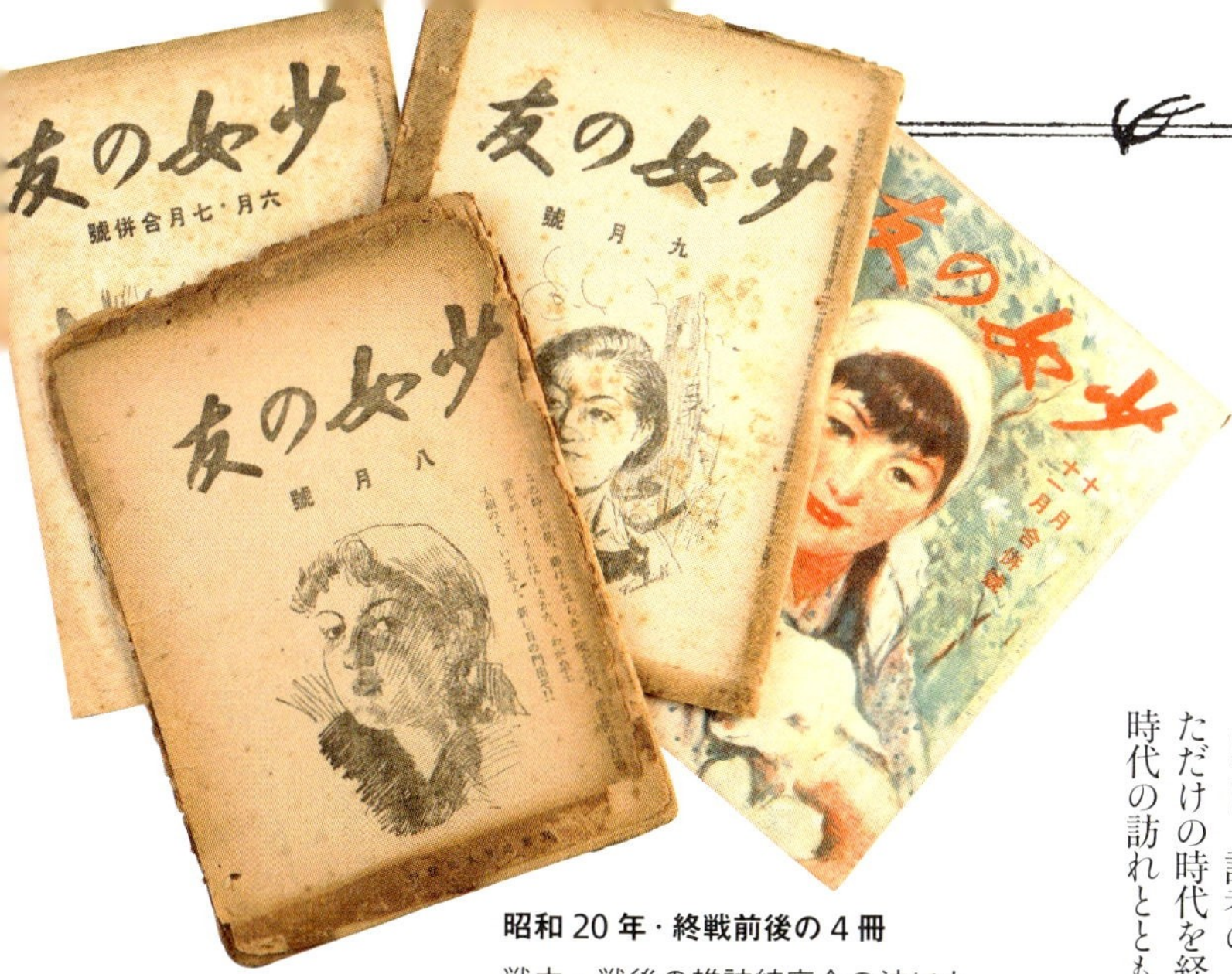

昭和20年・終戦前後の4冊

戦中・戦後の雑誌統廃合の波にも負けず休刊なしに発行

昭和22年5月号

占領中はタイトルのローマ字表記も

昭和25年6月号

リアルさを追求した松本昌美入魂の作

昭和30年6月号

最終号。実写風の絵柄が時代の変化を現す。4月号から表紙に登場する手塚治虫のマスコットキャラ「ピコちゃん」

第六代主筆**中山信夫**（なかやまのぶお）
昭和20年10・11月合併号〜昭和23年9月号

終戦直後の苦しい時代に読者を励まし続けた

第七代主筆**森田淳二郎**（もりたじゅんじろう）
昭和23年10月号〜昭和30年6月号

創刊以来の発行部数を誇った熱血編集長

『少女の友』
100周年記念
インタビュー
1

私、いまでも「大人の『少女の友』」してるわ

田辺聖子

私のうちは大阪の福島というところで写真館をしてまして、家族のほかに親戚や働いている若い人たちも大勢いたので、本屋さんから毎月いろんな雑誌をとってました。母は『婦人倶楽部』や『主婦の友』、年の若い叔母は『新女苑（しんじょえん）』、男の人たちは『オール讀物』や『新青年』。うちはお金持ちじゃないけど、商売をやっているんでお金がざぶざぶしてるわけ（笑）。だから、ついでにといって子どもたちにも一冊ずつ、弟は『少年倶楽部』、私と妹は長いこと『少女倶楽部』をとってもらってましたけど、のち、私は『少女倶楽部』があんまり子どもっぽくて、『少女の友』に変えてもらったんです。

私が断然『少女の友』になったのは、なんといっても中原淳一さんの表紙と挿絵のおかげです。中原さんの絵は、なんとなく甘いだけの、少女がいかにも喜びそうな媚びた絵とは違って、私たちがいちばん好きなものをちゃんと見抜いて描いてくださっている感じがした。少女は少女ながらの詩情でないといけない、一人前の女の詩情で

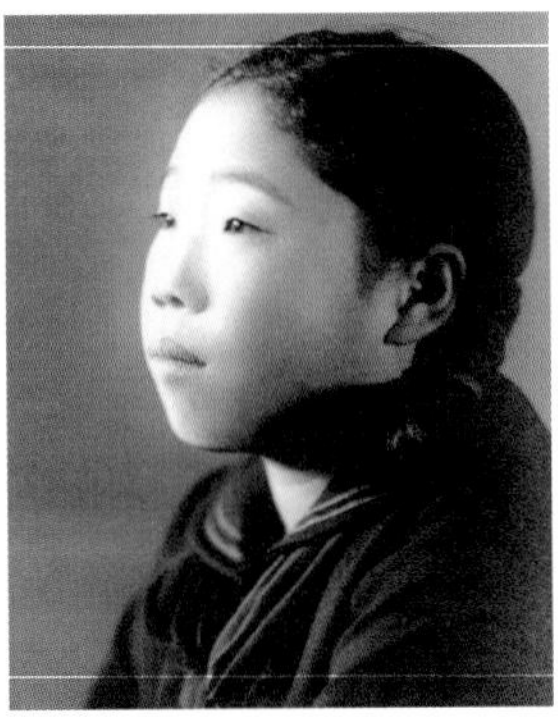
文学を夢見た女学校時代

作家
田辺聖子さん

愛犬のマルグリット、通称マルちゃんと自宅の庭で

はないんです。そこのところが分かる描き手はほかにいなかった。小さいときに読むものというのは大事だけど、中原さんの描く少女の目には「いたわり」があったの。これは、女の子にとってすごく大切なものを教えてくれた気がする。『少女の友』を読もうという気をいちばん最初に与えてくれたのは、こんな素敵な絵のおかげだと思うのね。

それに、中原先生が書かれた「スタイルブック」や「服装帖」で、おしゃれや着こなし、着物の美学みたいなものを、知らん間にお勉強したんじゃないかしら。「リボンって、こんなふうに結んだらいいんだな」とか、寒くなるとモスリンの一重の着物を母が着せてくれるんですけど、作りつけの帯なんか全然ない時代でしょう、三尺帯でね。私は中原先生の絵を見てるから、母に「もっとここの帯の結び方、ふんわり」とか言って。「もう、うるさい子ね」なんて言われながら

（笑）。

母はいつも、人間の生活や嗜好のうえで「品」がいちばん大事と言ってました。呉服屋さんが持ってきた反物を並べて、「あら、まあ品のええこと」とか、「こっちのほうがお品がおますな」とかみんながしゃべっているのを聞いても、子どもにはよく分からない。でも、『少女の友』で出会った中原先生の絵や、いろんな先生の文章から、品ということが子どもながらに分かったんです。

文章にしても、面白いだけの小説なんかもあって、それはそれで嫌いじゃないですけどね、ここでは一流の作家が書いていらっしゃいますでしょう。川端康成先生やら、吉屋信子先生やら、本当に驚くの。少女文学とか児童文学とか、誰も言挙げしていない時代に、一流の人に一流の文体で、少女に出すものだから余計一流でないといけないという、そういう編集方針があったことは、戦後になってから知りました。私はいつか、吉屋信子先生みたいな小説家になって、少女小説もうんと書きたいな、と思ってた。私が小説家になったのは、『少女の友』のせいかもしれません。『少女の友』の主筆だった内山基さんは、ものすごく理念のあった方だと思います。少女を育て上げるということについて、こうあるべきというのがあったんでしょうね。「少女」という言葉にものすごく大きな意味を与えて、それでいろいろなことを考えたり、いろいろな人と友達や知り合いになって、その知り合いをよく理解してあげるとか、そういうふうなちょっと深

高女時代に友人と編集したお手製の回覧雑誌『少女草（をとめぐさ）』

みがあるの。私たち読者は「内山先生」と呼んでいたけれど、みんなものすごく信頼して読んでました。たとえば編集後記の短い文章なんかに「女の子はこんなことしちゃいけない」なんて書いてあるのを読むと、校長先生の話なんかよりずっと効き目があって、「ああ、もう絶対にこれはちゃんと心せねば」と(笑)。

私は、人柄の悪いヤツが悪だくみをすることなんか、小説に書いてもさほど価値がないと思うし、「ええ考え方やな」とか、「そうか、こういう思い直し方もあるのか」とか、人生でいっぺん底をついても、「まあ、そんなこともあるか」と、何か一つ二つお土産をもって小説から帰ってもらう、そんなふうにしてほしい。そんなにすぐ役に立たなくていいけれども、中原先生のような絵を見たり、小説を読んだりしたあとで、ちょっと「風」の向きが変わって、人生から違う風が吹いてきた、というようなものを、私もあとに残せればいいなと思いながらずっと書いてきたの。

以前は男性の作家の集まりに行くと、「おせいが書くもん、甘いな」なんて言われたけれど、「私、甘いのしか書かれへんて。それが常なんや」と言うて、自分でも可笑しかったけれど、まあ少女時代にどっぷりと、頭のてっぺんまで『少女の友』に浸かって生きてきたせいなんでしょうね。

私もことしで八十歳になりましたが、ずっと小説を書き続けて、だから私、いまでも自分で「大人の『少女の友』してるわ」って思うんですよ。

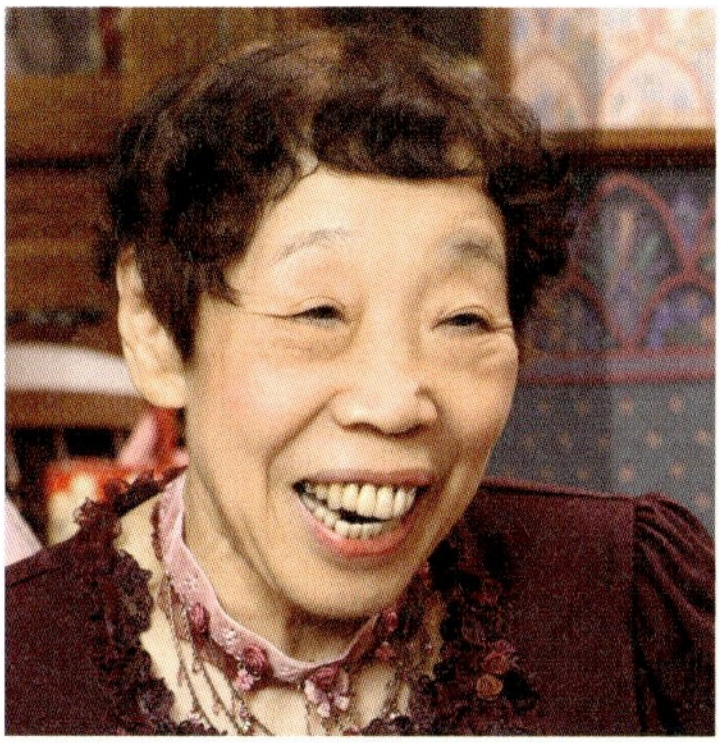

たなべ・せいこ 1928(昭和3)年大阪市生まれ。樟蔭女子専門学校卒業。軽妙な大阪弁による人生の機知あふれる小説やエッセイで人気を博す。64年『感傷旅行』で芥川賞受賞。87年女流文学賞、93年吉川英治文学賞、98年読売文学賞。『新源氏物語』など古典の現代語訳にも精力的に取り組む。2008年、文化勲章を受章。

初公開！

田辺聖子さん『少女の友』読者投稿入選作

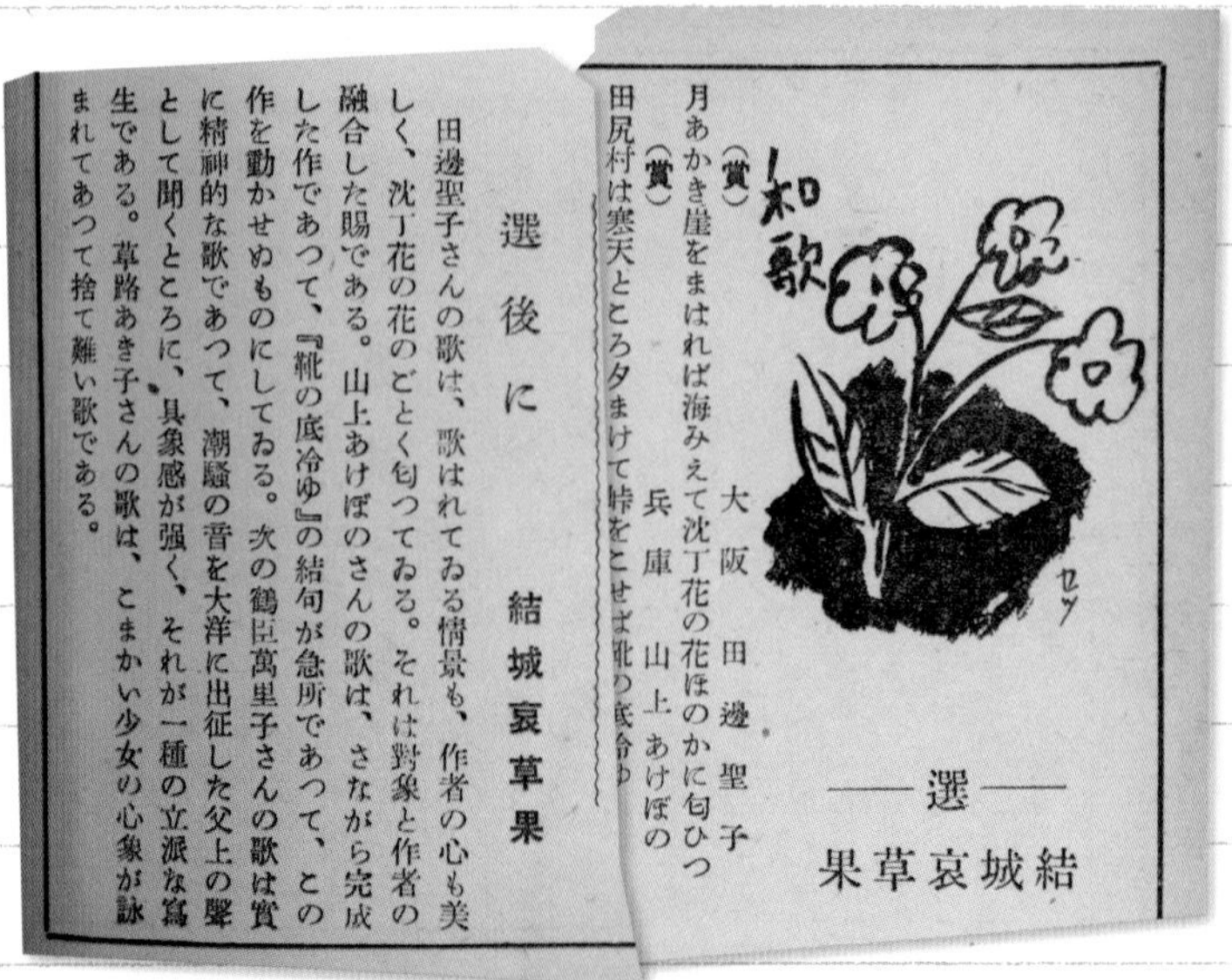

和歌

——選——

結城哀草果

（賞）

月あかき崖をまはれば海みえて沈丁花の花ほのかに匂ひつ　大阪　田邊聖子

（賞）

田尻村は寒天ところ夕まけて峠をこせば靴の底冷ゆ　兵庫　山上あけぼの

選後に　結城哀草果

田邊聖子さんの歌は、歌はれてゐる情景も、作者の心も美しく、沈丁花の花のごとく匂つてゐる。それは對象と作者の融合した賜である。山上あけぼのさんの歌は、さながら完成した作であつて、『靴の底冷ゆ』の結句が急所であつて、この作を動かせぬものにしてゐる。次の鶴臣萬里子さんの歌は實に精神的な歌であつて、潮騒の音を大洋に出征した父上の聲として聞くところに、具象感が強く、それが一種の立派な寫生である。草路あき子さんの歌は、こまかい少女の心象が詠まれてあつて捨て難い歌である。

昭和18年3月号（15歳）

「のってる!ウチの歌が、のってる!」と私は本のページをあけて母にみせ、母の顔色を見ていた。母は歌をよんで顔色も変えず、「こんなんがええのかいな」という。たよりない。（中略）私は、自分の部屋へもちこんで、とっくり、じっくり、百万べんくらいながめて楽しんだ。

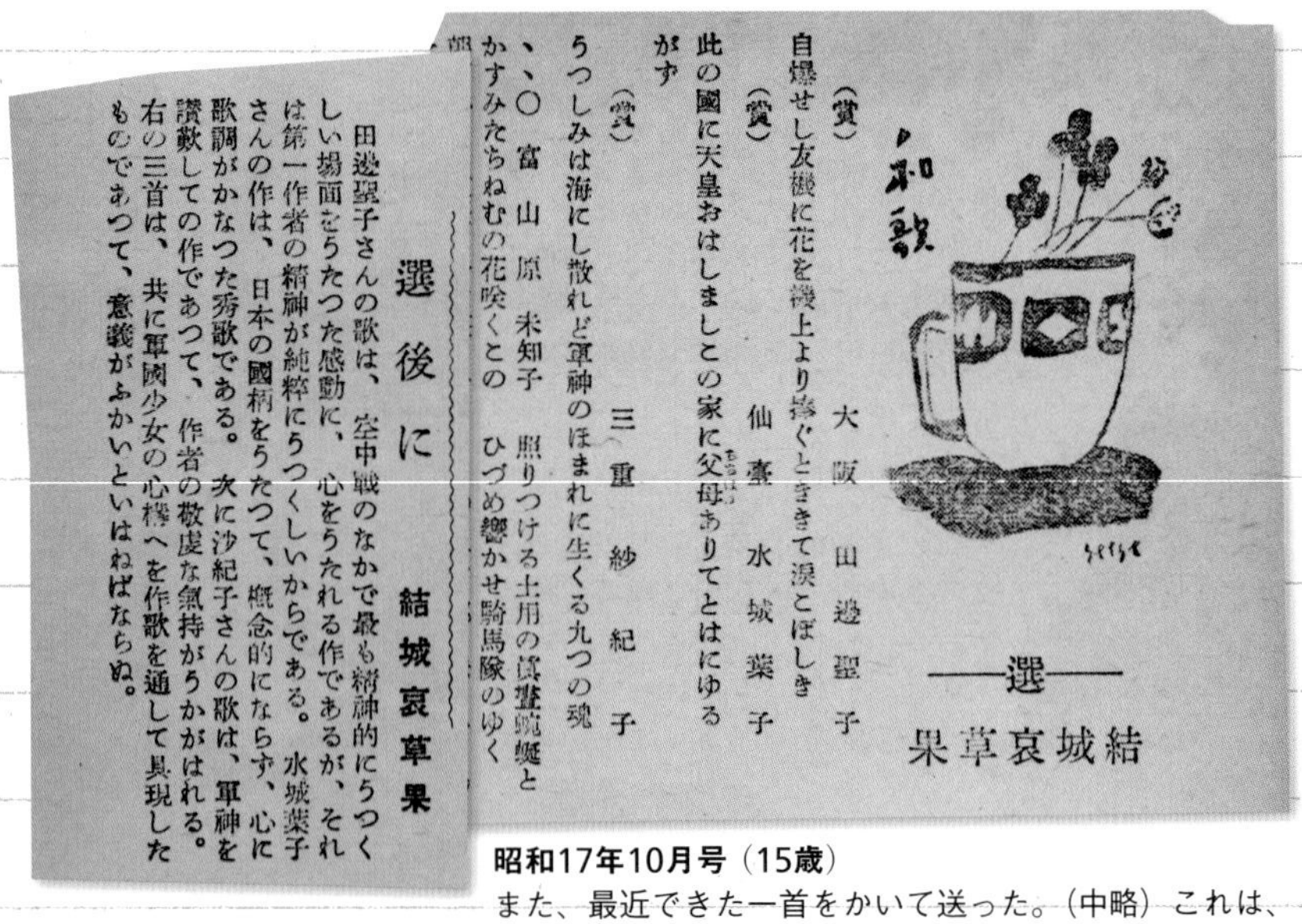

和歌

——選——

結城哀草果

（賞）

自爆せし友機に花を機上より捧ぐとききて涙こぼしき　大阪　田邊聖子

（賞）

此の國に天皇おはしましこの家に父母ありてとはにゆるがず　仙臺　水城蘂子

（賞）

うつしみは海にし散れど軍神のほまれに生くる九つの魂　三重　紗紀子

、、○　富山　原　未知子

照りつける土用の眞晝蜻蛉と

かすみたちねむの花咲くとの　ひづめ響かせ騎馬隊のゆく

選後に　結城哀草果

田邊聖子さんの歌は、空中戦のなかで最も精神的にうつくしい場面をうたつた感動に、心をうたれる作であるが、それは第一作者の精神が純粋にうつくしいからである。水城蘂子さんの作は、日本の國柄をうたつて、概念的にならず、心に歌調がかなつた秀歌である。次に沙紀子さんの歌は、軍神を讃歎しての作であつて、作者の敬虔な氣持がうかがはれる。右の三首は、共に軍國少女の心構へを作歌を通して具現したものであつて、意義がふかいといはねばならぬ。

昭和17年10月号（15歳）

また、最近できた一首をかいて送った。（中略）これは、新聞記事にあったのをよんだものである。（中略）日独伊の三国協定のころは、それぞれに強かったのに、戦局はじりじりと、味方に不利になってるらしい。

さら

田邊聖子

水屋の一番下の戸棚にお皿ばかり入れる所がある。左手の方は主に大きな鉢や丼があつて右手が小皿や吸物である。

小皿の中で一番私の好きなのは竹の皿である。これは非常につや〳〵しい眞白な皿で普通のやうに圓くて稍深く、中の模様は左手の方にすつと一本竹の莖が走つてゐる。莖の上に小さな葉、下に恰好よく大きい葉が擴がつてゐる。これは青で書かれてあるけれども、その横に小さな赤い笹がのぞいてあり、莖の中程に又小さな金の笹がかしこまつてゐる。それだけの極く簡單な物だけれど細い青い莖がずつと左に寄つてゐて、皿の眞中が殆ど、といつていゝ程眞白に輝いて空いてゐるのは快い感じを起させる。夏向きの涼しげな皿である。あつさりとした、うどのやうなものを少しばかり入れるによい皿である。次に好きなのは薄青色のごく淺い圓い皿でこれはなんにも色が附いてない。中の模様は南天らしいが色がなくてぼんやり浮かしたやうになつて居る。模様は少し膨れ上り、水を隔てて物を見るやうに美しい。皿の緣には圓い線がはいつてをり南天がしなつてゐて葉はぐつと反りかへつてゐる。右手に曲つて通つた細い莖がある。この皿は緣にはいつた線のために少し俗つぽく見えるがあつさりした色のない透し模様や淺い形や殊にその薄青い色は輕快な感を抱かせる。皿の裏にある茶色い渦卷や、水面に石を投げたやうな波紋も面白い。しかし、この皿はあまり淡泊で特に何か入れてみたいなといふやうな氣もおこらない。山水を描いた皿もあつてこれを見てゐると皿といふ感じが起らず、その木の下、草の上に立つてゐるやうな氣がする。あまりに皿が小さいためであらう。こんな山水の皿でも昔は、ずゐ分手のこんだのがあつたが今はもう殆ど難かしいのはなくなり、簡單な畫になつた。高山が峨々と聳えてゐる。山の向ふは海らしく島があり白帆が二つ三つ浮かび、かもめが飛んでゐる。山の麓には深い林があつてずつと擴がつた端は支那風のお寺にとゞいてゐる。ぴんと反り上つた山門の屋根があまり細いので見落しさうだ。坊さんが一人立つてゐる。坊さんはなにを考へてゐるのであらう。山門の傍に立つて林にちかく向いてゐる。頭は眞白、目も鼻も口もない――。

大抵のものは、平生氣をつけて見ないから、美しいとも感じないが、一度じつと眼を留め、靜かに撫で廻して見ると、何とも言へぬ美しさとなつかしさを感じ出す。食物ばかり入れてゐた皿も洗つてよく手に取つてみると何と美しくつゝましやかに、おとなしいのであらうとおどろかされるやうになる。

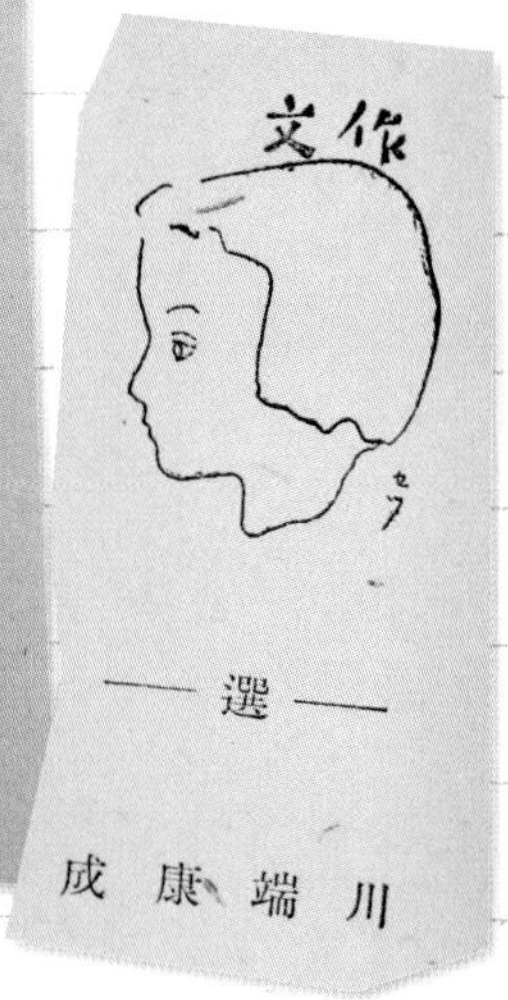

選の言葉

川端康成

このごろ、作文の投書の數が大分減つて來ました。雜誌の頁數が縮められて、掲載の篇數も佳作者の名前も少くなりましたが、さういふことに挫けないで、少女のけなげな美しい心の文章を書いて、戰時下の慰めとも勵ましともしませう。作文は遊びや道樂ではありません。紙面の縮少とは逆に投書は增加するといふやうな勇氣を持ちたいものです。雜誌に名前が出ないでも、自分自身の勉强として書いて下さい。また、落選續きの人は入選の作文をよく讀んで、反省してみて下さい。書き方の根本が惡いと、幾ら書いても進歩しません。

松の實さんの「春の庭」は、ふつくらと素直に、おだやかに樂しい文章です。豐かな感じもあります。田邊聖子さんの「さら」のなかに、「大抵のものは、平生氣をつけて見ないから、美しいと感じないが、一度じつと眼を留め、靜かに撫で廻して見ると、何とも言へぬ美しさとなつかしさを感じ出す。」とありますが、これはその一例の作文です。そしてこの言葉は、作文の精神の第一です。

昭和18年7月号（16歳）

私の短文は入選一席になっていた。選者は川端康成先生であった。私は、川端先生が『少女の友』に連載されていた「美しい旅」を愛読していたので、その先生の批評がいただけたことはたいそう嬉しかった。

文章は、いずれも『欲しがりません勝つまでは 私の終戦まで』（田辺聖子著、昭和52年ポプラ社刊）から引用

父・中原淳一と『少女の友』

中原蒼二
（中原淳一次男／(株)ひまわりや代表）

父中原淳一は、昭和七年六月から八年間に及んだ『少女の友』でのすべての仕事に昭和十五年六月号を最後に終止符を打つ。父の描く少女像が軍部の忌諱(きい)に触れ、編集部に対して度々総務省の干渉が続いており、この圧力が引き金になり降板せざるを得なかったのだが、その理由が〝国民に不健康な印象を与える、着ている着物が華美である〟等というものであったため編集部は〝例えば「山内一豊の妻」とか「紫式部」「清少納言」「加賀千代(かがのちよ)」等日本の女性を題材にしたページを作り、時勢に合った絵を描いてみてはどうか〟等幾つかの打開策を父に示した。しかし父はその提案をすべて固辞し、連載中であった「女学生服装帖」に思いを残し『少女の友』を去ったのである。

父は降板するにあたって知人にあてた手紙の中で「僕はこの時勢にそうした絵の必要性も感じていますが、僕がそうした絵を今すぐ描いても恐らく少しの指導性ももたないでしょう。指導性も無いし、僕自身の芸術的良心も満足させることが出来ないとしたら、それは凡そ意味のないことではないでしょうか。」と厳しい状況であっても自らの信念を貫こうとする意思で降板した理由を綴っている。

父は一介の画学生であった十九歳の時開催した人形展がきっかけで『少女の友』主筆であった内山基氏にその才能を見出され、挿絵画家としてデビューする。初めての挿絵は大関五郎氏の詩「お別れ」であった。また、付録の充実にも力を注ぎ、紙ならではの美しい数々の付録を生み出した。そして三年目の昭和十年からは表紙絵を担当し、『少女の友』に専心する。しかし、

「四つの自然に寄せて一雲」（昭和9年8月号口絵）

「雪をきく」（昭和15年2月号口絵）

専心すればするほど『少女の友』のありかたに疑問を感じるようになるのだった。

少女というのは十四、五歳から十八歳、十九歳にかけての年頃であり、美しい物語や童話に憧れたり、好きな詩を口ずさんだり、友達との手紙の交換とか、その他もろもろのことが、子供でもない、大人でもない、いかにも「小さな娘」だけの夢見る事、考える事、行動する事のように二人の姉の生活から父は感じ取っていた。それに引き換えそれまでの『少女の友』は小学生ごのみで、子供っぽく、といって童話のような夢もなく、もう少し少女だけの世界があればと考えていた。そんな父の考えが徐々に編集部にも浸透して来るにつれ、読者層は十七歳位が中心になっていった。

そのころから編集会議にも参加し、父の企画は以前にも増して取り上げられるようになり、父は『少女の友』にはなくてはならない存在になっていったようだ。そして、『少女の友』の長い歴史の中で、最も良き時代を内山主筆と共に築き上げた。

そのことを思う時、父が「少女」という年頃を定義し、ターゲットを明確にした編集方針が大きな役割を果たしたことは否めない事実として受け止めたい。

しかし父は、表紙、口絵、挿絵を描き、付録を考案するという多忙の中に埋没し、自由に考えることも出来ないことの現実に〝これで良いのだろうか〟という、将来に対する不安が頭をもたげ、悩んでいたのだった。そしてそれは若者として、表現者として少しも不思議なことではなかったし、当然のことではなかっただろうか。そんな時に軍の圧力があり、父にとっては思いがけないチャンスとなったようだ。そして、『少女の友』の仕事に幕を降ろしたのだった。

しかし、『少女の友』に見出され、読者に支持され、父を育ててくれたのも『少女の友』に他ならない。『少女の友』で培った多くのことは父の財産であり、戦後の仕事を開花させた原動力になったことに、誰も異論を挟む事は出来ないだろう。『少女の友』を抜きにして「中原淳一」は語れない。

なかはら・そうじ　１９４５年東京生まれ。デザイナー。父・中原淳一の死後、その仕事を遺し広めるため株式会社ひまわりやを設立。

漫画家

安野モヨコ さん

あんの・もよこ　1971（昭和46）年東京都生まれ。高校卒業と同時に漫画家デビュー。『ハッピーマニア』『さくらん』『働きマン』『シュガシュガルーン』など疾走感あふれる作品を多数発表、幅広い世代の支持を得る。07年から朝日新聞で「オチビサン」を連載。

『少女の友』
100周年記念
インタビュー
2

現代マンガ界のトップを走り続けている安野モヨコさんは、大正〜昭和初期の文学・美術をこよなく愛すひとり。この時代の『少女の友』を、とくとご覧いただきました。

『友』の絵は、線も、色も、すべてが瑞々しい

ほんとうに美しいですよね。（蕗谷虹児の口絵を見て）カラー画も大変美しく描かれる方ですけど、とくに線画！バルビエとかエルテ（注・両人とも主に二十世紀初頭にパリで活躍したイラストレーター）をほうふつとさせますね。墨と紙とペンだけで描いていてモノクロなのに大変華やかです。

この時代の『少女の友』の口絵は、小物や風景、洋服の柄など、ディテールがほんとうに瑞々しいですよね。画家の皆さんが心に余裕を持って生活をしている感じが絵に出ている。線は描いた人自身が自然に出てしまうものではないかとつくづく思います。生活と精神に余裕がないとこういう絵は描けません。

当時は街のなかに普通に、草花が多かったのではと思うのです。

東京から鎌倉に越してきて実感するのですが、東京はほんとうに緑が少ない。

公園の管理下で、きれいに剪定された木はあっても。自然のままに生えてる木に、自然のままぶら下がっているツル植物って、ほんとうに美しいものです。そういうものがどんどん少なくなって来ているように思います。

『少女の友』で描いていた画家たちは、自分が生活のなかで感じた美しいものを伝えたい、という気持ちで描いたのではないでしょうか。

蕗谷虹児「ささやき」（昭和12年1月号口絵）
「着物の柄や小物など、ディテールまで素晴らしい」

蕗谷虹児の挿絵の素晴らしさは挙げたらきりがないのですが……たとえばこの「風」（二一ページ掲載）。構図や小道具の中に当時のパリのファッション画との類似を見つけることはできるんです。でも、樹が松だったり、日本画でよく見られるような、たなびく流線を空間に描いたりしている。その融合がすごく美しいと思います。

私、中原先生の絵との出会いは古いんです。母が大好きで、子どもの頃から家に絵ハガキやしおりがたくさんありましたから。

当時はどちらかというと松本かつぢ先生の丸まっこい絵のほうが親しみがあって、母が望むほど興味はなかったんですが、知らず知らずのうちに好きになっていましたね。

あ、でも私、中原淳一先生のリボンには影響を受けています。布の描き方に特

河目悌二の挿絵
（昭和15年5月号「小さな先生」挿絵）

「河目先生好きなんです。色々な絵が見られるのもいい」

松本かつぢの横顔
（昭和10年12月号口絵「幻想」）

「松本先生が描く横顔の美しさはダントツだと思います」

徴があるんですね。ピンとした、ハリがある。着物を描かれる時はあわせがパキッとして半襟はぽってり、リボンもパリッとした感じなんですね。それが好きで『シュガシュガルーン』でリボンを描く時は淳一リボンにしています。

松本かつぢ先生の絵はやわらかさがあって好きです。美女の横顔がダントツに美しいですね。私、横顔は中原先生よりも松本先生の絵のほうが好みなのです。（かつぢの描いた付録「女学生御指南帖」を見て）あっ、犬。O脚してますね、可愛い。デフォルメの形がまた、可愛いんだな。

　ほんとうにすごい画力だと思います。軽快に動いている絵が描けて、叙情画も描けて、線画も描ける。小説の挿絵で電車の中であくびをしているサラリーマンの線画があるんですけど、的確なのにやわらかい線で、背景の人物も全てきちんと描き分けてあって。

『少女の友』を見ていて改めて思ったんですが、この時代の絵に描かれている少女の顔って、カメラ目線、つまり読者のほうを向いていないんですよね。ぜったいにどこか違うところを見ている。恥じらいや、当時の教育——少女が目上の人と話す時は目を合わせると失礼といったことが目線に表れているんでしょうね。

　以前、少女雑誌でマンガの連載を始める時に、編集部から「登場人物のアップの顔は基本的にカメラ目線にしてください」と言われたことがありました。子どもはマンガの登場人物と自分が、別世界にいることを区別して読むことができないので、カメラ目線にしないと「なんで自分は入れてくれないんだ」と仲間外れにされた気になってしまうと。

　子どもってほんとうはすごく読解力があるし、そんな謎のお節介は子どもをちょっと馬鹿にしていると私は思ったんですけどね。

　子どもが「わぁ、素敵」とまず思ってくれることが大事なんであって、そこか

中原淳一のリボン
（昭和15年2月号表紙）
「このハリのあるリボン、影響を受けました」

蕗谷虹児の線画
（昭和13年3月号「風」挿絵）
「パリの影響を受けつつ日本の空気を融合させている」

ら「これなんだろう、知りたいな近づきたいな」という気持ちを育てると思うんですけど。おとなが分かりやすく砕いて、砂糖で甘くしてハイ食べなさいみたいなことをするのが、果たして子どもにとっていいのかな。

『少女の友』の挿絵画家たちは、少女の心や夢を持ちながらもちゃんとおとななんですよね。おとなが子どもに向けて「ほんとうに美しいものを教えてあげたいな」という気持ちを込めて描いている。子どもを馬鹿にしていない、尊重している。そこが読者に伝わっていたからこそ、たいへん人気がある雑誌だったんでしょう。

雑誌だけれども、「信頼できる年上の人」みたいな、雑誌名の通りほんとうに少女の友みたいな感じだったと思います。

写真、グラビアもほんとうに美しくて、なんともいえない時間や空気を感じますよね。お友達とおしゃべりしていて、ふっとおしゃべりが止んでじーっとふたりして夕日を見てしまった……そんな瞬間の感じが雑誌全体から発せられる。こういう雑誌で少女時代を育まれたら心豊かになるだろうな。

『少女の友』には、読み物のあい間あい間に、通信教育の広告が出てきたり、「次はお待ちかね、中原淳一先生の」といった編集部の言葉が出てきますよね。そうした現実の世界を目の端でちょっとだけ見ながら読み物の世界にひたっている状況は、実生活と似ていると思うんです。

お母さんに「夕ご飯ですよ〜」と呼ばれながら「もうちょっとー」と自分の編み物をしたり、窓の外にとまっている可愛い鳥を眺め続けていたり。

自分が入り込んでいる世界に、もうちょっといたいと思いながら現実も気にしている。雑誌ってまさに人間サイズ、そこがほんとうに素敵です。

リアルタイムで読んでいたら……きっと私も付録を大切に大切にとっておいただろうと思います。

※安野モヨコさんのインタビューは193〜194ページにも掲載しています

『少女の友』
100周年記念
インタビュー
3

少年・少女時代を描いた瑞々しい作品で知られる作家・あさのあつこさんの目から見た『少女の友』についてお話しいただきました。

作家
あさのあつこさん

1954（昭和29）年岡山県生まれ。少年、少女を主人公とした瑞々しい作品のほか、時代小説も執筆。『バッテリー』で野間児童文芸賞、『バッテリーⅡ』で日本児童文学者協会賞を受賞。

少女たちの見事な「反戦」

うわっすごい。こんなにいっぺんに『少女の友』を見たのは初めてです。これが創刊号……（手にとってめくる）創刊は明治時代ですよね。女の子のための雑誌が、明治に生まれたというのがすごい。

昔の女の子って抑圧されて、男の付属品みたいにして生きていたのかなというイメージがありましたけど、ところがどうしてどうして。戦前の『少女の友』に登場する皆さんはなかなか積極的で、したたかな面もある。

一方で、女の子らしいロマンチックさというか、「夢見る力」みたいなものも持っている。『少女の友』は等身大の女の子をちゃんと捉えていますよね。戦前、国を挙げて戦争に向かっていった頃に、これだけロマンチックであり続けられたというのは、もうびっくり！

（編集部「やはり当局からの圧力は当時かなりあったようです。中原淳一さんが

『少女の友』は、夢と現実をうまく行き来するルートを作っていたと思う。

降板させられたり」）

　雑誌を作った方たちは、反戦を叫ぼうとしていたのではないですよね。プロレタリア文学のように社会変革を目的としたのでもなくて、ただ、その当時の少女たちが求めているもの、物語の叙情性や、美しいもの、たおやかなものを表現したら戦争と対峙する形になってしまった。だから当局には目障りだったんでしょう。少女たちの美しいものを求める心って、見事な「反戦」ですよね。

夢が現実の世界で少女を強くさせる

　私、基本的に男の子よりも女の子のほうが強いと思っているんです。女の子は現実の中できちんと夢を見ることができて、夢から現実に戻ることもできる。『少女の友』は夢と現実をうまく行き来するルートを作っていたのではないかな。

　逃避させて、現実を誤魔化すのとは違うんですね。この本を開いたときだけは、今の自分の辛さとは違う世界が持てる。夢を与えられることによって、現実の中では強く生きていくことができる。少女たちは一時、夢の世界に避難して、力を蓄えて、また現実の世界に帰っていったと思うんですね。この本はその過程にすごく貢献していたんじゃないかな。

　今の子どもたちにとって日本が楽な世界だとは、私はとうてい思えないんです。生きているのがしんどいことだってあると思う。戦中や戦争直前って苦しさの原因が分かりやすいじゃないですか。お腹が空いてたまらないとか、好きな本を読むことが禁止されてしまうとか。でも、今の子どもたちは自分がなぜこんなに苦しいのか、しんどいのかが分かりにくい。

　よく彼らは「お前たちは飢えることもない。何が辛いんだ」っておとなたちから言われていると思いますが、苦しさの源が分からないというのは本人にとって大変なんじゃないかな。だから、現実に追い詰められて追い詰められて自滅した

当時の付録を見て「おおおっすごい!」

り、相手を巻き添えにして転んでしまう。
そうではなくて、とりあえず明日まで生きてみよう、この本を読み終えるまでは生き通してみよう、もしかしてもう一日生きたら、この本に書いてあるような人と出会えるんじゃないか……そんなふうに思わせてくれる本が今の時代にこそ必要だと思う。うん、『少女の友』のような世界が今こそ必要だと思いますね。匹敵するような魅力ある世界を、おとなが今の子どもたちに与えられないのは、時代の不幸だと思います。

もし今、『少女の友』が発行されていて、私が執筆する機会をいただいたとしたら……。今まで女の子の作品はいっぱい書いていますが、どうしても「現在」ということを抜きには考えられなくて、現実の重苦しさとか、女の子ゆえの枷(かせ)といったものを私が感じてしまうので、作品にも込めてしまうでしょう。

でも、自分の中の少女の部分にもっと向き合って、純粋に女の子であることの喜び、美しさ、女の子としての苦しさや甘美な思いとか、年上の美しい人に恋心を抱く気持ち、母との関係とか、十代のあの頃にしか味わえない時間、味わえない何かを精一杯書いたとしたら、かつての『少女の友』に共通する世界が生み出せるのかもしれない。現代の少女たちに「これがあるから生きていける」「何があってもこの本は守る」と思ってもらえるような小説を私も書いてみたいですね。

昭和13年の豪華付録「フラワーゲーム」で遊んでいただきました。

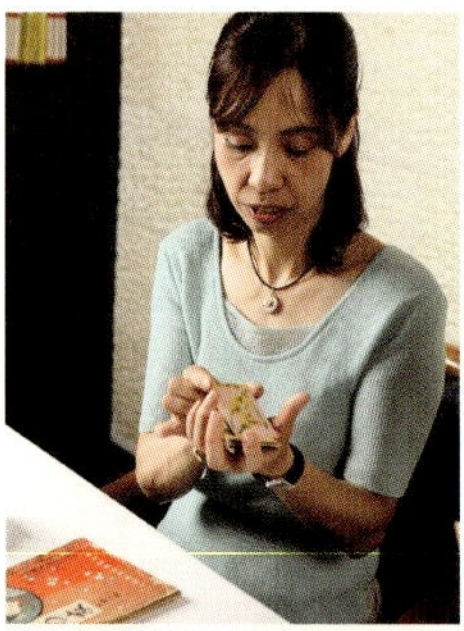

導き出されたカードに描かれた花によって、年代ごとの運勢を占う「フラワーゲーム」。あさのさんに実際に遊んでいただきました。その結果、10代のカードは野薔薇。メッセージは〈素敵なお姉様ができます〉。20代はスイートピー、〈あなたはクラスで一番早く結婚します〉。30代は椿、〈あなたは女史になります〉。40代は鈴蘭で〈10代で住んでいたお家に帰ります〉。50代は山茶花、〈お孫さんは女ばかりです〉。
「この間、初孫が出来たんですけど女の子だった! これから真偽が分かりますね(笑)」

第Ⅰ部

『少女の友』ベストセレクション

A Choice Selection of Articles from *Shojo no Tomo*

明治41年の創刊から昭和30年の終刊まで、
『少女の友』は48年の歴史を誇ります。
その長い長い歴史の中から、選りすぐった記事をご紹介します。
口絵、グラビア、詩、小説……
まさに珠玉のベストセレクションです。

第Ⅰ部

昭和十年代前半の「黄金時代」の記事を再現します

『少女の友』四十八年の歴史のうち、最も輝いていたのが昭和十年代前半の誌面でしょう。内山基が主筆をつとめ、中原淳一が表紙を描いていた頃です。

昭和六年、新しく主筆に就任した内山はライバル雑誌との差別化を図るべく改革に着手しました。まずは新しい画家探し。日本画をルーツに持つ従来の挿絵画家たちとは異なる、ロマンチックで西洋的なテイストを持つフレッシュな人材を……。そこで見出されたのが新人の松本かつぢと、まだ少年ともいえる年齢の中原淳一でした。

かつぢと淳一は期待通りに『少女の友』を代表する二大画家に成長し、やがて期待以上の活躍を始めました。淳一は付録やファッションの分野にも独創的な才能を発揮し、かつぢは漫画にも進出して日本の女の子向けキャラクターの元祖「クルミちゃん」を生み出しました。

そして、ビジュアル面での刷新と呼応するように執筆陣もますます充実。吉屋信子や川端康成が都会的で優美な名作を寄せました。

一方、編集部では創刊以来の〈家族的親愛主義〉を忠実に守り、愛読者集会や読者投稿欄を一層盛り立てて読者との親密な関係を築き上げ……こうした編集努力が美しく結実したのが昭和十年代前半の『少女の友』なのです。

本書では内山主筆時代の優れた記事をセレクトし、当時の誌面を再現する形で収録しています。表紙をめくるとまず口絵。写真グラビア、少女詩、雑誌のメインである連載小説へと続きます。座談会やルポルタージュ、教養記事も粒揃い。最後に読者投稿欄が控える構成です。内山主筆時代の『少女の友』は実はマニア垂涎（すいぜん）の〈幻の雑誌〉。研究機関での収蔵も数が限られ、古本市場にもめったに出ない希少価値の高い雑誌です。〈黄金時代〉の呼び声の高い、内山主筆時代の誌面が今、蘇ります。

（内田静枝）

◉セレクション1

口絵

Illustration Selection

現存する『少女の友』には口絵が切り取られているケースが少なくありません。
それは口絵が愛されたことの証です。
きっとお部屋に飾られたり、大切にコレクションされたりしたのでしょうから。

「薔薇ひらく」中原淳一画（昭和15年6月号）早稲田大学會津八一記念博物館蔵

口絵とは雑誌の冒頭に掲載される絵や写真のことで、昭和初期の『少女の友』ではカラーイラストが毎号四～八枚程度掲載されていました。雑誌全体に占めるページ数は僅かなものですが、思春期の少女の夢や憧れを見事に表現した色彩豊かな作品の、存在感はとても大きく、読者の手が真っ先に伸びるところでした。また、挿絵画家にとっては最大の腕の見せ所で、口絵を任されることは誉れとされていました。

『少女の友』を代表する画家たちの力作をご紹介します。「人魚のなげき」は創刊三十周年記念企画のひとつ。物語仕立ての計八枚のうち、六枚を抜粋しました。「夏休みの女学生服装帖」は人気連載のカラー拡大版です。八枚のうち四枚を掲載します。

（内田静枝）

わが日わが夢

中原淳一畫

中原淳一画「わが日わが夢」 初出：昭和9年12月号

中原淳一画「悲歌(エレジー)」 初出：昭和10年11月号

中原淳一畫集　　暮春頌

中原淳一画「暮春頌」 初出：昭和10年5月号

中原淳一画「あじさゐ」 初出：昭和12年6月号

松本かつぢ画「人魚のなげき」（33～38ページ、一部抜粋）　初出：昭和12年4月号

嵐の前に人の子の
乗る船の脆さよ

ARASHI NO MAE

海に溺れし、若き王子の救ひ手は人魚なりし

人魚が夢見る地上の風物

AKOGARE

北極光の美麗さに、眼を見張りし日もありぬ

SHIZUMU TSUKI

永遠の靈のために
あはれ美しの肉體
滅びぬ

初山滋画「美しき荷」 初出：昭和14年4月号

松本かつぢ画「戦ひの前」　初出：昭和10年5月号

蕗谷虹児画「君子蘭」 初出：昭和11年3月号

蕗谷虹児画「葡萄」　初出：昭和10年10月号

深谷美保子画「想ひ」　初出：昭和11年3月号

夏休みの女學生服装帖

1、去年の着あきた眞白いワンピースがありませんか。もしありましたら、それにこんなボレロとベルトをこしらへて、新しい氣持で着て見ませう。

ついでに、こんなハンドバッグも夏休みのお仕事にお作りになつては如何ですか。眞四角な風呂敷を袷にした樣なもの丶隅に紐をつけて作つたものです。

縞や柄のドレスならば、ボレロとベルトの方をドレスの中の、ある一色をとつて無地にいたしませう。

勿忘草

中原淳一画・文　「夏休みの女学生服装帖」(一部抜粋)　初出：昭和14年8月号

ひまわり

2、健康的な夏の少女の遊び着。袖なしでも良いのですが、こんな袖ならあつた方が面白くて、そして無難でせう。

スカートは短かめに、自由にはねまはるのに差しつかへない程度にひろがつてゐます。

ベルトは稍ゝひろめに、キッチリと細腰をしめるのですが、細腰があまりくびれてゐない方はも少し幅を狭くした方がいゝと思ひます。

帽子も共布地では如何ですか。注意は太陽の光に負けないハッキリした色を撰ぶことです。

3、少女の夏のアフターヌーン。
薄手の木綿（木綿の様な感觸のものであれば何でもよい。）で作れば可愛いゝ平常着になり、絹（又はベンベルグ）で作れば少女ならば、どんな場所にもいゝ服になります。

木綿で作つた場合でも赤いヒダの飾り布だけは、少し柔かな生地を撰びませう。

プリムラ

スイートピー

5、これはツーピースの様に見えますが、ワンピースです。お部屋の中で見ても、街で見ても、海でも、山でも、それ〴〵の雰圍氣に調和する服です。但し海などでは多少、柄と地質の選擇に氣をつけねばなりませんが。

木綿、絹、オーガンデイ等のスカートと袖にもウエストの部分だけは無地のしつかりした生地を撰びませう。スカートと袖に縞を用ひたら稍々スポーテイで違つた感じです。

着あきた古い服のスカートと袖に別の無地の布でウエストを作つたら、こんな感じの服になりませんか。工夫して見せませう。

◉セレクション2

写真グラビア

Gravure Picture Selection

バラエティに富んだ記事は
そのまま読者の好みや興味を反映したものでしょう。
活写された写真からは
旺盛な好奇心をもって青春を謳歌する
読者の姿がたちあがってきます。

雑誌の巻頭部分には四～八ページ程度のグラビア写真が二～三本、計十数ページのグラビア写真が掲載されていました。撮影の多くは写真家の安田勝彦が担当。安田は戦後も『少女の友』のグラビアを撮り続けました。彼も『少女の友』を理解し支え続けた一人です。以下、所収記事を紹介します。

「乙女の港」（昭和13年6月号）

川端康成の大人気小説「乙女の港」を写真物語に仕立てたものです。連載で挿絵を描いた中原淳一がスタイリングを担当し、モデルは読者がつとめています。他の雑誌のように女優を頼めば簡単に済むところを、あくまで読者にこだわったのが『少女の友』らしいところです。出演者探しに苦労した甲斐あって、読者からは大きな反響が寄せられました。自分と同じ一読者が挿絵そのままのヒロインに変貌したので

昭和10年11月号グラビア。ヴァイオリニスト・諏訪根自子さんは、天才美少女としてしばしば誌面で取り上げられた

すから、読者たちのボルテージも上がったのでしょう。
　この企画は淳一の発案によるもの。昭和三十年代にヤングスターのプロデュースに手腕を発揮した淳一の、最初期の仕事としても注目されます。

「春の散歩　新東京見物記」（昭和11年5月号）

　読者の見聞を広めるためロケも数多く行われました。読者がモデルとして登場し、編集部員や執筆陣が案内役をつとめることも。都会っ子が読者の中心だった『少女の友』では牧歌的な地方散策も人気がありました。

「作家画家通信」（昭和14年春増刊号）

　連載小説の作家と挿絵画家との往復書簡という趣向。憧れの作家や画家の素顔が知れるうえ、制作の裏側も垣間見られる好企画です。松本かつぢは抒情画と漫画という全く作風の異なる作品を描き分けた多才な画家です。「乙女手帖」では、貧しくても誇り高く生きる美貌の少女・環を繊細な筆致で抒情味たっぷりに描き、則子が一日で環に惹かれる設定にリアリティを与えました。

「東京友ちゃん会報告」（昭和14年12月号）

　「友ちゃん会」とは『少女の友』の愛読者集会で、全国各地で随時開催されていました。この「東京友ちゃん会」は三百五十人もの読者を集めて、とりわけ盛大に開催されたものです。川端康成、中原淳一、由利聖子ら豪華執筆陣も参加し、〈天才少女音楽家〉として度々誌面にも登場した巌本メリー・エステル（巌本真理）と小園登史子が演奏を披露するなど、にぎにぎしい雰囲気が窺えます。

「友子のお部屋だより」（昭和6年9月号）

　編集部では読者の編集部訪問を歓迎し、その様子が誌上でも紹介されました。これは特別版で、宝塚歌劇団月組の生徒が編集部を訪れた時の一枚です。その一人冨士野高嶺さん（二八三ページ参照）は、舞台活動の傍ら「宝塚日記」を連載中でした。
　この他、当時絶大な人気を誇った、宝塚スターのグラビア記事が毎号のように掲載され、目玉企画になっていました。
　映画鑑賞を禁じる女学校もあったことから、『少女の友』では映画スターの記事掲載は控えていましたが、清く・正しく・美しくをモットーとする宝塚は『少女の友』の性格と通じ合い、蜜月が長く続きました。
（内田静枝）

乙女の港

洋子　渚の灯
克子　狩野和子
三千子　辻鎭也子

これは川端康成先生の名作小説「乙女の港」を中原淳一先生の指導の下に讀者の方にお願ひして實演して頂きました。原作を對照してごらん下さい。

中原淳一指導
安田勝彦撮影

初出：昭和13年6月号

花選び

三千子は讀み終つて、ほつと溜息が出た。

上級生の方たちは、なんて名文家揃ひなんだらう。

つひこの間まで竹馬に乘つたり、とんぼ捕りばかりしてゐた自分は、こんなお洒落な手紙に答へる言葉も知らない。

どうしたらいいかしら。……

三千子がしよんぼり雨を見てゐると、うしろから、なんとなくいい匂ひがした。

そして、名を呼ばれた。

『大河原さん。さつきはごめんなさいね。お傘ないんでせう。』

振り向いて背の高いそのひとの眼と見つめあひ、三千子は默つて、誘ひこまれるやうに、こつくりした。

その日は土曜日なので、三千子は洋子の家に寄る約束をしてゐた。
經子たちとの口爭ひも、洋子に聞いて貰はねば胸に濁りが殘る。
待ち合はせるのは、いつもの赤屋敷の庭。洋子より先きに來て、本を開いた。

船出の春　芽ぐむ地、明るむ海と空。ふたりはぢッと眺めてゐた。喜びと悲しみとが、二人の體を、春の蕾のやうに硬くしてゐる。

その日が來たら、ふたりの言葉は、花のやうに咲きあひ、その匂ひは全校をつつむであらう。

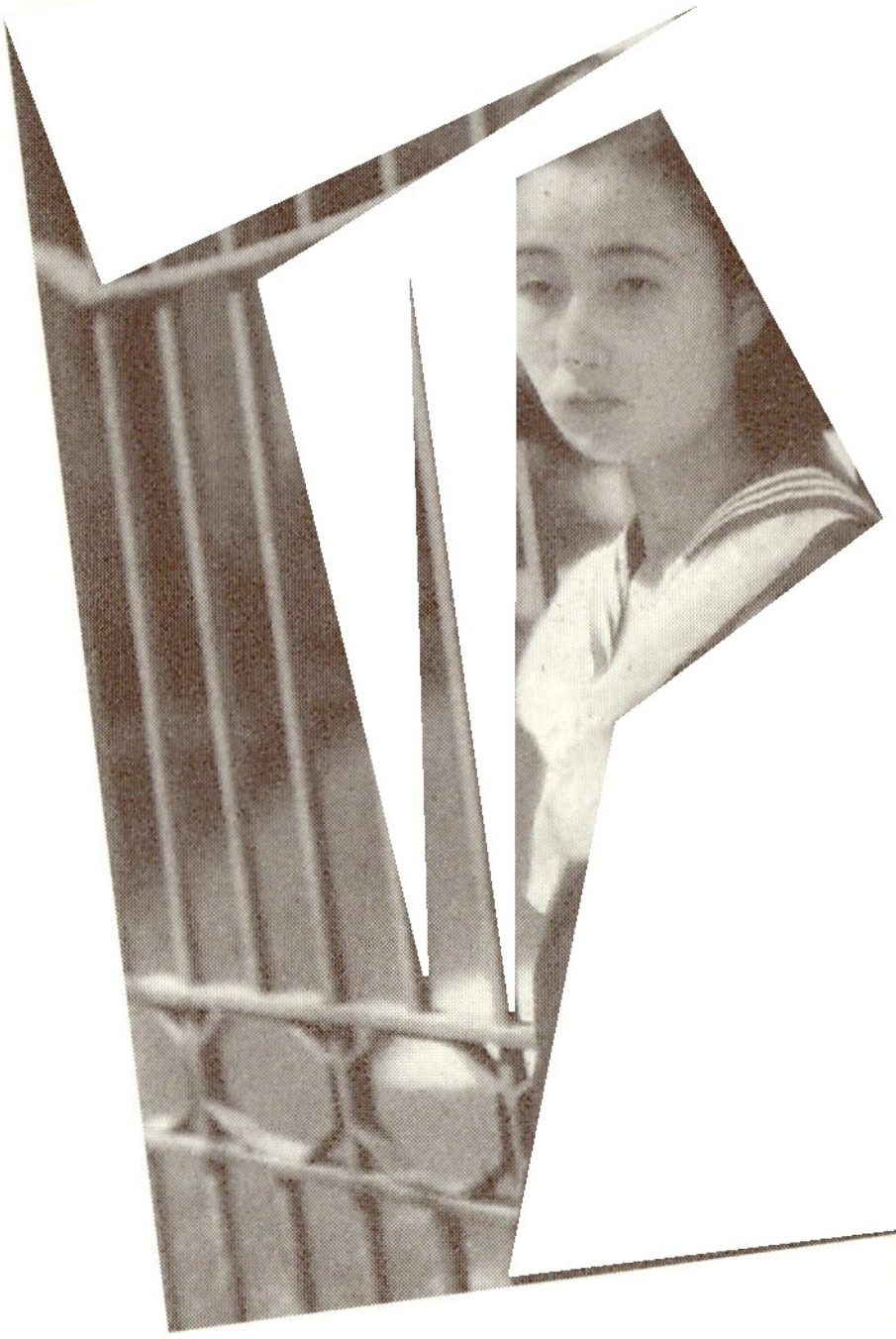

作家画家通信

初出：昭和14年春の増刊

吉屋信子

乙女手帖は、作者が女の子の心に、もう一度入り込んで、そして女の子の心の內側から外へ書き出して、その子と物語とを成長させてゆきたいと思つてゐます。

文章もふつくらと、しみ〴〵と、そして、春の芽のやうに、草の香の匂ふやうな新鮮さを字に浮かせたいと願つてゐます。

さしゑをおかき下さる參考にと、申し上げます。かつぢさんも、作中の則子姉妹をお愛し下るやう祈つてゐます。

松本かつぢ様

松本かつぢ

随分御無沙汰致してをります。

先日、内山さんから御體が悪いとの由伺ひましたが、如何ですか。お忙しい日々をお暮しでせうから、あまり無理をなさらず、せい〴〵御自愛下さい。

一體、自分は漫畫家か抒情畫家か、孰れが一番適してゐるか、いつも考へてをります。吉屋さんは、どうお思ひですか。

くるくるクルミちやんを書いてゐて、すぐその後で貴女の挿畫を書く時の氣分や調子の轉換は並大抵ではありません、そんな理ですから、貴女の挿畫を書いてゐて、時々、漫畫の調子が出やあしないかと心配にもなります。

「伴先生」の畫は如何でしたか、此度の小説「乙女手帳」の參考になると思ひますから、御感想お聞かせ下さい。

今日はお天氣がいゝもんですから、仕事の暇にこんなところを撮られてしまひました。

吉屋信子様

作家画家通信

春の散歩

新東京見物記

初出：昭和11年5月号

今年は何故こんなに寒かつたか御存じすか、寒波なんていふ變つたものがおしよせたり、それから淺間山が爆發したりしたでせう。あの灰が空に漂ふてゐて太陽の熱を遮つたものであんなに雪が降つたりしたんださうですよ、今年位早く春が來て暖くなつてくれたらと思つたことはありませんでしたね。

そして今はその春なんですもの。氣持も輕く何處かへ出て見たくなるでせう。ほんとは「空の風」にでも乘つて東京の青空を思ひきり飛んで見たいと思つたのですけれど同行の小つちやいお孃ちやん方が恐いなんておつしやるもので、先づ空はあきらめて春の東

宮城前の最敬禮

地震後始めてお化粧した丸ビルです。なかなか捨て難い風景でせう

帝國ホテルの入口、一寸日本の様ではありませんね

京散歩ときめてみました。

東京と云へば先づ何をおいても第一番目に宮城です。或る外人が東京で一番心うたれた所は何處だと聞かれた時すぐに「それは宮城だよ。あんなすばらしい壯嚴さは世界中何處へ行つたつて見られない。」と云つたさうです。ほんとに宮城こそは世界一すてきな所です。日本國民全部の祈りが此處にはさゝげられてゐるのですもの、假令外人だつて心うたれるわけです。青葉影に見えかくれする青銅の宮居の尊さに日の本の國民と生れた嬉しさを今更にしみじみと感じました。

楠公の銅像を見た方は手をあげて、繪葉書ではよくお目にかゝりますが森かげになつてゐるもので氣がつきにくいのです。なかなか立派な馬上姿ですよ。

いよいよ散歩の始まりです、日比谷公園の花壇をお見舞してみました。やつとヒヤシンスが少し咲

日比谷音樂堂です。昔は此處で土曜日の夜毎〳〵に海軍々樂隊のオーケストラが開かれたものでしたが・・・

いてゐるばかり和蘭陀から來たといふチューリップも青い葉だけで寂しい花壇です。青い風が匂ひやかに頰をなでる五月大輪のさるで眼のさめる樣に鮮かなチューリップが咲き揃つた花壇の姿はほんとに美しいものですよ。是非皆さん一度、ゐらしてごらんなさい。

花壇を出て正面にぶつかる建物の名を御存じですか『帝國ホテル』さうですね、東京には珍しい建物の一つで、あれは世界でも有數な建築家ライト氏の設計です。ライト式建築の代表的なものとして新らしく出來た當時は外國の雜誌にも寫眞がのつたものでした。でも今度のオリンピックに來るお客さんを容れる爲に玄關だけのこして八階建に作り直すさうですが一寸殘念ですね。

銀座銀座と云つてもさう綺麗な所ではありません、でも兎に角東京の心臟尾張町四丁目のスナップ一枚、左側の建物は服部時計店

『早く撮つてよ、人が見るんですもの』と一寸恥かしさうですね、銀座風景

九條武子夫人歌碑

です時刻ともなればあの大きな時計塔からは寧ろ無氣味にさへ響く時報が報ぜられ編輯に後くれて深夜歸る僕達の耳に何とも云へぬ佗びしい思ひを感じさせるのですよ。

築地本願寺にゐらした方はすぐお氣附きになるはずです。はいつてすぐ左側小高い丘に立つてゐる石碑に。近所の無心な子供達がそばの梅の木によじのぼつたりしてゐましたがこれこそ一代の麗人九條武子夫人のあの『大いなるものの力の』歌の刻まれた歌碑です。子供達はこの歌の悲痛な嘆きも解らずに中には碑の上に上らうなんてしてゐる惡戯ッ子さへありましたが、でも結局夫人はその方がお嬉しいんではないでせうか、サラセンスタイルとかいふ此の新らしい聖堂には澤山の善男善女がつめかけてゐましたよ。

東京・津・仙台 友ちゃん会 寫眞ニュース

初出：昭和14年12月号

東京友ちゃん會は十月の二十日午後一時から例によつて、ＹＷＣＡ講堂で開かれました。最初にお詫びしなければならないのは期日の變更です。講堂の都合でどうしても二十二日には開けず二日くり上げて二十日に開會致しました。お申込み下すつた方には全部變更のことを御通知したのですが御住所の分らない方にはとう／＼お知らせ出來なくて、ほんとに申しわけありません。來年はその様なことの無い様に致しますから、どうぞおゆるし下さい。

（東京友ちゃん會受付）

期日が變つたのできつと人數が少いだらうと思ひましたが、そんなこともなく定刻少し過ぎると三百五十人もの方がお集まり下すつて例年の如く盛大な會をすることが出來ました。

今年は川端島本中原由利不破岩下の先生方がお出で下すつて、お話し下さいました。もつとも中原先生以下の四人の方は大變お口數が少くて、たゞお辭儀だけしかして下さら

⇧内山先生の司會振り

⇧不破先生・由利先生

⇦中原先生

⇦神崎先生

小園登史子さん⇩

平井美奈子先生の獨唱⇩

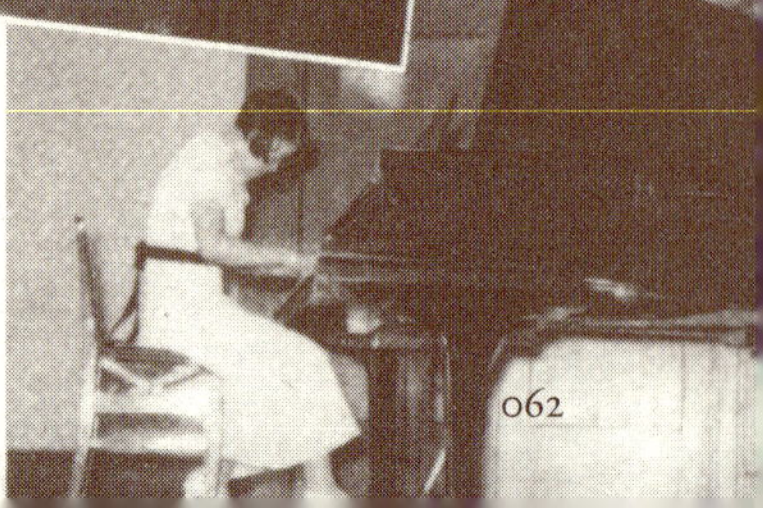

ない方もありましたよ……。

　お話の外に巖本メリーさんと小園登史子さんにヴァイオリンとピアノの獨奏をして頂きました。天才的なお二人のすばらしさはほんとに音樂の美しさを感じさせると同時に、同年輩の少女がこんなにも勉強してゐることのえらさを示して下さいました。

　次に讀者の榊さんが舞踊をして下さいました。

⇧川端先生

　そして最後に平井美奈子先生に指導して頂いて少女の友の歌をみんなで合唱し樂しく散會致しました。

⇧友の歌合唱のところ

巖本メリーさんの獨奏⇩

榊さんの舞踊⇦

編輯室寫眞だより

或る日の編輯室

寶塚、月組の東京上演が終つた翌日、富士野たかねさんが、お仲よしの春日野八千代さん長門浦子さんの御三人で、友子の御うちに遊びにいらつしやいましたの。

御三人とも、大變可愛いゝそしておとなしいお嬢さんたちです、富士野たかねさんは、お母様からの大の友ちやん子、毎月あのすてきな寶塚日記を書いて下すつてゐらつしやる方です。

朝・晝・晩とてもお稽古が急がしいので、折角の東京もよく見られないさうです。でも東京は地震がこわいんですつて、地震よりも、お母様のゐらつしやらないんで東京がおいやなのだらうと思ひました（でもこれは内緒です……）

上の寫眞はその時の記念撮影です。前列は、左岩下小葉先生、内山基先生です。後列左から長門浦子さん、春日野八千代さん明石精一先生、富士野たかねさんです。中川先生が御不在だつたのは殘念でした。（友子）

初出：昭和6年9月号

◉セレクション3

詩

Poetry Selection

**『少女の友』では毎号、西条八十、中原中也、
堀口大学ら本格派詩人の作品に、美しい抒情画が添えられました。
多感な少女たちの心に響いたにちがいありません。**

丸山薫の詩「秋に」の挿絵。初山滋画（昭和13年9月号）

『少女の友』だけでなく、戦前の少女雑誌における抒情詩の地位は高いものではありませんでした。

ひとつには当時の抒情画家の多くが詩にもすぐれ、竹久夢二、加藤まさを、深谷美保子等の画家が、自作の絵に詩を添える、という形で巻頭を飾ることが多く、しぜん、詩は絵に従属する感じであり、『少女の友』の場合も、巻頭に二色刷で「マンガ、詩」という形が昭和初年までの一般的な扱いでした。

こうしたあり方に、大きな変化をもたらしたのが内山主筆編集の『少女の友』です。しかし昭和期の『少女の友』は今日入手し難いせいか、少年少女詩全史としながら、この期の『少女の友』の詩に全然触れていない研究もあるのは残念です。

（遠藤寛子）

※解説は七三ページに続きます。

海邊幻想

★★★★★★

ルウドキヒ・ウーラント

海邊にそびえし城
黄金いろに
薔薇いろに
雲たなびきし
かの城

滿潮のきらめく晶玉に
沈みしか　かの城
夕雲の光輝にひかれ
はるけき空へ登りしか
かの城

堤防に潮風ふきて
新たなる響きおこせば
そのかみの
絃歌さんざめく宴
かの高殿の廣間にひゞく心地して…

風おちて
波ひそまりぬ
ものみな
深き憩ひの淵に沈みし　いま
あはれ
かの高殿より
悲しき調べ流れて
われひとり
涙して聴きゐし――

内田多美野

中原淳一畫

初出：昭和12年6月号

梅雨と弟

中原中也

毎日々々雨が降ります
去年の今頃梅の實を
　持つて遊んだ弟は
去年の秋に亡くなつて
今年の梅雨にはゐませんのです

お母さまが　おつしやいました
また今年も梅酒をこさはうね
そしたらまた來年の夏も
　飲物があるからね
あたしはお答へしませんでした
弟　のことを思ひ出してゐましたので

去年梅酒をこしらふ時には
あたしがお手傳ひしてゐますと
弟　が來て梅を放つたり
　隨分と邪魔をしました
あたしはにちんでやりましたが
あんなことをしなければよかつたと
今ではそを悔んでをります・・・

初山 滋畫

初出：昭和12年8月号

少女詩

渚にて

堀口大學

山の端に
夕映きえて
沖つべの
帆のかげ青し
暮れなやむ

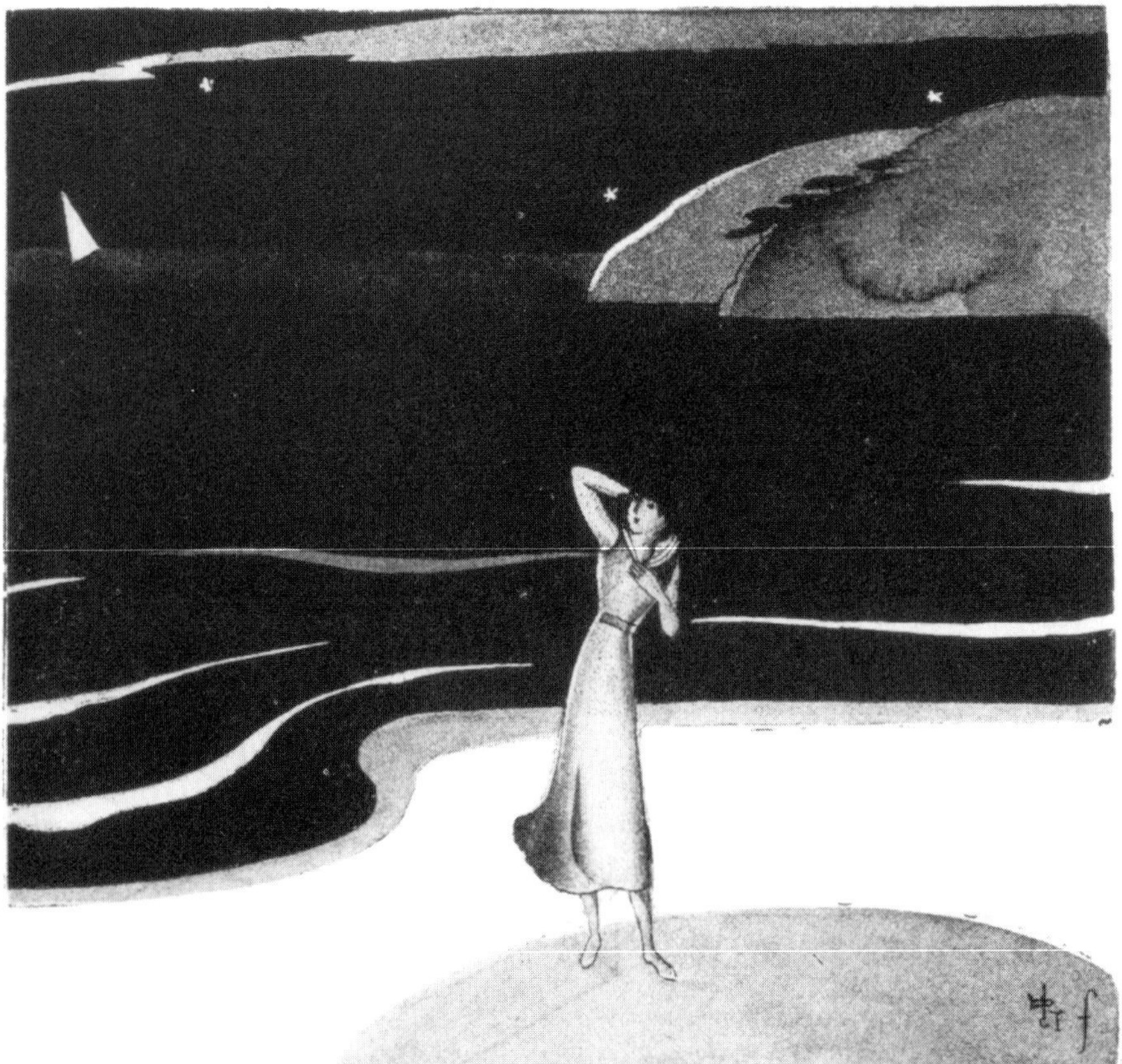

夏の一日

渚べに

吠ゆる犬あり

銀の波

サファイヤの風

月に星

土耳古の國旗

蕗谷虹児畫

初出：昭和12年8月号

こころの祭

神保光太郎

初出：昭和16年5月号

お父様もお出かけ
お母様もおるす
妹はもう寝(およ)つてしまつた
宿題(しゆくだい)を終へてしまつてさて何をしようか
ちひさなノートを繰(く)りひろげて
私は私の詩人達を招待(せうたい)する
鷲(わし)のやうに雄々(をゝ)しい詩人
湖心(こしん)のやうに深く清らかな詩人
黄昏(たそがれ)のやうに淋しく
雀のやうにやさしい詩人
やがて
私のこころの室(へや)は愉(たの)しい灯火(ともしび)にあかるく
私は今ほてつた頰をあげて竊(そ)つと祈る
——明日も亦佳(よ)い少女(をとめ)であるやうに——

静かな晩です

宮崎博畫

解説 詩

内山基は昭和六年に主筆に就任するとすぐ、詩欄の向上をはかりました。しかし、少女のためのすぐれた詩人を探すのはすぐには難しく、しばらくの間、社内の編集者岡田光一郎の詩八篇を、当時は抒情画専門だった松本かつぢの絵で飾るという、詩画集の連載が続き、「詩」のページを確立しました。やがて、堀口大学、深尾須磨子、佐藤春夫、北原白秋等の本格派の詩人が、『少女の友』の雰囲気を理解し、すぐれた詩を寄せるようになりました。内田多美野（内田百閒令嬢、のちの内山主筆夫人）もロングフェローなどの詩に新鮮な訳をつけました。

西条八十は特に人気が高く、中原淳一の装丁で物語詩集「女学生譜」、松本かつぢの装丁で「西条八十詩集」の付録がついたこともあります。

そして中原中也、伊波南哲、宮沢賢治も登場。さらに、編集者の詩人として富田衛の存在が大きい（昭和十一年入社、昭和十八年死去）。詩と絵の組み合わせのほか、欧米の写真集や、これも『少女の友』と共に忘れられぬ写真家、安田勝彦の作品に添えた詩がみごとです。岡田と共に、編集者が寄稿する明治期の雑誌の伝統を最もよく伝えた一人といえましょう。

この後も高村光太郎、室生犀星、三好達治、丸山薫等の大家から、喜志邦三、菱山修三等の若手まで活躍。『少女の友』を抜いては、昭和の少女のための抒情詩を語ることはできません。

しかし、この全盛期も太平洋戦争開戦と共に戦争読物にページを奪われ、終わりを告げます。ただ、巻頭の詩ページがなくなったあとも、毎月ではないものの、後ろの本文の中で一篇のみ掲載するという苦心が見られます（昭和十八年新年号、高村光太郎「少女よ」、同年九月号、中山省三郎「縞手本」など）。しかし、軍国調の詩以外は認めぬ軍部の方針からか、優美な詩作品は影をひそめたのです。

（遠藤寛子）

サインはこんな風に

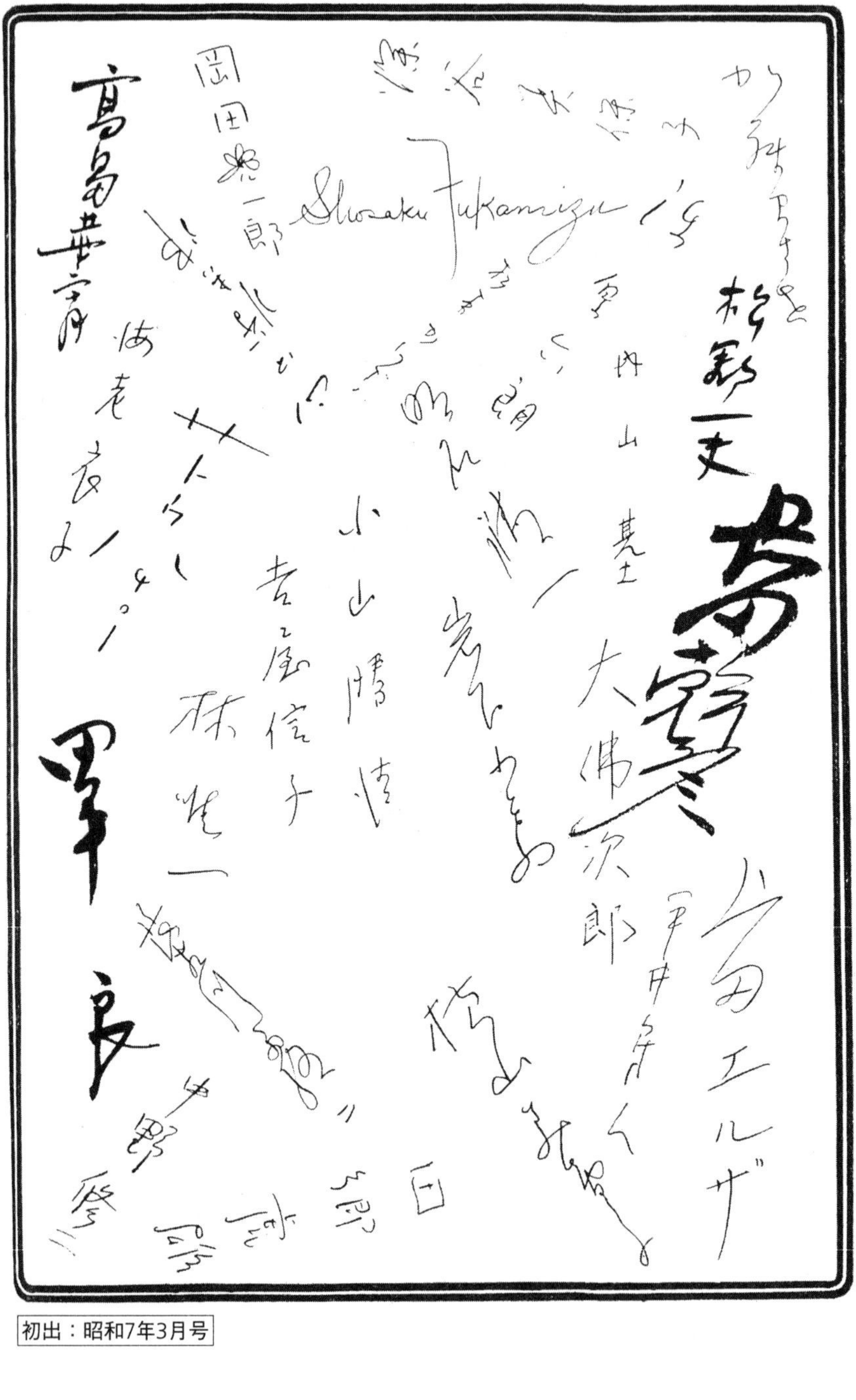

サインブックをおつかひになる見本として、友ちやんに寄稿してゐて下さる小説家畫家のサインを集めてみました。こんな風にサインブックにおかき下さい。そして何處かに卒業の日、進級の日をお記しになつておくとよろしいでせう。尚附録サインブックはゴムでとじてありますが赤か何かの美くしいリボンでお結び下さると大變美くしくなります。

初出：昭和7年3月号

◉セレクション4

小説・漫画

Novel and Comic Selection

『少女の友』に最も縁の深い3作家
川端康成、吉屋信子、そして漫画家・松本かつぢの
珠玉の作品をご紹介します。
いにしえの少女の気分で物語に胸躍らせてみませんか。

ジョン・キーツの詩「なげき」の挿絵。中原淳一画（昭和12年8月号）

雑誌のメインとなるのが人気画家の挿絵を添えた小説です。少女雑誌に掲載された小説は、感傷過多であったり、波瀾万丈の立身出世物語が主体であると思われがちですが、『少女の友』の小説は、都会の女学生好みの上品で知的な雰囲気が身上でした。

個性豊かな作家がバラエティに富んだ作品を寄せましたが、なかでも特筆すべきが川端康成、吉屋信子、松本かつぢの三人です。

川端康成「乙女の港」（昭和12年6月号〜13年3月号連載 挿絵：中原淳一）

本作は文豪・川端康成が『少女の友』に書いた初めての作品ですが、横浜のミッションスクールを舞台に当時女学生の間に流行していた〈エス〉を描き、『少女の友』史上、最も人気を博した小説となりました。

〈エス〉とは女学生同士の疑似恋愛的な友情関係のこと。「男女七歳にして席を同じうせず」といわれた当時、思春期の乙女たちの熱い視線は異性ではなく、むしろ魅力的な同性へと向けられたようです。親友同士や先輩後輩の間柄とは異なり〈お姉さま〉と〈妹〉が一対一の契りを結ぶのが鉄則で、下駄箱を介しての手紙の交換など、独特の女学生風俗がありました。

それを男性である川端がつぶさに描いたことに読者は驚きましたが、後年、本作には川端の弟子である中里恒子（一一五ページ参照）が大きく関与していたことが判明。横浜のミッションスクールで学んだ中里の体験が物語にリアリティを与えたようです。

全十回の連載のうち、初回をご紹介します。

吉屋信子「小さき花々　紫ゆかりの手記」（昭和15年6月号　挿絵：中原淳一）

『少女の友』に最も多く作品を寄せたのが吉屋信子でしょう。大正十二年の初登場以来、「桜貝」「わすれなぐさ」など、三十年にわたって作品を発表しました。とりわけ、昭和五年の「紅雀」は大反響を呼び、ファンクラブも出来たほどの人気を誇りました。また信子自身も誌面に数多く登場し、憧れの職業婦人として読者の羨望を集めました。

「小さき花々」は信子の出世作「花物語」と同じ短編連作集です。昭和十年に一年間連載された後、「伴先生」「乙女手帖」など数本の長編をはさみながらも、昭和十二年一月号、昭和十五年五月号～十月号、昭和十六年三月号と断続的に書き続けられました。「紫ゆかりの手記」はシリーズ中最も優美な作品といえるでしょう。当時女学生たちに絶大な人気を誇った少女歌劇を舞台に、短いながらもドラマチックな展開をみせる信子の隠れた名作です。

松本かつぢ「くるくるクルミちゃん」（昭和13年1月号～昭和15年12月号連載）

松本かつぢは『少女の友』史上、最もユニークな画家といえるでしょう。抒情画家でありながら漫画家でもあり、一冊の雑誌のなかでさまざまな顔をみせました。「くるくるクルミちゃん」は漫画家・松本かつぢの代表作。日本の少女漫画の先駆け的作品でもあります。また、明るくお茶目なクルミちゃんの人気はグッズの世界へも飛び火し、日本の女の子向けキャラクターの元祖となりました。ここではそのうちの一回分を紹介します。（内田静枝）

乙女の港
川端康成
中原淳一画
1937.6.
SUN.NOK.

1　花選び

晴れやかな入学式が済んで、間もなくの或る日だった。

鐘の鳴り渡った校庭に、方々の廊下から生徒たちが溢れて来る。

駈け寄って睦み合っている声々。桜の木の下のベンチで、何やら小さな本を読んでいるひと。丸鬼をしている快活なひと群。なんとはなしに肩を組んで歩いている人びと。

下の運動場から、新入の一年生が賑かに登って来た。体操の時間の後らしく、みんな上着を脱いで、頬が赤い。

それを上級生たちは、美しい花を選ぶような眼つきで、木立の蔭や廊下の曲り角に、待ち伏せしている。

初出：昭和12年6月号

「今度の一年生は、オチビさんが多いわね。」

「そう見えるのよ。私たちが入学した時は、もっと小さかったわ、きっと。」

「大き過ぎる一年生なんて、ちょっと親しみにくくて厭アね。あれくらいが可愛いわ。」

「まあ、もう目星をつけてるの？」

「こっちでいくらきめたって、一年生だってお人形じゃないんですもの。思うようになりゃしなくてよ。」

三千子も上着を取りに、教室への廊下を真先に駈けて行くと、不意に薄暗い窓際から、背の高い痩せたひとが近寄って来た。ふと驚いて立ち止る三千子に、ネイビイ・ブルウの封筒を手渡して、

「ごめんなさい、あとでね……。」

そして、仄白い顔をちらと見せたきり、いそいで曲り角へ消えてしまった。

三千子はどきどきする胸に、そっと手紙を抱えて、教室へ入ると、もうそこには、ほかの道から先きに戻った級友が五六人、上着を着たり、お河童に櫛を入れたりして、なにか騒いでいたが、三千子の姿を見るなり、

「大河原さん、おめでとう。」

「大河原さん、幸福の花が届いていてよ。」

などと、口々にからかっては、三千子の肩を叩いたり、髪の毛を撫でたりして、出て行った。見ると、三千子の机の上に、色濃い匂いの菫の花が、小さな束に結んで載っている。はっとして机の中をあけると、教科書の上に、紫インクで書かれた、真白な封筒がひとつ……。

三千子は、いちどきに両手を引っぱられたように惑った。

「どちらを先きに……?」

あの小暗い窓際に、気高く仄白かった面影が、先ず心に浮ぶので、ブルウの手紙をひらいてみた。

突然できっとびっくりなさることでしょうね。でも、私の不躾けをおとがめにならないでね、どうぞ――。私の花束をお贈りします。

あなたはどんなお花がお好きか分らないけれど、もしも、私の花束のなかに、お好きなお花がひといろあるとしたら、どんなに私は仕合せでしょうか。

花薔薇

わがうへにしもあらなくに
などかくおつるなみだぞも
ふみくだかれしはなさうび
よはなれのみのうきよかは

野梅

めづる人なき山里は
うばらからたち生ひあるゝ

籬のもとに捨てられて
雨にうつろひ風にちり
世をわびげなる梅の花
あひみるにこそ悲しけれ

沙羅の木
褐色の根府川石に
白き花はたと落ちたり、
ありとしも青葉がくれに
見えざりしさらの木の花。

お慕わしき
三千子さま

五年A組　木蓮

言葉が少なかったけれど、その手紙のゆかしさ。派手やかな草花でなく、年を経た樹木の花が好きという、そのひとの心の深さ。

その手紙はむずかしくて、一年に入学したばかりの三千子の首を傾げさせたが、その花々の匂いは、手紙の中に、高くかおっているようだった。

花薔薇。野梅。沙羅の木。

「沙羅の花って、どんな花かしら。」

三千子は見たことがない。こんなむずかしい花を愛するあのひとは、お伽噺に出てくる、あの森の精のように、不思議に美しく思えるのだった。

しかし、ふと目を落すと、そこにもう一つ、濃い紫の菫の花。

三千子は今読んだ手紙のひとに、最早淡い思慕の漂うのを感じる。それなのに、また別の手紙を見るのは、なぜか心疚しかったけれど、白い封筒も開かずにはいられない。

便箋の中からも、菫の一茎がぱらりと落ちた。

三千子はあわてて、その花を本の間にはさんだ。

三千子さま
あなたの小さく細っそりしたお姿が、校門に初めて現れた、その日から、私はもう見覚えてしまいました。

なんてお言葉をかけようかしらと、毎晩お床の中で案じていましたの。

私はすみれの花が、なんの花より一番好きですの。すみれの花言葉を御存じでいらっしゃいましょう。

あなたを「私のすみれ」とお呼びしてよろしいでしょうか。

あなたは私になんの花をお返事下さいまして？

でも、これは余りに私のひとり合点でした。可愛いあなたのまわりには、美しい蝶々がいっぱい群がることでしょう。

あなたがどの蝶のお宿になって下さるか、私は静かに待っております。

ひそかなる

我がすみれ嬢へ

四年B組　克子

三千子は読み終って、ほっと溜息が出た。上級生の方たちは、なんて名文家揃いなんだろう。ついこの間まで、竹馬に乗ったり、とんぼ捕りばかりしていた自分は、こんなお洒落な手紙に答える言葉も知らない。

どうしたらいいかしら……。

紫紺の上着に手を通してからも、ぼんやり菫の花束を掌に載せていると、またどやどやと五六人の生徒が入って来た。

「ちょっと、脂肪取りあげましょうか。」

肥った気取りやの山田昭子が、こう言いながら、せっせと顔を拭いた。

「まあ、脂肪取りなんか持って来て、先生に叱られないの？」

「だって坂井さん、女の子が脂肪でぎらぎらした顔してるの、厭じゃないの。」

「私の顔にも脂肪が浮いてる？」

「どら見せて。ないや。あなた痩せっぽちなんだもの。こんな春なのに、脂肪も出ないようじゃ、心細いわよ。」

そのような明るい笑い声のなかから、

「あらア、大河原さんどうしたの？」

MICHIKO
1937.6
JUN.NAK.

と、経子が初めて気づいたような声をかけて、机の間を渡って来た。

そして、三千子の手の菫を見ると、ちらっと目で合図して、耳もとへささやいた。

「その花のことでね。お話があるのよ。お帰りに御一緒しない？」

「えっ？」

三千子はどきっとしたが、そのままうなずいてしまった。

附属幼稚園から小学部――予科を通って、本科一年に上って来た経子は、選抜試験を受けて入学した三千子に比べると、もう何年も、この学校に馴染んでいて、学校の様子も精しいし、上級生のお友達も大勢あった。

今日のように、顔もよく知らない上級生から、手紙を受けた場合など、どうすればいいのか、三千子は経子に尋ねようと思った。

基督教女学校（ミッション・スクウル）は、官立の女学校よりも、生徒同志の友情がこまやかで、いろいろな愛称で呼び合っては、上級生と下級生の交際が烈しいということくらい、三千子もうすうす聞いていたけれども、それが実際どんな風に行われるものか……。

「エスっていうのはね、シスタア、姉妹の略よ。頭文字を使ってるの。上級生と下級生が仲よしになると、そう言って、騒がれるのよ。」

と、経子に聞かされても、

「仲よしって、誰とだって仲よくしていいんでしょう。」

「あら、そんなんじゃなくてよ。特別好きになって、贈物をし合ったりするんでなくちゃ……。」

二つの手紙も、それであったかと、分って来たが、まだ顔もろくに分らないのにと、三千子は不思議だった。

でも、自分を特別好きだと言ってくれるひとが、この校内に二人もいるのかと思うと、春の季節のように、なんとなく胸が温まって来た。

菫の花束は鞄の中にしまった。二つの手紙はブラウスのポケットに入れて、ボタンをかけ、さも秘密の出来たような、落ちつかぬ気持で、経子と約束の帰り道が楽しみだった。


その日は朝のうち花曇りの空が、午後からうすら冷い北風に変って、もう大きくふくらんだ木蓮の蕾は、白い花びらを覗かせたまま、痛そうに揺れている。

「降りそうね。あたし傘の用意がないわ。」

「あたしだっても。」

「母さまが天気予報を聞いて、大丈夫らしいっておっしゃるもんだから、損しちゃったわ。」

「雨よりも、私午後になると、がんがん頭痛がするの。」

「まあ、持病なの？」

「よしてエ、持病なんて、田舎のお婆ちゃんみたいな言い方は。マアフリイ病よ。」

「あら。そんなら私も御同病よ。どうしたらいいの？　いきなり、ぺらぺらぺら、分る筈がないことよ。それに早口の怒りんぼうじゃァ。」

そのミス・マアフリイが、まだ教室へ入って来ないので、一年のクラスでは、窓際に並びながら、空模様を眺めているのだった。

木の葉が波打つ向うの空は、海の上の方から鉛色に翳って来て、風の音が募るばかり——。

間もなく、生徒たちの目の前に、さあっと校庭を鳴らして、大粒の雨が落ちて来た。あわてて窓をしめる者、席に戻る者、その騒がしい最中に、ミス・マアフリイが靴音高く入って来た。

いきなり細い鞭で、黒板をぱんぱん叩くと、

「いけません、お話たくさんしている、駄目ね。」

ミスと呼ばれているが、もう三十を越したらしい顔つきで、いつも痞性に指をぽきぽき折っている。

少し訛りはあるけれど、日本人の名前を呼ぶことにも慣れて、

「イシハラさん。」

「Present.（プレゼント）」

「カミモトさん。」

「Present.（プレゼント）」

マアフリイはその度毎に頭を上げて、名前と生徒の顔とを照し合わせる。

教室が静まると、外の雨が激しく耳についた。

カトリックの宗教を持つこの学校では、午後は全校のクラスが皆、外国語専門の授業。日本人の教師達は職員室に籠ったままで、フランス尼僧のマダム達や、英国人の教師達が、教室へ出て来る。

どうやら日本語を話せる外人達でも、教授中はわざと意地悪くしているように、自分の国の言葉ばかりでしゃべるので、新入学のその日から、午後の時間が、一年生にとっては、なによりの

1937.
JUN.NAK.

苦手だ。

ここの予科から上って来た二十名余りは、よその小学校から入学した生徒よりも、英語や仏蘭西語の下地が出来ているので、外国語の時間だけは、上級へ編入されてしまい、初歩から学ぶ残りの皆は、どうせ団栗の背くらべだった。

ミス・マアフリイの唇が、薄い刃物のように怖くて、その発音を皆一心に見つめている。

マアフリイは栗色のスカアトにベエジュの上着をつけていた。青春を宗教と学問に捧げつくして、蕾のまま枯れたような淋しさが見える。

「オオカワラさん、ミチ子さん。」

「はあい。」

「No.(ノウ)　オオカワラミチ子さん。」

「Present.(プレゼント)」

三千子は真赤になって、返辞し直した。

「また、オオカワラアイコさん。」

「Present.(プレゼント)」

三千子があわててもう一度答えた。

「どうしてえ?」

と、マアフリイはちょっと顔を上げて、三千子を見たが、また続けて出席を取ってゆく。

五十人の少女の新しい顔も、どうやらその名前といっしょに、マアフリイは覚えこんだけれども、最初から一番印象に残ったのは、同じ大河原の姓を持つ、三千子と愛子——。

そして、心のなかでこっそりと、「綺麗な三千子さん」、「足の悪い愛子さん」と、二人の特徴をつかまえて、区別していた。

「ちょうど雨になりましたね。オオカワラさん、雨降りですと云って下さい。」

「It is rain.（イット イズ レイン）」

「No.（ノウ） アダチさん。」

マアフリイは三千子を立たしたまま、次の指名をした。

「To-day rains.（ツウ デイ レインズ）」

「No. ヤマダさん。」

「It rains.（イット レインズ）」

と、誰かが正しく答えてくれるまでは、間違った者は立たされていなければならない。

「Rain（雨）は名詞、雨降るという時は、たいてい It を主語として、動詞に変化します。名詞が動詞に変化する場合、沢山あります。昨日もありましたね。——まだ文法習いませんが、あなた方ミッションの生徒です。必要な会話出来ないの、いけません。さあ、もう少し雨のお話しましょう。」

そういう風に会話でしばらく意地目ておいてから、教科書にとりかかった。

マアフリイが滑らかに読む後について、生徒が一斉に読みあげるのだった。なかには、読本（リイダア）を前に立てて、マアフリイの発音を、仮名で書き入れる者もある。

三千子は、ポケットに手紙が入っているので、なにか温かい楽しみに擽ぐられるかのように落ちつかない。

「早く授業が終ればいい。経子さんから、いろんなことを聞いてみたい。」

だから、放課の鐘を聞いた時は、その鐘が三千子の胸のなかで鳴ったみたいに、どきどきした。

しかし、マアフリイは胸飾りをいじりながら、

「わたくし少し遅れて来ました。一時間にするだけのことしてしまいましょう。」

と、ぐんぐん先きへ進んで行く。

生徒たちは恨めしそうに、声を揃えて、マアフリイの唇を真似る。

開港当時からの古い居留地の丘が、すっかり黒い雲に包まれて、室内は日暮のように暗く、嵐に近い雨になった。

迎えの自動車だろうか、坂下に警笛がしきりに響き合っている。

授業を終った上級生の群が、廊下に流れて来て、

「ミス・マアフリイね。可哀想に、早速いじめられてるわ。」

と、一年の教室を覗くひと達もある。

「ちょっと、あの痩せて色は浅黒いけど、髪のふさふさした眼の大きな子、誰?」

「知らないわ。」

「ええと、あの子は、大河原さんだったかしら。」

「御存じなの?」

「どういたしまして。——お食事の時、不二屋があのひとに、ハム・パンを届けていたの。註文の黒板を見たら、ハム・パンを書き出しているのは、一年生では大河原さんだけだったの、今日はね。それで覚えたのよ。」

「あら、随分名探偵ね。」

三千子がそわそわと窓を見ると、誰か直ぐ向うで、自分に微笑みかけている顔があることに、気づいたけれど、雨の湿気で窓硝子が霞み、はっきり外が見えなかった。ちらちらと、紫色の感じが眼に残るばかり……。

ミス・マアフリイは、生徒のじれているのも知らん顔で、十分近くも授業を延してから、やっと教科書を閉じた。

「ひどい雨、気をつけてお帰りなさい。」

と、初めて少し笑顔を見せると、また肩を張って、不機嫌そうに出て行った。

三千子は鞄を抱えるなり、下駄箱に飛んで行って、靴を履き替えたが、余りひどい雨なので、玄関に棒立ちになったまま、坂道を眺めていた。

「経子さんはどこに待ってるのかしら。」

と、事務所へ駈けて行くと、電話室の前には、銘々の家へ迎えを頼む人が、列を作っていた。

三千子の家は、電車で四十分もかかる遠くで、迎えには来られないけれども、向うの停留所まで出て貰おうと思いついて、電話の順番を待つことにした。

上級生には、いつも用心深く傘棚に雨傘を置いている生徒も多く、勝手知った小使室へ駈けつけて、学校の傘を借りて行く人もある。

俄雨で一番困るのは、やっぱり入学したばかりの一年生。

「あら、三千子さん、随分捜したのよ。」

と、経子がどこからか走り寄って来た。三千子もほっとして、

「あたしもよ。今ね、家へ電話かけるから、ちょっと待ってよ。」

「お迎え？　それならね、ついでにお断りして、あたしの家へ少し寄ってらっしゃらない？」

「だって、あなたのお家の方、初めてですもの、厭だわ、なんだか。」

「まあ！　いっしょに帰るって、さっき約束したのに……。あの話だってあるわ。」

「でも、お家どこ。」

「弁天通三丁目の貿易商だわ。お家へそうおっしゃっとけば、叱られないでしょう。」

やっと電話の順番が来たので、経子の家に寄って行きたいと言うと、母はおしまいまで聞かずに、

「いけませんたら。この雨の中を、そんな道草しないで、直ぐお帰りなさい。お天気の日になさい。いくらお約束だって、いいの、真直ぐ帰るんですよ。」

と、頭から三千子をきめつけて、電話は切れてしまった。

「だめ、母さまがいけないって、今日は。」

「まあつまんない。じゃ馬車道まで御一緒にね。もう家から誰か迎えに来てるかもしれないから、傘を貰って来るわね。」

そう言い残して、経子は廊下の向うへ駈けて行った。

三千子がしょんぼり雨を見ていると、うしろから、なんとなくいい匂いがした。そして、名を呼ばれた。

「大河原さん。さっきはごめんなさいね。お傘ないんでしょう。」

振り向いて、背の高いそのひとの眼と見つめあい、三千子は黙って、誘いこまれるように、こ

1937.6

つくりした。

青みがかった眼、紫光りに黒ぐろした髪、花のように匂う顔——このひとがあの花の手紙のように、自分のことを心にかけていてくれたのかと思うと、身内に火がついたように熱かった。

日頃夢見る童話の女神に比べて、このひとは生きて話をするばかりか、美しい手紙や、やさしいいたわりをみせてくれる。

「お家どちら、お送りしますわ。」

「でも、とても遠いんですもの。」

「じゃ、尚更お送りさせてね。こんな雨の中をひとりで帰したくないの。今直ぐ車が来るのよ。」

なにげなく三千子の鞄を抱き取って、夢ごこちの三千子の手をひくように、玄関へ出て行った。

そして、そのひとは、あたりの生徒たちに少うし気を兼ねるらしく、迎えの男の傘のなかへ、三千子を誘い入れた。

「三千子さん、大河原さん。」

と、廊下を駈け戻って来た経子が、目を円くして、三千子の後姿を睨んでいた。

「ごめんなさい、私待ったんだけど。」

と、三千子は素早く傘を抜け出して、経子の傍へ来るとささやいた。

「あの方ね、あたし知らないんだけど、どうしても送って下さるって言うの。なんだかいい方みたいで、あたし嬉しかったの。ごめんなさい、あなたのお約束忘れやしないけれど、あたし、あの方にお断り出来なくて、ごめんなさい。」

「まあ？　三千子さんみたいに気が弱くて、どうするの？　あの方ね、五年の八木洋子さんて、有名なひとだわ。牧場のお嬢さんよ。とても秀才で、下級生なんか相手になさらないので通ってたんだけど……。でも、菫の花束の方だって、素敵なひとよ。明日紹介するんだったのに。」

経子はこう言いながら、砂利道の端に濡れ立って、三千子を待っている洋子に、丁寧なお辞儀をした。

「その菫の方とも、誰とでもみんなと、お友達になってはいけないのかしら……。」

と、三千子は困った顔をした。

「そりゃそうだけど、まだあなたは分らないのね。明日話してあげるわ。」

「だって、美しいひとは、あたしみんな好きだわ。こそこそ隠れてお友達になるの、厭じゃないの？」

「じゃ、早くいらっしゃいよ。とにかく五年の八木さんは、いろいろと有名なひとなのよ。」

と、経子は三千子に謎のような言葉を残して、反対側の出口へ廻って行った。

三千子はなんだか女学校の交際というものが、随分妙に感じられる。例えば、毎日逢っているのに、お互いに知らん顔して、手紙でばかり話し合う。しかし考えてみると、これも楽しいことに思われる。口に出してしゃべってしまえば、その言葉は美しい匂いが消えるような気がする。

自分もその夢のような世界へ入ってゆけそうで、わくわくしながら校門を出て行くと、自動車が雨に光って、三千子を待っていた。

洋子は三千子の傍に膝を寄せて来て、

「どちらなの？」

「弘明寺（ぐみょうじ）です。」

「じゃ、高等工業の直ぐ傍?」

「ええ、山の下。でも誰か停留所へ迎えに出てるかもしれませんの。」

車は山手の坂を滑って行った。目の下の街に雨が荒れている。

高い尖塔のある教会の前庭には、石畳の周りいっぱい咲き敷いた草花の向うに、満開の連翹が、そこだけ灯をともしたように、明るく濡れていた。

「私の手紙うけとって下さる?」

三千子は下を向いたまま、うなずいた。

「でも、私のこと、学校の噂をお聞きになったら、どんなお考えに変るかしら。」

「あたし誰とも仲よくしたいんですの。きれいな方は、みんなお姉さまにほしい位。あたしお兄さまばかり三人もあって、女の子はあたしひとりなんですもの。」

「まあいいわね。私はひとりっきり。でもね、もうじき私の牝牛が子を生むのよ。今度見にいらして頂戴ね。」

三千子はその話を聞くと、いっぺんに親しい温かみが込み上げて来た。

「牛の赤ちゃんが、繋がれて歩いて行くの、見たことがあるの。可愛くって、ほしかったわ。」

「じゃ、一匹あげましょうか。」

「大きくなると怖いわ。いつまでも赤ちゃんのままでいてくれるといいわね。」

「牛の赤ちゃんばかりじゃなくてよ。人間だって、いつまでも子供でいられたら、どんなに仕合せでしょう。」

育つということは楽しい筈なのに、洋子の悲しげな言葉は、どこから来るのだろう。

三千子は答えようがなくて、そっと雨の町に、眼をそらせた。

（つゞく）

【編集部注】本作品の『少女の友』初出時は、旧漢字・旧仮名づかい、総ルビで掲載されている。本書への所収にあたっては、『川端康成全集 第二十巻』（１９８１年、新潮社刊）を底本とし、編集部で新漢字・現代仮名づかいに改め、ルビは全集の表記に従った。

初出：昭和14年4月号

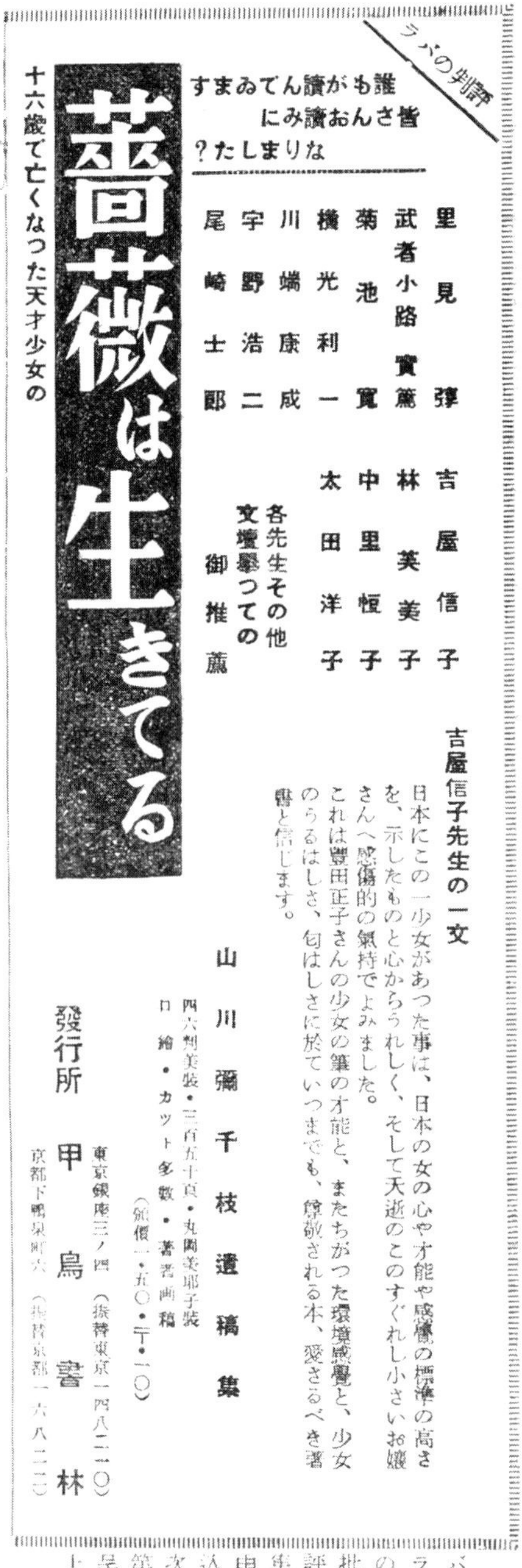

薔薇の評判
誰もが讀んでゐます
皆さんお讀みに
なりましたか？
里見弴
武者小路實篤
菊池寛
横光利一
川端康成
宇野浩二
尾崎士郎
吉屋信子
林芙美子
中里恒子
太田洋子
各先生その他
文壇擧つての
御推薦
十六歳で亡くなつた天才少女の
薔薇は生きてる
吉屋信子先生の一文
日本にこの一少女があつた事は、日本の女の心や才能や感覺の標準の高さを、示したものと心からうれしく、そして天逝のこのすぐれし小さいお嬢さんへ感傷的の氣持でよみました。
これは豐田正子さんの少女の筆の才能と、またちがつた環境感覺と、少女のうるはしさ、匂はしさに於ていつまでも、尊敬される本、愛さるべき著書と信じます。
山川彌千枝遺稿集
四六判美裝・三百五十頁・丸岡美耶子裝
口繪・カット多數・著者画稿
（定價一・五〇・〒・一〇）
發行所
甲鳥書林
東京銀座三ノ四（振替東京一四八二二〇）
京都下鴨泉川六（振替京都一六八二二）
薔薇の批評集申込次第呈上

伯母さんから、度々の手紙で、いよいよ私も、三年目の舞台を退いて、北海道の伯母さんの家の養女にゆく運命となった。

思えば、三年前、子供らしい夢のような、希望――少女歌劇のスターに、もしなれたら――と、胸をわくわくさせて、歌劇学校へ入って一年、早く舞台に出たくって出たくって、たまらなかった。

そして、あの春の、舞台左右の袖から、同期の人が、二手（ふたて）に別れて、禿姿（かむろすがた）になって、長い両（りょう）の袂（たもと）を胸に合わせて二列になって出て行ったのが、初舞台だった。

それから――三年、もう私も十七だ。

初出：昭和15年6月号

同期の人で、二三人は、ベスト・テンに入って、昇格して、舞台のまんなかや、マイクの前へ、二人や一人で、目立つ役がついている。

歌劇学校の生徒だったときから仲よしだった、勝ちゃんは、夕空星美の舞台名で、私と一緒に初舞台を禿で、あのときすぐ隣にならんでいたのに、二年目には、あのひとの、背丈のすらとのびているのと、その目鼻立ちの彫の深い――美少年タイプから、抜擢されて、男装チームに入り、いまでは、（ゆうぞら会）という、ファンの団体も出来て、ファン・レターや、花束や、贈物が、ずいぶん楽屋へ届くようになった。

それに、ひきかえ、わたくしの、紫ゆかりは――相変らずで、いつまでも、十人か、少なくて四五人づれで、タップを踏んで舞台を横断して引っ込む、名もない役だった。

興行毎のプログラムに、夕空さんの勝ちゃんは、何か男装役の役が付いて目立ち、こんどもスペインの闘牛士のきらびやかな服装で出る、クレオという名で、スターの明石さんの相手役になっているし、邦舞のものでは、明石さんの蛍狩のお姫様にからむ、眼のさめるような可愛い前髪立ちのお小姓を勤めている。

だのに、私は、スペインの村の娘という、まことに漠然とした役名で、その娘の一群が十人も揃って出る、まんなかに、はさまって舞台を右から左へ、うろうろと通るだけである。

日本ものの方では、蛍籠を持って、これも五人の腰元のなかに入って、明石さんのお姫様と、勝ちゃんのお小姓の踊る間、じっと、隅の方に、しゃがんで、うつむいているのが、せめても舞台に長くいる役だから、考えると、しみじみ情けなくなっちまう……。

うちのお母さんも、このごろでは、私のゆく先を案じて（いつまで、あすこに出ていたって、うだつがあがりそうもないから――あんまり年をとらないうちに、考えなくちゃあ……）と、悲観説だった。

そこへ、このごろのように、物価があがると、靴も洋服も、なかなかよういじゃない。

昼夜二回興行で、いわば、いちんち楽屋にいるようなものだけれど、それでも裸で楽屋入するわけじゃなし――やっぱし、何かしらいる。

靴下だって、かりにも歌劇の子が、まさか、ガスの靴下もはけず、絹のを穿くんだけれど、それが、つうと一本糸をひくと、もう駄目になるし、ずいぶん、気をつけるのだけど電車の乗り降りになど、いつのまにか破けて、初めは我慢しても、どうしても、みっともなくて穿けないほど、ほつれてしまうんだもの――その靴下も高いうえに、なかなかどこの店も品不足で、買うことも出来ない。

スター達は、買い占めて、たくさん持ってるから、いいけれど――

いつか、私が、勝ちゃんから、その靴下の贈物を貰ったことがあった。その日、楽屋のエレベーターのところで、ぱったり、勝ちゃんに会ったら――勝ちゃんは、もう中堅組の男装チームの部屋にいるんで、ふだんは、前ほど顔を合わせる時もなかったけれど、そのとき、エレベーターの前で、会ったとき、勝ちゃんは私のほころびた靴下を見て見ぬふりしていたのだわ、きっと――

最初の幕も次のも、私は役なしで、浴衣の楽屋着でメイキャップしたまま、鏡台の前で、ぼんやりしていたら、私たちの部屋へ、勝ちゃんが、二幕目の、あのすばらしい闘牛士の黒に金筋入の服着て、つかつかと入って来たの、「あーら」って、みんな声出して、この男装チームの花形を迎えたわ。

わたくしの部屋には、後輩の小さい子もいたので、彼女らにとって、この先輩の夕空さんは、憧れのスターなんだもの。

相手役の、明石さん、夕空さんより二三年先輩の娘役のスターが、いまでは、新進の男装相手役の夕空さんに、のぼせて、とても、いろいろ贈りものしたり、優しくまつわって、たいへんだって噂が伝わっているくらいだから……。

その夕空さんの勝ちゃんが、いきなり、わたしの鏡台の傍へ来て、小さい包(つつみ)投出し、

「キミ坊——これ使わない！」て、ひとこと言ったきり、ぽんと肩を叩いて、すぐこの闘牛士は廊下へ飛出して行った。もう、舞台は開くのだった。

「あーら、おめでとう、なに貰ったの？」

って、まわりに騒がれても、私は後生大事に、その包を胸に隠して、開けなかった。

「あやしいぞあやしいぞやーい」って、みんなに、はやされて、私は得意だった。

そんなに、男装チーム新進の夕空さんは人気があり、そのひとから、肩を叩かれ、楽屋で何か贈りものされれば、羨ましがられるのだった。

でも、考えて見れば、私が、勝ちゃんの後輩で年下ならともかく、もとをただせば、同期生だのに——もう、その同期の勝ちゃんは、こんなに楽屋でも格のちがう人気者で、そのひとと仲よしだというのが、私の光栄になるとは——ほんとなら、勝ちゃんに嫉妬を感じてもいいんだけれど、それが私には出来ない。

やはり私は——同期の出世頭の勝ちゃんの夕空星美が好きなんだ、せめてもの同期生のよしみ

JUN.NAK.

で、楽屋で友達づきあい出来るのが、うれしいのだった。

勝ちゃんと私は、小学校はちがうけれど、歌劇の生徒に入学と同時に、仲よしになった。よく二人で、あんみつ食べに行って、いまに二人ともスターになるよう、一生懸命にと可愛い夢を描いたものだった。

勝ちゃんが、いよいよ男装チームに編入されたとき、わたしをお茶に誘って、

「キミ坊、しっかりしてね、早く私の相手役の、綺麗な娘役になって活躍してよ、私、誰と一緒に舞台で組むより、あんたと組みたくって、たまらないんだから……」

こう言われたとき、ほんとにうれしかった。どうしても、勉強して、勝ちゃんの相手をするようになるのが一生の希望の気がした。

だけど——この二年、やっぱり、私は駄目だった。

役割の発表を見るたび、わたくしは、相変わらず、村の娘の五人の一人だったり、蛍籠持(ほたるかごもち)だったりだった。

そして、勝ちゃんの相手役は、もう有名な美しいスターの明石さんが、よく勤めるほど、新進スターの勝ちゃんと私のワンサガールのへだたりは、海と山ほどになった。

でも、勝ちゃんは昔の同期生の仲よし時代を忘れず、いつでも、よく私をお茶に誘ったり、ファンから届いたおすしやお菓子を分けて、私たちの楽屋へ持って来たりするのだった。

わたしは、舞台で成功の望みは、もう諦めかけたりしていたし、お母さんも、もう、うだつがあがらないから、やめるように、いくども言うのだけれど、舞台をよせば、もう、大好きな勝ちゃんに会えないしと思うと、それが悲しくって、たとい、相手役は出来ずとも——フィナーレの

とき、後（うしろ）の方でも同じ舞台に勝ちゃんと居られるんだし、たとい、村の娘大勢でも、侍女役でも、時には、同じ舞台の隅っこにいられると思うと、それが、ただ一つのうれしさで、いままで我慢していたのだった。

ところが、こんど北海道の伯母さんが、子供がないので、キミ坊を養女にしたいと、度々言って来られ、母さんは、伯母さんのお家はお金持ちだし、そこへ貰われて行って、お嫁さんになるお稽古事をした方が、ゆくすえ、どんなに仕合（しあわ）せか、わからないから、もう少女歌劇を退団して、北海道へ行くようにと、毎日のように言われ、とうとう退団届を出した——興行中は、ほんとは、むやみと退団してはいけないのだけれど、北海道の伯母さんが来るなら早くと電報でせき立てるし、それに、私がいま舞台をよしたからとてターキーがやめるのとちがって、どうせ、いてもい

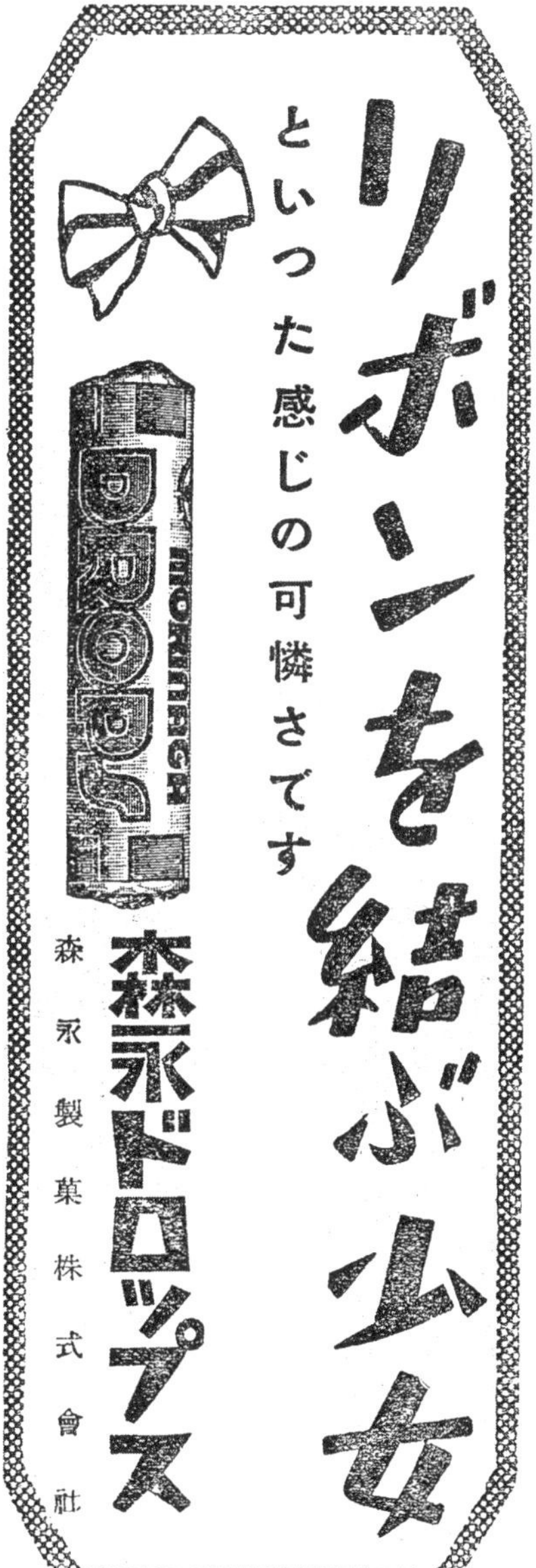

リボンを結ぶ少女
といった感じの可憐さです
MORINAGA DROPS
森永ドロップス
森永製菓株式會社

初出：昭和15年6月号

なくてもいい万年ワンサガールだから、すぐ願いは、聞き届けられて、やめていいことになった。

そして、いよいよ、今日かぎりの舞台でよすときまったとき――もう、これで、勝ちゃんにも、お別れかと思うと、ほんとに泣きたいような、さびしさだった。

勝ちゃんには、よくわけを話し打ち明けようと思ったが、どうしても、その日まで打ち明ける元気がなかった。勝ちゃんに、私舞台をやめると言ったら、いくじなしね、もう少し辛抱しない、やめないで――と言われるに、きまっているし、なんだか、いろいろ考えると、胸がいっぱいで、どうしても、やめるのを言い出す機会と勇気が、なかったのだった。

でも、いよいよ今夜のこの舞台でお別れと思うとき、どうしていいか、わからなかった。

そのとき、不意の出来事があった。

それは、滝野もみじさんの胃痙攣が、楽屋で突発したことだった。

滝野さんは、ホテルの女中役で、それは、そのホテルのポーチにいる、闘牛士姿の勝ちゃんのところへ、その相手役の舞姫からの手紙を届ける役だった。

その役の滝野さんが病気で、夜の舞台から、突然出られなくなった――そのとき、天来の福音――か！　突然、そのホテルの女中役の代役が、私に命じられた。

ああ――初めて一人で舞台に出る役、それは、勝ちゃんのクレオに、お盆の上に手紙を載せて差し出し、

「はい、お手紙でございます」

と、ひとことのせりふを言って、すぐ舞台から引っ込む、二三分間の役だった。

でも、私は天にも昇るうれしさだった。

この最後の舞台で、やっと望(のぞみ)が叶って、憧れの勝ちゃんのすぐ前に、舞台で立てるのだ。これぞ神様の賜物(たまもの)だ。私は涙の出るようにうれしかった。

私はすぐ滝野さんの衣裳を着込んで、ホテルの女中に扮した。渡す手紙はお盆と一緒に受けとって、そして自分の出を待っていた。

私は、そのとき、その手紙を開いて見ると、なかには、白い紙が入っているだけだったが——これは、クレオという闘牛士に相手役の舞姫が送る別れの手紙で、クレオの勝ちゃんは、それを読むふりして、

「おお、カリーナ、美しい貴女の姿は今日限り私の眼に見られないと言うのか、カリーナ、愛するカリーナ、私は、あなたをどんなに愛していたか！　たとい、今日別去るとも、私は、いつもいつも、あなたの幸福を祈っている……」と、両手をさしのべて、悲しい別離の表情をする演技だった。

私は、その空白の白い手紙の上に、鉛筆で、書きしるした。

勝ちゃん、私今夜の舞台で、お別れして、少女歌劇をやめて、明日、北海道の伯母さんの家にゆきます。

さようなら！

これだけの文字を、走り書きにすると、私は舞台の出口へ降りて行った。

もう幕はあいていた。舞台のホテルのポーチでは、勝ちゃんのクレオが、黒に金のはでな闘牛

士の服で、ファンの拍手や「夕空！」との呼び声のなかで、身体をそり身にして、闘牛士の歌を声高く、お得意のアルトで、力いっぱい歌っていた。

歌い終るとファンの拍手が、またひとしきり続いた。そこへ、ホテルの女中の私は、舞姫からの手紙を載せたお盆を持ってゆく――私がホテルの女中役になって、そこへ現れて、

「はい、お手紙でございます。」と、短いこのせりふを一生懸命で言うと、びっくりして、私を見た勝ちゃんは、うれしそうに眼を輝かして笑って、

「代役、よかったね。」と、観客には、わからぬように小さい声で、にっこり笑って言うのだった。なんだか、私は、胸がきゅっと痛くなって、涙が出そうになり、うつむいて、慌てて逃げ出すように、舞台を下手に入った。

そして、舞台の袖口から、そっとのぞいていると、勝ちゃんのクレオは、封筒から、手紙を出して、いつものように、ひろげて、読む風をしながら、その紙の上の字に、びっくりして、眼をおとしたが、その瞬間顔色が変ったらしかった。

そして、唇がぶるぶるふるえるように――ふるえるように――クレオのせりふを言うのだった。

「おお――カリーナ、美しい貴女の姿は、今日限り私の眼に見られないと言うのか、カリーナ、愛するキミ坊……」

勝ちゃんは、とうとう私の名を涙ぐんで叫んでしまった。クレオのまわりにいた踊り子姿の人たちが、びっくりして、ふきだしている……

私は――そのとき、身体中（からだじゅう）火のように、熱くなり――いそいで階段をあがって、楽屋に入り、誰もいないその部屋の鏡台の前で、わっと泣き伏した。

ああ、紫ゆかりという万年ワンサガールが、今日限り舞台をしりぞいたからとて、誰一人観客のうちに、惜しんでくれるものもないのだ。

でも、あの夕空星美の勝ちゃんだけが、あの私の書いた手紙で、舞姫カリーナの名と、私の呼名キミ坊を呼びまちがえるほど――ああ、それほど、別れを惜しんでくれたのだとおもうだけで――もうもう何もかも満足だった。

私は、鏡台の前の、自分のお化粧品や、道具のすべてを包んで、このよろこびを胸に大事に抱えて――勝ちゃんが舞台から帰らぬうちに、ここを立ち去ろう。

あの涙ぐましい、うれしい心づくしの友情の別離の声を、このまま、この刹那、永遠に胸に生涯の思い出に秘めて!

私は、まもなく、一人そっと劇場を忍び出た。

空は、初夏の名月夜だった。

(この項おわり)

【編集部注】本作品の『少女の友』初出時は、旧漢字・旧仮名づかい、総ルビで掲載されている。本書への所収にあたっては、編集部で新漢字・現代仮名づかい、パラルビに改めた。

連載漫画
くるくるクルミちゃん
まつもとかつぢ
ホーガラカナ
アサカゼダア…
コーンキャンデ…
ナカクオイシイ……
ペロペロ……
オヤ、クヒシンボウノ
カレシガキタワ、
ミツカルトタイヘン……
コウット……
ウンサウサウ……
コンチワ アタシナンニモ
モッテナクッテヨ……
？
ヘ、ダレモモッテルテ
イハナイヨ――……

初出：昭和13年4月号

ナンダカヘンダゼ、オカシイゼ…
アノネ、イマチョイトツゴーガワルイノ、アトデアソブワネ……
ヒヤア……コハイ……
ワン！ワン！ワン！
アレ…タスケテ……ワンワンガコハイ……
ヤヤツ、カンチヨノイチダイヂ、ソレーツ。
ナンテマアソダチノワルイワンワンデセウ……
ボクガツイテレバダダダイヂヨウブサア……
ワンワンナンカヘイキヘイキノヘイチヤラサア……
アーコハカッタ。モウダイヂヨウブネ……
ウ
レレツ、ハチダア……
アレーツ。タスケテ……

11
イヤダア……ウワ……ササレチヤウ……
ブ〜ン
タハツ アンナトコニ キヤンデーカクシテラ。
12
ウーヌ、サテワ〳〵……ミヅクサイシウチヨナア……
ブーン ブーン
コレハ〳〵 ゴチサウサマ……
13
ギヲミテセザルハユウナキナリ…カハイサウダカラ、ヨシ、タスケテヤレ…
クルミチヤン ヂツトシテナイデヨ。
テ……
クハバラ〳〵 ドウゾサシマセンヤウニ……
14
ソレーツ テ……
ハナデ ゴマカセ……
15
ヂツトシテ、ヂツトシテ……ソレコノハナニ、ハチガトマツタラ シメタモンダ……ヨウ。
ハヤイトコ〳〵……
16
ソレツ、ハチコウメ。ハナノハウヘトマツタゾ。クルミチヤンハヤク モツテクレヨウ……

17
ウゴカシテハ、ダメダゼ、ソーット、ソーット、トコロデ、コノキャンデーハボクガタベチャウト、エヘヘスマンーウ……
アラ、チヤクイワ〱……
18
ヤヤッ、キャンデイヅコトミテアレバナアーンデ……アソコカア……
ヤイ、コラ〱インチキダゾ……
19
アレレ、マタキタア……ウワア…タスケテ……
20
ヨクッテ、モットタカク キャンデーダシテ…… サウ〱ソノチヨウシ……
モウイイカイハヤクタノムヨ……
21
ヤレ〱アノハチハドウダイ……スゴイネ、トテモコレヂヤアタベラレナイヨ……
22
コレガホントノアブハチトラヅネ……ウフフ……
ヘ、ナントオッシャイマシタエ?……

「没落」というモティーフ。《少女の友》の少女小説

千野帽子（文筆業）

西條八十の『古都の乙女』（一九三九完結、※1）のヒロイン・若野は、東京の裕福な家に育った江崎啓一とその妹・路子に画才を見出されて、江崎家に身を寄せ、絵の勉強をしています。しかし兄妹の父・豪介の再婚相手に疎まれ、追われるように家を出たあと、街頭の似顔絵描きとなるのです。若野に思いを寄せていた啓一の死を経て、豪介は若野と路子をパリに留学させます。

アーティストになる、というのが少女小説の「上がり」のひとつで、異性愛ものを打ち出していた《令女界》（※2）に比べると、恋人らしき男性が亡くなったりして、どうもシンデレラ的なハッピーエンドにはなかなかなりません。

『古都の乙女』の結末は吉屋信子の『桜貝』（一九三一完結、※3）を意識したものかもしれない、とも考えてみる。これはいわば親の没落が子に報いる物語で、こののちも菊池寛の『貞操問答』（一九三五刊）から戦後の太宰治『斜陽』（一九四七刊）まで、日本人を熱狂させてきたひとつの伝統なのかもしれません。川端康成（じつは中里恒子がかなり書いたらしい※4）の『乙女の港』（一九三八完結）も家の没落に健気に立ち向かう乙女の物語でした。

※1『古都の乙女』（昭和13年4月号～同14年5月号）挿絵は蕗谷虹児。西條八十は、大正末期より『少女の友』で作品を発表。

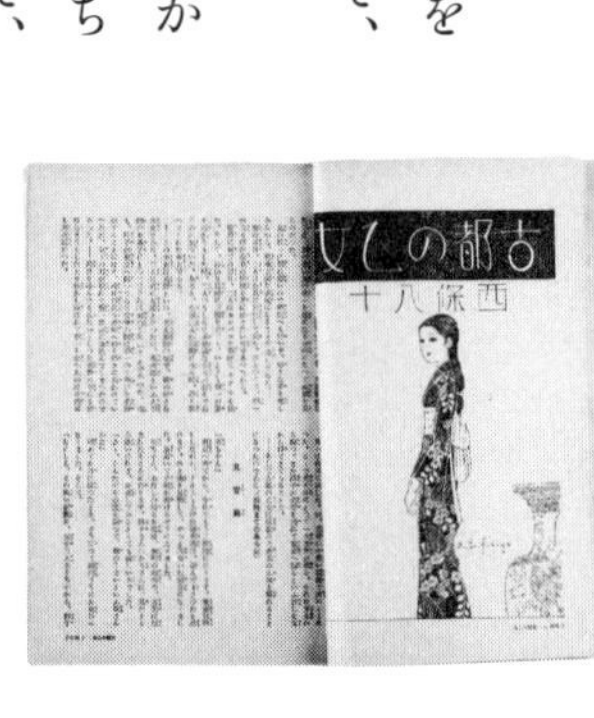

※2《令女界》大正11年から昭和25年まで宝文館から刊行。当時の少女雑誌としては珍しく恋愛

『桜貝』で県知事の娘・藍子が父の急死によって東京に職を求めねばならなくなるのは、吉屋が一九二一年に新聞に連載した大人向け小説『海の極みまで』のヒロインが、父である知事が失脚を機に東京に落ちのびるモティーフを繰り返したものでしょう。藍子の従妹・梢は、父・正夫が脱サラして大陸で一旗あげに行ったため、偏屈で固陋（ころう）な祖父の家で小間使いのように働きます。そしてなんと言っても薫。藍子が慕う同級生として登場しますが、父の病が原因で女学校を中退し、東京でキネマの看板描きから街頭の似顔絵描きまで、いろんなことをやるのです。

隣人の譲一はどうも梢が好きみたいなんだけど、相次ぐ悲劇の果てに、梢は修道院に入ります。大連で成功した梢の父は結末で、薫のパリ留学の資金を提供しようと決意する。

なるほど、『古都の乙女』の豪介は〈啓一の霊（たましひ）をよろこばせるやうに仕事に全部使ひたい〉と考え、『桜貝』の正夫は〈修道院に、人の世にそむきておわるあわれなわが娘の梢への心づくし〉と考えて、他人の娘をパリに留学させるのでした。

クリスマスの日に、譲一とその母といっしょにタクシーに乗っていた梢が、離れ離れになっていた藍子を雪降る辻に見出す場面は、『桜貝』の最大の山場でしょう。海老茶のセルのコートを着た藍子はすらりと立って、ボーイッシュな少女絵描きに傘を差しかけているのです。これが梢がはじめて見た薫。つまり終盤近くなってやっと、三人の少女がはじめて同じ場面に揃うのですから、何度読んでも感動します。そして三人が揃う場面はほとんどなく、ただ最終頁、上野の展覧会での薫の初入選作の画面を取り扱っていた。

※3『桜貝』（昭和6年1月号〜同7年3月号）挿絵は田中良。目次には「少女雑誌界の至宝、本誌独占第一特集」の惹句が躍る。

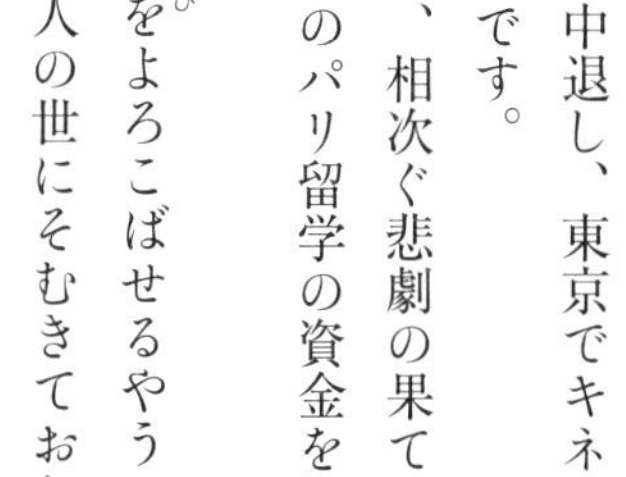

※4 なかざと・つねこ 小説家（1909〜1987）。1939年に『乗合馬車』で女性として初めて芥川賞受賞。「乙女の港」は、川端門下生だった中里が書き、川端が推敲を加えたいわば合作であることがのちの研究で明らかになっている。

のなかに、三人は永遠の姿をとどめるのでした。
《少女の友》の文学コンテンツは、もちろんこういうおセンチな悲劇ばかりではありません。吉屋信子だけをとっても、容貌の美しくない少女を主役にした『からたちの花』（一九三三完結）、華麗な『紅雀』（一九三〇完結、※5）や『わすれなぐさ』（一九三二完結）、波乱に満ちた『乙女手帖』（一九四〇完結）があるし、他の作家に目を転じれば、社会派な北川千代の短篇群や、カラっと明るく家庭的な由利聖子の『チビ君物語』（一九三六完結、ただしここにも没落のモティーフがあります。※6）や、小説ではありませんが神崎清（※7）の啓蒙的な『少女文學教室』（一九三九刊）と、じつに多面的な作品が掲載されていたといいますから、その豪華さに目が眩む思いがします。そしてそれは読者にとっての誇りでもあったことでしょう。

私が青土社から出した文藝漫筆集の題を『文學少女の友』としたのは、厚かましくも《少女の友》にあやかってのことでした。だから、なにかつらいことがあって挫けそうになったときに、自分は《少女の友》に本の題を（無許可で）もらったじゃないかと考えて、自分を励ましたっていいですよね、実業之日本社さん？

ちの・ぼうし　フランス政府給費留学生としてパリ第四大学で文学理論を学び、博士課程修了。京都在住。勤め人・俳人。2004年から休日のみ文筆業。主な著書に『文學少女の友』（青土社）、『文藝ガーリッシュ　素敵な本に選ばれたくて』、『世界小娘文學全集　文藝ガーリッシュ・舶来篇』（ともに河出書房新社）。

※5 『紅雀』（昭和5年1月号～12月号）『桜貝』の直前に連載。読者に絶大なる人気を博し、読者投稿欄には特設ページまで設けられた。

※6 『チビ君物語』（昭和9年12月号～11年12月号）挿絵は河目悌二。

※7 かんざき・きよし　詩人、ジャーナリスト（1904～1979）。『少女の友』のブレーンのひとり。島本志津夫の筆名で小説も発表。

◉セレクション5

女学生生活記事

Lifestyle of School Girls before WWII

インターネットはもちろん、テレビもない戦前の女学生にとって、
少女雑誌は唯一最大の情報源。
さまざまな切り口で女学生生活にまつわる記事を掲載しました。

由利聖子の小説「小さい先生」の挿絵。
河目悌二画（昭和15年4月号）

すべての少女雑誌は、多少の差はあれ読者として女学生を意識していますが、内山主筆時代の『少女の友』は最も明確に、女学生――殊にも都市部の女学生を標的にしていました。初期には少し見られた、小学生を対象にしたと思われる「小学校訪問グラビア」も、やがて急速に姿を消します。

少女達がこの方針を歓迎したことは、昭和十二～十三年に連載された川端康成作・中原淳一絵の小説「乙女の港」が全国的に他の少女雑誌の読者までまきこんだブームとなったことでも知られます。

『少女の友』では小説のほか、さまざまの分野で女学生生活をとりあげました。

ここでは三篇を紹介します。

「先生のお閻魔帳座談会」（昭和11年夏

増刊号）

出席者の高信峡水（孝次）は実業之日本社で『婦人世界』主筆を17年間、中央公論社で「婦人公論」編集長をつとめたのち教育界に転じた人。中西敬二郎は早稲田の学生時代「カツ丼」を発明したことでも知られる、横浜捜真女学校の歴史に残る名先生。府立第二高女は現在の都立竹早高校です。

　個々人で語ればおもしろい先生方でも、やはり時代のせいか、おツムの固さは否めません。劇場などへの父兄同伴は認めていても若い兄では困る。スカート丈を測るのに物さしに印をつけてチェックするなど。当時の都会の女学生は、知識欲に燃え社会的事象にも敏感であると認識してましたが、先生方のお嘆きを聞いていると、そうでもないことがわかり、今に通ずるものがありと、同感させられます。

村岡花子「友情論（女学生論）」（昭和14年10月号～17年7月号連載）

　今日、赤毛のアンの訳者で知られる村岡花子氏は、当時『少女の友』の主力ブレインのひとりでした。昭和十三年の「ブックレヴュー」に始まり、「友情論」（のちに「女学生論」）、女学生の思考を、女性の立場から指導しました。

　実はこの時代、優等生といわれる女学生は、自分の言葉で語ることはせず教科書や出版物からの借り物の堅いコトバで語ることが多かったのです。村岡の文章は、高度な内容も平易に語れることを教えています（もっとも私としてはこれでもまだ生硬で、由利の文章に少女の文のモデルを求めたいと思っているのですが）。思索することに不なれな少女たちも、村岡のエッセイでこうした文章に親しんでいきました。

由利聖子「女学生気質十講（じょがくせいかたぎあれやこれや）」（昭和12年3月号）

　神経質、多血質、胆汁質、粘液質という今日でも用いられる人間の気質の分類を、試験、友人との交際（もちろん女子同士に限る）やおしゃれ等女学生の具体的な生活に即して由利流に解説し、「さてあなたは何型」と問う。今日ではこういう固い内容を軽口に語る手法はよく行なわれますが、当時としてはきわめてユニークでした。由利は当時、『少女の友』の姉妹紙、『新女苑』にも丘文子の筆名で批判精神に富んだしゃれたルポルタージュを連載していますが、これらを愛読した少女たちのレベルもかなり高いものでした。

（遠藤寛子／座談会のみ小暮令子）

『少女の友』の読者ターゲット「女学生」とは何か？

戦前昭和の『少女の友』は、主に都市部の女学生を読者ターゲットにしていました。当時の女学生とはどんな女の子たちなのか、ここで触れておきたいと思います。

明治四十年から昭和十五年まで、義務教育は六年制の尋常小学校だけでした。尋常小学校を卒業すると、進学希望者は入学試験を受けて、それぞれの学校へ進みました。

男子には中学校、実業学校、高等小学校への進学の道が開かれていました。一方、女子には「高等女学校」（四年制が基本）と「高等小学校」（二年制が基本）への進学の道が開かれていました。一般に「女学生」とはこの高等女学校に通う子女を指します。高等女学校の進学率は、大正四年に五・〇パーセント、大正十四年に一四・一、昭和十年には一六・五パーセントとなっています（「日本の教育統計」より）。

この進学率からわかるように、高等女学校で学べた女子の数は限られていました。第一に、学校の数が非常に少ない狭き門でした。昭和十年に、全国で公立・私立あわせて約八百校しかありませんでした（「学制百年史」より）。第二に、女学校の月謝は高く、経済的に余裕がある家庭の子女しか進学できない事情がありました。高い学力を持ちながらも、経済的な支えがない少女は、高等女学校への進学を諦めざるを得ませんでした。

加えて、たとえ裕福でも「女に学問はいらない」という考えを持った家庭も、ことに地方の農村地帯では少なくありませんでした。ですから、高等女学校への進学は、少女自身の学力はもちろんのこと、経済的条件と両親の理解にも恵まれないとかなわなかったのです。言い換えれば、女学生であることは、その少女が家庭環境にも知性にも恵まれた少女である証でした。

彼女たちを現代におきかえるとどんな感じでしょうか？　高等女学校には現在の年齢で十二歳～十六歳もしくは十七歳の女子が通っていましたので、年齢的には現在の中高生に相当します。ただし、ごく限られた少女しか進学できませんでしたので、あえていえば、「中高一貫教育の超難関お嬢様女子校の生徒」といったところになるでしょうか。

（内田静枝）

先生のお閻

〈出席者〉

愛泉女学校長　高信　峡水
横浜捜真（そうしん）高女　中西敬二郎
府立第二高女　井部　正
作家　由利　聖子
『少女の友』主筆　内山　基
『少女の友』編集部　桑原　至

内山　お忙しいところをご出席下さいまして大変ありがとうございます。ではこれからはじめさせていただきます。

中西　どんな事を話すんですか？

高信　お閻魔帳座談会なんて大変悪いようですね、ハハ……。

井部　言いたい事は沢山ありますぞ。

少女歌劇と女学生

内山　近頃は大変少女歌劇というものが女学生の愛好の的になって来ているようですが、あれはどんなものでしょうか？　先生方の学校の方ではお許しになっていられますか？

中西　絶対にとめても仕様がありませんからね。僕の方は父兄同伴なら見物してもいい事にしてあります。レヴューばかりでなく映画でも何でもだいたいそうなんです。

井部　ところが父兄の兄といっても中学の上級や大学生のお兄さんがあるでしょう、そんな人と同伴しているのはちょっと困りますね。でも兄さんにはちがいないんですから……ハハ。

高信　そうですネ、運動会にも父兄の来場は歓迎しますがあんまり若い男の人は、遠慮してもらう事にしております。

中西　女の子があの少女歌劇の生徒た

初出：昭和11年夏増刊号

魔帳座談会（マチャウザダンクワイ）

ちを送り迎えするところを見た事ありますか？

内山　楽屋口ですか？

中西　イヤ、宝塚なんか関西から来たり帰ったりするでしょう、あの時ですよ。全く必死ですね。恥も外聞もありません。あれを見ると少女歌劇というものがどれくらい女学生の間に強い勢力をもっているかがわかりますね。

高信　サインをもらうので大変なんでしょう？

井部　サインをもらう気持というのはどういうのかね。やっぱり我も我もという群衆心理、それからその中でも自分が一等先にもらいたいとかいう優先欲、それからそばによってサインをしてもらうという接触欲……そんなものなんかからでしょうかね。

高信　いろんなものをもち出して来ますね、サインブックだけではなく、ハンケチ、人形の下着……等々。

中西　運動選手になんかもサインをたのむ風がさかんですね。外国人の選手なんかにはほとんど盲目的ですね。あれは少し考えなくちゃなりませんね。いろいろな弊害が起りますから。

内山　女学生（こども）たちは、少女歌劇のどういう所に、魅力を感じているんでしょうね？

中西　いつか僕がきいてみたら、あれを見ていると芸術的興奮をおぼえる、とこういうんですよ、ハハ……。

高信　それに、きれいですからね。大人が心配しているような内容から受ける影響は案外少ないんじゃないんですか。

中西　しかし、いろんな方面に、いい影響はあまりないようですね。趣味の

低下軽佻なんて事もいちがいにはいえないけれどこんな方からも来ていると思います。音楽なんかでもクラシックな名曲などよりもレビューに取り入れられた俗曲や流行唄の方を喜ぶ様子が見えますね。僕の方なんかも一週に一度名曲レコード鑑賞をやっていますが残って聴いて行くものは少ないです。

内山　しかし、少女歌劇の存在なり盛況はやっぱり女の子が喜ぶからこそであって、そこに何かこう需要供給の関係なんてものがあるんじゃないでしょうか？　あながち少女歌劇を低調なものとばかり攻撃しないで女の子の方をよく教育することによって少女歌劇の内容を引きあげるようにしたらどうでしょう？

中西　女の子の方が高いものを望むようになれば自然とあっちの方も高くなって来るわけでしょうがね。

学課の好き嫌い

内山　どんな学課を一番好き、どんな学課を一番いやがるか、というような事を――。

中西　これもいちがいにはいいきれませんね。同じ組の中でもまた同じ学校の中でも、いろいろその組なり学校なりの気風や性格で、今までのように女学生は中学生に比べて数学、理科学を嫌うとか、そんな事はいえませんね。

井部　地理と歴史ではどうですか？

高信　地理よりは歴史の方が好

きですね、どうも。色んなお話があって興味があるんでしょう。その点やはり女の子は感情的なんでしょう。

内山　今の女学校の課目は少し繁雑すぎやしませんか？

井部　たしかに多すぎますね。

中西　分量もたくさん教えすぎる。学課としてもお裁縫なんかは要らないと思うんです、イヤ、

僕が男だからこんな事をいうんじゃありませんが、全く一週に二時間や三時間やったって何にもならないんです。こんな事いうと裁縫の嫌いな子は喜びそうですね、ハハ……、もっと学課を整理して、一つの事を深くきわめるようにしたらどうでしょうかね。

先生の好き嫌い

内山　先生のうちでも特別生徒が喜ぶ先生というのがあるでしょうか……。

中西　ありますね。いい先生は好かれます……。

一同　ハハ……。（いずれもよい先生で好かれていらっしゃるらしいうれしそうな笑い声です）

高信　やさしいばっかりでも駄目ですね。恐くっていつも怒ってばかりいるような先生でも、人気のある先生があります。教え方でも、またほめるんでも叱るんでも、結局親身になって下さる先生が一番好かれますね。

中西　僕はとても恐いんですよ。とてもひどく叱る事があるんです。自分の子供と同じようにね。しかし、こちらが心から生徒のためを思っての事ですか

ら、向こうでも叱ってやってからかえってなついて来ます。うれしいもんですよ。

内山　男の先生と女の先生と、どちらがいいでしょうか？

高信　平生、いろいろ細かい事で接触しているにはやはり女の先生がいいでしょうが、イザという時にはやはり男の先生じゃないでしょうか？

井部　怒る時なんかはどうしても男の先生の方がいいらしいですね。男の先生はバーンといってしまうが、女の先生はいつまでもクドクドとおっしゃる。女の子は理屈で納得させようとしても仲々そう行かないもんでしてね、かえってあんまりクドクドいうと反抗的になる事もありますからね。また、男の生徒の時なんかでも、そのなぐり方一つでお叱言（こごと）のききめがずいぶんちがうらしいですネ、バーンと打っただけじゃ駄目なんです、げんこでこうおさえるようにね、そうするのと打ちっ放しとは大変ちがいますよ、いえ、これはたとえですがね。

内山　あまり人気のない先生はどんな方でしょうか？

高信　先生のエンマ帳みたいですね、ハハ……。やっぱり教え方が面白くないとか、親身になってくれないとか、それから猛烈にきびしくて味もそっけもなくお点がカラいとか……。

一同　ハハ……。

高信　そんな先生が人気が少ないですね。

内山　好きな先生には何か特別な気持をもちますか？

中西　好き、といっても、だいたい組の与論できまっている先生だから別にどう、という事はないでしょうが、やはり好きな先生の来られる時には新しい花を買って来たり、額をかえたり、女の子はやさしいもんですね。

高信　宿題も予習もよくやって来てくれます……。

井部　それではセイゼイ好かれてやることですね、好い先生になる事が生徒を勉強家にする事ですからね。

中西　好きな先生には何でも打ちあけてくれますよ。そんなになるとほんとにうれしいですよ。自分の子供みたいな気がします。

どんな生徒が先生に好かれるか

内山　じゃこんどは先生の方から生徒の方をごらんになって、好きな、というのはどういうのですか？

高信　ここらあたりからいよいよエンマ帳ですか、ハハ……。

内山　何年ぐらいが一番教えいいでしょうか？

井部　二年、ぐらいでしょうね。

中西、高信　三年ぐらいが一番いけませんネ。（オヤオヤ、三年の方はご注意下さい）

井部　五年になるとまたグッといいですネ。

中西　勉強する子が一番好きです。

内山　よく出来る子ですか？

高信　よく出来なくても、自分の出来るったけの事をつくしている子には、たとえ試験がまちがっていてもどうにかいいお点をつけてやりたいような気になりますね。

井部　それから忠実な子、勉強方面はあんまりパッとしてなくても、お当番だとか先生の用事、組の雑用なんかを実にマメマメしくやる子がありますね、そんな子は大好きです、たとえ出来なくても可愛くて可愛くてたまりません。

高信　ずるい子、たとえば、頭は相当あるが要領よくやってのけたり先生をうまくゴマ化したりする子は、いやですね。

井部　それから、悪い事をしたり本を忘れたりしてこっちが注意をするとプンとふくれる子も大嫌いです。ああいうのは家庭のしつけが悪いのです。

中西　出来るくせにやらない子、僕はこれが一番癪にさわりますよ。癪にさわるだけでなく、末を思うとかわいそうになる。

高信　そうネ、結局は自分の身のためなんですがネ。

内山　級の人気者なんていうのはどういう生徒ですか？

井部　僕の方では断然運動家ですね。気持のいい子だとか運動家なんて子が案外多いでしょうね。

高信　あんまりキレイな子や勉強の出来る子は人気者にはなりませんね、ハッキリした存在にはなるでしょうが……。

井部　勉強家はむしろ一番敬遠されているようです。

内山　妙に感傷的なふうの子はいませんか？

井部　ありますね。たいてい一人や二人はあるようです。生徒はたいてい五六人一緒になってかたまっているもんですが、どこにも入らず旅行の時でも普段の休み時間でも一人ポツンとしている、そんなのを見るとかわいそうですからいつもすすんでいろいろ話をしてやります。

内山　どうしてそうなるんでしょうか？

井部　性格もあるでしょうが。

中西、高信　イヤ、家庭のせいの方が多いと思いますネ、少女

時代ってものはほんとにそういったものに影響されやすいもんですからネ。

中西　そういう子はたいてい僕の方では卒業までに洗礼を受けますョ。別に洗礼を強制はしてないんですが。

高信　心の淋しさ、空虚を宗教ににげるのですね、かわいそうですね。皆元気に潑剌と少女時代をすごさせてやりたいもんですね。

上級生と下級生

内山　そういうような子は、上級生なら下級の子を、下級の子なら上級生を、というふうに、いわゆるお熱とかSとか、そういう方に行きませんか？

高信　行きませんネ。感情がムラですからね。少うし変人的なところがありますから。

内山　学校としてはあれはお止めになっていますか？

中西　手紙のヤリトリぐらいなら大した事はないが、それが誕生日だとかクリスマスだとかのプレゼントを競うようになると、弊害が起るのでネ。やっぱり、他の人よりも立派なものをあげたいとか何とか、無理が、出来てきますからね。

高信　仲よしが嵩じるとお揃いのものをこしらえたがったり、一緒に方々へ行きたがったりして、やっぱりはじめのうちから注意をしておかなければなりませんね。

井部　気持の上でもやはり落ちつかなくなったりするでしょうしね。

中西　僕の方はおかしいんですヨ、上級生より一年なんかの方が積極的なんですヨ。どういうもんでしょうか？　震災の影響かな？　一年あたりは皆大正のあの大震災の時に生れた子ですから！

一同　ハハ……。

高信　まあだいたいは上級生の方がひきずって行く形ですね。

中西　ですから僕はいつもいうんですが、自分の虚栄や競争心や面白半分で相手をおもちゃにしちゃいけないって。何だか人が一人Sをもっていると、どうしても自分ももっていないと肩身がせまいみたいに思って、ムリに探すのもなきにしもあらずですからね。

高信　そうですよ、一種のハヤリになる事があります。

試験

内山　試験の問題はどういうのをお出しになるんですか？　ワザとここをさらって来るだろうな、という、山ですね、そういうところをスッポかしてお出しですか？

井部　しかし、ぜひ必要なところだったらミスミス山をかけて来ているとわ

かっていても出さないわけにはいきませんよ。

内山　生徒のまちがえそうなのを好んでお出しになってみる事はありませんか！

中西　そんな意地わるはメッタにしませんよ。（女学生の方々よ、ご安心下さい）僕は歴史を教えていますがどうしてもここは現在の事情に関係あるところだ、というところは、前からチャンと指定しておいて、それを出す事にしています。そしてよく覚えていてもらう事を願っています。生徒をペテンなんかかけやしませんよ。

高信　生徒の考えているよりも、先生は親切なものなんですョ。

内山　カンニングはありませんか？

井部　ありません。僕は今の級は一年の時から受けもっていますが、一度もなかったといえます。

内山　教科書を見るカンニングが多いでしょうか？

井部　あるとすればそうでしょうね、僕の方は試験がはじまると教科書を全部教壇のムシロの上につみかさねちゃいます。

高信　ムシロ？

井部　そうです。

中西　カンニングのある事は先生の責任ですね。

高信　カンニングをしたりする生徒はその時はズルが出来てトクをしたと思っているんでしょうが、他の人が覚える事を覚えないんだから大変な損ですね、それを考えればとてもカンニングなんか出来るものじゃありません。

内山　成績表のお点は試験のだけでお

とりですか？

井部　普段のをつけときます。三辺も十辺も試験のような事もしますし、だいたいのふだんのやり方も入れて、お点をつけます。だから試験の時大いにお点をとっても必ずしも甲はつきませんョ。

高信　たしかにそうです。定期試験の点だけで通知表をつけるなんていうのは不公平です。

内山　成績の会議は一人一人やるんですか？

井部　職員会議の時、上から五六人、下のを五六人、注目すべきのをあげて話します。四十点未満は落第点です。

高信　あなたの方では、一人の生徒で点が平均していない時はどうしていらっしゃるんです？　たとえば国語は九十点だが、物理が五十点だったりする時。

井部　各科の先生にうかがって正しますね。そしてそれがたしかだったら、今度はその原因を調べなきゃなりません。

中西　僕の方は、通知表は級主任が記入するんじゃありません。教務に成績原簿ってのがあって、皆先生がそれへ入れに行きます。それを成績調査員にあたった十五人の先生が生徒の通知表に記入するんです。ですから級主任は通知表を手渡すだけです。したがってそのお点は公平きわまるものです。そうなるとヒイキだとか手心だとか、そんなものは絶対になくなるんです。

高信　それは仲々厳重ですね。

内山　成績が低下したり上った

りするのはやはり原因があるんでしょうね。

高信　ありますね。上るのはたいてい先生がほめてやってからです。

井部　それから上級になって将来を考えたりして来てからですね。

高信　ちょっとした時に機会を見てほめてやると、今度もまたほめてもらおう、と思ってまた勉強して来る、それがしまいに習い性となって来て勉強家になる事がよくありますヨ。

井部　全く、ほめるのは折を見なけりゃいけません、変な時にほめると女の子は神経が鋭敏ですからかえってひやかされたと思う事があって、悪い結果になる事があります。

社会問題と女学生

内山　今の女学生は社会問題に興味をもっているでしょうか？

中西　まだそこまで行っていないようですネ。

内山　新聞は読ませていらっしゃいますか？

井部　僕の方は校長が朝の講話の時に七分か八分ぐらいいろいろ社会的なトピックを捕えて話をしています。それが新聞の代りです。

高信　ただ放っておくと、三面記事だとか小説だとか家庭欄ばかりしか読みません。政治や社会の方面はお父さんやお兄さんの領分だと思っています。そして夜の食卓などで、小さな弟にロカルノ条約とは何か、とか、

ソ連国境侵入問題について質問されたりして、何も知らない女学生の姉さんが多いらしい。

井部　あの身の上相談、あれを読むのが多いが、あれはたいていは新聞社のこしらえものだから毒にこそなれ、薬にはならない、絶対に読ませたくありませんね。あんなものばかり読んでいるから、二・二六事件なんかでも単に大変なこと、たくさん死刑になってかわいそう、ぐらいにしか考えていません、女学校の上級生であれの批判が出来るのは全然ない、といってもいいでしょう。

生徒の服装と所持品

内山　服装についてのお話はございませんか？

高信　だいたい制服になりましたからね。

内山　でも少しずつ変えているのではありませんか？

井部　少しずつはね。この頃は上衣が短く、スカートを長くしよう、とする。

中西　僕の方は昼の体操の時に物差しをもってこれは、と思う生徒のところへ行きます。その物差しは二十八センチのところにシルシがついているんです。だから一度に長すぎるかどうかがわかるんです。上衣はその裾縫代（へム）の二倍だけスカートにかさなるようにしてあります。

井部　フーン、物差しでね、二十八センチね、ドレドレ。(と、高信先生と共に、それは名案名案というようにポケットから本

物のエンマ帳を出しておつけになる）
内山　女学生の靴は汚いですね。
井部　僕の方はキレイですよ。
中西　僕の方の学校は停留場からタップリ十五分ぐらいあるのでいくらいっても汚くなって困るんです。
内山　雑誌は持って行ってはいけないんですか？
中西　そう。第一、学校ではそんなものを読むヒマがありません。教科書以外のものは全然必要でありません。もし万一、何かもって来た場合はあずけるようになってるんです。
内山　お当番をいやがりませんか？
高信　僕のところは毎日必ずどこかに当たるようになっています。お便所も毎日当番が掃除します。
井部　女の子でお当番をいやがるのは、女の子の値打がありませんよ。

生徒の性質調べ

内山　家庭との交渉で何かお困りの事はありませんか？
井部　別に大してありません。
中西　何かあった時、たとえば盗難事件みたいな時、ちょっとした事で子供が家へ帰って曲げて話をする、たとえば、私がかくしたって先生がおっしゃるのよ、なんてね。そんな時には父兄の方でもご気分がよくないでしょうが、僕たちも困ります。どうしても諒解が行かないで弱った事があります。
内山　お家の方で子供さんの事

を盲信していられる場合が多いでしょうかね。

井部　盲信といっちゃいいすぎだが、やっぱりご自分の子供さんはいいと思っていられますからね。生徒の性質なんかでも学校と家庭では随分ちがうんですよ。僕の方では、何かあった時のその子の行為を詳細に書きとめて、だいたいこの子はおとなしい子か、熱狂的な子か、という事を知ります。

高信　僕の方は、親にも生徒にも書かせます、日常の些細な事まで。そうして総合的にとったものをその子の性質と見ますが。

中西　僕の方は少しややっこしいんですよ。家庭からや、課目主任の申し出も考慮に入れますが、学校へ来る間の行動なり習癖なりを生徒同志、といっても見はりは上級生ですが、生徒同志や教員によって監察させていて、そういったいろいろなものを全部あわせて、その子の標準としています。ですから僕の方の一覧表（リスト）を見れば一目でその子のすべてがわかるようになっています。生徒の中からお嫁さんを探しに見える方が大分ありますが、大変喜ばれていますよ、ハハ……。

別れが辛い

内山　先生をしていらして一番おいやな事は何でしょうか?

井部　今まで手塩にかけた生徒が卒業するのが一番いやです、全く悲しいというより身をきられるように辛いんです。

高信　そうですね、三月四月というのはうれしいようで辛いですね。いくら新入生が入って来るのでも、卒業して行く者の事を考えると淋しくなりますね。

中西　卒業式の後で謝恩会をするのですが、いつまでたっても別れたくありません。あんまりおそくなったので、一人一人家へおくって行きましたが、電車にのろうといってもいやだ、なるべく先生と一緒にいたいから歩こうというう、とうとうそれをなだめすかして、送りとどけて家へ帰ったらもう夜中でした。

高信　僕の方は謝恩会は翌日なんです、が何だか一日でスッカリ変ったような気がしてね。お嫁にやった後のような気がして、うれしいような、心のこりのような、……。

井部　掌中の珠をとられたような気ですね。

中西　それに女の子は卒業するといろいろな関係上あまり先生のところへ来られなくなるからうっかりしたら謝恩会が一生の別れになる事もありますね。

高信　怒ってやった子、事件を起した子、面倒をかけた子、そんな子ほどよけい、よく出来た子より以上に思いは残りますね。

内山　どうもお忙しいところありがとうございました。大変よいお話をうかがえてほんとうに為になりました。

挿繪画家となるには

日本通信美術學校の
『さしゑマンガ家養成教習錄』で
學べば直接作品の添削批評が受けられ誰でも自宅獨習でメキ／＼上達致します。

挿繪や漫画を上達するには自己流の勉强では決して上達いたしません。必ず挿繪とはどんなものかを知り正しい繪画の基礎からしっかり學ばなければいけません。日本通信美術學校は若き挿画家志望の人だちの爲に『挿繪漫画教習錄』を發行して、入學生の作品を直接直して批評採點迄して差しあげるので自宅に居ながら誰でも面白いやうに勉强が出來ます。今や一流新聞雜誌社等は新人の出現を切に望んでゐます。女流挿画家として華々しく登場せんとする方は今すぐ本校に入學して正しい勉强を進めて下さい。既に本教習錄に學び新人として活躍してゐる方も多數です。

◉ハガキで申込めば
挿繪漫画家立身案内附
◉◉◉◉美麗内容見本◉◉◉◉進呈

東京市豐島區池袋二丁目
日本通信美術學校

本校出身 荒井路子作

近眼や亂視が藥や器具を用ひず自宅で誰でも治し得る！

近眼（キンガン）治る（なほる）

近眼亂視でお困りの方に大變効果的な近眼亂視の自己療法が公開されました。それは近視眼研究で有名な東京市囑託永嶋金平先生が多年研究の結果創案された器具も藥も用ゐず誰にも出來る療法であります。既に大正小學校長椎名龍德先生が多數の兒童に實驗され、その驚くべき効果を一流婦人雜誌等で推奬せる如く、近眼で視力〇・六の人が六回の治療で一・五に快癒、假性近視などスグ治ります。その爲入學試驗などに合格して感謝してゐる人が多數です。この指導書『**永嶋式近眼亂視自己療法**』で實驗されたき方は**ハガキ**で申込次第**代金引替便**金二圓〇五錢で誰にも解る立派な指導書を送ります。（寫眞說明圖多數挿入）尚希望者には**本會案內書**無代進呈！

名古屋 眞田のり子

私の左眼は遠視性亂視で視力〇・五なりしが貴療法を受けるに至り五回の治療にて視力一・〇となりたるを證明候也

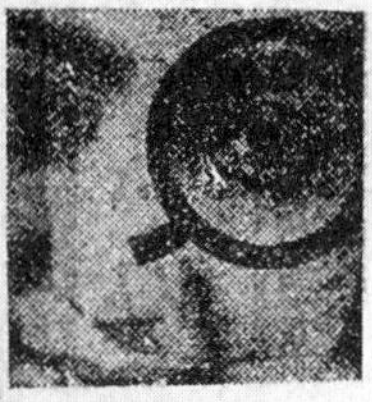

東京市豐島區池袋二ノ九八三
國民絕對保健振興會

初出：昭和15年4月号

お父さんにこの廣告を見せてあげて下さい
お父さんはナゼカきつと喜びますよ！
實業之日本
一月十五日號
大増頁斷行
景氣變動に對する生活策・商賣策・農村策
金禁止後の財界はどうなる（財界各名士の豫想はどうか）
財閥のドル買ひと政變秘話（ドル買ひの眞相を詳く語る）
金儲け口の見つけ方考へ方（谷　孫六）
一萬圓貯金體驗記（記　者）
・新大臣出世物語
・就職戰線偵察記
・中間景氣物語
・會社員身の上相談（此外に時事問題滿載）
・無病息災法十ヶ條
・感冒一夜撃退法
◎西式科學的斷食療法
西式強健術の創始者たる西先生が新研究を發表、萬病全治、頭腦明快、活動力三倍するといふ秘法で又々大評判大歡迎です
東京市技師　西　勝造
價三十錢　送料壹錢五厘
東京京橋銀座西壹　實業之日本社　（振替東京參貳六番）

初出：昭和7年2月号

友情論

村岡花子

友情の収穫

★二は一に優る

　この頃はしきりに物事の利用価値ということが言われます。これは何の役に立つか？　どんなふうに利用出来るか？　ということが絶えず考えられます。これは眼に見える物について言われるだけでなく、眼に見えない感情や、人と人とのさまざまのつながり――関係――についてさえ、言われるのです。それほど、この頃は何についても、損得ということが考えられるようになったのでしょう。

　批評や評論が盛んになったのも、こんなことが原因の一つだとも言えます。世の中のあらゆる事柄を先ず第一に、その効用とか利用価値から考える。ということは、その値打づけ――評価――が正しく行われさえすれば、わるいことではありますまい。

　友情のみのりを示そうとするのも、つまりは、時代の批評精神というものに巻き込まれて、友情

初出：昭和14年12月号

の効用を語るのかも知れません。

きわ立って打算的な、利己主義の人は、自分一人の方が友だちなどと付き合っているより、面倒がなくて時間もお金も経済だと言うかも知れません。仕事は一人でする方が利益も一人で丸儲けになるのだから、運さえ強ければ、独力独歩、それで一生涯とおすのが一番さっぱりしていると言う人もあります。

けれども、打算的な勘定から言っても、二は一よりも優っているではありませんか。二人力を合わせてする仕事の報酬は、一人の仕事よりも多く得られます。大抵の事業は株式会社のような、共同体で営まれています。一つの事業を共同でやっている人々の間の関係が固く結ばれていればいるほど、その事業は盛んになり、利益も多く挙げられるのです。協力は力だということを人間が悟った時から、文化生活は生れたのです。

二つは一つに優るということは商売の上では分かり切ったことです。一プラス一は二であることに説明は要りません。けれども人と人との関係においては、必ずしもそうとはきまりません。一プラス一がいつも二になるとはきまっていないところに、友情の収穫の微妙さがあります。一人の力と一人の力が二以上になる場合もありますが、また、二よりもすくなくなることもあります。

友情のみのりが、その人たちを向上させるものでなくて、堕落させるものであり、言葉にも尽せぬほどに多くの悪い実を結んでいるかも知れません。友だちを選ぶことの必要もこういう点から生じて来るわけです。

★ 三つの収穫

ここに友情のすぐれたる収穫三つを挙げて見ましょう。その三つというのは、心のいこい、同情、助力です。

心のいこい――これはまことの友を得た時に初めて感じられるものであります。私ども人間は孤独の生活には堪えられません。友を得た時の心の喜びと満足を考えてごらんなさい。友を得た時にこれほどに喜びと満足を感じるということは、即、私たちが友を持たない時には心に不満と淋しさを持っているという証拠にもなります。友だちなんか要らない、自分一人で充分だと言い張る人があるならばその人は自分の貧しさと淋しさを自覚していない人です。

同情心の欠乏は友情を芽生えのうちに殺してしまいます。友の成功を心の底から喜ぶことの出来ない人は友を持つ資格はありません。真の友を持つということは、溢れるような同情をそそぎかけられていることであります。妬(ねた)み深い、羨(うらや)む心の深い人は良い友になることは出来ません。そういう狭い心は友情の嫩葉(わかば)を枯らしてしまう霜のようなものです。

初出：昭和15年4月号

完全な友情はいつでもその友から溢れる同情の泉を汲むことの出来る確信を与えるものであるはずです。悲しみは共に泣く友を求めます。涙は涙を求め、ほほえみはほほえみにすがるのです。この共鳴を得てこそ、淋しさは私どもの道から追い払われます。互いに信じ合って、悲しみも不安も恐れも、あらゆる悩みを分け合うことの出来る友の心を所有することこそ、友情の大なる収穫でなくて何でありましょう。友情から得るみのりの中に、困難の場合の助力というものがあります。ほんとうの意味での「道づれ」「協力者」というものです。一人ぼっちで戦うのではないと自覚する時に、戦争は苦しくありません。皆さんがこれから先の長い生涯の道を進んでいらっしゃる時、「一人でない、友だちと一緒だ、足並そろえての行進だ」と感じることの出来るのが友情の収穫です。

友の助けは、眼に見えない心の生活の上にもあります。誘惑に打勝つための支えとなることもあります。親しい友のおもいでが私たちの心の中に生きていて、私たちを何か恐しいつまずきから救うこともありましょう。自分がみにくい失敗をしたら、どんなにあの友だちが悲しむだろうという思いが力になって、誘惑に負けそうになった時にも、しっかりと踏みとどまることが出来ます。こんな卑しい行いをしたら友だちはどう思うだろうという気持が、私たちを卑劣な行為から救う場合もあります。

こんなうしろぐらい行いをしてから、友だちの顔をまともに眺められるだろうか？　あの正直な、清らかな友だちの前に立てるだろうか？　という反省が、もう一足というところで私たちを正しい道へ引返させる力になります。あの友だちと自分のあいだに秘密を持つことはつらい、あのまっすぐな心の友に対して、自分は飽くまでも明るい道を歩く者でなければならない、再び友の澄んだ眼に見入ることが出来ないような行動はしてはならない――こう言ったような気持で、いつでも精神的に友だちから監督されているような生活が出来るのでしたら、私たちは実にすぐれた友を持ったわけです。

この友の感化こそは、最も大なる助けであります。理想的の友情としては、こういうように、互いに友の正しさに守られ、友の理想の裡に生きて行くことこそ望ましいと思います。人と人との間の感化というものは力強いものです。自分の上に非常に大きな感化を持つ友だち、その友だちが良い友であるか、わるい友であるかによって、私たちの品性も高められたり、低められたりするのです。

★ 知性をみがく友情

「友情は鈍い理解力に光を与え、混乱した思想を整理する。終日一人で考えているよりも一時間、聡明な友と語る方が利益がある。」ベーコンという人が賢い友を持っている人の幸福をこんなふうに言っております。

次から次へと新しい考えが湧き出で、美しい言葉が泉のようにほとばしり出て、我と我が鋭い直感に驚き、詩的情緒のゆたかさに打たれる、といったような経験を、みなさんはお持ちではありませんか。

その場合、私たちは友だちの知性を反映しているのだとも言うことが出来ます。その友と一緒の時には、何の不安もなく、自由に自分の思想を発表出来、自分の夢も語れる、希望も理想も語り得る、虹のような気焔(きえん)さえもあげ得るというような友だちを持っていることは幸せです。

その友だちの聡明な性格が私たちに、この人ならば自分のすべてを理解してくれる、力弱くして自分がただ、夢みるだけで実現出来ない理想をも笑わずして聴いてくれる、そうして、その実現のために賢い助言も考えてくれる、こういう安心を持って対することの出来る友人は、私たちの知性の向上をうながす友です。

★ 友情における批評

友だちである以上、相手の感情におかまいなしに何でも言っていいというわけはありません。私は正直だとかお世辞は言わないとか、言葉を飾らない、とか言って自慢する人がありますが、そういう人は多くの場合、正直なのではなくて、残酷なのです。真実の友は決してわざわざ友の心を傷つけるようなことを言うはずがありません。そうかと言って、忠告すべき事柄があるのに、相手の気持をわるくすることを恐れて、卑怯な恐怖心から、忠告の機会を逃してしまいもいたしません。友情にも正しい批評の精神が必要であり、真正の批評の精神は、鑑賞であって、否定であってはなりません。これを取りちがえて批評と言いさえすれば、何でも悪口を並べ、駄目だ駄目だと否定の一点張りで行くことだと思っている人々もあります。批評ということは、他人の場所に我が身を置き換えて、そうしてその人の仕事の真実の意味を汲み取ろうとすることです。友情においての批評もこの精神の下になされて行くべきものであります。

（つづく）

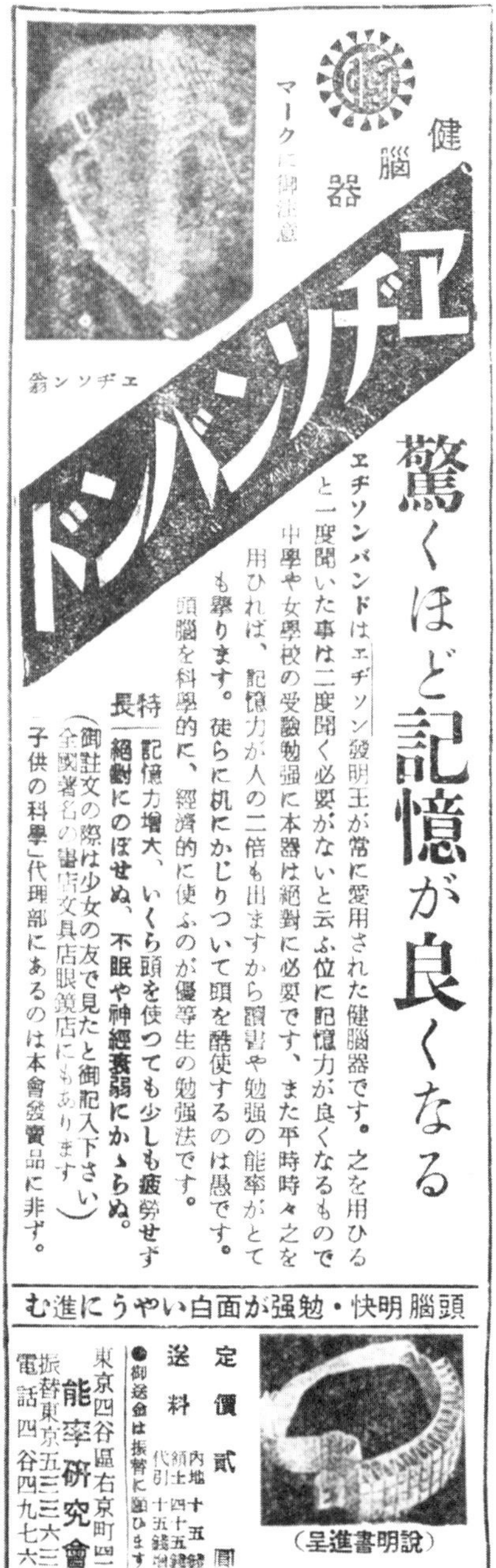

初出：昭和15年4月号

第一講

エエと、今日は皆さんの気質（きしつ）についてお話をいたします。

エ？　私たちの気質、そうねエ、私たちの気質の代表的なるものをあげれば、私たちはレヴューと蜜豆と映画とおねぼが好きでアール、ですって？　イヤイヤ、そんなアッサリした気質の事を申し上げるのではありません。イカにもレヴューと蜜豆と映画とおねぼがお好きなのはゲン代の女学生気質の代表的なるモノではございましょう、しかしながら今日私の講義いたしまするところの「気質」なるものは、そのレヴューと蜜豆と映画とおねぼを好く気質はソモソモイカなるところよ

初出：昭和12年3月号

り発生したるものであるか、という、その大もとの「気質」について申し上げるのでございます。

エヘン、サテ皆さん、こちらを向いてエーソモソモです、人間には万人万様イロイロの性質がございます。たとえばです、末の妹のヤツはお小遣いをヘーキな顔をしてお母様におネダリするが私にはどうしても出来ない、フントに私口惜（くや）しいわ――などという事もあります。また、田中さんったら英語の先生に指さされてツマっちゃアいつも顔を真っ赤にして泣きベソかくけど、なぜでしょうね、オカアシクって……私、などと、貴女の方が心臓のハルカに強い場合もございましょう。これらはソモソモ人間が生れた時からその両親に頂戴した性質にモトづくものなのでアリマース。

由利聖子
松本かつぢ絵

エヘン、いよいよ本題に入ります、ノートの用意はエエですか？

人間の性質をまず四つに分けますと、

神経質、多血質（たけつしつ）、胆汁質（たんじゅうしつ）、粘液質（ねんえきしつ）、というコトになります。妙テコレンな名前ですがこれは私の発明ではありませんからモンクは誰かこの名前を製造した人にお願いいたします。

神経質と申しますのは別に神経衰弱のコトではありません。なんでもよく気のつく、しょっちゅうモノゴトを細く観察している、もう一つ悪くいえば年ガラ年ジュウ、アクセク、クヨクヨしている人種の事でございます。

多血質と申しますのは陽気なお方でこれは年ガラ年中パッパとさわぎまわっている、たとえばお当番の時など、バケツに水を汲みに行って、向うの方のお教室でガチャンとガラスの割れた音がした、ソラッ、何だア！とバケツを放ったらかしてスッとんで行くようなのがこれでございます。

胆汁質と申しますのは、前の二者とはちょっとちがいまして地震が来て皆がキャアとお机の下にもぐりこんでも一人で平気でいるようなのを申します。

粘液質と申しますのは、何辺（なんべん）同じ側の袖を作ってもせかずあわてずまたやり直し、アラまた駄目だワ、チョキチョキやり直しと少しばかりお間ぬけでそれでて妙にニンタイ強いスロモオの人種でございます。

第二講

サテ、分類の名称の説明がおわかりになりましたらそれのグタイ的な説明に移る事といたします。

この四つの性質の中のドレに貴女はゾクして居らるるでありましょうか？

以下引きつづきこの四つの分類の特徴を申し上げますから御自分とテラシあわせてごらん下さい。

神経質の方は、大体において頭デッカチでございます、そしてその次の特徴はおデコであります、それからお目々が大きくてキョトキョトとよく活ヤクいたしておるようでございます。髪の毛は細くてチヂレッ毛、手足はガイして痩せっぽけております。お教室の戸棚の中をいつもコセコセと片づけたり、出席簿をガチガチつけて皆にニクまれるのはこの型。

多血質の方は、おデブちゃんが多いようでございます。お顔は空に出るナニカのように、またはお茶をのっけるナニカのようにマルいのが多く、お目々やお鼻は少うし節約してチョンボリとしていらっしゃるのが大体の傾向でございます。霜の降ってザクザクのテニスコートでテニスをして先生に怒られてまで熱中しているかと思うと、今度はストーブの前で編物に夢中、そうかと思うと、今度は宝塚のブロマイド集めに寝食を忘れる、というような移り気な、そうかと思うと、先生に三度つづけてあてられたといっては飛んでハネているかと思うとトタンにかえって来た英作文が六十点ウアーどうしようかなァ、なんて身も世もあらずナゲク——といったようなのがこの型。楽天家でショゲ屋でもう一つチッとばかり投げやりなズボラ屋さん。

胆汁質の方は、キレイな濃い沢山の髪の毛とガッチリした身体の持ち主。こういう人は髪にアイロンがよくかからず、自分でもあまりおシャレはいたしません。宿題を忘れて来た時は、忘れて来た、とハニカマずにハッキリ申します。かくしたりゴマ化したりは大嫌い。その代りお愛想いうのがヘタなのでお友達の中では決して愉快なソンザイではありません。ムッツリ屋さんはこの型に多いのでございます。

粘液質の方は、あまり顔色がパッとせず、陽気な人、というわけにはゆきません。けれど胆汁質ほどムッツリ屋でなく、グループにはいつも顔を並べています。格別面白そうな顔もしていない癖にどこまでもノコノコいつまでもくっついて来てそれでシゴク満足しているようなのがこの型。その代り先生も出来ないような幾何の問題を二日越しでトイたり、玄人ハダシのフランス人形を一月もかかってこさえ上げる、といったような辛抱家がこれでございます。

さて皆さん、皆さんはこの四つの中のドレに属していますか?

第三講

この次は、右の四つの異った性質をもった人種がコトにノゾんでイカなる態度をとるかという例を少しばかり述べたいと存じます。

まず、冬の朝にはソートウ問題となる朝起きの場合――

神経質の人種は――

メザマシ時計をかけておく、お母さんとねえやに「明日も七時に起してネ」とクレグレもタノんでおきます。腕時計は枕元にチャンとメザマシと並べておきます。そして六時三十八分頃にキッチリ目をさまします。そして床の中で（エエと今日の一時間目の代数の宿題三題目は学校へ行ったらすぐお隣の古川さんにきく、三時間目のお裁縫は今日は衿をつけ終えること、帰りにはお母様の御用の紺の絹小町を買って来ること、この前はおツリを一銭足りなくもらったからよくシラベて来ること）……等と一通り一日のことを考えてから起きあがる、靴下はたたんでチャンと足元へ入れてあるからそんなにヒヤッとしない、スカーツは床の下に敷いてあってピンとしている……というアンバイ、万事肩がこらなきゃいいがナ、と思う程のキチョーメン。

多血質――

七時に起きてもうサッサと学校へ行ってバスケットボールかなんかしている夢を見てて「お姉ちゃん、七時半ですヨ」と小学校の弟クンにお鼻をつままれてアワテテとび起き、エイッと武者ブルイをしながらネマキと洋服をスッポリ着かえる。時によるとお布団の始末は忘れたり、ねえやにたのんだり。

胆汁質は――

眼がさめてもユウユウと床の中に入っています。極限の極限まで出来るだけへーチャラで温いお布団の中でタノしんでいる、という心臓の強さ。

粘液質は――起されるまでグウグウと眠っていて、起されても中々ハッキリせず、「アレマ、あと三十五分しきゃないわ」と時計は見れども当り前に御飯をたべ、当り前に歩いて駅へ、あんまり電車が混んでいれば空いたのが来るまで根気よく待っている、という――

第四講

お次は試験の場合――

神経質は――

イツが試験と定まるや十日前からでも教科書と首っぴき。書きぬきペーパーをこさえる、人が四五人集っていれば必ず首をつっこんでその上何かいい事をききこもうとする、人がききに来ると上手くゴマ化して教えてあげない（こんな人がいますネ）、鉛筆はヤリの先みたいにトンガラかしてワタを敷いた筆箱に並べ、先生が黒板に問題を書き出すや、胸はドキドキ、お隣の人とは袖垣（そでがき）でゼツ縁状態。試験が済むとすぐ教科書をひっぱり出し、合ったか合わなかったかを調べる、というのがコレ。

多血質――

一夜漬け勉強の名手。十頁でも五十頁でもウワッと一息。お母さんに甘酒を入れてもらうやらアメをほおばってやるやら、お盆とお正月が一緒クタみたいな景気。習い終えない中に十二時にでもなって上瞼と下瞼がトロトロと親密になるや（大丈夫大丈夫、これから先は出っこないや。出たら出た時のこと、試験なんて運だものオ、寝よオット）、と勝手な理クツをつけてサッサと切りあげ。試験が出来ても出来なくてもアキラメがよく、先生が出

て行った後すぐボールをもって体操場へスッとんで行っちゃう主義。時間中にヘーキで隣の人に鉛筆を借りたりインク借りたりいたします。答案のスピードの早さ随一。

胆汁質は――

もしこんな問題が出たらコウ、あんな問題が出たらアア、とよくカクゴをきめておきます。人が説明をききに来たらよーく説明をしてあげます、そしてもう一度自分がよく暗誦した事にいたします、先生が黒板に向いて白墨を動かす

「アラア、そんなのオ！」

とか

「ンマア、アレが出たわア」

などと他のお友達がサワぐ間、タイ然自若として黒板を眺めている。出来なくても後でアワくって教科書をひろげて

「アレッ、ちがっちゃったア、竿のこと芋なんて書いちゃったアイ」

などとすぐ間ちがいをバクロするような事はいたしません。

粘液質は――

先生が黒板向いて白墨を動かす間際の間際まで往生ギワワルく教科書と首っ引き。中々問題の答がピンと来ない、一つの問題を何度も何度も何度も考えて一生懸命思い出し、最後にはドーヤラちゃんとまとまる、そして先生が

「ハイ、お出しなさい、その後ろから二番目の方ア」

などとサイソクなさってもまだ鉛筆片手に教壇までもっていってクチャクチャ書いている。（こんなの、知ってるでしょう？）

第五講

おつきあいの場合――

神経質――

「ミイ子ったら昨日私と帰らないで下村さんとTデパートに行った、シドいわ、オボエテロ」

なんてしょっちゅうお友達の事をクヨクヨしているのが多うございます。そしていつもお友達におセエジをいってもしそのお友達が思うようにならないとすぐ

「去りし君よ、君の白き冷き眼！　ワガ心は傷み、ワガ涙はあふる！」

なんてセメンダルになって日記帳を真黒ケのケにする、という道楽がございます。

多血質は――

「ヘエ、私がタカラヅカの松島喜美子が好きなのがオカシイんですって？

いくら私がオテンバだって可愛いのが好きよ、へーンだ、余計なお世話アー」などと、五分のお休み時間にもすぐケンケンゴウゴウとお友達と喧嘩して派手なこと派手なこと！　方々に親友だらけでその親友といつも談判ハレツばかり。

胆汁質——

一人のお友達を大切にいたします。そのお友達のいう事ならいつでもランチ代は貸してあげるし、宿題は写さしてあげるし、そのお友達がどんなに浮気しても自分のとこへ来た時には何にもいわないでニコニコしてウラミ言もいわないのでございます。しかしこの人のタマにキズは

「映画に行かない？」

とユーワクされた時

「イヤ、お父さんと一緒に行く事になっているから」などとニベもなく返事をヘーキでしたりすること。少うしデリケートなやさしさのないのがお友達の少ない原因。

粘液質は——

メッタに大きな声も出さない、キャッキャッと笑いもしない、いつも隅っこの方でニヤニヤしているので、お友達がいいます。

「ネエ、渡辺さんってウスキミわるいわネ」

「そうねエ、何がオモシロくって私たちにくっついて来るのかしら、フシギだわ。よく生きてる気がするわねエ、あんなで」（オヤオヤ！）

第六講

おシャレの場合――

神経質は――

お姉さんのクリームを失敬する事を覚えます。それから時によると爪みがきクリームなんてものもコッソリ使用していけません。ヘッドバンドの赤いのをして学校の服装検査の時ニラまれたりいたします。

帽子の縁をちょっとまげてシャレた恰好にしたり、靴はいつでもピカピカ。脚が太くてイヤだナ、などと学校では御法度の薄いガスの靴下などをはいてどうもナマチャンでございます。

多血質は――

夢中になって銀座の伊東屋まで赤い革の金具つきの時計のバンドを買いに行ったりするかと思うとしばらくたつと時計のバンドの事など忘れて一つの革がマックロになるまでもっていてヘーキでいたりいたします。自分からおシャレを創造するのではなく、まわりの人がそうするとツイウッカリとそれにくっついて行く、という傾向があります。

胆汁質は――

普段はそうチョコチョコ流行は追いませんが、思いもかけない上等なものを平気でお小遣いをフンパツしちゃう、というキマえよさを持っております。そしていったんアノ店のウインドに出ているアノハンドバッグを、と思ったらそれを手に入れるまでユーカンにお父様お母様、お姉様、ハテはおばさんにまで手をノバしておネダリをする、という強いところを持っております。

粘液質――

一度買ったハンカチ、万年筆、手帳、

いつまでもボロボロ、バリバリになるまで持っていてヘーキでございます。靴の留金が外れていても一日や二日はそのままで靴をひきずっております。この人はおシャレにはあまり気をつかわぬタチでございます。

第七講

お母様に怒られた場合――

神経質は――

はじめは色々と心の中でヘリクツを考えています、けれども口答えは出来ません、そしておしまいにホロホロと口惜し泣き。お布団の中にもぐりこんで声をしのんでまたひとしきり。

多血質は――

「だってお母様、そんなことといったって」とモンクをならべます。かなわなくなるとワアワア泣きながらまだいいたい事だけいって「好いわヨッ」とか何とかステセリフをいってプンプンしています。しかし、後ですぐワルカッタナと思い、すぐ機嫌を直してケロリとお母様に対します。

胆汁質、粘液質――は、あまり口答えはしない方です。ウッカリするとだまアってお母様の真面目なお叱言(こごと)をへーキでき流している、というワルい心臓の人もこの型の中にはおります。

第八講

レヴューに熱中した場合——

神経質は——

すぐ手紙をスターに書きたがります。上等ハクライの便箋を一冊位書きつぶします。そしてお友達にはもう何度も返事もらったみたいな事をいいます。時によると「あの人ネ、私のお母さんの妹のお嫁に行った家の御主人の弟のおくさんの義妹なんですって。だから私と遠い親類ヨ」などと、その人のお熱の結果トンデモないウソまでついてイイ気持ちになる事がシバシバございます。

多血質は——

今日ターキー熱かと思うともう明日は葦原(あしはら)熱。その度にブロマイドを買い集めます。主題歌をすぐ覚えて来てトクイになってきかせます。お菓子をもってスターのところへ訪ねて行って門前バライを食うと、もうその人はキライ。そしてついにはアタシも歌劇に入ろうかなア！　などと大ソレた事を考えるのでございます。

胆汁質は——

三階に入って、二十五銭で双眼鏡を借りてトックリと好きなスターを見物します。そして人がいっぺん行くだけの費用で三度も四度も行くのでございます。

粘液質は——

「あなた、小夜福子(さよふくこ)好かったでしょう?」「小夜福子って、ああ、あのゴンドリアになった人ネ」「雲野(くもの)かよ子の日本趣味どォ?」「雲野ってどんな人だっけ……」などというイサカ、タヨリない見方をして来るくせに、レヴューは好きでかかさない、というシゴクユッタリとコセつかない見方をいたします。

第九講

バスに乗った場合——

神経質は——

空いていて、それも自分の気に入った席があいているのが来るまでアアでもないコウでもない、と中々乗らず、アゲクの果てにギュウ詰めに混んだのに乗っちまうのでございます。

自分が腰かけている時、子供を連れたおばあさんが乗ってでも来るとサア大変、(席を立ってあげたいけど、もし隣の紳士の方が腰かけちゃったらコマるな。だけどおばあさんッて声をかけるのは恥しいし……。立っちゃってからどこへ行こうかな、ここじゃ恥しいし……）と色々ナヤンだ末、どうしても立つ事が出来ず、ハラハラしながらも、見ないフリをするに如かず、と目をつぶってしまう、というヨワムシでございます。

多血質は——

ソレッとばかり勢いよく立ったのはいいけれど、おばあさんに合図をしない間に立ったので見事他の人がヨイショと腰をかけてしまって折角の情も何の用にもたたず、というあわて振りを示します。

胆汁質は——

おばあさんが目の前に立った時にニコヤカに「お坊ちゃん、おかけなさい」とウマーく席をゆずれる落ちつきと恥しがらなさを持っているのはこの型でございましょう。

粘液質は——

知らアン顔しております。ワザとでなく性来人への思いやりなど感じないのでございます。

第十講

最後に、この講義をきかれた場合——

神経質の人は——

「アラ、私おデコだわ、でもそんなにヤセっぽけじゃアないわ、でもおシャレは相当するし、だけどレヴューに夢中になったって手紙なんか書かしないわ、いや私一体何型かしら、神経質みたいなところもあるし、そうでないみたいな所もあるし——一体何なのかしら……」——とまたクヨクヨいたします。

多血質の人は——

「エエ、どうせ私は多血質でしょうとも。デブでズボラで、年中サワイでいるわヨ、エ、エ、どうせアワテン坊ですヨ」とまたまたテットリ早くフンガイする事でありましょう。

胆汁質の人は——

「こうやって見るとお友達の少ないのがちょっとサブしい位なもので、後はソートウいいじゃないの、よかった!」とオダヤカニ満足。

粘液質の人は——

「もう一辺はじめから読み直さないとヨクわかんないわ、まあどうせ私なんかタイしたもんじゃないでしょうね——」というユー然振り——でございましょう。

ハイ、皆さん、私の今日のお話はこれでおしまいでございます。

この指輪で幸福になれます！

後から後から不思議に幸運を招く

ラッキー・リング

外國の婦人で誰も知らない人のない有名な幸福の指輪ラッキーリングは、現在日本の女性間で大流行をしてゐます。

一日も早く幸福を招いて下さい

三千年來の印度傳説によつて、貴重なる象の黒毛より作り出されたもので、それに九金の帶を巻いたものと、銀の帶を巻いたものと、共に優美高尚のもので、歐米で今流行の品です。これをはめてゐれば、不思議と嬉しいことが、後から後からと起り危險や災難を除けることが出來ると云ひ傳へられております。

貴女の一生の御幸福を祈るために御旅行に、勉强に運動に、寸時も離さず御愛用のほどを、おすすめ致します。

御註文の際は曲尺にて指の太さを計り必ずお書き添へ下さい。

定價 金環巻 二圓五十錢　銀環巻 一圓五十錢

送料 内地 十五錢　鮮滿臺樺 四十二錢

和服にも洋服にも

コーセット

近代女性の服裝にはどうしても必要な品

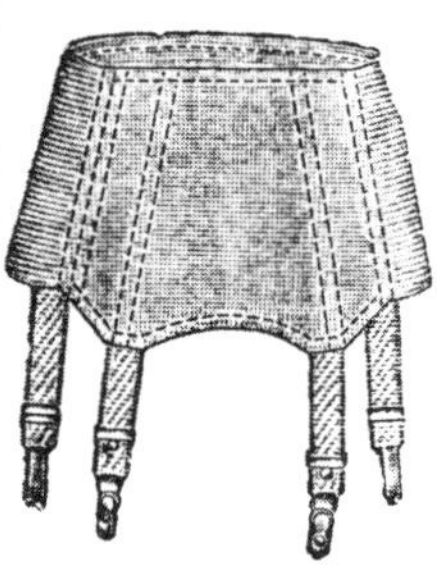

まだ持つてゐない方は今すぐに求めて下さい。近代女性にコーセットは離せません。それは

一、腰部は締つて容姿の美をまし
二、いつも腹部は溫かです
三、靴下のずれる事は絕對になく
四、身體の均圓は美事になり
五、激しい運動にも適してます

A型（女學校三年位の方）　二圓
B型（〃 二年生の方）　一圓五十錢
C型（〃 一年生の方）　一圓

送料 内地十五錢　鮮滿臺樺四十二錢

下手な人でも立派に
天才的の繪がかける

圖畫も寫生も見たとほり描ける

A寫描器

圖畫でも、風景、人物、靜物の寫生でも、そのまゝ畫面に映り、レンズを覗きながら思ひのまゝに何んの雜作もなく　屈折光線應用の科學的な新發明です。

郊外寫生なんかステキに愉快で先生でもアット驚くほど上手な繪がかけるのですから早く、お求めになつて、學校の繪の天才となつて御覧なさい。

定價 一圓五十錢

送料内地卅五錢　鮮滿臺樺七十五錢

美しいフランス人形、壁掛、刺繡等の

『少女の友手藝ニュース』進呈

郵券二錢封入の上、少女の友代理部へ御申込下さい。

御註文の仕方

◆御註文は前金でお願します◆御送金は振替が御便利です
◆お急ぎの方は爲替で願ます◆郵便切手代用は一割増の事
御註文先は　東京市京橋區銀座西一ノ三
實業之日本社代理部（振替東京六四五〇番）

怖い先生もすましたお嬢さんも忽ち大笑ひする

マヂック・フロート

歐米で大流行のとても面白い玩具、一度フロートを吹いて御覧なさい、とても朗かで大勢の人を忽ち笑はせる事が出來ます。吹く時にオヘソが宙返りしない樣に御用心。

定價　一組　金三十五錢　送料內地十錢鮮滿臺樺四十二錢

英國の女學生の間で大流行の追擊ゲーム
最新室內遊戲

ルード

こんな面白いゲームを御存じですか、競技板の四角に黃・綠・紫・褐色の桝があり同色の駒が四ケあり。骰子を振つて進め、敵の妨害を突破し追ひ落して中央に早く集めた方が勝です。

定價一組　金四拾錢　送料內地十錢鮮滿臺樺四十二錢

三色の駒がいり亂れて盡ざる興味百パーセント

ダイヤモンド・ゲーム

このゲームは三人で遊びます。赤・青・黃の三種の駒が十五づゝあつてダイヤモンド型の板の上で互に駒を進めて競技します。板上三色の駒が入り混ぢつてとても痛快で大人でも小供でもみんな面白く遊べる上品な遊戲です。

定價一組　八拾錢　送料內地十錢　鮮滿臺樺四十二錢

美顔術兼用
顔のアブラトリ

美顔ツヤゴム

本品にて顔をふけば自然に安全なる美顔術が出來る上、あぶらあかをとり色を白くし、日やけを防ぎキメを細かくしシワをのばすなどの効があります。本品は時々石鹼で洗ひ乾いた手拭にはさんで絞ればすぐ乾き永久使用することが出來ます。

定價　大形金五十錢　小形金三十錢　送料　二錢

女學生用美麗ケース入實物鑛物
最新鑛物學教科書適用

鑛物界標本（五十四種入）

最新の中學女學校の教科書にある鑛物を全部一つにまとめ、美麗のケースに入れて持運びに極めて便利にしてある、學術參考品が出來ました。中學、女學校の生徒さんの好奇心をそゝる美麗の鑛物から泥炭や火山岩等がキチンとおさめられてありますので、一目瞭然どなたにもすぐ解ります。金鑛水晶、石英、碧玉、瑪瑙、方解石、燐鑛、長石、石綿、雲母等珍らしいもの等が全部で五十四種入れてあります。一つ一つの原品の產地が書いてありまして、主要の用途までもありますから、原品をみながら、鑛物の知識が極めて正しく頭に入ります。

◇百聞は一見にしかず―

とは正にこの事を云ふのであります。三學期を控えて學校の鑛物の參考として是非お机に備えて置いて下さい。お友達や弟さんに贈物としても絶好です。

定價　金壹圓
送料內地十四錢鮮滿臺樺五十錢

初出：昭和11年5月号

父・松本かつぢと私

二森騏
（松本かつぢ長男／彫刻家）

かつぢの名字は松本、私の名字は二森。かつぢは松本家のただひとりの男の子、妻となるあや子は二森家のひとり娘であった為、私は松本家の長男に生まれながら二森の戸籍に入れられた。

戸籍上の手続きだけですんだはずなのに、一歳未満の私が二森家につれてゆかれ、祖父をお父さん、実母をお姉さん、かつぢは叔父さんと信じこまされたのは、祖父が病身で淋しがり、もし事実がわかったら逃げ帰ってしまうだろう、と恐れたからとのことだ。

父は「血は水よりも濃いのだからそのうちに帰って来るさ」とのんびり構えていたと母の弁。僕が事実を知ったのは中二のとき。実の家族と暮らせるようになったのは、大学入学と同時に上京してきてからだ。お陰で私は親弟妹のことをより客観的に見られるようになった。私は自分の家族を誇りに思ったし、その一員となれたことを心から喜んだ。

この頃かつぢは四十代の終わりで、すでに抒情画を卒業し、むしろ「くるくるクルミちゃん」の作家として一世を風靡していた。

かつぢは大の子ども好きだった。家を訪ねたことのある人なら、かつぢ独特のユーモアの種は、わざわざ探しにいかなくとも、自分のところの四男三女の子どもたちの遊び、いたずら、そして喧嘩等から、得られることに気づいたと思う。

その頃かつぢ一家が住んでいた二子玉川の日本家屋は、庭が広いわりに、部屋数は畳の部屋が大小合わせて五つしかなかった。その中のひとつをかつぢがアトリエ兼寝室として使って、他の四部屋に子どもたち六人（僕が来ているときは計七人）と、母のあや子が雑居雑寝していた。庭が広いのだから自分の仕事小屋を別に建てたらと皆にいわれたが、実際に実行したのは子どもたちが上の学校に行くようになって、それぞれの勉強部屋が必要になってからだった。

それまでは、障子一枚、襖一枚を通して聞こえる子どもたちのガヤガヤの中に漫画の種がいっぱいつまっていて、それを逃すのがもったいなくての同居だった。

実際、子どもたちは漫画の種としてだけではなく、漫画のモデルとしても使われた。そういう時はちゃんと後で散歩に連れてってくれて、モンブランでお菓子を食べたり、洋服等を買ってもらったりしたもんだ。

と、こんなことを書いた訳は、実は私はかつぢは本質的には抒情画家ではなかったと思うからだ。『少女の友』の名編集長だった内山基氏にその才能を認められ、抒情画の世界の先輩たちのように早く有名になりたいという気持ちで努力し、その念願はかなえられた。けれど、ほんとうにかつぢがしたいのは、抒情画を長く続けることではなく、健康的で明るくユーモアのあ

昭和28年、子だくさんでにぎやかな松本家。かつぢと妻あや子（中央）、一騎（18）、瑠美（16）、基（14）、賢（12）、明子（10）、充地栄（8）。筆者は留学中で不在

る子ども相手の仕事で、あの有名なムツゴロウさんの書いた本のタイトル『われら動物みな兄弟』のような「クルミフレンド」の世界で、子どもたちの為の夢のある絵本やグッズのデザインだった。

　昭和三十五年、アメリカ留学から帰ってきた僕の見たかつぢは五十代後半の若々しいクリエーターで、僕も喜んでその仕事を手伝ったものだ。かつぢの死後母が私に手渡してくれた遺物の中に彼の日記がみつかり、その中に次のように記されている。

昭和30〜40年代の大ヒット商品となった、コンビのベビー食器。松本かつぢ資料館蔵

「自分の絵を通して、人々に笑いと喜びと、ハッピーな気持を与えたいな！」

　かつぢは締切りが近づくと機嫌が悪くなり怒りっぽくなったが、家族は心得たもんだった。食べる事が好きで、酒が好きで強くて、若いときは喧嘩もし、強かったそうだ。とくに好きで尊敬していた人や物は、アメリカの国民的画家、ノーマン・ロックウェル、ウォルト・ディズニー、アンデルセン、初山滋、アメリカの連続ＴＶ番組「大草原の小さな家」。

　ある日の日記には、「大草原〜」のことを「このフィルム、何時も美しい景色だけでなく、胸にしみるものがある。子どもたちもいいが、主役の夫婦が実にいい。ためいきが出るくらい美しい」とある。

　仕事の上だけでなく、人間としても、かつぢと出会った人が皆かつぢのことを好きになるのを見聞して、息子としても嬉しく誇りに思ったものだ。

にもり・き　１９３３年生まれ。彫刻家。長年アメリカンスクール・イン・ジャパンで美術教師をつとめた。松本かつぢ資料館を妹・宇津原充地栄と共に運営。

◉セレクション6

中原淳一　全表紙

All Front Covers by Junichi Nakahara

中原淳一が描いた全 66 枚の表紙絵が一挙に紹介されるのは今回が初めてになります。
昭和 10 年 1 月号から昭和 15 年 6 月号まで『少女の友』の顔であり続けた中原淳一の全軌跡。

当時の少女雑誌としては、際立って洗練されていた中原淳一が描く表紙

昭和十年一月号より、中原淳一は表紙を担当することになりました。挿絵を描くようになってから、わずか二年半ですから大抜擢といえるでしょう。

全六十六点の作品を通覧すると、顔のパーツのバランスや描き方が少しずつ変化していることがわかります。技法的にも試行錯誤を繰り返しており、まだ硬さの残る執筆当初から、押しも押されもせぬ大看板となるまで、画家としての成長過程が見てとれます。

軍部の干渉によって、昭和十五年六月号を最後に淳一は降板を余儀なくされますが、この年に描いた表紙絵は彼の代表作としても記憶されるものです。ある種の迫力さえ感じる作品からは、一人の芸術家に成長していた淳一が、矜持を持って巣立って行ったことが感じられます。（内田静枝）

昭和十年

1月号「新春」

2月号「刺繍」

3月号「お雛さま」

4月号「みどり」

5月号「青葉」

6月号「おたより」

8月号「海へ」

9月号「ウクレレ」

10月号「むらさき」

11月号「花籠」

12月号「雪の夜」

7月号「星の宵」 シンプルな色づかいと大ぶりな柄がいかにも淳一好みの浴衣です

昭和十一年

1月号「かるた」

2月号「赤い上衣」

3月号「若き日」

4月号「風船の夢」

5月号「若葉萌ゆる」

6月号「ゴムの樹」

7月号「七夕の夜」

8月号「ヨット」

9月号「秋日」

11月号「十一月」

12月号「クリスマスの夜」

10月号「ピアノ」 ピアノや楽譜など小道具も洒落て。漆黒に黄が映えシックです

昭和十二年

1月号「かるた」

2月号「少女」

3月号「名残りの花束」

4月号「庭の少女」

5月号「青い空」

6月号「ほたる」

7月号「緑陰」

8月号「涼風」

9月号「向日葵」

11月号「羽織着る日」

12月号「クリスマス」

10月号「少女」 視線を正面に放つ数少ない作品。きらめく瞳にひきこまれます

昭和十三年

1月号「元旦」

3月号「雛の日に」

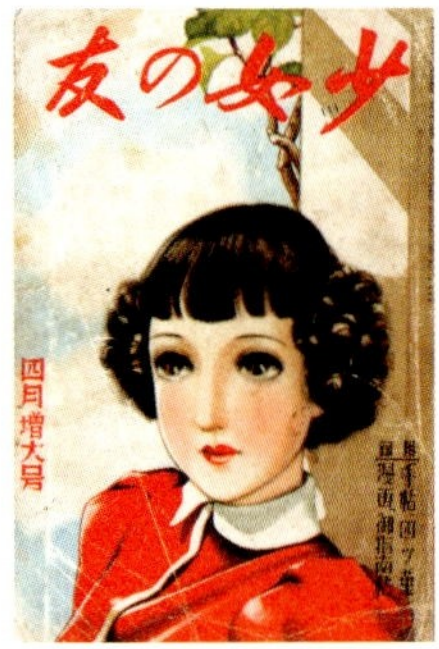

4月号「紅い服」

5月号「ギター弾く少女」

6月号「あぢさゐの咲く頃」

7月号「初夏」

8月号「新鮮」

9月号「少女」

10月号「秋空晴れて」

11月号「羽織」

12月号「冬日」

昭和13年2月号「二月の少女」
赤を基調に健康的な雰囲気を
盛り上げて

昭和14年4月号「春の装ひ」
ブラウスとコーディネイト
したチーフがアクセントに

昭和十四年

1月号「初春」

2月号「雪の日」

3月号「雛の月に」

5月号「五月の空」

6月号「緑の帽子」

7月号「涼風」

8月号「海渡る風」

9月号「朝がほ」

10月号「かすり」

11月号「秋晴れ」

12月号「祈りの鐘」

昭和15年1月号「お客さま」 初の表紙とくらべると画家としての成長が一目瞭然です

昭和十五年

6月号「憩ひ」 淳一最後の表紙。当局の圧力により、退場を余儀なくされた

2月号「外出」

5月号「セルのころ」

4月号「四月の風」

3月号「早春」

◉セレクション7

付録コレクション

～小さな宝物～

Fabulous Accompanying Gifts issued with *Shojo no Tomo*

小さくて、愛らしくて、色彩豊かな珠玉の付録。
そのクオリティの高さ、美しさは、今なお輝きを放ちます。
戦前の少女文化の華やかさを物語る文化財でもあります。

小さくエレガントな付録の数々

付録の出来が雑誌の売り上げを左右すると言われています。昭和初期の少女雑誌界も同様で、各誌は付録の開発に精力を注ぎ、点数の多さや、大きさや、アイテムの豪華さを喧伝しては、しのぎを削っていました。

そんな中『少女の友』は独自の路線をゆきました。子どもだましの紛い物を数多く作るよりは、たとえ点数は少なくとも本物志向で勝負しようと。『少女の友』の付録を見た出版関係者は「こんなものは今では作れない」と一様に驚きます。技術的に無理なはずはありません。おそらくそれは付録にかける心意気の違いなのでしょう。時間をかけた丹念な企画と、手作業も伴う丁寧な製作。現代人をも魅了する『少女の友』の付録は、作り手たちの熱意の結晶なのです。

（内田静枝）

中原淳一のカードゲーム

少女雑誌の付録を変えたのが中原淳一です。郵便法により、当時付録には紙しか使用できない規則がありました。他誌では紙で豪華アイテムを再現しようと試みましたが、淳一は発想を逆にし、紙の特長を生かしたアイテム―詩集やカード、しおりなど―の考案に力を注ぎ、ハイグレードで美しい〈紙の宝石〉を創り出しました。

ランド・ゲームのケース(9.7×15.3cm)

乙女の祈りと友情が世界をつなぐ
ランド・ゲーム

10カ国の国旗、国花、優れた婦人、少女、各国の言葉(友情)の5種類50枚にピエロを加えた51枚のカードからなります。ゲームとして数種類の遊び方ができるほか、友情占いもできます(昭和15年1月号)

今はなき国名のカードも
(カードサイズ3×9cm)

国花のカード

優れた婦人の人選は『少女の友』ならでは

少女のカード

麗しき花々に
明日を託して……

フラワーゲーム

48枚の花の札と12枚の蝶の札からなる花占いカード。〈ご託宣〉を綴ったリーフレットを参照し、自分の性格、将来、待ち人などを占います。絵合わせゲームとして遊ぶこともできます(昭和13年1月号)

細密に描かれたフラワーゲームのケース
(7.4×15.3cm)

地色は花の科目別に12色。リーフレットには、青は石蒜(せきさん)科、黒は芥子(けし)科などとある
(7.4×4.7cm)

啄木かるたのケース（14.1×9cm）

北の詩人の魂が
乙女の札に宿ります
啄木かるた

石川啄木の歌をかるたに仕立てたもの。文学少女の多い『少女の友』読者には啄木ファンも多く、待望の企画だったようです。しかも淳一とのコラボレーションですから大反響を呼びました（昭和14年1月号）

絵札は50枚。1枚1枚歌にあわせ異なる少女が描かれている（7×4.3cm）

村上三千穂の和風付録

村上三千穂は帝展入賞歴もある日本画家。菊池契月の元で学んだ後、昭和六年に上京し、その後から『少女の友』に作品を寄せています。生活の糧を得るための副業でしたが、三千穂の仕事には少女向けだからという妥協はまったくありません。自分の持てる技と知識を総動員して日本画の香気を少女雑誌に持ち込みました。

外箱は金を使った豪華な印刷（16.2×9.2cm）

付録の域を超えた
芸術作品

小倉百人一首かるた

4.2×3cm大の小さな札に歌人の姿と一首全部が
極細筆で描かれています（昭和9年1月号）

国宝の格調を
少女の御許へ

彦根屏風たとう

近世初期風俗画の傑作である、国宝・彦根屏風をたとう（千代紙等を挟むもの）にアレンジした作品。全体の意匠には、この時代の衣服の模様である染と刺繡が使われています。本誌では屏風の来歴や狩野派についても丁寧に解説。時代考証に裏打ちされた三千穂の意欲作です（20.9×13.9cm、昭和11年1月号）

わが国初の結髪の型である兵庫髷の少女。振り袖をかけた衣桁と薬玉を添えたのは豪華さを出すための三千穂の工夫

中は2面。切り髪の少女は原画から選り出した

次の面は左右に展開し、2種類のたとうと封筒入れが

たとうを開いた状態。中央のたとうの中面は鹿の子染めの舞鶴に浜の松。きれや千代紙などを収める

松本かつぢのユーモア付録

隣組かるたのケース（8.5×12cm）

ロマンティックな抒情画を描く一方で、コミカルタッチの漫画も描いた松本かつぢ。当人は気っぷの良いユーモア溢れる御仁だったそうで、付録の仕事ではのびのび描いている様子が伝わってきます。キャラクターの立ったポップな絵柄は付録向きでもありました。「隣組かるた」では四十三人の人物を描き分けています。

トントントンカラリと隣組♪

隣組かるた

戦前最後の大型企画。雑誌に使える紙が制限される中、このような豪華付録を作ったことに読者から感謝の声が集まりました。6家族の父・母・兄・姉・友子・妹・弟＋女中の43枚のカードで遊びます。「回覧板係」など7つの役割を示したカードもあり、トランプより凝った遊び方ができます（昭和16年1月号）

正しき女学生とは
どういう人ぞ?

女学生御指南帖

かつぢ自身が直接読者に語りかけているかのようです。軽妙な口調でチャッカリした女学生をたしなめつつも、真の言葉は伝わります。手書きのセリフも味があります(昭和13年4月号)

表紙(15.5×9.1cm)
本文は折本状で、伸ばすとなんと全長2m73cm!

お辨當を一人で製作すべし。

「今日のノリベンはお醤油がカス〳〵で」とか「又お箸が入つてなかつたわヨ、ンシドイワ」などとねえやを怒つたりしないこと。この非常時戦地の兵隊さんは御飯炊きからお和ごしらへ迄一人でやつてるのですぞ。自分でやれば今迄二重のおノリをヒソカに三重にする事もおタフク豆の大きな奴二粒も餘計に入れてもゆかれようと云ふ一擧兩得なり。

3

靴は自分でみがくべし。

ドロンコだらけの白くなつたみたいな靴をひきずつてゐたりドロンコの世話はねえやにまかしたりしてゐたのは小學生の昨日迄。おニュウの靴ではあるし、毎日ピカ〳〵と光らさないでナントセウ。ことによつたらお父様、大學生のお兄さんの靴迄カヒ〴〵しくみがくべし。

4

「お便所にワザワザお友達同志さそうべからず」「先生へのあだ名はシツレイにすぎぬ様にすべし」……ウィットに富んだ指南が続く

中原淳一のお人形帖

挿絵画家になる前は人形作家だった中原淳一。プロの人形作家・淳一による人形帖は『少女の友』の目玉企画でした。昭和十三年版では松本かつぢの人気漫画「くるくるクルミちゃん」をモチーフにしています。作り方の解説では「女学生服装帖」でもコンビを組んだ南由紀子が協力しています。

人形帖表紙（19×13cm）

このような詳細な図解に加え、大判の型紙がつく

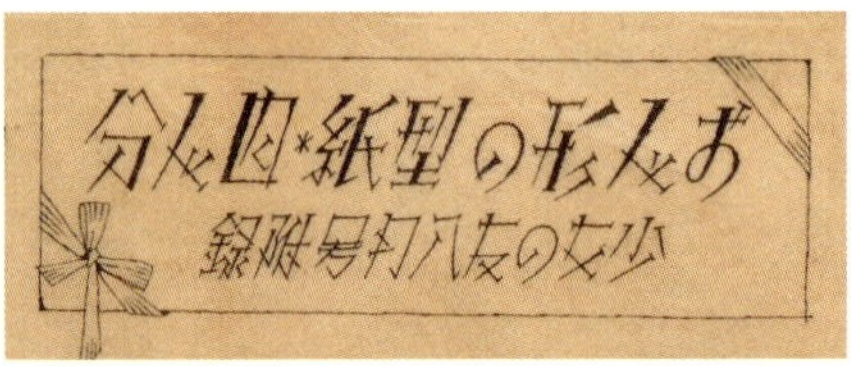

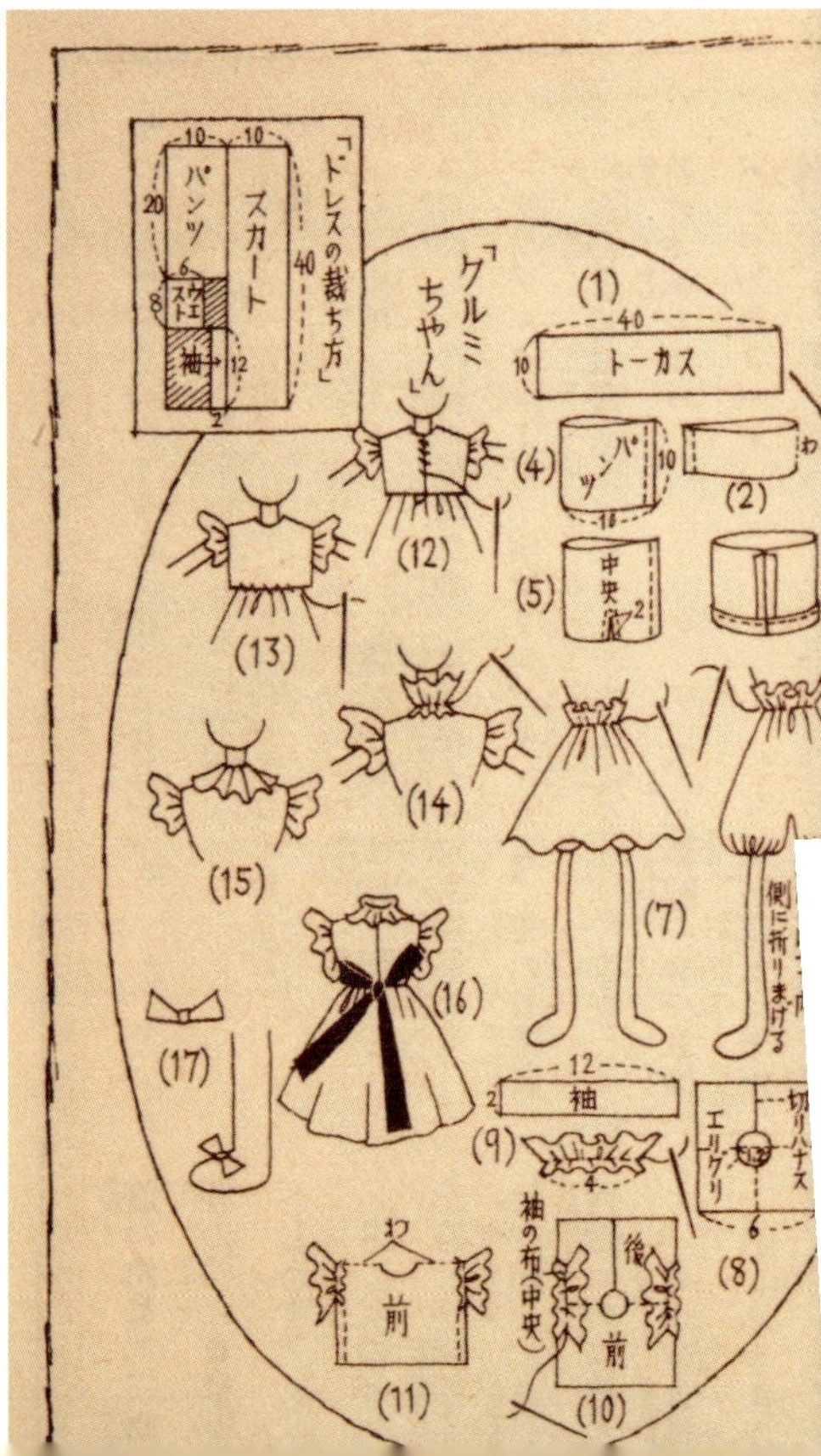

人形作りは当時、女学生の間で人気がありました。ただし時代が悪くなるにつれ、娯楽的なものや趣味的なものに厳しい目が向けられるようになり、本作も「戦地の兵隊さんに送るお人形製作」が建前でした。しかし、この楽しげなイラストからは、読者が可愛いものを作る喜びを享受していたことが想像できます（昭和13年8月号）

右ページの表紙を開いたところ。ひとつの型で、クルミちゃんのほか「京屋のお染めちゃん」など3つの日本人形が作れる

クルミちゃん人形をつくってみました

宇津原充地栄（うつはらみちえ）さん

（松本かつぢ三女・服飾デザイナー）

結構難しかったですね。髪の毛はフェルトをロールにしてひとつひとつ縫いつけるんです。細かいでしょう？　クルミちゃんらしい顔の感じを出すのにも苦労しました。「鼻の部分はマッチ棒の先をつめる」とあるのですが、おマセな顔になってしまって。型紙通りだとクルミちゃんらしさが出ない部分もあり、少しずつ工夫して……楽しくって3体も作ってしまいました！　三ツ子みたいで可愛いでしょう（笑）。

中原淳一のスペシャルブック

型押しされ白、黒、金で塗り分けられた表紙（13.2×13.1cm）

淳一の装幀家としてのチャレンジ精神を示すスペシャルブック。花籠を型押しで表現し三色に塗り分けた「スーヴニール」など、とても付録とは思えないほど、手が込んでいます。当時付録には紙しか使えませんでしたが、淳一は怯むことなく格調高い付録作りに挑みました。複雑な工程をものともしない職人たちも見事です。

新年号の付録ですが、3月の別れの時期に使われたものでしょう。本体は折本状で、おもてには淳一のイラストとともに著名な詩人・作家のフレーズが記され、裏面はサイン帳になっています（昭和12年1月号）

スーヴニール―思ひ出

随想　内山基

一人の人間が偉いといへるのは、人の悲しみ苦しみを聞いて、その苦しみ悲しみをほんとうに慰めてやれる人のことではないだらうか。

その為めには、自分自身、深い悲しみ、苦しみにうち勝つて来なければならない。人の世が苦しいものであるといふことをほんとうに味ひ、そしてあくまでも強く正しくうち勝つて、心の底に、豊かな大きい、人をその中にうけ入れてやれるものを持つてゐる人こそ、眞實に人を慰め、人を愛することの出來る人ではないであらうか。

人の心のすむ世界にはまだ誰れも覗いたことのない深い／＼楽しい世界がかくされてゐる。その豊かな楽しい世界にはいることの出來るものは眞實に苦しんだことのある人である。苦しみをさけ悲しみを避けるといふことは、此のすばらしい心の世界を旅の路の長さに疲れて頂きを極めずして逃げ去る人のことである。人を慰めることの出來る人といふことは、その廣々とした世界のありかをその人に教へることの出來る人でなければならない。

トルストイ、タゴール、北原白秋らの詩が

春への贈り物

裏面にも同様の絵が描かれている

手のひら大の愛らしい折本。淳一の絵が表裏10葉貼り合わせてあります。台紙がしっかりと厚いので、気に入った面を開いて写真立てや屏風のように立てて飾ることもできます（10.5×8.5cm、昭和9年3月号）

花詩集（はなことばしゅう）

型押しの金箔が映えます。季節の花と花言葉、花にまつわる伝説が書かれています（内山基　編、13.2×9.7cm、昭和11年3月号）

愛読者・花田みよさんが大切にしていたサイン

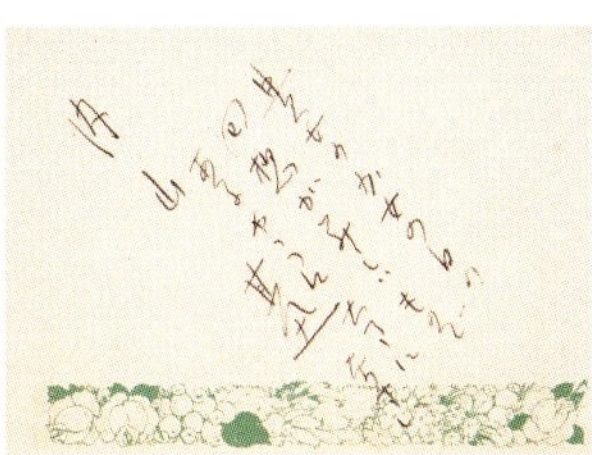

修学旅行で上京し編集部を訪れた際、「スーヴニール」に内山基が記したもの

中原淳一の花しおり

春の贈もの

ケースを開くとしおりが収められています。さらにケース全体を横にめくると、アレントの「わすれな草」など、花を謳った詩を集めた「花の詩集」が（19.4×12.2cm、昭和12年4月号）

花と少女を組み合わせたモチーフは淳一が特に愛したものです。花の妖精を描いた西洋の絵本作家の影響もあったのでしょうか、西洋の香りが漂います。ただし、しおりだけでなくケースも凝ってエレガント、さらにドラマチックな仕掛けがあるのが立体造形にも優れた感覚を持ったアイディアマン・中原淳一の面目躍如です。

しおりは10・6×9・7㎝と大きめ。ここには掲載できなかったが、ヒマワリ、スミレをモチーフにしたものもある。しおりの穴には好みのリボンを通します

花言葉枝折（しおり）

淳一の最初期の付録ですが、細かな細工にはため息が出ます。葉っぱの形もそのままに、丁寧にくり抜かれた窓枠の背後に青空が広がります。青空部分をめくると、春夏秋冬各10種の花言葉が（21.8×12.4cm、昭和8年10月号）

ケースの内側には小さなしおりが封入されている

特別編集 別冊よみもの

人気の企画。世界名作物語や伝記など定番ものの他、星や人形に関して独自に取材・解説した作品もあり、本誌に劣らぬ丁寧な編集がされています。「三つの童話」は淳一のビアズレー調の挿絵が添えられ、大人っぽい雰囲気です。「暁の聖歌」は昭和三年に掲載された作品を創刊三十周年を記念して単行本化したものです。

暁（あかつき）の聖歌

「暁の聖歌」吉屋信子著 中原淳一装幀・挿絵 19×13cm、昭和12年4月号

「三つの童話」
内山基訳 中原淳一装幀・挿絵 14.9×15.1cm、昭和12年10月号

「リットルウヰメン」
吉屋信子編 中原淳一装幀・挿絵 12×15.2cm、昭和9年10月号

「お人形物語」
中原淳一装幀・挿絵 12.3×8.3cm、昭和13年3月号

「荊の道」
内山基訳 松本かつぢ装幀・挿絵 18×15.1cm、昭和11年6月号

「星の本」
長谷川露二装幀・挿絵 14.5×14.6cm、昭和10年7月号

「あしながおじさん」
編輯局編 松本かつぢ装幀・挿絵 12.7×12.4cm、昭和13年6月号

「シューベルト物語」
村田義光著 中原淳一装幀・挿絵 22.1×14.9cm、昭和12年6月号

「ショパン物語」
村田義光著 松野一夫装幀・挿絵 15.1×13cm、昭和13年10月号

フランダースの犬

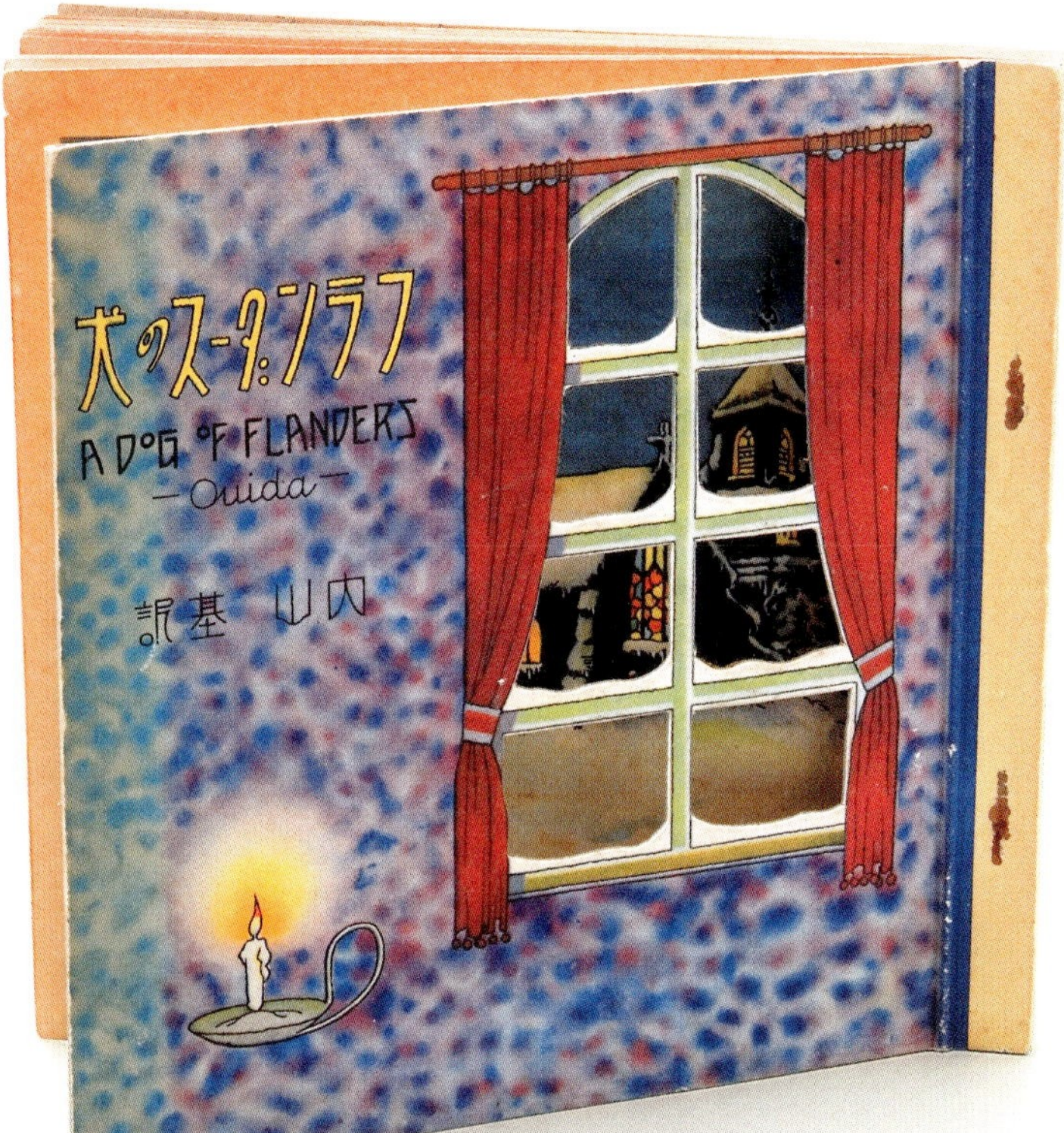

凝った作りの装幀です。窓ガラスにあたる部分をくり抜き、次頁に描かれた口絵の教会を遠景として見せています。窓のさんに積もった雪の曲線まで表現しているのが見事です。右ページの「星の本」ではガラス部分にセロファンを貼っています（「フランダースの犬」内山基訳 松本かつぢ装幀・挿絵 14.5×14.6cm、昭和10年2月号）

『少女の友』の誌歌楽譜集

「聖き鈴蘭」原聖路作歌 橋本國彦作曲 中原淳一装幀 22×12.5cm、昭和14年3月号

「少女なれば」座間愛子作歌 弘田龍太郎作曲 松本かつぢ装幀 22×12.5cm、昭和14年3月号

誌歌の楽譜集。三曲とも違う曲です。「少女なれば」と「聖き鈴蘭」は昭和十四年一月号誌上にて告知され、応募総数九二〇編の中から選ばれた作品です。実はこの時、一等には該当者はなく、二等として二名が選ばれました。弘田龍太郎、橋本國彦という当代一流の作曲家が曲をつけ、全国の友ちゃん会で歌われたようです。

女学生にも人気を誇った美貌の歌人・九条武子の詩（「うるはし我が友」九条武子作歌 鈴木次男作曲 松本かつぢ装幀 21.5×13.1cm、年代不明）

『少女の友』販促グッズ

付録の他にも胸躍らせるアイテムがありました。これらは読者の評判が良かった表紙絵や口絵を選んで宣伝用にリメイクしたもの。お金を出しても買えないプレミアムグッズです。

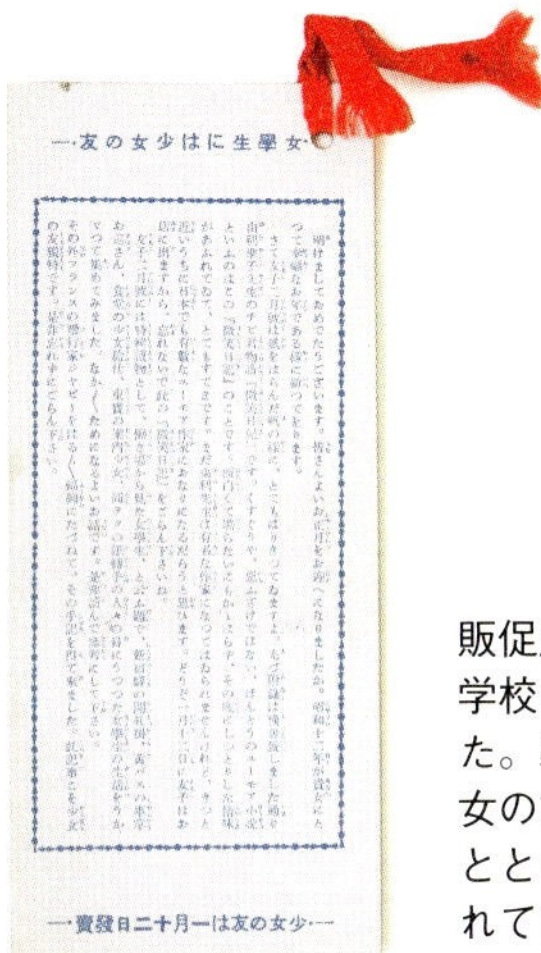

表面には上のような宣伝文が多いが、カレンダーが載っていることも

販促用のしおり。下校時に女学校の校門などで配られました。裏面には「女学生には少女の友」のキャッチフレーズとともに本誌の内容が紹介されています。宣伝であっても上品なのが『少女の友』らしいところです

懸賞の賞品。驚くなかれ、『少女の友』の懸賞にハズレはありませんでした。残念賞として、応募者全員に2枚組の絵はがきセットが贈られたのです。うち1枚は淳一作品がお決まり。むしろこちらを楽しみにしていた読者も

読者のあこがれ
銀時計&鈴蘭ブローチ

『少女の友』名物が記念時計の贈呈です。巻末の「読者文芸」で多数入賞を重ねた投稿者から毎月1名(※)を選び、記念の時計を贈呈する制度です。創刊当初からの伝統で、はじめは懐中時計、のちに腕時計が贈られました。

記念時計受賞者は〈お時計組〉と呼ばれ、以後は投稿欄を卒業し、時計受賞者だけが投稿できるページ「緑の室（おへや）」に殿堂入りします。

※2名だった時代や創刊○周年といった節目の年には一挙に5名ということもありました

文学少女の羨望の的だった銀製の腕時計。蓋には「少女の友記念文藝賞」と刻印が。赤と黒の市松模様のリボンもついていました。当時の女学生には腕時計そのものが貴重品で、賞品としての魅力も絶大でした。この時計は愛読者の花田みよさんが大切にされていたもの(280ページ参照)

毎月の入賞者に賞品として贈られた小さなブローチ。『少女の友』の花である鈴蘭をモチーフに、中原淳一がデザインしました。葉で「友」の字をかたどっています。懸賞の賞品(8等)でもあり、少女の友代理部で60銭で通信販売もされていました。裏面に『少女の友』の刻字

「子ども扱い」しないかわいさ
安野モヨコが語る『少女の友』付録の魅力

幼い頃、着せ替え人形の付録をまねて、自分でデザインした着せ替えドレスを画用紙で作っていたという安野さんは、『少女の友』の付録を手にして大興奮です。

小倉百人一首かるた（178ページ）

フラワーゲーム（176ページ）

ああもうほんとに、ほんとうにかわいいですね。企画した人が女の子の気持ちをすごく考えて作っているのがわかります。私、子どもの頃、「こども」って印刷されたオモチャのお札がすごく嫌いだったんです。「オモチャだからってあからさまに子ども向けにするな！」って悔しかった。

子どもは、子ども扱いされることが嫌いです。それをよくわかっているおとなたちが、嘘ではないものを与えようとして作った付録だと思います。

◆フラワーゲーム（昭和13年1月号）

配色がなんだか着物っぽい。この赤い椿の絵の背景は、濃い沈んだ紫……今ならきっとバックは白やピンクとか甘い色で塗るはず。作者の中原淳一先生が、ほんとうに良いと思う配色なのでしょう。

◆小倉百人一首かるた（昭和9年1月号）

ほんとうに凝っていますね。とくにいいなと思ったのは箱の作り。札を納める内箱が、外側のカバーと別々になっています。今ならきっと「抜け落ちる恐れがあるから、内箱はカバーに貼りつけよう」となるでしょうけれど、子どもはほんとうは本物が欲しいわけだから、そんな作りになったら嫌なんですよね。子ども向けだからといって手を一切抜いていないところが素晴らしいです。

◆**彦根屏風たとう**（昭和11年1月号）

金粉でキラキラしていてすごくきれい。どうやって印刷したんでしょう。

◆**スーヴニール「思い出」**（昭和12年1月号）

すごくがっちりした型押しで、革製みたい。固さは胡粉（注・日本画の絵の具の一種）を使って出しているのかな。こんな立体感ある型押しを、付録でやってしまうことが凄い!!

◆**リットルウヰメン**（昭和9年10月号）

表紙のタイトル帯の下に、別の紙に印刷された絵が挟み込んであるんですね。印刷でいっぺんに刷れば簡単なのに、わざわざ切って貼って。中のページにも、カラーの絵が一枚一枚貼りつけてある。素晴らしいです。

◆**フランダースの犬**（昭和10年2月号）

窓枠に雪が積もっている！ かわいいですねえ。窓のガラスの部分にはセロハンが貼ってあって。こんなに小さなサイズなのに、本文の扉の絵は一枚の絵としての完成度が非常に高い。ほんとうに素敵ですね。こうやって見ていると、『少女の友』編集部の方々の付録にかける想いの強さを感じます。絵は全点、描き下ろしているんですよね？ 今同じことをやろうとしたら、半年がかりで画家と編集者で準備して、出来たあかつきには半年間は寝込むくらいの大変さだと思います（笑）。でもこの付録からは、そういう作り手の消耗は感じられないんですよね。

もし私が当時の少女だとしたら、この付録はすごく大切にしただろうな。弟がいたずらでビリビリに破いたりしたら、本気で悲しんだと思います。この時代は戦争があったから、きっとたくさんの読者たちが宝物の付録を失って、がっかりしたことでしょうね。

彦根屏風たとう
（179ページ）

スーヴニール
「思い出」（184ページ）

リットルウヰメン
（188ページ）

フランダースの犬
（189ページ）

◉セレクション8

女学生服装帖

Fashion Handbook for School Girls by Junichi Nakahara

**中原淳一が読者に贈ったおしゃれのエッセンス。
その人に合った着こなし方、
色や柄の合わせ方、
女学生向きの髪型や美しい姿勢に至るまで、
淳一が図解しながら語ります。**

昭和15年2月号の「女学生服装帖」。リボンを使ったヘアスタイル8種が提案されている

『少女の友』四十八年の歴史のうちでも際だってユニークな企画が、中原淳一の「女学生服装帖」です。昭和十二年五月号より三年間連載されました。

文芸志向の強かった『少女の友』が服装批評のページを設け、しかも文筆活動が専門でない淳一が筆者も兼ねるのですから、当初は実験的な試みだったようです。初回から一年程は南由紀子（＝編集部員の内田多美野）との対談形式になっています。やがて淳一自身が文章も手がけるようになり、読者の反響を受け、巻頭を飾る名物企画に育ってゆきました。

連載開始の動機となったのは、愛読者集会で見かける読者の洋装姿がちぐはぐなことに、淳一が心を痛めたことでした。当時は和装から洋装へと移行する過渡期にあり、日常着としては依然として着物が一般的でした。和装であれば母親や姉から着こなしのイロハを教えてもらえましたが、洋装となるとそうもいきません。知識も手本も持たぬ読者たちのために、淳一は〈おしゃれの先生〉として名乗りをあげたのです。

大抵の日本人が洋服の何たるかを知らなかったこの時代に、淳一は豊富な知識と技術を持っていました。実は挿絵画家になる前に、彼は上野の高級洋品店でデザイナーとして働いていた経験があったのです。

加えて少年時代からの素地と教養がありました。クリスチャンの家庭に育った淳一は、父の死により七歳から十三歳までを外国人宣教師のもとで暮らしています。つまり、実生活で西洋の生活様式を身につけていたわけで、この当時の日本男児としてはきわめて珍しい生活体験が生来の美的センスと相まって、淳一を稀有なスタイリストへと成長させたのでしょう。

さて、淳一自身初の連載でもある「女学生服装帖」ですが、注目すべきは、この時に既に淳一独自のおしゃれ哲学が展開されていることです。

本書では〈口絵セレクション〉に掲載したカラー版も含め三編収録していますが、大人でもなく子どもでもない少女特有の美を認め引き立たせる術（連載初回、本書一九七ページ）、自分の個性を見きわめ、それに合ったものを着る提案（同二〇三ページ）、余った布地を使った小物作りや着飽きた服のリフォーム術（同四五ページ）など、いずれも昭和三十年代に満開の花を咲かせた〈淳一イズム〉の萌芽が認められます。

しかし、淳一が自らの才能をきらめかせてゆくのと反比例して、日本は暗い暗い時代に突入します。

残念ながら連載は昭和十五年五月号をもって突然終了。淳一が再び筆をとり、思う存分筆を揮えるようになるまでには十年もの歳月を要しました。時代に先んじたというべきでしょうか、これが天才の持つ宿命なのかもしれません。

わずか三年の連載でしたが、この連載が日本のファッション史、雑誌史にのこした足跡は小さくありません。日本女性のセンスアップに多大な功績を残した中原淳一の原点でもあり、いわゆる〈おしゃれページ〉の嚆矢（こうし）でもある「女学生服装帖」、この連載を有したことは『少女の友』の誇りなのです。

（内田静枝）

趣味のページ

女學生服装帖

中原淳一・南由紀子

南「少女の服装や身だしなみについて、決してオシャレのいみでなく、正しい知識と、少女らしい上品な趣味を、一つこれから『少女の友』ヴオーグとして始めようと存じます。讀者の方もきつと樂しんで讀んで下さると思ひます」

中原「僕もその事は前から考へて居ました。僕に〃理想の少女〃と云ふものを選ばせたら、正しい美しい心の少女であると共に、外にあらはれた服装や身だしなみにもキチンとした少女らしい心を配つてゐる人である事が大切な條件ではないかと思つてゐます」

南「淳一先生は毎月幾人かの少女を描いていらつしやるのですし、それも、可愛いゝ服装をした少女許りですので、その先生が實際の少女に對して、どんなお考へを持つていらつしやるのか――きつと『少女の友』の讀者は知りたがつて居りますよ」

中原「さあ、僕の描く少女は、別にモデルはゐないのですし、それに僕の描く繪は抒情畫ですから、現實の少女とは又違ひますし。然し、少女のみの持つ本當の美しさ、よさ、それは僕は誰にも負けず見きはめてゐる積りです。少女達自身がそれに氣づかず、大人の眞似の様なおしやれをしてゐる事をとても殘念に思ひますよ」

南「構はない人は、セーラーの黒いエリにふけをつけて平氣でゐたり、靴下はだぶ〱でお辨當のおつゆのしみ出た手提を持つてゐたり、不潔なだらしのない感じですが、又、女學生のくせに物慾しさうな化粧をしてゐるのも品の惡いいやな感じが致しますね」

中原「服装についても同じ事が云へると思ひますね。例へば洋装の場合、大人には婦人服があり、子供には子供服があり、それ〱行届いて研究されてゐますが、その中間の少女服、と云ふと、只婦人服の型を小さくした丈の様なものが通用して、本當に少女らしさを

初出：昭和12年5月号

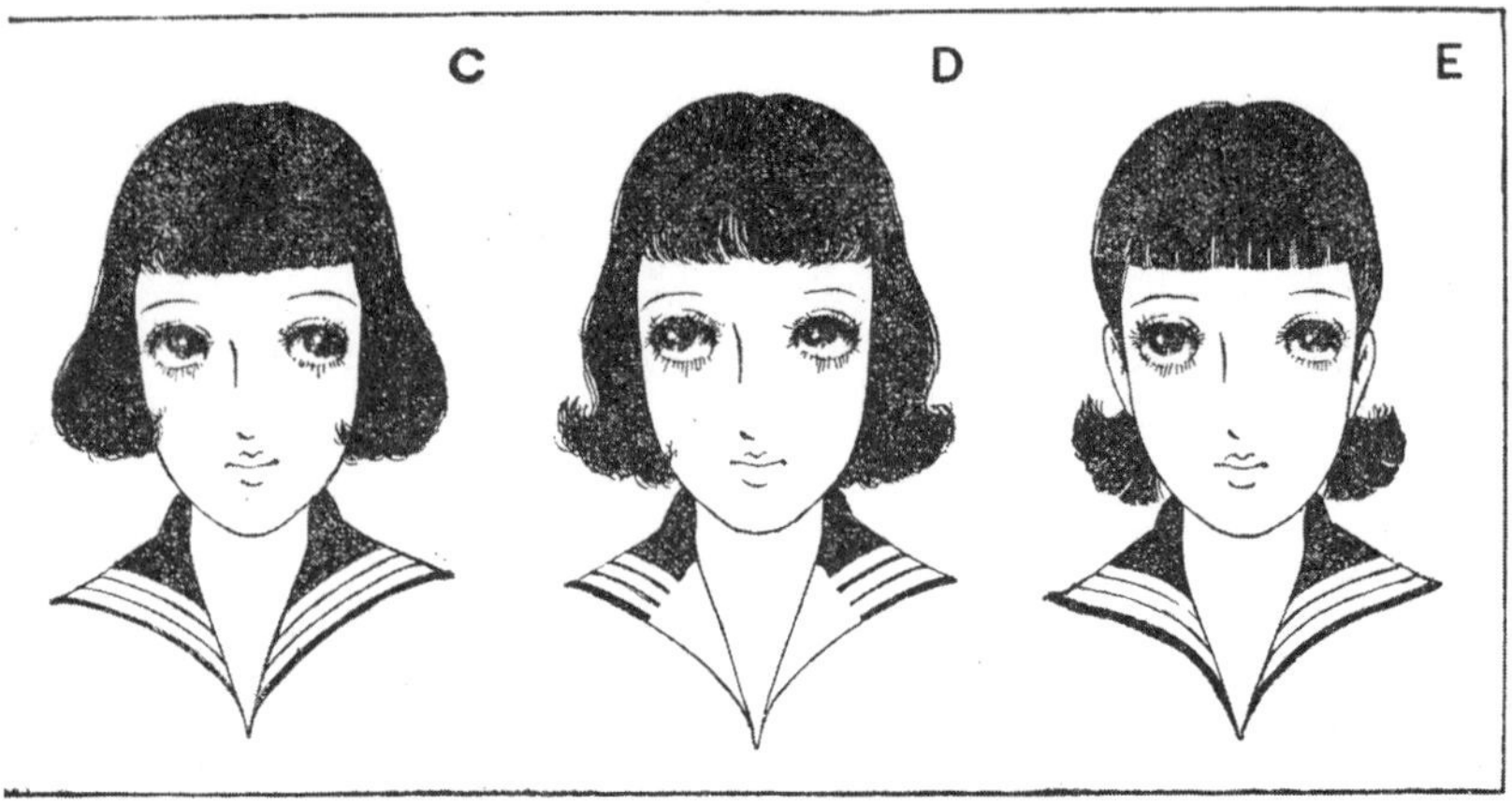

生かす、と云ふ點を、誰も考へてやらないのではないかと思ひますね。が、少女達自身がそこに氣づいて少し工夫する樣になると、もつと日本に可愛らしい、感じのよい少女が增えて來るのだと思ひますが……」

南「今は丁度新學期で、新しく女學生になつた少女達が澤山ゐると思ひます。そこで、今月は、何かさうした女學生の身なりについてお話を伺はせて頂きませう……又、夏休み頃にでもなりましたら、お手製の少女らしいワンピースの型など考案して頂いて、發表してもいゝと思つて居ります」

中原「さうですね。では、一番上の頭髮から——お化粧は女學生にとつてふだん緣のない事ですし、僕も必要を認めませんから除外して、——時々制服でお化粧してゐる少女を見かけますがあれは厭ですね。女學生としての誇を持つて慾しいと思ひます」

南「ではこゝに描いて頂いたA—G迄の順にしたがつて、髮の型を見て參りませう」

中原「今でも地方へゆきますと、女學生は大ていお下髮ですが、東京では、おかつぱが殆どの樣ですね。學校によつては上級になると留めさせてゐる所もある樣ですが——、髮の長さは、斷髮の許される學校でしたら小學生から女學生になつても急に長くする必要はないと思ひます。下級の小さな女學生は、頭髮が肩にかゝつたりする樣に長くない方が明くもあり可愛いゝのだと思ひますが」

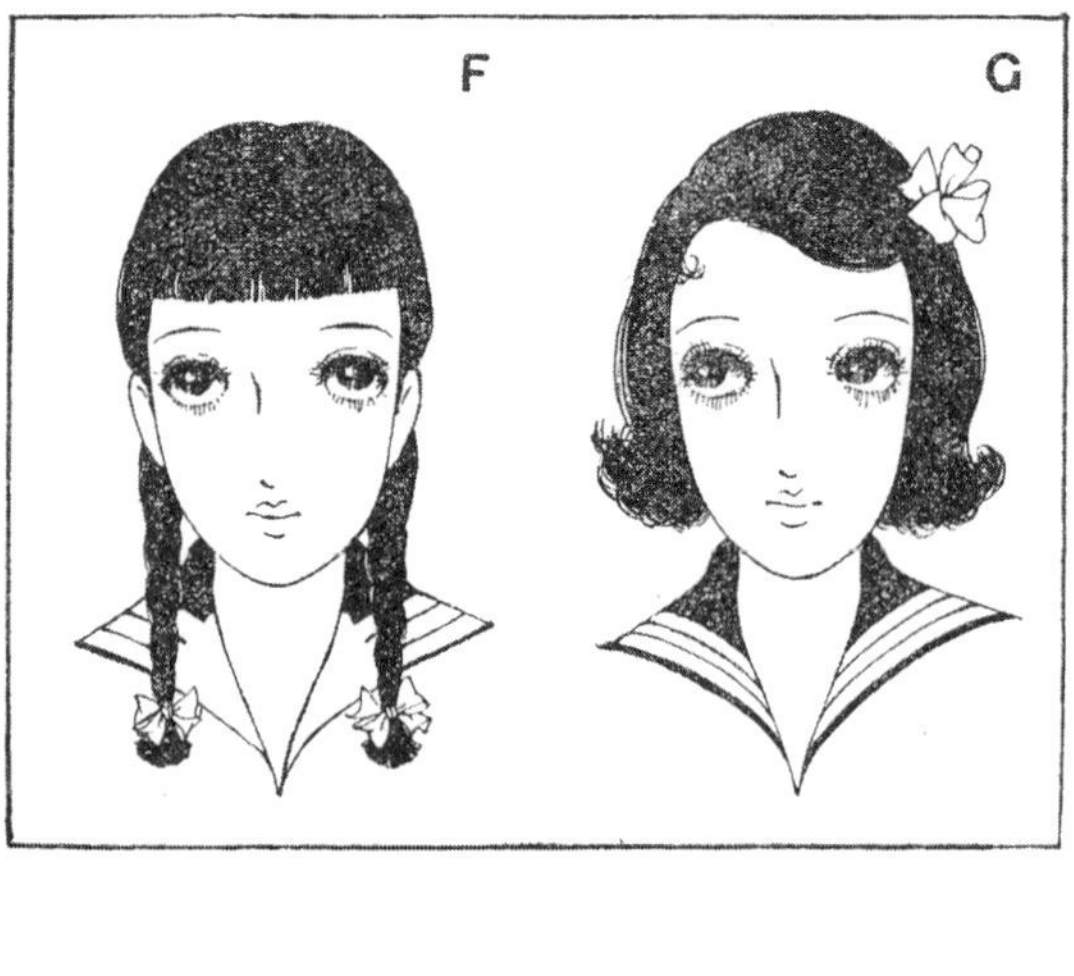

南「下級生の中は、A圖の樣な髮が一番多い樣ですのね」

中原「眞直な濃い髮を持つた少女でしたら、相當大きくなつても、この型が一番美しいと思ひます。日本人形的な、はつきりした印象を與へますし、和服にしても非常に華手に見えますから」

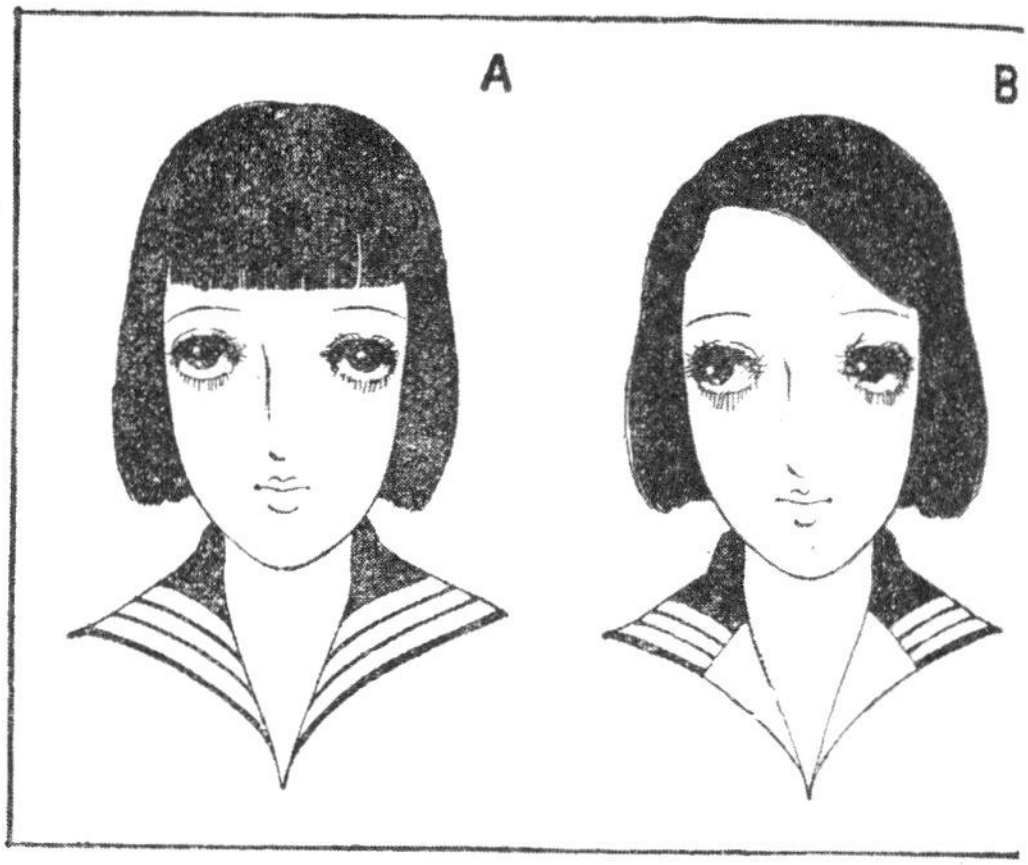

南「その次にはみんなBの樣に前をあげますのね。第二の過程と云ひますか——」

中原「一ばん少女らしい、誰にでも似合ふ頭です。わける場所によつていろ〳〵感じが違つて來ますが。それから、Cの樣な形も、少し華かさを添へるために、この程度の鏝を當てる事なら少女にもをかしくないと思ひます」

南「Dはあべこべに外側へ向けてはねてございますね」

中原「これも變つた味があつて面白いと思ひますね、そんなにしてゐる人がない樣ですが……只、髮の餘り多い人や、額の廣い少女などは避けた方がいゝでせう。

Eの型は、僕は自分で繪に描いてはゐるのですが、實際の少女がしてゐる場合は、實を云ふと、一番嫌ひな髮なのです。何だか餘り品がよく見えなくて……たしかに華手ではあるのですが」

南「安つぽい可愛さ、とでも、云ひますかしら」

中原「さう、女學生と云ふより、喫茶ガールとでも云つた感じですね。餘程、額に抒情的な味があつて特殊に似合ふ人は別ですが、普通はまあ、餘りいゝ感じを與へませんね。よく、からいふ髮をした少女でもう體は可成大きいのに三尺を締めてゐる少女を見掛けますが、丁度僕の繪の樣な抒情的な少女趣味の積りかも知れないのですけれど、實際の姿は餘り好きだとは思はれません。やはり大きくなつたら、きつちりしてゐた方が好いですね」

南「Eの樣な髮をしてゐるお孃さん達は、これをよんで悲觀なさるでせうね」

中原「いや、全部いけないと云ふわけではないのですよ。特殊に似合ふ人はそれで結構なのですから。が、一般にはオカッパが少し伸びた位の髮の少女は、前を切りさげないでEの樣にすれば誰にでも似合ふと思ひます。

Fになると、前のと幾らも違はないでゐて非常に感じが好くなつて來て、これでしたら

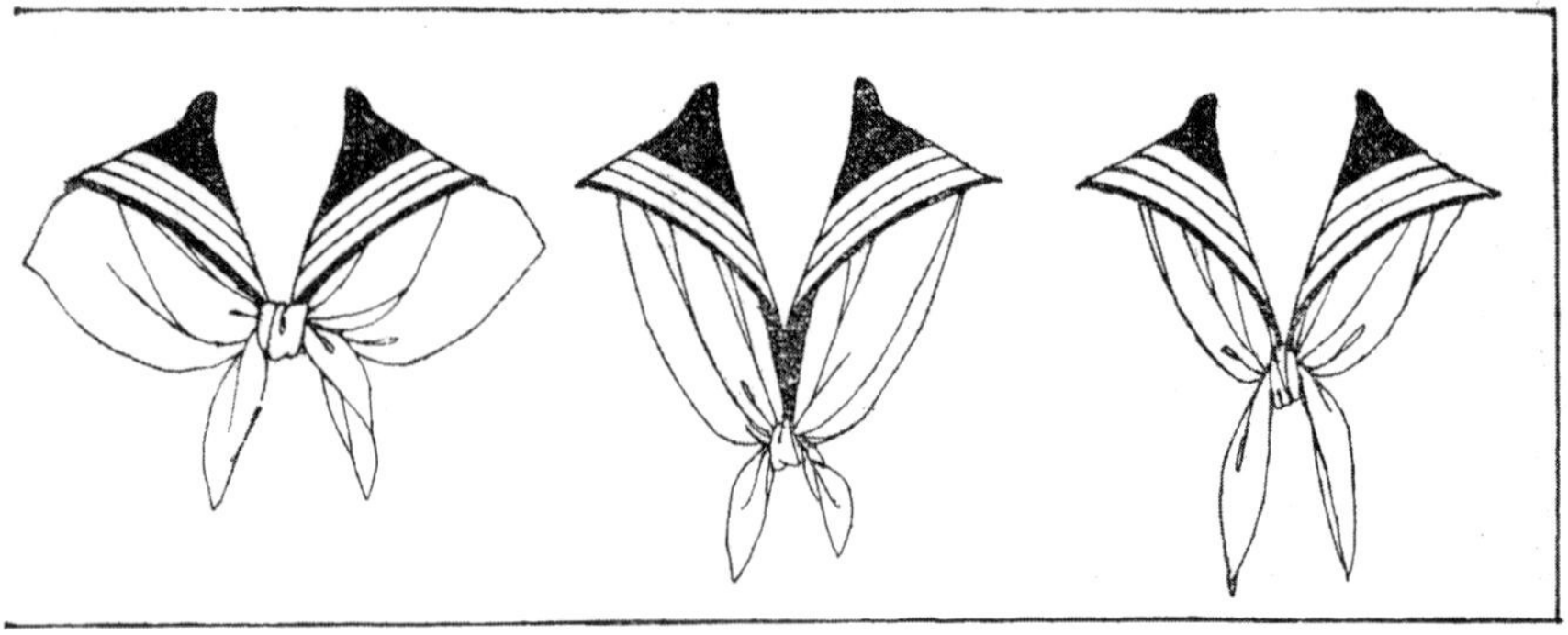

僕は大変好きです。抒情的であつて、どこかエキゾテツクな感じがしますし、而も日本の少女らしい大人しさもあつて」

南「少女が髪に飾りをつける事についてはどうお考へでせうか」

中原「さうですね。制服の時は、頭を飾る事などよりは、まづ、綺麗にとゝのへられた、つや／＼しい髪が一番感じがいゝと思ひますが、若し飾り度いのだつたら、白とか黒の、小さなリボンをどこかに一寸つける位でせう」

南「この頃、若い女性の間には、髪に造花を飾る事が大変流行つて來ましたが——と、申すより、中原先生などが『新女苑』の創刊號の附録に提唱なさつて流行をお生みになつたと云つた方が本當でせうが——兎も角、あれは、小さい女學生でもそのまゝ眞似てをかしくございませんかしら」

中原「さう云へば、つひこの間、銀座のある店のエレヴエーターの中で見かけたのですが、僕のすぐ傍にゐた少女で、この頃よくしてる様に額の邊の髪に赤い花を二輪飾つてゐるのです。所がまだ女學生で服装ときたら、バスの車掌さんの様なごつい厚ぼつたい外套を着て黒靴下といふ扮装なので、却つてをかしいんですね。

華やかに盛装した場合なら可愛らしいでせうが、普段は、まあ紺の制服に花飾り等もつての外ですね」

南「では今度は、制服全體について、どんな注意が必要でせう？」

中原「全然型が定つてゐて動かせないのは仕方がありませんが、許された範圍で多少、手を入れて、自分の姿に合せて形よく見せる事は必要でせう。Ｈは、女學生らしいセーラーの理想的な型を描いて見たのですが、まづ一番大切な事は、女學生の制服は、どうしても暗くなり勝ちなのですから、明るく見せる爲にも、いつも清潔にさつぱりさせておく注意です」

南「たしかに、制服は黒つぽくて汚れが見えない爲、つい不精し勝ちですのね。それから、スカートをきちんとプレスする事、セーラーの白線を綺麗にしておく事、そんな事は皆さんにはもう分り切つてゐる事として——所が仲々實行が伴はないのかもしれませんが——

型の方は、どんな所に手を入れたら宜しいのでせう」

中原「上着が腰骨の上にかゝつてゐたのでは、胴が長く形が惡く見えますから、許される程度に短かく、腰骨の一寸上位に縮めて、

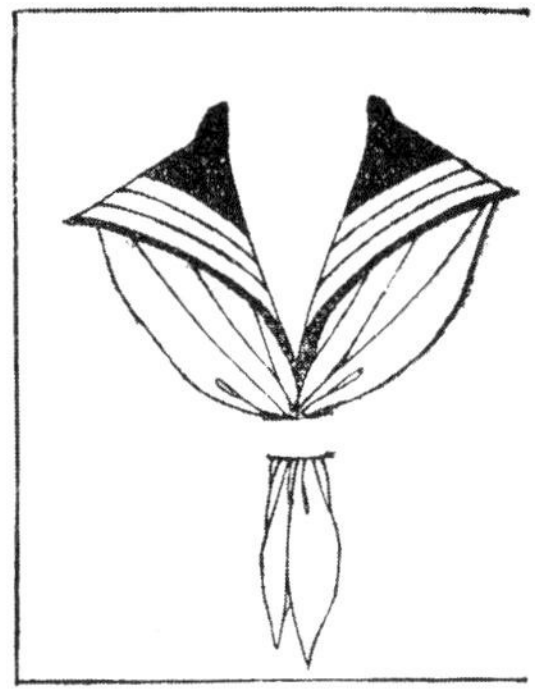

上がぷかぷかに浮いてゐない様に幅も多少つめるといいと思ひます」

南「この頃の女學生さんは皆さうしてゐらつしやる様ですね。所が、餘り巾を胴にぴつたり合せすぎて、脇の縫目から糸が綻びてゐる様な醜態を見かけますね」

中原「そんな風に洋服の中から體がはちきれさうなのは、非常に品が惡くていやですね。それでは何の爲に形を直さうとしたのか――」

南「それから水兵服に胸あてのついた型がありますのね。あれをとても野暮くさいと云つて、いやがる女學生が居りますが：：：」

中原「胸當てがあつても、I圖の様なハイカラな型を見た事もありますよ。却つて今、流行つてゐるハイ・ネックの感じが出て、それに水兵さんの様な帽子を被れば、非常にスマートです」

南「スカートにはどんな注意が必要でせうか」

中原「さうですね、スカートの長さと、襞の問題ですが、襞は、多くても二十四、五位が女學生らしくてきりつとしてゐるのではありませんか。あの、一糎づつ位の細いひだのスカートは、ドレスの様な感じになつて、それに凝つた積りでせうが、却つて腰や脚を太く見せますね。

スカートの丈は、太つた人や、背の小さい人が長くし過ぎたのは却つて形を惡く見せると思ひます」

南「ネクタイの結び方も、いろ〳〵工夫出來ませうね」

中原「こゝに四種類程示しておきました。制服で定められてゐない以上、どれでもお好きなのを選んでごらんなさい。

それから、帽子は、今一般に出てゐる少女らしい可愛らしい型と、セーラーの特長を生かしたカツチリした型との二通り描きました」

南「では今月はこの位にして――讀者の方から、こんな問題を扱つてくれといふ御希望がありましたら、次からは、そんなものも取りいれて、少女に近しい、面白い服裝のページを、つくつて參り度いと思ひます」

（つゞく）

最高級
月經帶
ビクトリヤ
優良國産金牌受領
海外諸國の專賣特許
醫學博士
佐久間兼信先生指導
澤崎元先生
福井正憑先生
小倉清太郎先生
二階堂とくよ先生
推薦
噂は高し！
數ある月經帶の中でも最も品質理想的との噂高き本品は噂に勝る優良品です
毎月惱まさるゝ不快解消に是非本品を御試用下さい！
純ゴム製運動時に 一號 ￥.60
腰衣付保温用 二號 ￥.80
腰衣付標用指替付 三號 ￥1.00
御標用掛替ゴム 二號用 ￥.25
純ゴム製旅行時に 月號 ￥.45
腰衣付二重裝置 花號 ￥.90
腰衣付高尙向 雪號 ￥1.50
花號用 ￥.30
雪號用 ￥.30
送料内地 ￥.10 領土 ￥.42
新發賣！
ズロース付月經帶
洋裝に！和裝に！絕對に姿態美を引立たせる！
(高級品)ビクトリヤ星號(白・黒・薄手・厚手四種) 金二円
(普及品)ビクトリヤ銀星號(白・黒の二種) 金一円五十錢
藥店・デパート・小間物店
少女の友代理部にあり
東京市神田區東神田一番地
株式會社 大和ゴム製作所
振替東京一三〇〇二番

初出：昭和11年5月号

女學生服裝帖

中原淳一・南由紀子

南「女學生服裝帖も、始めてからもう半年になりました。今迄わりに實際的な方面の御注意をいろ〳〵書いて參りましたが、今月は皆さんにもつと樂しんで見て頂ける樣に、趣を變へてみたら如何でせう」

中原「僕は前からこんな事を考へてゐたのですよ、――現代の少女を、大きく三つの型に分けて、それ〴〵に似合ふやうな洋服と和服とを着せた繪を描いてみたいと――」

南「三つの型にとはどういふ風にお分けになりますの？」

中原「健康型、抒情型、エキゾティック型この三つです。（次のページからの繪はその順）もちろん、實際の少女を誰でもはつきりとこの三種のどれかに屬させられるといふわけではないのですが、自分は比較的、どの型に近いのだらう？　といふ位は考へてみれば分りますね。で、それらの標準型もあげて、適した服裝のお話をする事はきつと何かの參考になると思ひますよ」

南「それと同時に、いろ〳〵と頭の中で空想して見る丈でも少女にとつて樂しい遊びですのね」。ではどの型の少女は、どんな服裝をしたら似合ふか、繪を見乍ら順々に伺ひませう。まづ、健康型の少女――と云ふのは、その字が示す通りに潑剌とした、體格のよいこの頃の女學生によくみかける型の少女ですのね」

中原「えゝ髮なんかも男の子の樣に短く刈り上げてしまひ、手足の短い洋服でも着て飛びまはつてゐる樣な、――そして夏がくれば眞先に海へとび込んで眞黑に燒ける、――と云つた感じのお孃さんですね。それと、もう一つ、この頃の女學生で、所謂、少女らしい優しさ、柔かさ、なんかをわざと厭つて、赤いものを身につけたりするのをいやがる心理がありますね、そんな風なガツシリした好みの少女もこのグループに入れました」

南「この型には、洋服にしても、細々とした飾りなんか似合ひませんね」

中原「えゝ、型も、たとへスポーツ・ドレスでないにしても、出來る丈線の太い、大膽な形をえらぶ樣にする事が大切です。それと、ここに描かれてある少女の樣に、健康型の少女には、頭の毛をかなり短く切つてゐた方がさつぱりして似合ふ場合が多いのですがさうすると、長目の斷髮よりずつと子供つぽく見えるわけで、そこへ持つてきて、餘り大人つぽいしやれた型の洋服を着ると可笑しく見えます。一般に、この健康型の少女には、年よりむしろ子供らしい型の洋服が似合ひますね」

初出：昭和12年10月号

南「小麥いろの肌、リンゴのやうな頰をした健康型の少女をより生かすのは色彩的にも淡い中途はんぱな色は出來る丈さけて、ハツキリした色彩でいつた方が効果的ですね」

中原「さうです、たとへば、赤系統を使ふとしてもローズとかピンクとかでなく、思ひきつて鮮かな、濃い赤を使ふこと、紺の場合でも、黄の場合でも、同じ様な氣持で……」南「和服を着るとすると、繪の少女の様に、大膽な、どちらかと云へばモダンな感じが似合ひますのね」中原「やはらかい一面の花模様なぞでなく、かうしたハツキリした縞とか、非常に大きな模様――、たとへば一巾の中に二つ位しかついてゐない大柄の矢絣などの方がひき立ちませう」

中原「二ばん目の抒情型とは、優美な、大人しい感じの少女、髪の毛なぞも、短く切るのがをしくて、ふさく〳〵した長い斷髪を肩にたらしてゐるのがよく似合ふやうな感じの少女です」南「横にむすんだ小さなリボンも、こんな型の小女に、一番似つかはしい感じが致しますね」中原「洋服の趣味も、細いところに氣をくばつて、やはらかいひだや、やさしい飾りのついたもの等をえらんで、淋しさを補ひます、但し餘りいろい

ろと凝りすぎて、大人のやうな、マダムの樣なおしやれになるのは、一番さけなければならない事」南「健康型の樣に直線的な強さをもつてきますと、ギスギスした、かたい感じでそぐひませんね、和服もやはり靜かな、大人しい調子に描いてございますね」中原「これは、蘭の花を寫生風にゑがいた模樣です、抒情型の少女には、縞よりも、友禪模樣よりも、何か靜かな、寫生風な圖柄の着物を着てゐるのが一番につかはしい樣に思はれます」

南「エキゾテイク型と云ひますと、どんな少女をさしてゐるのでせうか？」中原「ロマンテイク型と云つてもよいのですが——、いはゞ抒情型の少女が、いくらか日本的なしづかな感じをもつてゐるに引きかへ、この方は、一寸外國の、オランダなんかの田舎むすめといつた感じで——數にすれば、この型に屬する少女は、ほんの少しでせうが、でも僕は時々、街でなぞ見うけますよ」南「髪の毛をこんな風に、兩方にわけて三つ組にするのは、昔の少女の風俗でせうが今の少女にでも、似合ひますのね、斷髪ばかりでなく、こんな形の方が似合ふ少女は、自分で變へてごらんになるといゝと思ひます」中原「ただ、斷髪で洋服をきるよりは、撰擇がむづかしくなりますね、エキゾテイクな感じを出さうとして、失敗するとかへつて野暮くさくなるおそれがありますから。それから、同じ兩方にわけた髪でも、頭の後で、まん中で一度くゝつてから先を二つに分ける様なゆひ方だと、一時代前の女學生みたいな古くさ

い感じになりませうが、圖のやうに、耳のすぐ後あたりで結んで垂らす型は、一寸ロマンテイクな味があります、又、似合ふ少女なら、耳をかくしてもいゝでせう。南一こんな髪に一番似合ふのは、やはり繪のやうな、特異な趣味をもつた洋服でせうね、實際に少女の外出着などには、かう迄、大膽にその趣味を出すわけにはゆかないでせうが？」

中原「えゝ、この繪は、極端に特色を生かした例ですが—一口に云つて、クラシツクな、それでゐて、豪華ではない、素朴な感じです」南「和服も、さんじやくを締める少女時代の着物には、かうしたエキゾテイクな趣味が生かせますね。プリントの洋服生地と同じやうな感じの、更紗模様なぞが、一番、髪ともしつくり合ふやうな氣がしますのね」

中原「この場合、色を注意する事です。一面の模様が、けば〳〵した原色でゑがゝれてゐたとしたら、赤ん坊の着物みたいに落付きのない感じになりませうが、色の澁さをもつた、更紗模様のやうな地をえらべば、はじめてエキゾテイクな雰圍氣が感じられてきませう」

わが師・中原淳一

芦田淳
(ファッションデザイナー)

中原淳一先生は、私の恩師であり、私の今日あるのは、ひとえに先生のお蔭であると心から感謝している。若い時に先生に鍛えられたことの大きさは、この頃になって改めて痛切に感じている次第だ。

私が先生のお側でお教え頂いた時は、一九四八年から で、今から六十年前であるが、当時の先生の絵や作品を見直しても、少しも古くさくないのには驚くばかりだ。

実は私は何事もハッキリ言う性格で、「先生、先生は男性なのにどうしてパーマネントをかけていらっしゃるのですか?」とか、「なぜ女性みたいにバッグを使われるのですか?」「セーターまでにパッドを入れて肩を広くするのですか?」などと質問して、先生を不愉快にさせたものだけれど、実はそのスタイルは現代では男性は当たり前、何の不思議もないことなのだ。やはり先生は時代に先駆けていらっしゃったのだなとしみじみ考える。

浅丘ルリ子さんも、先生が見出した女優で、「緑はるかに」という新聞の連載の絵物語が映画になり、その時に先生の強い推薦で主演をして、今日の大スターになった人だ。奇しくも彼女とはとても親しくお付き合いをしているが、まるで生きた中原淳一の描く女性だと感心するほどだ。二人で先生の思い出話をしていると話は尽きない。

当時、先生は大変な売れっ子で、二、三時間しか寝ることができなかったようだ。何しろ、広いサロンに、泊りがけの雑誌の編集者たちが三、四組もいて、先生の絵と原稿を待ち構えているという有り様。それはその原稿によって発行部数が大きく変わるからだ。
先生のお供をして銀座などを歩くと、大勢のファンに取り囲まれて大騒動。店の表口から裏口まで逃げなくてはならないほど。

今日のデザイナーでは、あれほどの人気者は見当たらない。「スマップ」か「嵐」の人気スターが街を歩いたと想像すればよいのか……。

先生は、大きなやや斜めの机の前に座って集中して絵を描かれていたのが今でも目に浮かぶ。髪の毛一本一本、まつ毛すらも、私たちに手伝わせられたことはない。完璧主義者で、何から何までご自分でなさった。その絵から生まれる少女たちは、清潔でしかも活き活きとして自由に動き廻る、そこが人気のゆえんであったろう。

今でも通用するようなアイディアの数々。私はもう二度と現れない天才だったのだと信じている。

私達夫婦は、先生にとても可愛がっていただいた。度々我々の家にお招きして、先生の美学を色々と伺ったのもどれほど勉強になったことだろうか。

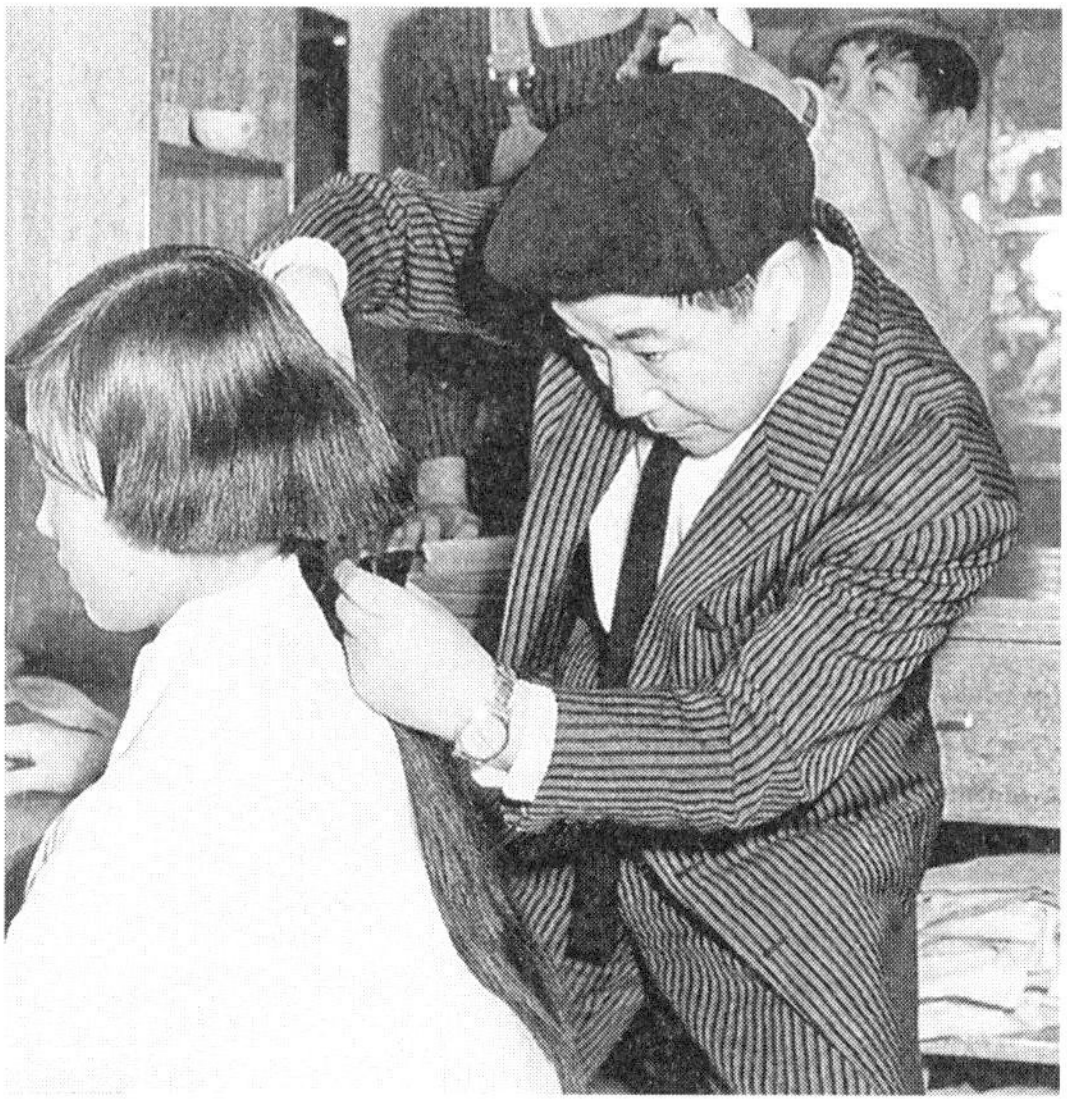

デビューする浅丘ルリ子の髪をカットする中原淳一
(『ジュニアそれいゆ』早春号／昭和30年1月)

一九八二年大晦日くらいの時に高英男さんから電話が掛かってきた。「先生が病の床についていて、誰にも会いたがらないのだけれど、君の名前だけは始終口にするから来てくれないか」という話だった。あの時は、私は毎週テレビに自分の作品を見せていたのだが、それを先生は熱心にご覧になって〝美しい！〟〝きれい！〟などと言ってくださっているとのこと。

早速千葉の館山へ妻とかけつけた。

昭和30年頃の中原淳一（左）と高英男（右）

「館山の駅に行ったらタクシーに〝高英男の家に〟と言ってくれればすぐわかるはずだから」

言われた通りにしたら、乗ったタクシーの運転手が高さんがいかに誠実に先生の看病をしているかを綿々と語ってくれた。

「あのように優しく先生に仕えられて、皆が尊敬していますよ」ということだった。

高さんの家の応接間とおぼしき広く日当たりの良い部屋に、清潔なふとんの中で先生は寝ておられた。初めは私がわからなかったが、気がつかれた。私の涙が先生の顔に降りかかった。

それから次の年に先生は亡くなられた。葬儀時、私は最初に弔辞を読むことになったが、泣いてほとんど誰にもわからないような無残な弔辞になった。それほど懐かしい一生忘れることのない中原淳一先生だ。

あしだ・じゅん　ファッションデザイナー。中原淳一に師事したのち、1960年高島屋の顧問デザイナーに就任。以降、美智子皇太子妃の専任デザイナーを務めるなど、内外のVIPより絶大な支持を受け国際親善にも寄与。日本を代表するファッションデザイナーとして活躍。旭日中綬章、紫綬褒章等受章多数。

◉セレクション9

世界を知る記事

A Selection of Articles which Broadens your Mind

「少女たちに世界の文化、教養、社会を伝えたい」という編集方針のもと、『少女の友』では、すぐれた教養記事が多数掲載されました。

都市部の女学生が主だった『少女の友』の読者に向けて、しばしば地方の自然や風俗を伝える写真ルポルタージュも登場した（昭和15年3月号）

少女雑誌の教養記事というと、少女小説や抒情画の間の埋め草的存在か、あるいはお堅い教育者や父母たちへの、いいわけ的に載せる無味乾燥な記事を想像されるかもしれません。

しかし、『少女の友』の、ことにも昭和十三年から十七年前半の教養記事は全くそういうイメージとは異なります。

戦時統制で軍や政府の圧力の高まる中、少女に真の教養を身につけさせようと、『少女の友』はさまざまの努力を払いました。

神崎清、石原純、森口多里、村岡花子（のちには柳田国男も）等の異色のブレインが企画に加わり、主筆自らも執筆した教養ページは、じつに魅力的で内容豊かでした。

石原純の科学講座、神崎清の文学講座——中でも昭和十三年に連載された「少女文学教室」は単行本化されてから一般の愛読者も多く、戦後「少女」をはずして再刊されたほど——、村岡花子の「少女ブック・レヴュー」、各界の一流人の座談会等々。

ここではまず、森口多里参画のふたつの美術ページから語りましょう。

西洋名画グラビア

昭和十四年から多色刷四ページを割いて紹介された西洋名画は、当時それらに触れる機会のほとんどなかった少女たちに強い感動を与えました。「オフィーリア」で知られるJ・E・ミレイ（本書所収の記事では「ミレース」）の代表作「（W・）ローリーの少年時代」は、「海へのあこがれ」という親しみやすい題がつけられ紹介されています。

グラビア「私たちの祖先の芸術」（昭和15年7月号～17年3月号連載）

上古から大正期までの民芸をも含む名品を、一見当時の時流の国粋主義に沿うと見せながら、はるかに広い視野と、高い見識で選んであります。

コラム「世界の眼と耳」（昭和8年11月号～12年11月号連載）

海外のさまざまな話題を取り上げる連載コラム。昭和十年九月号から十二年十一月号までは、内田百閒令嬢で、後に内山主筆夫人となる内田多美野が担当。本書所収の回では、アメリカの女性進出を軽やかに、しかしまじめに紹介しています。同時期の他誌の国家主義的な時事解説や、こうした問題に全く無関心な態度とは違う点です。

写真グラビア「王城の女学生」（昭和15年4月号）

前年九月欧州で始まった第二次世界大戦に関連して、貴族の館に集団疎開（この用語はまだ日本になかったが）した英国の女学生の生活を、美しくしかも事態を冷静に紹介しています。

英国の施策を肯定的に評価した文章は、悪化する日英関係の中で、軍部やそれに与（くみ）する為政者から非国策的と見られる危険がありました。これを勇気ある態度とするのは今日では理解され難いでしょうが、そんな厳しい時代だったのです。

塚崎照子「北京の生活」（昭和14年5月号）

外地在住の有名読者によるレポート。詳しい解説は二三二ページ。

村岡花子「少女ブック・レヴュー」（昭和13年1月号～16年12月号連載）

村岡花子の「少女ブック・レヴュー」は、女学生が教科書以外の本を読むのは好ましからずとされた時代に、読書好きの少女のため、毎月国内外のすぐれた図書を紹介した、画期的な連載です。敵性語と排斥された英語のタイトルも、最後まで貫きました。

コラム「御存じですか？」（昭和3年3月号～13年8月号連載）

十年続いた生活の知恵コラム。

（遠藤寛子）

王城の女學生

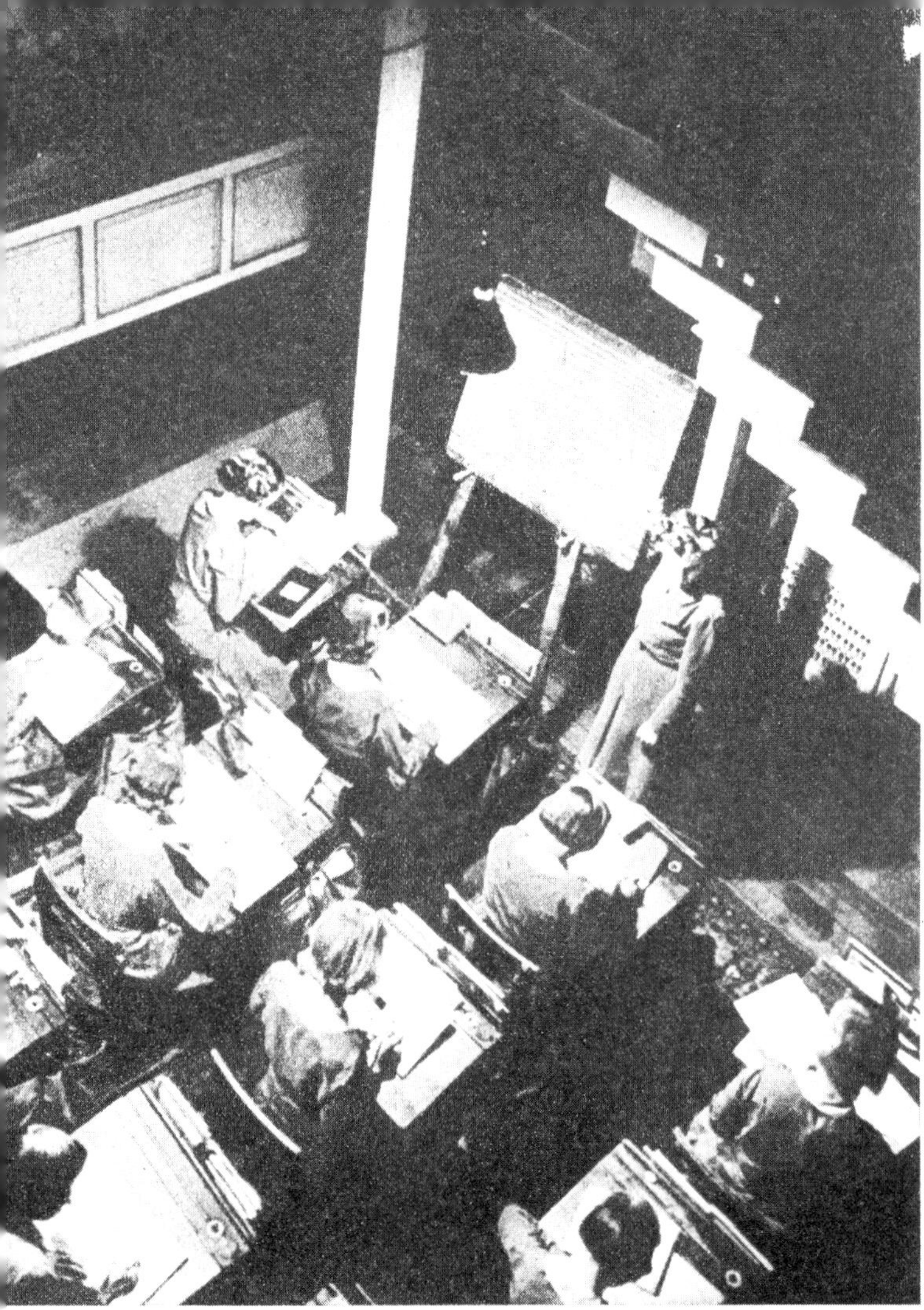

燈火管制下の化學のレッスンです。

初出：昭和15年4月号

すぐれた繪のかけられてある廊下は、即製の讀書室と、寢室にかへられました。

今度のヨーロッパ戦争で、ヨーロッパ中の國々が、いちばん恐れてゐることは、新しい武器の發達と、それ

⇨豪華な客間も、今は若い呑氣な空氣の充ちた圖書室です。

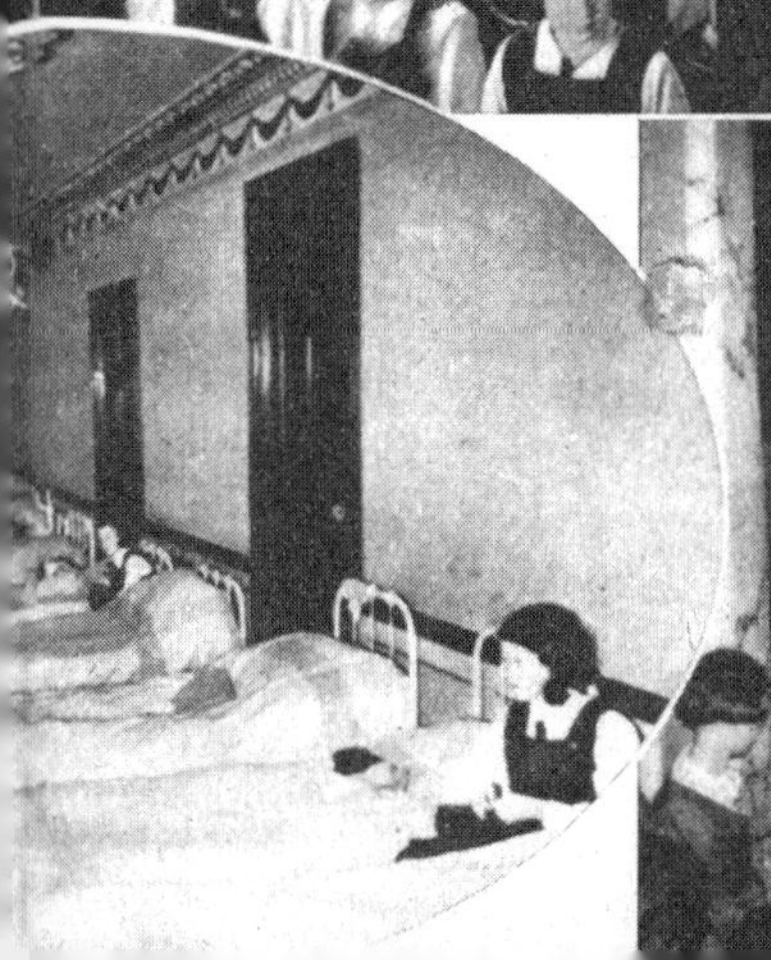

⇩清楚な娯樂室のなぞなぞ遊びの彼女たちです。

が、どんなに惨虐に街を破壞し、人をいためつけるかしれないと云ふことです。

そこでこれにそなへて、各國の防空と避難の方法もまたすばらしく組織化されて來ました。こゝに紹介するのは、新しく入手した英國の女學生の避難生活で、ロンドンでは、戰爭が始まると共に、國のもつとも大きな力となる第二國民の保護に力をそそぎ、大都市の全第二國民を郊外へ避難させました。この寫眞はロンドンの有名なハローゲート女學校の三百人の生徒が、ヨークシヤ州リポン近郊にある、名畫が澤山おかれてあることで名高いスウイントン卿の城で、所謂避難學校生活を營んでゐる所です。一つの國家が第二國民の大切な事を知り、それに心を勞して保護につとめてゐると云ふことは感心すべきだと思ひます。

それにしても豪華を極めた古城の生活は一寸ロマンティックな愉しさが想像されます。

お城の美しい階段も三百人もの重みには耐へられず、こんな支柱をつけました。

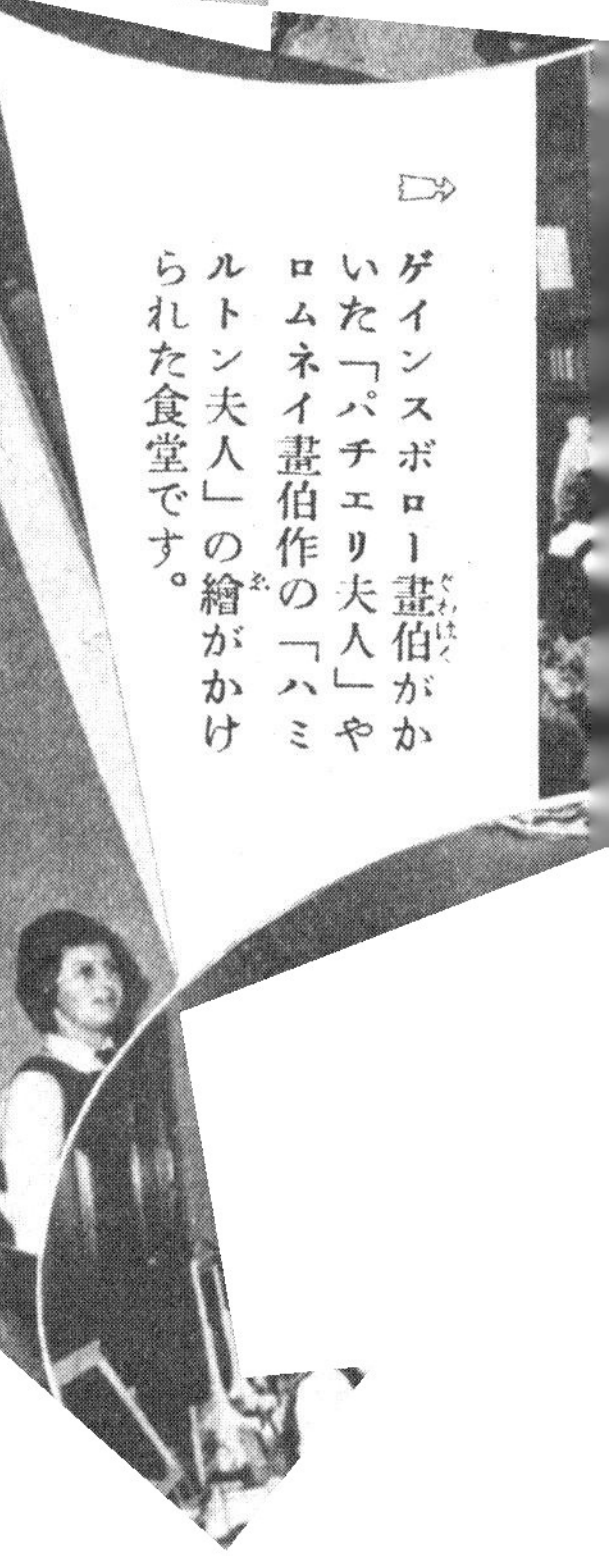

ゲインスボロー畫伯がかいた「パチエリ夫人」やロムネイ畫伯作の「ハミルトン夫人」の繪がかけられた食堂です。

その後の五ツ兒

カナダ、トロントに生れた、五つ子デイオーヌ姉妹のことを御存(ごぞん)じでせう。歴史始まつて以來、五つ子が無事に生れ、丈夫に育つたといふのは、これが初めてです。二十世紀の文化の進歩を現實に示す證據(しようこ)として世界は是非この姉妹が無事に育つことを願つて居りました。御覧下さい。こんなにも丈夫に、こんなにも可愛いく育ちましたよ。五つ子は扁桃腺(へんとうせん)の手術をついこないだしたばかりですが、その外はこんなにすく〳〵と育ちました。

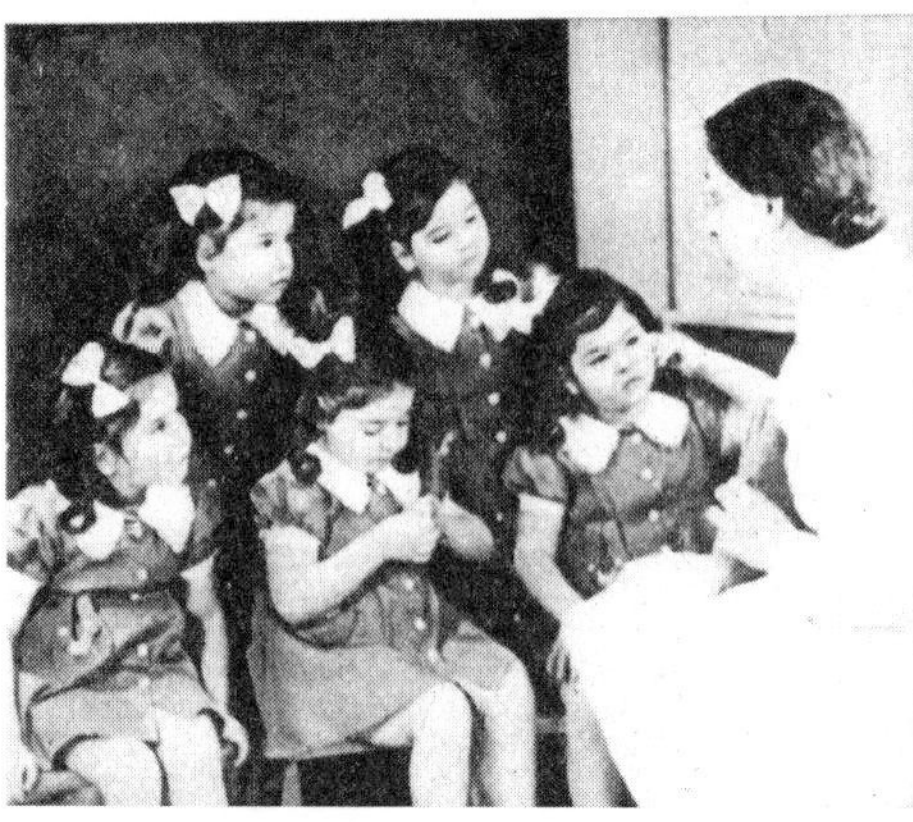

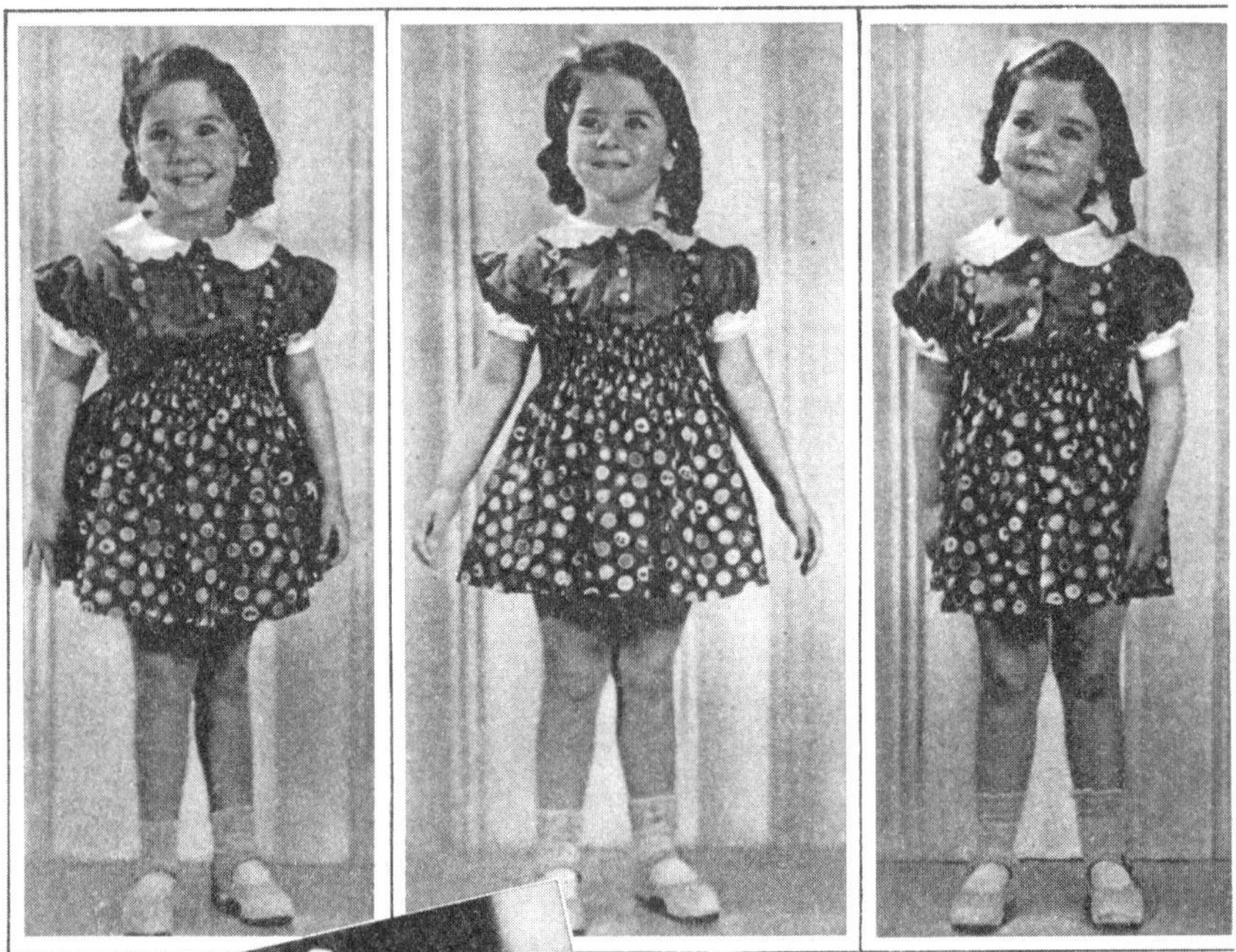

デイオーヌ姉妹は映画や劇に作られてもてはやされましたが、その結果、日本のお金にして五十萬圓近くものお金を集めることが出來ました。これがその生活をさゝへてゐる基金です。私たちも人間の文化が自然に打ちかつことの證據の爲に是非この五つ子が無事に育つことを祈らうではありませんか。上の寫眞は左からメリー、セシール、イボンヌ、エミール、アンネツトの順序です。

初出：昭和14年8月号

海へのあこがれ

ミレース書

初出：昭和16年8月号

私たちの祖先の藝術

初出：昭和16年3月号

櫻燕文様の着物

四季の變化に應じて自然を樂しむのが日本人の國民性で、この點では日本人は誰もかれも自然詩人です。柳里恭の「牡丹に孔雀」は謂はゞ理想として想像された自然ですが、この着物に染色と刺繡とで表されたのは、實際自分達のまはりに見る親しい自然をそのまゝ圖案化したのです。それにしても、その圖案化のうまさを御覧なさい。白い雲が水平に棚引いてゐるでせう。これが着物をきた場合その人の背や肩にどんなに面白い効果を生むでせう。しかもそこには燕が縱横に飛んでゐるのです。櫻の幹のくねり方、花の紅白の差別、菫やタンポヽの配置、筆もうまいものです。春の氣分が充ちあふれて心を野遊びに誘ひます。日本でなければ見られない春景色、そしてその巧な圖案化も全く日本的のものです。

江戸時代

私たちの祖先の藝術

飛鳥時代

初出：昭和15年10月号

彌勒菩薩像

奈良　中宮寺本尊

一般には如意輪観音と呼ばれてゐる黒色の木像です。飛鳥時代に朝鮮から初めて日本に佛像がはいつてきましたが、最初のものはこれよりも窮屈な、きちんとしたお姿だつたのです。それがやがてこのやうに自由なお姿の、いかにも人間味に富んだ佛さまが作られるやうになつたのです。このお姿は半跏座と申し腰かけて左の足は延ばしてゐますが、右の足は折り曲げて、その右足の膝頭に右の肱を突き、中指と食指とで輕く頰に觸れ、左手では右足の踝のあたりを支へてゐるのです。一方から射し込む光線を受けた美しさは優しみの中にも尊い感じを藏してゐます。高さは二尺二寸です。

北京の生活

塚崎照子

初出：昭和14年5月号

×月×日
もう北京に来て今日で半年。

その間にどれだけの勉強をし、どれだけの進歩をしたって言えるのだろう。

東京を発ったあの頃の事が思い出される。

内山先生から「何か勉強していらっしゃい」と言われた時私は真剣な気持で、きっと何か自分のものにして来ようと決心したのだけど――。

一体、半年もたってしまった今、何を自分の物にする事が出来たのだろう。

初めて日本から離れた……家から離れた……それだって立派な勉強だし、今迄見た事の無い北京を見たと言う事だって、やっぱり見聞を広めたのだもの、勉強と思う。物ぐさな心が盛んにまくし立てて他の心を黙らしてしまった。でも早く東京に帰って、今度こそお父様やお母様のお手伝いをしたい。

今朝も青い空を見つめながら思ったこと。

×月×日
洋車(ヤンチョー)で今日は東単牌楼(とうたんはいろう)に出かけた。
北京に来た当時よく思った事なのだけれど、汗水たらしながら安いお金で走る洋車夫と、楽な気持で乗っている自分とを較べてみては同じ人間であるのに――と申し訳無い様な気がしたのだが、半年もたった今、そんな気持は何所かに行ってしまって却ってノロノロ走ったりすると「快々的(カイカイディ)」(早く)とどなりたい様な気持になってしまう。
よく日本人の大人や子供が支那の阿媽(アマ)やボーイを叩いたり不親切をしたりしているのを見たり聞いたりする時、どうしてそんなひどい事が平気で出来るのだろう。こう言う様な大切な時に、日本を代表して来たとも言える人々が、もっと親切な気持で支那の人達を労(いたわ)って上げられないものだろうか、と何時も思っていたのだけれど、すぐにゴマ化したり、云い付けておいた事をなかなかしなかったりする彼等の日常に接していると、だんだん自分の心にも、何かいらだたしいような気持が芽生えて来たのに気づき悲しく思う。

×月×日

心晴れない日。私は北海公園のあの白塔（はくとう）の上に登りたい。そしたらこんなつまらない感情なんか一度に吹き飛んでしまうだろう。塵っぽい街の中をいくら歩いたって、私の心は晴れやしない。杜の都、水の都と言われているこの北京の町を見下した時、私は全てを忘れてしまう。

それから天壇のあの美しい石畳の道も散歩したい。今もなお目をつぶると彷彿（ほうふつ）と浮かぶあの大理石の勾欄（おばしま）、瑠璃色の瓦をのせて、青空に、くっきりと浮かぶ祈年壇が沈もうとする陽の光を受けてまぶしいほど輝いている。

ああ帰る日までに、私はもう一度行きたい。

×月×日

今日はSさんのお家にティーのおよばれ。

支那のお嬢さんばっかりだった。支那語も出来ないし、英語だってモノになっていないので自由にお話出来ないのが悲しい。

生活学校のお話も出た。Sさんは実に一生懸命生活学校の人達の為に尽していらっしゃる。

私はだんだん冬が深くなるにつれ一時間近く洋車で風を切って通うのが辛くなって遂に休む事にしてしまったのだけれど、Sさんは十二月の終りまで教えに行っていらっしゃったそうだ。私はそれを聞いた時どんなに感心し、羨ましく思ったかしれない。私にはそれだけ忍耐する力が無かったのか。それだけ努力する事が出来なかったのか。そしてそれは結局支那のお友達の為を思う心が欠けていたのでは無いのだろうか。

意気地無しと自分で自分をせめながら恥かしく思った。

×月×日

支那の方達とお約束がしてあったので、何時もはスケートに北京クラブへ行くのだけれど、今日はYMCAに滑りに行った。

入ると同時に有象無象の人の群にすっかり驚いてしまう。第一滑ろうにもあまり沢山な人で滑れない。東京の山王ホテルのリンクだって随分多いと思ったけれどこれほどではなかった。

やっとSさんを見つけて、もう白くなった氷の上を手をつないで滑る。

全部支那の人ばかりの中……Sさんが、

「支那の人って、ただ滑るだけなのね、一寸も研究なんかしない様よ」と仰言る。ほんとうに二人づつ話しながら手を組んで滑っているだけ。

でも私だって余り変らないナと思いながら、音楽にあわせる程のことも無くグルグルと廻って居た。

やっぱり北京クラブのリンクの方が氷だって綺麗だ。

外国崇拝では無いけれど、こんなもの一ツでも外国人の手で経営されたものの方が設備でも何でも凡てに於てよい。街を歩いていても目につく建物は皆外国人のものばっかりだ。支那人の欧米崇拝や依存もこんな所から起るのだそう。本当に他国人の尊敬を受ける為には精神的にも物質的にも実際に勝れたものを示す事が必要だと思う。日本自身として今後考えなければならない点だと思った。

×月×日

来る日も来る日も晴れた日が続く――。いい加減に雨が降らないものかしら? 日本に居た頃は入梅がいやでいやでならなかったのに、こう空気が乾燥し切っていると、あんなジメジメした日迄が懐かしくさえ思える。何でも何時に無く昨年の六月頃雨が降ったそうで、支那人は日本人が北京に入って来たから、こんなに雨が降ったのだと言って居たそうだ。

随分北京には日本人が多い。皆大きな希望を持って一旗挙げようと、そんな気持で内地を出て来た人が大部分だ。如何にも忙し気に、ゆとりが無くガサツに思える。

美しいのびやかな心から愛せるこの支那の都北京は次第に雅味の無い街になってしまった、と多年住み馴れた外人や、日本人まで淋しがっているのを時々耳にする。

今日も公使館区域内にある公園を歩いていたら洋車に乗った芸者の一団が、大声でガヤガヤ騒ぎながら列を作って行った。それをジーッと見送っていたら何故か淋しいような憤りを感じた。

でも今は過渡期だから仕方が無いのだろうとあきらめている。

×月×日

何時もの様に、今日も食後の話に花が咲く。

昨日お父様が臨時政府の方達との御会食中にこんな話が出て面白かったと話して下さった。

支那の人は道で人が困って居たり例えば怪我をして倒れたりして居るのを見ても手だしをしようとしない。それは自分がその人を援けなければならないような理由があって、そうしたのだと他人に思われては損だから見て見ぬふりをして居るのだそうだ。

又道で人の家を聞かれた時にも絶対に教えようとしないし、又教えたにしても、すぐ逃げる様に行ってしまう。これもやっぱり道を尋ねた人がどんな人か解らないし、又その教えた家がもしも迷惑を蒙る様な事になると、自分にかかわりがあるわけになるからだ、と言われた。

本当かしらと疑っても見たけれど、支那は昔から永い間戦乱に禍（わざわい）されて居って統治者は全く下の者を顧みる暇も無く、又考えても呉れなかったので、常に自分自身で身の安全を計らなければならず、これが為極度に利己的な生活を送る様になり、変なかかわりを生ずる虞れのある他人には一切関係することを回避する様な習性を生ずるに到ったのだ、と聞かされ本当にそうかも知れないと思った。

そして私は島国で大きな一つの家庭の様に、皆が仲良く親切に生きる日本に生れた事を心から嬉しく思った。

×月×日

私は大廟（たいびょう）を散歩しながらよく思う。

長く長く続く古い大木の間をチラチラと青い裾をひるがえしながら歩く一幅の絵の様な光景を見て、支那の服装がどんなに優美で簡潔であるかと言う事を。

支那では男も女も中流は皆空色のしかも同じ型の木綿のものを着ている。新時代には服装はより簡潔に質素に、そして優美を失わないようにと言われているけれども、私は支那服ほどその凡てにあてはまって居るものは無いと思う。七五糎巾（センチ）位の布で三ヤールあれば足りるそうだし、洋服の様に色々の型があるわけでは無いから誰にでも縫う事が出来るだろう。

×月×日

今日は北京中日婦人親和会が日本大使館の官邸であった。全部で百人位。

皆心から日本と仲良くして行きたいと思って居て下さる方達ばっかり。この会員の中には王克敏（おうこくびん）、湯爾和（とうじわ）さん（編集部注・いずれも日本側の傀儡政権の要職にあった政治家）の太々（たいたい）（奥様の事）や日本に使節にいらした方達も入っていらっしゃる。何時もの様にお話が出来ないのが悲しいけれど、でも心で思うこの気持は解って下さるだろう。お互いに微笑みあうだけで平和な気持になれる。

沢山並んだ御馳走を食べながら、私は日本と支那の平和をもう一度静かに心から祈った。

×月×日

今日は旧のお正月、東京に居た頃は旧のお正月が何時だなんて思った事も無かったけれど、北京に来てみたら、支那人は皆まだ旧のお正月でやっている。どんな面白い事があるかしらと楽しみにしていたのに余り変った事も無い。

支那の人達の家では大晦日にはいろいろな事をすると聞いていたから。でも爆竹をパンパンと上げている音は気持がいい。

曇った日が二三日続いていたのに、元旦の日には朝から春らしい良いお天気、支那の人達は喜んで居る事だろう。

朝早くボーイが綺麗な服に着替えて、手をくみあわせながら、「新禧（シンシイ）、新禧（シンシイ）」（お目出度う）と言ってやって来た。

午後から外に出てみたけれど洋車（ヤンチョー）も少いし、支那の店は皆閉っている。静かなお正月。ただ店の門口にはってある赤い紙が目につく。

「中国更生万民欣慶」「又是一年方草玉」等と綺麗な字で書いてあるのが如何にも春らしい喜びを、表わしているように思えて嬉しい。今日見た馬車に、はってあった赤い紙に「車行千里路」「人馬宝平安」と書いてあったのもなぜかやさしく感じられた。

×月×日

今日は嬉しい一日だった。和子ちゃんから長い長いお手紙が航空郵便で運ばれて来た。東京の香がする。二日で着いたその手紙を何度も何度も読み返してみた。それからもう一ツ嬉しかったこと。

一週間程前から歯の治療をしに病院通いをして居るのだけれど、今日行ってみたら、眼科に生活学校の生徒が二人来て居た。私に気がついたのか急にモジモジとして人の蔭にかくれてしまった様だったので、どうするだろうと黙って居たら少しして今度は恥かしそうに側に二人でやって来た。そして立派な日本語で、

「先生しばらくでした。」と言われた時私はたまらない程嬉しかった。

「お友達は皆お元気ですか？」

「東京に勉強に行った人達からお手紙が来ますか？」そんな事にもはっきり返事が出来る様になったこの人達。

「日本語が大変上手になりましたのね」と言ったら嬉しそうにただニコニコと笑って居た。何て可愛らしい人達なのだろう。

よく忘れないでいて下さったのね。教える程教えても上げられなかった私だったのに——私は心の中で言いながら嬉しくって嬉しくって涙がこぼれそう

になって困った。

人の蔭にかくれて居た間一生懸命私に話す事を二人で考えて来たのだろう。次々にこの頃の生活学校の様子を話してくれた。しばらくして側にあったベンチに、「お坐りなさい」と言った時、二人は同時に「いいえ、先生どうぞ、先生坐って下さい」と言って又私を喜ばせてくれた。私は学校に入って半年にもならないこの人達の立派な日本語にも態度にも心から感心してしまった。

一体誰が偉いのだろう。この人達をすくう為に、異国に来て自分を捨ててまで努力した先生方だろうか。それとも「やり抜こう」と決心した生徒達だろうか。私はこの二ツの心が結ばれて、はじめてこれだけの実を結ぶ事が出来たのだと悟った。

本当に私はこんなやさしい可愛らしい心の人達の為にもっともっと一生懸命教えるべきだったのに……。今日一日私はあの人達を想い出してどんなに心楽しかったかしれない。

◉解説――有名読者・塚崎照子さんのこと

日本が領土拡大を目的に海外へ進出していたこの時代、〈外地〉で暮らすようになった読者も多数いました。

筆者の塚崎照子さんは『少女の友』の有名読者。宝塚スター顔負けの華やかなルックスの持ち主で、グラビア記事のモデルをつとめるなどし、読者の間にもファンを持つアイドル的存在でした。

ですがこの手記を読むと、彼女が外見的に優れているだけでなく、みずみずしい感受性を持つ知的な少女であることがわかります。日中戦争が起こり、抗日運動も繰りひろげられていた北京で感じた様々な出来事。彼女の柔らかな心は「中国の友人を救うため」という美名のもと行われる植民地支配の危うさを敏感に感じ取り、揺れています。美化することも理想化することもなく、心で受け止めたことをそのまま綴る素直な眼。内山主筆が彼女を読者のイメージモデル的存在として度々登場させたのもうなずけます。

（内田静枝）

九條武子夫人著

定價貳圓
郵税拾銭
頗る美本

九十五版出來

無憂華

感想
紀行
和歌
戯曲
集

東京京橋南紺屋町
振替東京参貳六番
實業之日本社

無憂華は才色兼備の九條武子夫人が折々の感想、紀行、和歌、戯曲をあつめられたもの、昭和出版界の奇蹟と稱せられるくらゐ賣行の旺んな書です。外國にまで飜譯されてゐる名著ですから、苟くも日本の少女方にして之を讀まないとあつては大恥辱です。

名花散りぬ、國を擧げて惜まれつつ

才色一代に聞えた九條武子夫人は如月春淺き一日、かりそめの病を得て、遂に御佛の國へと赴かれてしまひました。今はいかに夫人を敬慕する人も親しく夫人の心持に接するには、夫人の只一つの著述である此の「無憂華」に依るより他なくなりました。夫人の死後「無憂華」が如何に四方から引張り凧にされつつあるか、書店でお尋ね下さい。そして一日も早く愛讀なさいませ。

逝ける麗人が現世に殘せしたゞ一つの感想隨筆集!!

初出：昭和3年4月号

世界の眼と耳

内田多美野

女は男より劣っているか

「なんだ、女学校の英語なんか――女学校の数学なんか」と、男の学生はすぐこうですね。生意気な中学生の弟さんに馬鹿にされて口惜しい思いをなさった覚えのある方もきっとあるでしょう? 女の頭脳は程度が低い、だから女は科学的な学問的な方面で男性よりずっと劣っている……これは日本人の、いえ、世界中の人々の間に、数千年来行われて来た伝説でした。伝説なのですよ、皆さん、決して事実ではないのですから、どうぞ、御安心下さい。

　このあやまった、でも相当根強い伝説が、最近、科学の明らかな実験によって、みごとに打ち破られた、という胸のスッとするようなニュースです。

　ソヴィエト・ロシアの首府、モスクワにある、ペーテロフ頭脳研究所といえば、世界的に権威ある科学研究所です。ここの所長さん、V・P・オシボフ氏が発表したところによりますと、過去数年の間、この研究所で解剖した約五百個の男女頭脳をいろいろ比較研究の結果「男女の頭脳は、その構造上からみて、全然優劣の差は認められない」という結論に達しました。同氏はさらにこういう意味の事を付け加えておられます。

「一個の頭脳をその構造だけからでは、男女どちらのものとも判別する事は不可能です。だから、従来の頭脳優劣説なぞは、強者が弱者を収奪するための方便としてつくり上げた、虚構の説明に過ぎないわけです」

初出：昭和11年7月号

こうなって来ると、少し、おだやかではありませんね。でも、女ハ頭ガワルイ、なんていう軽蔑も、こうした科学的証明があらわれた以上、これからはもう幅がきかなくなるでしょうから、私たちも、もう、つまらない卑下はやめましょう。

ほら、あのラジウムを発見されたキューリー夫人、私たち女性の中には、すでに、あんな偉大な科学者が出現しているのですもの。

日本でも女の医学博士が、たしかもう十人以上いらっしゃるでしょう。とすると、女の人の方が劣っているように見えるのは頭が悪いのではなく世の中が女の人の教育のためにあまり力を注いでいないという原因からなのです。男子の高等教育のために日本では毎年三千万円も使っているのに、女の人の専門教育にいくら費されているとお思いになります？ たった七万円なんですよ、これでは、いくら頭がよくっても駄目ですね、せめて五百万円位は使えるようにしたいものです。

フランスで一番好かれる花

貴女の一番、好きなお花は？ こういう課題を出されたとしたら……

鈴蘭

白のカーネーション

白バラ

これは、フランスの一新聞が募集している、花のコンクールの第一回締切の結果です。

一位の鈴蘭は、ほら、あの三月号の「花詩集」に勇士レオナルドの物語が書かれてあったのを憶えていらっしゃいましょう？ あそこにも、花言葉として「きっと御幸福（ごこうふく）になります」と出ていましたように、フランスでは、この花を幸福のしるしとして、毎年五月一日に人々が胸に飾る習慣になっていますので、きっとそのため、断然人気があってトップになったのでしょう。

鈴蘭につづく、二位、三位とも、白のカーネーション、白バラ、で、純白なお花が愛せられている事は、フランス人の大へん清楚な好みがうかがわれますね。

これについでは、三色菫(すみれ)、紅茶色のバラ、桃色のカーネーション、菊、ミモザ、椿、……巴里(パリ)といえば、すぐ、「椿姫」のロマンスが連想され、椿はフランスの代表的な花のような気がいたしますが、このコンクールではあまりふるっておりません。なお、これまでのところでは、やはり、花の匂いよりも色の方が、人の心を惹きつけているとのこと。

金魚はどんな色がお好き？

透きとおった容器の中を、涼しそうにスースーと泳いでゆく金魚、きら、きら、と陽の光と融け合ったお池の水の上を、水面に散らした花のように綺麗にういている金魚――金魚は一体、どんな事を考えているのでしょう？ と珍しい金魚の心理学を研究した学者がいます。

インドのムークヘルジという博士です。どうやって実験したかといいますと、まず、四個の魚槽(うおおけ)をこしらえて、その一つ一つを、違った色の、色硝子(いろがらす)を通して光る蠟燭(ろうそく)で照らし、金魚が好きなところへ自由に入れるようにしておいて、観察しました結果、「金魚は色好みをする」という事が判りました。

金魚の好きな色は一体、何色らしく思えますか？ 皆さま、あててごらんなさい。

博士の研究では、金魚が各魚槽に入った回数と、その中に止まっていた時間の長さとの統計をとってみて、その結果、金魚が最も好む色は青空の青で、つぎが緑、黄の順、そして赤は一ばん嫌いな色という事がはっきり示されました。赤い豆電気などで、お池の水を照らす事は、金魚にとって、迷惑千万な話なのですね。

八ツで年俸七十万円

シャリー・テンプルちゃん（アメリカの映画の子役です。御存じでしょう？）は、皆さんよりずっと年の小ちゃいお嬢さんですが、世界で指折りの月給とりです。

世界一の好きなアメリカが、あの

野球のベーブ・ルースや、飛行機のリンドバーグ等とならべて、自慢するのがこのまだタッタ八ツのテンプルちゃんです。

　テンプルちゃんの人気は、まだまだ上り坂だとみえ、今度また月給が上りましたので、年俸七十七万円のお金持ちになりました。年俸七十七万円といっても、なんともお思いにならないかも知れませんが、日本の総理大臣でも、年俸は一万二千円なのですから、そうするとまあ、テンプルちゃんは広田首相の六十四倍もの高いお給金をとっているわけです。ちっぽけな癖に生意気ですね。

　アメリカのお金でいいますと、テンプルちゃんが今度結んだ契約は、写真一本について、六万四千ドルを会社が支払うので、そして年に四本の映画をとる約束ですから、年俸が二十五万六千ドルになるわけ。これを日本の今のお金に換算すると、ザット七十七万円になるのです。

　この人気者のテンプルちゃんを皆さまはお好きですか？

天才出でよ

　たった十一の可愛い少女コンダクターを御紹介いたしましょう。

　ソヴィエト・ロシアの首府、モスクワの音楽院の生徒さんで、名前をマルガリタ・ハイフエツというお嬢さんです。

　子供の楽団に指揮棒（タクト）を振る子供の楽長さんなら、外国ではべつに珍しくありませんが、ハイフエツさんは、大人の楽員（メンバー）ばかりのしかも百何十人もの大オーケストラを向うにまわして、ビクともしないで、チャイコフスキーの「第五シンフォニー」なんかの難曲を見事にこなすそうですから、すばらしいですね。

　彼女のお国のロシアでは、政府が天才児童の教育に大変力を入れて、そのために特殊の施設が設けられてありますので、そこでは、音楽の外に、文学、劇、絵画、映画など各方面に、未来の大芸術家を夢みて、十五人の選ばれた少年少女たちが勉強を続けているそうです。

コラム

「『少女の友』編集者は文学者であれ」

編集長を「主筆」と呼び、編集者が雅号を持つのはなぜでしょう？
そこには『少女の友』編集者としての誇りと伝統が込められています。

『少女の友』では編集長職を「主筆」と呼びます。実業之日本社では「編集者は文学者であれ」というモットーのもと、編集者も誌上で作品を発表し、読者をリードすることを課していました。つまり、「主筆」とは単なる編集長ではなく、執筆陣のトップでもあるという矜持が込められた名称なのです。

　編集者が作家も兼ねるとは、現在の編集者職とはイメージが異なりますが、実は、昭和の初めにはすでに、こうした編集者は古いタイプと考えられていたようです。たとえば新興のライバル誌『少女倶楽部』と『少年倶楽部』を擁した講談社では、編集者は編集作業に徹するものとし、表に出ることはありませんでした。

　けれども、『少女の友』では編集者の顔が見えないことをよしとせず、ただ編集事務をのみ執ることは記者の恥とさえ考えられていたそうです。戦後やがて「主筆」は「編集長」に改められますが、この伝統はそのまま引き継がれました。

　女性編集者の活躍もありました。本書で紹介した内田多美野や、昭和六年から在籍し、編集長（主筆の下に置かれた副編集長的ポスト）までつとめた海老衣子（えびきぬこ）などが代表格です。海老は文芸的作品は本名で、実用的記事や探訪記事には「江美ころも」「AB子」などの筆名を用いて、盛んに作品を発表しました。

　もっとも、編集作業の激務をこなしながら、質の高い文学作品も発表しなければならないのは、かなりの重圧だったようです。苦笑まじりに当時をふり返ったOBの回顧談もあります。意外なことに、今なお歌い継がれる童謡「てるてる坊主の歌」も、こうした中から生まれた作品です。第三代主筆の浅原鏡村が新人時代に、当時の主筆・岩下小葉の命で作ったものだとか。

　『少女の友』の編集者たちは読者から「先生」と呼ばれていました。単なる通称ではありません。詩心を持ち、読者のために苦心を重ねた彼らは、名実ともに「先生」だったのです。

（内田静枝）

「てるてる坊主の歌」が発表された大正10年6月号

少女ブック・レヴュー

村岡花子

薔薇は生きてる

山川弥千枝著

この本の著者やちえさんは世に亡い少女です。普通でしたら私は著者の名の上に「故」とつけ、そして名前のあとに「遺著」と書くはずかも知れません。けれども、どうしてもそんな文字を使いたくないのです。なぜ？「薔薇は生きてる」ではありませんか。ほんとうに、彼女は今なお生きています。この少女を知っていた人々の心の中に否、一度も逢ったことのない私たちの心の中にも、このかわいらしい作品集を読む人一人一人の胸の中に山川弥千枝さんは強い愛情を呼び起さずにはいないのです。みなさんがこの本を読んで何よりも嬉しく感じなさるのは、これがあなた方と同じ少女の心の記録であることでしょう。

これは並はずれて鋭い感覚を持って生れた少女の十六年の心の生活なのです。絵も歌も詩も童話も、そして読んだ書物の批評も、日記も、どの一つを読んでもそこに、少女の魂のありのままの姿が彫りつけられています。ここにこそはみなさん方自身の心の反響があるのです。

かわいらしい眼で周囲のすべてを観察し、蕾のような口から鋭い批評を吐く利発な近代少女がこの一冊の中に躍っています。あなた方が読むだけでなく、お母様たちにもぜひ読ませてあげたい本でございます。

（渋谷区神宮通　沙羅書店発行　定価二円）

初出：昭和13年2月号

花物語

吉屋信子著

女学校一年、二年、三年ぐらいの方々への嬉しいニュースは、「花物語」の出版です。私も昔の心に返りました。皆さんは昔に返る現在のよろこびとしてこの本をお読みになるでしょう。

（実業之日本社　定価一円五十銭）

初出：昭和14年6月号

王子と乞食

マーク・トウエイン著

「飛び切り面白い長篇を読みたいん

ですが何がいいでしょう？」と女学生や中学生にきかれますと、私が必ず紹介する物語はこれです。たしか宝塚の少女歌劇だったでしょう。「メルヘンランド」というのが、大評判だつたことがありました。あのレヴューの原話がこの「王子と乞食」です。マーク・トウエインはアメリカの小説家で、皆さんおなじみの「トム・ソーヤーの冒険」もこの人の書いたものです。

かつて、マーク・トウエインはキリスト様の伝記を書こうと志したそうですが、ユウモア小説において最も手腕をあらわす彼の筆は、そうした宗教的のものには不向きではないかということを恐れた結果、この長篇の執筆となったという挿話を、私は何かで読みました。「王子と乞食」という物語の中には、一種名状しがたい敬虔さが、流れております。あまりにも聖くして世に容れられなかったキリストと、身は英国皇室に生まれながら、ちまたをさまよいあるく王子との間には、何か行きかようものがあるように感じられ、著者トウエインの心持が偲ばれてゆかしさを覚えます。

岩波文庫ですからお廉くて四十銭、訳者は村岡花子です。

初出：昭和13年4月号

少女小説　島本志津夫著

黒板ロマンス

少女の友誌上で読んでいらしたものですから特に紹介する必要はないでしょうが、愉快な本です。少女小説というものもどんどん変って行って、以前のような、センチメンタリズム一点張りのものが迎えられなくなったことは、確かに少女自身の進歩だと思います。しかし、「明朗」ということをねらって、野卑に落ちない作品はまだまだ、比較的少数でしょう。いわゆるユーモアものの不愉快さはここにあります。

「黒板ロマンス」の明るさがどこまでも上品さを持ちつづけていることは嬉しい点です。

（実業之日本社　定価一円五十銭）

初出：昭和15年2月号

短篇集　林芙美子著

青春

今月読んだもののうちで、最も私を喜ばせた本の一冊です。いかにも林さんらしいすっきりした装幀に、まず愉快になります。いわゆる少女小説ではありませんが、青春という題名からして若い人々に愛読されることを、著者も願っているでしょう。

林さんの作品から受ける感銘を今更こと新しく言うこともありますまい。

この著者の筆に成ったものを読むたびに――詩でも随筆でも小説でも――私は何ともいえぬあたたかさが心にしみわたって来るのを感じます。人の世の頼もしさが、愉しさが、そして勇気が起って来るのです。女の私が誇っていい女の作家として、林芙美子さんを私は眺めています。

（実業之日本社　定価一円五十銭）

初出：昭和15年6月号

松田瓊子遺稿

紫苑の園

「七つの蕾(つぼみ)」を世に送った時の瓊子(けいこ)さんはまだ野村瓊子嬢でありました。若いお嬢さんのその筆の中に、大きな将来が約束されているのを、私ははっきりと感じました。

今、「紫苑の園」を読んで、あの時の期待が満たされつつあることを感じ、同時にこの先どんなにでも伸び得る力が、はかなくも中断されたことへの痛恨がひしひしと迫って来るのです。それはあまりにも短い一生ではありましたが、著者の雄々しいたましいの力は、長く私どもの中にとどまって、私どもの道に聖なる光をただよわすものであると信じます。

このように序文の中にも書きましたとおり「紫苑の園」には聖なる光がただよっているのを感じます。美しい情緒、雄々しい希望、ゆたかな愛情が若い女性の心の中に満ちあふれてほとばしり出でた清冽な泉のような感じを与える物語です。

「美しきものは永遠の喜び」であります。美しき心の物語「紫苑の園」もまた、長く長く日本の少女の心をうるおし、清らかな涙でそのまなこを溢れさせることでしょう。

若い女性の書いた少女の物語として、この本はみなさんにとっては特別の魅力を持っていることを疑いません。少女の日の喜びや悲しみやあこがれを、みずからその心に味わい感じている人が、自由自在に書いたものとしても、若い心の願望や野心や欲求がその最も健かな崇高な清らかな方向に発展した姿を描いております。それにつけてもかかる未来のある作家を失ったことは確かに私どもの不幸であります。

（神田　甲鳥書林　定価一円七十銭）

初出：昭和16年5月号

森田たま著

石狩少女（いしかりおとめ）

森田たまさんという作家は不思議な女性です。その名を聞いただけで、何かもう一種の雰囲気で私たちが包まれてしまう、という感じがします。

そのくらい、私は森田さんの作品の愛読者です。しかし、大人の私たちとしては、幾分、承知して森田さんのかもし出す雰囲気の中に溶け込んでゆく傾きもなくはありません。「ああこれがこの人の考えかただ、この人の物の見かたはこういうふうなのだ。この人の特異な感覚として、独特のものとして味わって行けばいいのだ。」こういう気分で読んでいることもあります。「石狩少女」を読みながら、私はしきりにこれを読む少女たちの立場を考えました。

この小説は鋭い感受性を持った少女が、その少女のそなえている天の才能に対して半分以上盲（めし）いている周囲に向って抑え切れない反抗心をいだきながら、伸びてゆく年月を叙（じょ）したものですが、あまい感傷と、ひそやかな思いと、底知れぬ思索と、冷やかな批判とを胸にたたえた若き日の記録です。みなさんはこの中に折々、御自分たちの姿を御覧になるでしょう。理由のない誤解を受けて憤る心、何となしにまわりの人々へ向けられる反抗、こうした少女時代に共通の感情をここに味わうあまりに、この中に光っている毅然たる著者の精神を見落さないで下さい。

（実業之日本社　定価一円五十銭）

初出：昭和15年10月号

御存じですか？

バラを蕾のまゝ長く保たせる法

いよ〳〵花のシーズンになりました。中でもバラは皆さんから可愛がられる花ですが、何しろ盛りが短いので、知らない間にパラパラと花瓣が散つてしまひます。

バラは半開の蕾の時が一ばんいゝですネ。どうしたらつぼみの時期を長くたのしめるか面白い工夫がありますからお試みになつてごらんなさい。

花屋さんからお求めになる時、或はお庭からお切りになる時、なるべく六分咲き位の蕾をえらんで水揚は普通にし花瓶に合せて切り、その切り口を五分ほど焼いておきます。それは從來と何の變りもありませんが、お庭の垣根などをさがせば必らずクモの巣が二つや三つは見つかります。クモの巣は無色で細いものですからこの絲をそつとつまんで、つぼみにクル〳〵とからませます。外觀を少しも損しないで丁度いいつぼみのまゝで最後まで樂しめます。

墨や墨汁はどうして出來るか

お墨と墨汁は原料は同じで、どちらも細いすゝ、油煙で作ります。

この油煙をとるには、種油とか松の木などを上の方に壁紙をはつた室に空氣を少し入れるやうに裝置してその中で燻るやうにもするのです。かうすると油煙が澤山壁紙についてとれます。

上等のお墨は種油の油煙で作ります。墨汁の方は油煙を薄い膠の汁で溶いたものですが、お墨の方は臼のやうなものの中で膠と一緒に數時間もよくまぜ合せてから香料も入れて型に入れ、それをわら灰の中で乾かしたものです。

電燈の光避け

電燈は明るいのは結構ですが、光が目に直射してゐるのはよくありません。スタンドのおほひの深いのならばその心ぱいはありませんが、普通のおほひの時は上圖のやうな光よけをこしらへてお用ひ下さい。材料は綠色の小布と、針金三尺ほどあれば結構です。

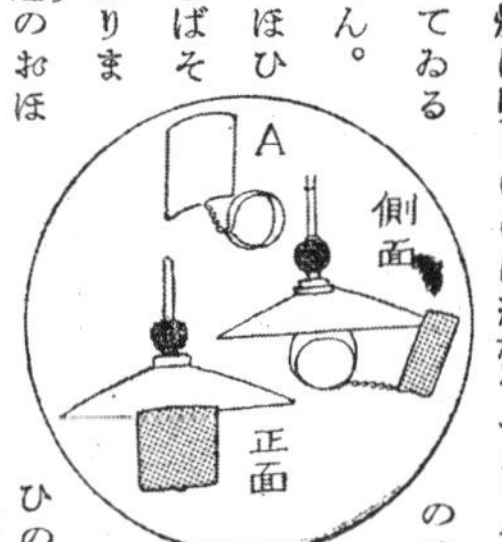

先づA圖のやうにまん中を四角形に曲げ、（こゝに布をはります。）下で針金を二本一緒

初出：昭和9年5月号

にして根元の所で堅く曲げ、丸い輪のバネをつくります。

次に先の四角の形より周圍一センチ程を大きく綠色か黒のうすい小布をその型に切つて、周圍に糊をつけて針金に貼つけます。で先の針金のバネで電球へスポツとはめます。

電燈の光を倍に明くするには

今度は反對です。暗い電燈を明るく感ずる法です。材料はお手近ですタバコの中にある銀紙を廿枚ほどためておいて、これをおほひの裏側にきれいにはりつけるのです。

先づ銀紙を一枚づつていねいに伸します。ガラス板か鏡の上において、綿を丸くつまんで上から擦りますと銀紙は破れずシワもきれいに伸び艶も出て來ます。全部伸ばしましたらこんどはお湯呑にお湯を半分入れ、その中へ一寸角程のゼラチンを入れ、よくとけましたらこの液を筆の先につけ、電燈の笠の内側へぬつて、液の乾ききらない中に銀紙をはりつけ、上から先刻の綿で銀紙の上を擦りますと表面がなめらかになります。

印をきれいにするには

印肉が入り込んでしまふと、せつかくの印判もはつきりわからなくつて感じが惡いものです。古楊子や石けんをつけてこすつたり、或はキハツ油をつけて擦つたりしても少しはきれいになりますけれど、手がひどくよごれる割にあまりきれいにならないものです。

手をよごさないでかんたんにお掃除するには、先づ古ローソクを少しためておいてこれを火鉢の上でもてあそんでゐると、やはらかになりますから、これを平にして厚紙の上にのせ、さめないやうにお火鉢の上にかざしつつ、ローソクの平なところへ印をベタリと深くおしますと、印肉やその他の汚物がみなローソクの方にうつります。これを二三度ベタリ〳〵とくりかへしますと見ちがへるやうにキレイになります。（讀者投稿）

歩き疲れをしない法

下駄やお靴の後の方へ力を入る方は歩き方が下手です。身體の弱い方です。身體の重味を踵にもたせて歩くと、重心が後へのこりますから身體を動搖させて前へ押し出すやうに歩きますから大變つかれが早く來ます。長途の道を樂に歩かうと思召す方は、身體の重味を脚の先指の方にかけて、パッパと蹴飛ばすやうにして輕く振り出し、重心を後へ殘さないやうに前へ〳〵とかるくすべるやうに運ぶと自然にらくに疲勞も少いです。

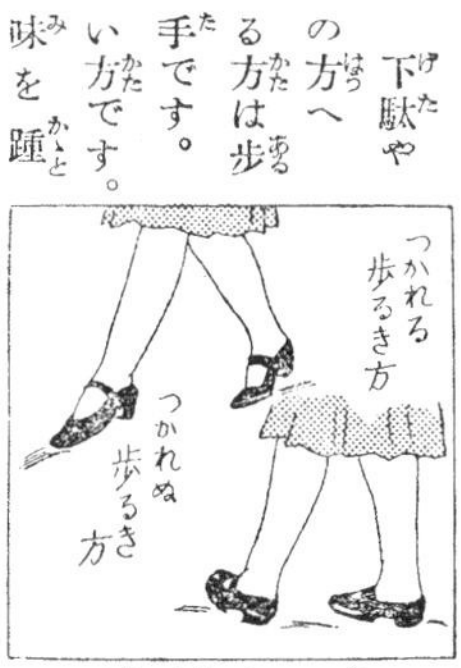

御存じですか

牛乳はからして召上れ

お腹が空いてゐるからといつて、一氣にぐつと飲み下すのはよくありません。空腹時は胃の中にたまつてゐる鹽酸のために凝結物を作りますから、消化程度を惡くします。で少しづゝゆつくり召し上るのがよろしいが、ビスケットやパンなどを浸めして一緒にのむ方が胃のために具合がよろしい。

これからは苺が澤山出ますから、苺にかけて召上る方が多いやうですが、苺の酸のために凝固しますから、ほんたうは感心しません。

又牛乳を温めると上に薄い幕様のものが出來ますが、これは脂肪分で滋養が多いものですから取り出して捨てたりしないで召し上れ。

小豆の煮方

小豆はなか〳〵煮るのに時間がかゝるものですが、大根の尻尾を一寸位切つて入れて一緒に煮ますと、約半分位の時間でやはらかく煮上ります。尙昔から小豆には、馬鹿水と云ふやうに、煮立てば少しづゝ水を幾度も差しますが、はじめからどつさり水を入れて煮るよりも、ちよい〳〵と水を差す方が早く柔かになるから不思議です。

眼にゴミの入つた時

道を歩いてゐる時、風で、よく眼の中にゴミが入ることがあります。又汽車の煙の中に混つてゐる灰がらのやうな小さなものが入つて困ることがあります。こんな時には、決して、ヒドク擦つてはなりません。ゴミや、石灰の粉や、砂、小蟲などは、眼に入つても、しばらく閉ぢて、ぢつとしてゐますと、自然に泪が出て來て、目頭の方へ流れ寄りますから、その時、ソツとハンカチの端でとりのぞきます。又なか〳〵とれさうにない時は、瞼の上に薄荷水を少しぬつてごらんなさい。泪がポロン〳〵と出ますから流れ出します。又はつか水のない時は、冷水の中へ眼を伏せてパチ〳〵と開いて洗ひ去る方法もあります。焼けた小鐵片や溶けた鉛、マッチの燐などが入つて眼球に焼けついたのは、冷水で濕した手拭かハンカチ等で抑へて痛みを和げ乍ら眼科醫へ行きます。もしも、酸類とかアルカリなどのやうな強い腐蝕の薬品などの飛び込んだりした場合

初出：昭和9年6月号

は、手早く澤山の冷水で何度も〱洗つて早速お醫者さんへとんで行きます。入つた直ぐにどん〱水で洗はないと、他の部分まで惡くなつたりする事があります。

香水の見分け方

香水はおしやれの人が使ふものと考へてゐる方がまだあるかもしれませんが必らずしもさうではありません。あまり毒々しい下品な香をさせるのは返つてよくありませんが、これから夏向きになつて汗などのいやな體臭を遠慮なく發散させるのは身だしなみのない方です。よい香水を、ほんの少し、ハンカチや下着などに、かすかに、つけておくのは大變感じのいゝものです。香りはお好みによつて異りませうが、必ず、新鮮な、丸味のある薫のものがよいのです。天然の花の香に近いものをお選び下さい。

香水瓶の蓋をとつて、手の肌にこすつて、アルコールを蒸發させ、その後に殘つた香をかひで見て、ツーンと鼻をつくのはいけません。丸味のある上品な香りを殘すのがよろしい。又香水は乾いても褐色にしみの付くのは定着劑（香を長く保せるための藥品）が多過ぎるので、あまりいゝ香水とはいはれません。

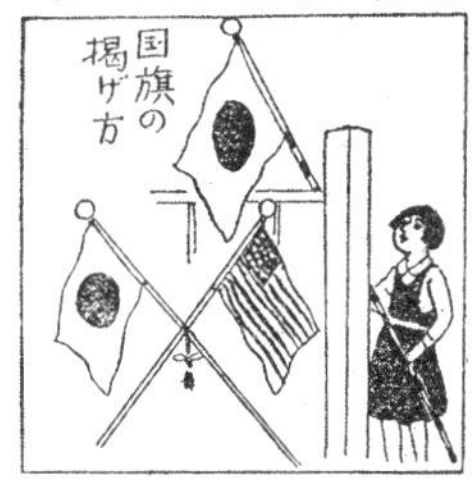

國旗の掲げ方

(1)普通の家庭で、一本きり掲げる時は、ご門の中から見て向つて右（門の外からは左）の方の側に掲げるのが正しいのです。

(2)二旒掲揚する場合には、左右に併立しても又交叉しても隨意ですが、本來から云へば併立の方が望ましいのですが、交叉する場合には、門の中から見て、左の棹を内側にしたのが正しいのです。

(3)特に外國に敬意を表するために、外國國旗と一緒に掲げる時は、併立、交叉は隨意ですが、交叉の方が望ましいです。然し併立する時は、門内から見て、自國の國旗を右に外國々旗を左に掲げます。

漆器の臭味をとる法

新らしく求めた漆器類は漆の匂ひがくさいものです。この匂ひを拔くには、お米の濃い磨ぎ汁を丁度手を入れ得る程度の熱さに溫め、この湯の中へ、一寸くゞらせて下さい。これを五、六度くり返すと、わけなく匂がとれます。もしも急に使はないならば、お米櫃のお米の中に二三日埋めておくのもよろしうございます。

『少女の友』と『赤毛のアン』の不思議な巡り合わせ

村岡恵理
（作家・村岡花子孫／エッセイスト）

明治四十一年、『少女の友』の創刊当時、祖母村岡花子は十五歳の乙女盛り。東京、麻布のミッション・スクールで寄宿舎生活をしていた。学校きっての文学少女だったというから、当然、話題だったこの雑誌も図書室の片隅で読み耽ったことだろう。やがて、自らも家庭文学の翻訳や、童話の執筆の道を歩み、またラジオ「子どもの新聞」のパーソナリティとして少女たちに親しまれるようになった。

『少女の友』には、昭和十年一月号の誌上座談会――「少女にとって一番大切なもの」――に初めて登場している。折りしも、中原淳一の絵が表紙を飾った第一号で、雑誌は黄金期を迎えようとしていた。社会教育家の鶴見祐輔や生え抜きの作家である横山美智子、浅原六朗、そして抒情画家の松本かつぢ、中原淳一の姿もあった。出席者は、少女に求めるものとして、心の純粋さ、素直さ、美しさを挙げ、さらにその上に強い信念を築いていくようにと願っている。

この席で、特に若い世代の読書の質について一家言あった村岡花子は、後にブックレビューを寄稿するようになる（二三八ページに載録）。国内の新刊書、坪田譲二の童話集から、今井邦子の短歌集、オルコットの翻訳作品やテニスン英詩まで、レベルも種類も多種多様に織り交ぜて紹介している。時には、自らが若き日に希望や夢を与えられた体験に思いを馳せながら。その生き生きとした文面からは、花子がいかにこのコーナーに希望を持っていたかがうかがえる。

この度、『少女の友』のバックナンバーを読む機会に恵まれた私は、この雑誌が、付録の魅力もさること

昭和10年1月号、村岡花子が出席した座談会

円内は昭和15年5月号の座談会「私達の身体を語る」。
女性独特の身体性を知ることの大切さを語っている

ながら小説、詩、随筆、評論といった想像以上に充実した文芸雑誌だったことに、感嘆の連続だった。これだけの活字を十代の少女が夢中になって読んだとは。量だけではない。川端康成、吉屋信子、井伏鱒二、室生犀星という作家陣がこの雑誌のために書き下ろしている。その上質で端整な言葉の数々は、半世紀もの間に私たちが失ってしまった尊いアンティークジュエリーのように思われた。

もうひとつ、ページを繰りながら息を飲むほどに驚いたことがある。昭和十五年二月号の「名作画集」。昭和十四年に始まった企画で、西洋の古今の名画を三、四点、四色刷の印刷で紹介するというものだった。その中の一枚の絵——ピーコックという画家の「エセル」と題された少女の絵——に、私は釘付けになった。

それは、戦前にカナダ人の友人から原書を託された村岡花子が、戦時下ひそかに訳し続け、戦後ようやく出版が叶った『赤毛のアン』の初版（三笠書房版）の表紙の少女と同一人物だったのだ。

私には「彼女」がどこから来たのか、何故『赤毛のアン』の表紙に選ばれたのか、ずっと謎だったのである。というのも、彼女の髪は「赤毛」ではなく「金髪」で、おさげにも編んでいない。おしゃべりで快活なアンのイメージとは程遠い、愁いを含んだ物静かな面差し。「アン」でないことだけは確かだった。

　思いがけない所で出会って、しげしげと眺めてみたがやっぱりわからない。

　ただ、なんとなく、わかってきたことがある。「名作画集」の四色刷は、三笠書房の表紙の印刷よりも、はるかに技術が高く繊細で美しかった。おそらく祖母は、この『少女の友』の「エセル」が好きだったのだ。だから、少女たちに愛を込めて取り組み、時代を共に歩いたこの雑誌から、「エセル」を連れ出したのではないだろうか。

　不思議な巡り合わせで、この『少女の友』から抜け出し、『赤毛のアン』の表紙となった「エセル」は、初版の出版から五十六年経った今も、村岡花子の書斎の本棚に物静かに佇んでいる。それは「アン」ではないが、『少女の友』にも『赤毛のアン』にも通じる、祖母の生涯に貫かれた少女たちへの愛情の足跡と、私は受け止めている。

『少女の友』昭和15年2月号のカラーページ「名作画集」。「ピーコック エセル」とある

『赤毛のアン』初版の表紙。昭和27年三笠書房刊

むらおか・えり　エッセイスト
1967（昭和42）年生まれ。成城大学文芸学部卒業後、ライターとして活動。1991年より祖母、村岡花子の書斎を「赤毛のアン記念館・村岡花子文庫」として翻訳家の姉、村岡美枝とともに著作物、蔵書、資料を保存。予約制で愛読者や研究者に公開している。2008年、はじめての著書となる『アンのゆりかご――村岡花子の生涯』（マガジンハウス）が話題を呼ぶ。

◉セレクション10

読者文芸

A Selection of Reader's Articles

**『少女の友』の読者投稿ページは、
最盛期で40ページ近くにも及ぶ、きわめて充実したものでした。
当時の投稿者の証言を紹介しながら、
投稿欄をそのまま載録します。**

『少女の友』最大の特徴は「読者文芸」にあります。『少女の友』では創刊以来、編集部と読者との家族的な繋がりを重視してきました。

マスメディアである雑誌が読者とパーソナルな関係を結ぶとは本来成立し得ない命題ですが、編集部では愛読者集会を開いて直接交流する場を設けるとともに、読者からの投書を数多く掲載し一通一通に丁寧に答えることで、読者との間に親密な雰囲気をつくりあげてきたのです。

まず「読者文芸」のボリュームをみればこの欄にかける意気込みが一目瞭然です。時代にもよりますが、概ね全体の一割強をこの欄が占めています。単にページ数が多いだけではありません。内容とシステムからは、編集部が読者との間に双方向的な関係を築こうと心を砕いていたことが見てとれま

投書規定

讀者文藝

◆賞品

毎月入賞者には賞品を差しあげます。少女コント入選者には賞金五圓、各種別のお投書に當選回數が多く且つ進歩成績の著しい方には、又別に順次に少女の友記念銀時計を差上げます。

◆募集課目

▲作文（十五字詰二十行以内）題隨意
▲和歌 の題は投書欄の末尾にでてゐます
▲口語和歌 題隨意
▲習字 ▲圖畫
▲少女詩 題隨意
▲綠のお部屋（二十字詰廿五行以内）
▲友ちやんクラブ（十五字詰十行以内）

◆書き方

△作文と綠のお部屋は必ず原稿用紙にお書き下さい。書き方は、最初に、作文、又は綠のお部屋と、書き、その次に題を書いて下さい。題の下に誌上名を書き、それから文章を書くのです。

△和歌、口語和歌、少女詩、圖畫、習字、友ちやんくらぶ、これ等のお投書はどれもみな必ずハガキ、又はハガキと同じ形の厚紙（例へば書用紙のやうな紙）へお書き下さい。

和歌、口語和歌、詩、友ちやんくらぶの書き方は、最初に和歌とか、詩とか、投書の種類を書き、次に題があれば題を書き、その下に誌上名、そして、次に和歌なり詩なりをお書き下さい。作文、友ちやんくらぶも同樣その他總てのお投書には最後に必ず住所、本名、學校名、學年をお忘れになりませんやうに。

△圖畫と、お習字は、表に繪、或はお習字を書き、裏に住所本名、誌上名、學校名及學年をお書き下さい。圖畫だけはその外に題をお書き下さいませ。圖畫もお習字も必ず墨で書くこと。圖畫には色をおつけになつてはいけません。

△作文、少女詩、圖畫、習字は各種類三枚迄お出しになつてかまひません。和歌、口語和歌は各々一人一枚づゝ三首まで、友ちやんくらぶは一人一枚です。一人の方が全部の種類のお投書をなすつて結構です。

◆その他の注意

一、投書の宛名はすべて東京市京橋區銀座西一丁目實業之日本社「少女の友」編輯局。

二、投書は全部一まとめにして、封筒に入れ開き封にして三錢切手をはつてだしても、一枚づゝ別々にお出しになつても差支へありません。

三、綠のお部屋は銀時計をお取りになつたお姉さん達のお部屋ですから外の方は綠のお部屋以外のお部屋にだけお投書下さいませ。綠のお室お姉様達はや卒業なすつたのですから友ちやんくらぶ以外のお投書を御遠慮下さい。

◆發表締切

△締切 十三年三月五日・發表 十三年五月號誌上

毎号掲載されていた読者投稿規定
（昭和13年3月号）

す。作品投稿欄における〈銀時計贈呈〉も編集努力の賜でしょう。これは多数入賞を重ねた有力投稿者の中から毎月一名を選び、特別に表彰して記念時計を授与する制度です。

　つまり、更なる栄誉を設けることで読者の投稿熱を継続的に煽ったわけですが、読者の熱い挑戦を受ける側も相応の覚悟で臨んでいたのは言うまでもありません。

　例えば、時計受賞資格には「入賞○回以上」といった明確なラインはなく、ただ「当選回数が多く且つ進歩成績の著しい方」とあるのみです。アバウトなようですが、これなど編集部の真摯な姿勢の現れでしょう。なぜなら、これは数年にわたり投稿者を見守ることが前提となります。毎月公平に時計を贈り続けるなど、投稿者一人ひとりを余程きちんと目配りしないと出来ないことでしょう。

　読者の短信欄である「トモチャンクラブ」も然りです。本書では内山主筆時代の投書を紹介していますが、投書の一通一通に内山本人がコメントをつけています。ある号では、その数が二百にも及ぶのですから驚きです。

　投書欄において特定のホスト役を配すのは典型的な手法ですが、『少女の友』ではその役目を代々主筆がつとめてきました。ですから『少女の友』の投書は全て主筆に宛てた〈手紙〉といえるでしょう。架空のキャラクターとのその場限りのおしゃべりとは真剣味がまるで違います。

　また内山のコメントからは、膨大な数の読者が頭の中にインプットされていたことが窺えます。雑誌編集の激務にもかかわらず、内山は寄せられた全ての投書に眼を通していたといいますが、発行部数が何万になろうとも、良き伝統を守ろうとの一念がそうさせたのでしょう。

『少女の友』は熱心な読者を持つことで知られています。多感な時期の少女たちが〈トモチャン〉（親しみをこめて読者はこう呼びました）を愛したのも、この雑誌は本気で自分たちに向き合っているとの実感が持てたからのようです。

　このセクションでは「読者文芸」に掲載された作品をコーナーごと一部抜粋して再録し、当時と同じ構成で紹介しています。また下段には当時の投稿者の方よりあらたにコメントをいただきました。貴重な生の声です。

（内田静枝）

初出：昭和13年3月号（一部抜粋）

少女の友記念時計贈呈

埼玉 幽 菫
（本名 柴田 壽子）

少女の友昭和十三年第三號の記念時計を、幽菫さんに贈呈致します。幽さんは主に詩壇に活躍され、毎號そのけんらんな詩才は美しい珠玉を以て詩壇を飾り數多き友だちの憧憬の的となつてゐられました。優れた詩才はむしろ最近老成の形にまで近づかうとしてゐましたが、今此處で早く形を作ることなく一層御精進の上大成の日あることを切に期待申し上げます。

今此處に多年の功成つたことをお祝ひ申し上げると共に此のお室のお一人として一層お輝きなさいませ。

よろこび

京都 野原あき子

こんなに素晴しいクリスマスプレゼント。先生。本當に有りがたう存じました。嬉しくて嬉しくてたまりません。たゞそれだけ。遠いあこがれのお部屋、などと思ふよりも寧ろ無關心でゐなければいけないやうな私でしたのに――。

十四の夏に初て、九鬼洋子の名で、名も知らぬ私の好きな白い花に蝶がとまつたので嬉しくなつたと言ふ幼い……でも、今の私にとつてはもう忘れることが出來ないものが賞に入つてから、友ちやんの訪れとお投書することが月々の大きな喜びでございました。不才な子は先生や皆様にあたゝかく見守られてやつとこゝまで參りました。來月から何にもお投書出來なくなつて寂しいと思ふのは贅澤ですね。お姉さまたち、よろしく。あき子、まだあんまりお姉さまぶれませんので、これからどんなことを書かうかしら、と心配でうれしくて胸がふるへてをります。

無題

★読者文芸の構成

昭和十年代前半の「読者文芸」を再現しました。当時のものは毎号五十ページ前後もありますので、ごく一部の収録になりますが、内容構成は当時と全く同じです。

下段に掲載したコメントは、本書の特別企画として、かつての投稿者の方からいただいたものです。（ ）内の数字は、その方の当時の投稿作品が掲載されているページです。

★「緑の室」とは

「緑の室」は記念時計の受賞者のみが投稿できるページです。冒頭にはその月の時計受賞者の発表があり、受賞理由とともに本名が掲載されます（投書は通常ペンネームでされるので、この時初めて本名が明かされます）。次に時計受賞者の喜びとお礼の文章が続きます。誌上での発表後に寄せられるので、通常二ヶ月後の号に掲載されます。そしてこの欄に殿堂入りした〈緑の室のお姉様〉たちの投書が並びます。題材は自由で、エッセイあ

東京　**若松不二子**

毎日私は思つてゐる、色々な事を。「考へて何も得られないで疲れるより、むしろ何も考へない方がよい」こんな文句を何處かで見たと思ふ。それなのに私は考へては頭を前より一層混亂させてやめようともしない。

内山先生の「行くものをして行かしめよ」のお言葉、今の私にはとても嬉しいもので御座いました。

どん底のルイジューヴェ還俗したお坊さんの樣に思はれて仕方がありませんでした。第一印象つて恐ろしいものですわね。一番好き、と言ふには高過ぎる樣にも思ひますけど好きですの。ボアイエは二番目でございます。

病み臥りつゝ

兵庫　**銀河**

臥りつゝ本讀む手先冷え來れば渡河につめたきクリークをおもふ

いくさ思はせ近づきて來る爆音にこゝろ襲はれ本讀みさしぬ

重々と空搖すり來る爆音に讀み聞きしかずかずの犧牲おもほゆ

たゝかひのひまに秋草摘みあそぶ寫眞を見つつ涙堪へかぬ

咲きさかる菊に埋れてつはものゝうつれる姿靜かなるかな

臥りつゝ音のみ聞きて夜空に咲く祝勝の花火胸にゑがけり

祝勝の提灯行列通るなり病床を下りてこよひ我が見つ

提灯の列は明々と流れ行きぬ去り惜しみつつ窓を離るゝ

城まさみ樣青柳レイ樣昨年はお見舞ひ有難うございました。遲くなりましたが心から御禮申上げます。久美みちこ樣星影さやか樣どうぞ御返事の御心配なく、それよりもお體をお大事に。緋臘珠樣誰方かしら、前から美しいお名と思つてをりましたの。お尋ねの事は先生のお答へのとほりです。野原あき子樣お祝ひ申上げます。一層お輝き下さいませ。

春を迎へて

兵庫　**松井敏美**

つとむれど歌にならざり我が想ひ春はくれども冬枯るる心はも

うつそみはすこやかにして春迎ふれど心になほも木枯狂ふ

逝きし日の夢想はんと久々に提琴にふ

り、短歌あり、近況報告ありですが、やはり〈お時計組〉らしい風格が漂います。誌上で目立った活躍をした有名投稿者が集うページですから読者の注目度も大きく、交際の申込などもあったようです。

★野原あき子さん《二五一ページ》のこと

時計受賞後は山本治子の本名で小説を発表しました。今なお尊敬を集める戦前の政治家・山本宣治の令嬢でもあり、歌人として歌壇で活躍されました。

「読者文芸」投書の思い出

久世澄子（二五三ページ）

（ペンネーム：城まさみ）

『少女の友』が店頭に出る日は待ち切れず自分で求めて歩きながら投書欄を繰るのです。

自分の名を見出した時は嬉しさと気恥しさが同居します。数多くの雑誌の中で『少女の友』に対しては何か信仰にも似た特別の意識を持つ様になっておりまし

れし今宵うれしき

〃白菊〃靜かな御作、大好きでございました。

千草様では？

月江様、御元氣の御様子で嬉しうございました。貴女より年だけはずつと〳〵大きいんですけれど何にも出來ませぬ私、御一緒に御勉強させて頂ければと願つて居ります。いつぞや內地へお歸りの節、お會ひし度うございましたが——。

幾何

東京城　まさみ

息をついてもゆるがない光。そのやうに、冴えた月の夜、無性に幾何を解きたいと思つた。星が流れると、銀色の直線が殘る。幾何の感覺であつた。だが、私の教科書は、本棚の奥で、灰色にほこりをかぶつてゐた。

私は悲しく、咽喉のつまるせつなさで、うす汚れたその表紙を、胸にいだくのであつた。

內山先生、樂しい友ちゃん會有難うございました。昔から尊敬してました藍靑たゑ様や白妙様六條様もお見えになつて嬉しく思ひました。渚の灯様、ゆつくりお話がしたかつたのですけれど。北畔子様、再びお目にかゝれました事を喜びます。お氣が向く様になりましたら是非御作お見せ下さいませ。澄玲様、誌上で葦原さんの御話お待ちしてます。武村美子様、堀川英子様、お友達になれまして嬉しく。では皆様御元氣で。御機嫌よう。

旅の憶ひ出

兵庫　銀月苑子

懐かしい筑紫の旅を思ひ出すこの頃。

雲仙の絹笠山の頂上に足をなげて有明の海に見入つたひととき青草の綠がやはらかな線をゑがいて……こんもりと茂つた木の間から白い湯煙が六月の空にとけていつた雲仙國立公園、夕はホテルの窓邊からピアノがもれてゐる道を靜かに去つた外人の姿をふりかへりつゝ山の道をあるいたものだ。切支丹の匂ひ懐かしい島原の湊のさびれた景色が佗しくも明るい胸に殘つてゐる。

次の日の熊本は雨でも雨にけぶつた熊本の町も好きだつた。ひこさんだんごと云ふ大きな字が何故か忘れられぬ、そして私達のバスを受けもつて案內して下さつた人が途中の博多の町のお人形とそつくりの美しい人だつた。綺麗だつたあの聲を今でもまねて見る私だ。

しつとりと雨にぬれてゐた熊本の町を訪れる日がまたあるだらうかとおもふ。

た。他の本とは違うと感じた自分の確かな眼を不思議の様にも、又誇らしくも思い返しております。中原淳一という無名の十九歳の少年の挿絵を初めて見た感動も忘れがたいものです。

読者文芸欄に一番初め載せて頂いたのは、口語和歌という幼稚な、なつかしいものでした。そして私はいつしか投書少女になってゆきます。少女時代の私はまこと『少女の友』と共に歩んでおりました。友人に連れられて実業之日本社を訪ね初めて内山基先生にお目にかかれた喜びは忘れません。

内山先生は何に対しても本気で向き合いそのものの本質を好意的に正しく紹介して下さっておりました。すばらしい方でおられたと今改めて頭の下るおもいです。私九十歳の現在、内山先生、『少女の友』に対しての純粋な気持は少しも変らないのが大きな喜びです。

身の奥に少女住み居り冬すみれ

初出：昭和13年11月号（一部抜粋）

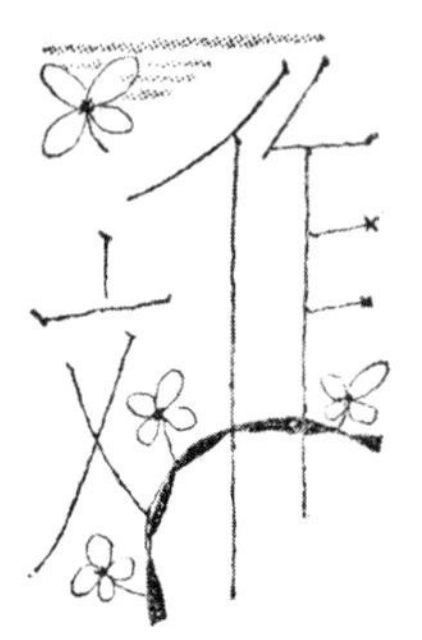

（賞）征く人

京都　一ノ瀬マチ子

私の横に入つて來た兵隊さんはがつしりした體の割に淋しい人の様な氣がした。窓の外の母さんに抱かれた目元のそつくりなその弟は、「兄ちゃんにあんしな」といはれても默つて指をしやぶつてゐた髪の黑い妹らしい人の恐い程みはつた眼にゆき合つて私はふつと眼をそらせた。訛のある言葉で話しかけるのに「ん・ん」と喉の奥で返事をし、家族の後にしいんとしてゐた人垣が發車の音と共に思ひ出した様なつくつた笑顔で萬歳々々と旗を振るのを、不思議なことの様に答へもせず唯幾度も頷づいてゐたが動き出すと一番先に顔を引つこめてしまつた。そして前の人が話しかけるのに「工兵です」と一言いつたきりで新しい軍服のポケットに手を入れて眼を瞑つた

（評）短い文章の中に相當讀みこたへのあるこれ丈の内容を描き現してゐるのはよい。出征する或る一家の眞實にせまつた風景がよく攔めてゐる。

（賞）羽織を賣られて

東京　千草美登里

母が屑屋さんを呼ばれたので、何を賣るのかと思つて出てみるとビール瓶や毛屑が澤山並べてあつた。その中に交つて私の羽織もあつた。もう大部いたんでゐるのだが。

私はその羽織が一番好きであつたので惜しくてたまらない。「まだその羽織着たいわ」「でもこんなに切れてゐるのよ」さう母に言はれて見ると、成程、よく着つゞけたと思はれる程切れてゐる。しかし色も模様もはつきりとしてまだ買ひたての様だ。せめて端切だけでもほしいと思つてゐるのに、屑屋さんはおかまひなしにどん〳〵まるめて了つた。あんな汚い屑と一緒にまるめられるにしのびがたいのだが今更どうする事も出來ない。汚れ切つた袋に入れられた羽織を只じつとみつめるだけだつた。

（評）すなほな文羽織に對する少女らしい感情がすなほです

（賞）或日

福岡　鈴木美穂

「あの針はよございませんでつしよか」しわがれたやうなよく聞きとれない年寄じみた聲が家の中に入つて來た。「ことはれ」兄は病床の身を起しながら言つた。私は「何賣りの」と兄に尋ねてみたけれどそれには答へず「ことはれ〳〵」と兄は、はげしく言ふ。よぼ〳〵とした白髪の老人、腰はもう半分位は曲つてゐる。可愛さうに、身寄も何もないのだらうか。細い目をうるませて答を待つてゐる。そのおぢいさんのやせほそつた姿。

「あのよございます」私は思ひきつて言つた。老人はまだ聞きとれぬのかじつとみつめて居る。

「あのよございますが」私は兄の眼をさけながら又言つた。老人は力なささうにうなづきながら問い背を後にみせて足を引きづり〳〵出て行つた。

（評）稍と言葉の黠で足りない所があるがもり上つて來る内容の力がよくえがけてゐる兄さんと針賣りの姿が眞實に感じるし、中に在る貴女の感情もよくにじんでゐる。

、、〇無題

東京　銀露路

「よく似てゐるなあ。」ごろりと横

★作文・和歌のこと

いずれも編集部が選にあたっており、「作文」は内山主筆が担当していました。昭和十六年からは川端康成が作文の、結城哀草果が和歌の選者をつとめています。冒頭に（賞）とあるのが入賞作品で、以下、、、〇、、〇、〇の順に評価されています。

「読者文芸」投書の思い出

川口汐子（二五四ページ）

（ペンネーム：一ノ瀬マチ子）

読者文芸――これはとても広く上質な作品が並んでいた。ちょっと秘め事めいた楽しみでペンネームを考えたものだ。入賞するとご褒美に送られて来たのは鈴蘭のブローチで葉が友の字を象（かたど）って可憐な白い花を支えていた。早

になつてゐた私の足もとで不意にお祖父さんが言ひ出した。「何が？」「お前の足がさ、お君にそつくりなんだよ」「あら」私は思はず足を引いた。「歸つたらお母さんにさう言つてごらん。お祖父さんが似てるつて言つたとな」「足のかくからなんかそつくりじやないか。え？」とお祖母さんに話しかけた。「そんなに似てる？」と私も聞いたらお祖母さんに默つてニヤニヤ笑つてゐる。

　私はお母さんに言つたら何て言ふだらうと考へてくす／＼と笑つてしまつた。「やつぱり親子は爭はれんものだなあ」お祖父さんは、私の足をピシャ／＼たゝきながら父、「足まで似てゐる」とつぶやいた。

（評）よくある姿ですね、上手に描けてゐます。殊に終りの足をたゝく所など大變よい。

○寫眞

大阪　星るり子

　搜して見せるよと、父は電燈の眞下で長い間見て「どうもこれらしいな、口の邊が」と笑つて、何見てゐらつしやる。細く背の高い父の身體でさへぎられた燈影で私はドキッとした。二百人近くの生徒の寫つてゐる寫眞だもの解らないだらう。ましてあの寫眞は私の顔が半分でおまけにボーッとしてゐるのに。父は私の顔なんてはつきり知つていらつしやらないだらうと變な考を今まで持つてゐたのが面白く思へてくる。そして急に父が好きで堪らなくなつた。「これだらう。きつと。」父はぐつと背を曲げて、私の眞傍で指される。ぱつと燈がまばゆい程明るく寫眞を照らした。

（評）一寸面白い。文もしつかりしてゐる

○西瓜

千葉　今日子

「ほーらこんなに貰つちやつた。この太いきうりは小鳥よ、今度は西瓜貰ひに行くんだから早くあけて」お祖母さんが茄子を他の籠にあけてくれた。あいた籠をかぶつて畠へかけあし。小母さんは丸々した西瓜を六つも切つて待つてゐた。「ほいこれぢや一つか入んないね一つづゝかゝへてゆくかい？」「どうする？」弟にきいたら「フフン」と笑つてる。「そいぢやあの籠に入れてやんべえ」といつて畠の隅にあつた種をとる隱元豆の籠をあけて三つも入れてくれた。「大丈夫かい」「えゝ御馳走樣」小父さんが土間で何やらしてゐた。「御馳走樣と一寸頭を下げると「出來てねえかもしれないぞ」と大聲で言つて笑つてる。西瓜は日にあたつてゐたので生暖かい。あんまりうれしくて青空に向つて思はず笑つた。

○心

東京　フランス人形

「ガタン」電車が急にとまつた。「アッ」と云ふ間もなく、隅に立てかけてあつた醤油瓶は倒れ、同時に濃紫色の水がドク／＼流れる。すい樣な甘い香が車中に漲る。「マア」「アラ」「どうしたの」皆の視線が一齊にお醤油と傍の勞働者風の人に集る。「アッ仕樣がねえなあ」當惑した顔で瓶を起こした勞働者風の人は、何も流れる醤油を氣のぬけた樣に見つめてゐる。「折角買つて來たのになあ」「うん仕方がねえ」言葉少なに苦笑してゐる寂しさうな顔、私はそれを見た時何だかたまらなくなつて目をそらせてしまつた。「日野」「日野」驛員の聲に何の氣なしに窓から外を見るとさつきの勞働者の油で眞黒になつた服が小さく／＼なつて行くのが見えた。それを見た時父寂しくなつた目を膝の上のリーダーに落してしまつた。

速制服の胸にそっと飾って登校。

　クラスメートの目にとまり「頂戴！」の連発にとうとう進呈してしまう破目に。「ええのん？　ほんまにええのん？」と案じてくれる友もある。私はのっぴきならなくなって「ええのよ、きばって又書くさかい」と半分は自分になだめて言った。よくまあと思ったものだ。も一度入賞なんて至難のワザだろうに。

　ところが「征く人」が入賞した。暖い心強い批評が記されている！　嬉しかった、きばって又書いて、よかったと思った。もちろん、鈴蘭のブローチは日ならずして届いた。私は大切にしまいこんだ。もう学校につけて行かないよと心の中で決めていた。

　それにしても、あの評文は編集長内山先生のお書き下さ

初出：昭和15年3月号

和歌

母

(賞) 奈良　六條葵
名も知らぬうす紫の花さきて黄昏にけり母のおくつき
(評) かざりけのない平凡ならたひ振りの中に讀後の餘韻を殘して、その情景と作者の立場を感じさせます。

(賞) 横濱　パレアナ
子を負うてねぎをかかへて若き母小走りにゆきぬ冬のたそがれ
(評) 「子を負うた母」の生活が出てゐるといへるでせう。慾をいへば表面的なものでなく、もつと何かつかむ事が出來たのではないかと思へますが。

(賞) 長野　初霜
三つ葉芹背戸に摘みつゝこの晝を外出し給ひし母戀ふ我は
(評) あなたのお母さまに對する氣持が少しぴつたりしない樣に思はれますが、からした落着いたうたひ振りもいゝでせう。

、、〇 岐阜　霜の聲
腹立ちて家追ひし子を哀れみて寒き夜の町尋ね行く母

、、〇 仙臺　赤い砂
さゝ竹に風こもる日ぞ夕はやく白粥たきて母にすゝむる

、、〇 靜岡　泉ながれ
母在さぬ家居なるかも花活けど心なごまぬ淋しさのあり

、、〇 石川　ル、・薄暮
漁つて日暮れんとする苦ぬちに母ほゝゑみて乳房ふくます

、、〇 山形　茅花
埋み火のぬくみほどよく母と子と語り衣ぬふ夜長なりけり

、、〇 鹿兒島　君影草
なきはゝのおもだちに似て末の子のしぐさみつむる日向邊近ふ
——父の日記に——

、、〇 横濱　水禽
母上の昔懸けしてふ珊瑚珠の根がけの色のあせて悲しき

、〇 千葉　深城美津子
遠吠をとほく聞きつゝ眠る夜を母の浮びて我が眼ふと冴ゆ

、〇 福井　淺野亞耶子
鬢のあたり白きが増すと母上が笑まひ淋しき朝鏡かな

、〇 廣島　三千緒
故郷の母を思ひて寢られず更くる夜床に潮騷を聞く

、〇 東京　港ま帆子
やうやくに病いえたる我が横に母はやすらけく寢息たて給ふ

、〇 東京　若菜靜子
とその香のほろゝさびしく母君のやむ枕べに春は來りぬ

、〇 大阪　かゞみ・眞澄
安らかに寢息をたてし弟の顏を覗きて母は笑み給ふ

、〇 東京　三夢晴代
母上に白髮染など賴まれて求むる我の心寂しき

、〇 岐阜　水鳥
おのが身に立ち勝り行く子に老いし母は寂しく嬉しくもあるか

〇 熊本　狹霧晶代
山里のさびれし秋はあはれなり母待つ宿に木枯しの吹く

〇 神戸　嵯峨野美惠

ったものだろうと思う。選者の名は書かれていない。でも文意、文体、基先生を彷彿とさせるのである。

そして、私は『少女の友』から私の少女時代に大きな贈り物をしてもらったことを、七十年を経て、しみじみ嬉しいと思う。たくさんの感謝をこめて、したためました。

加藤みよ（一五六ページ）（ペンネーム：茅花）

私たちの世代は物心づく頃から事変、大戦、国の敗戦、戦後の長い欠乏と混乱に遭い、よい事は少なかったのですが、過ぎて行った歳月をふり返る時、十代の数年、『少女の友』とともにあった日々だけに澄明な明かりがともっていて、懐かしさに胸をつかれます。

私は、『少女の友』が心を癒

故郷の幼き頃を語る母聲わかやぎて樂しげにみゆ

○秋　田　ト　ミ
ほた〳〵と雪降る中に母待ちて眼痛むおもひまつげ重たく

○弘　前　深山　美雪
又母と言ひしとどがむ我が友よ父母無きを知りたゞに悲しき

○京　城　志賀　翠子
いさかひて歸りし家におほらかに笑ませ給へる母のゐますも

○靜　岡　古塔　溪子
荒れ增さむ手に陽をよけて爆音に仰ぎ見給ふ母は老いたり

○福　井　瀧　千鈴
老いたまふ母の姿に涙しぬいさかひし我のおろかなりしに

○豐　橋　鄉　閑子
姉嫁くを嬉しと言ひし吾が母のまなこの奥に涙ひそめる

○桐　生　靑葉　凉子
枕邊に鶴折り給ふ母さまのけしもろ頰を見やるかなしさ
（病みて）

○新　潟　潮　遙子
灯のかげにもの想ふらしまみふせて母は靜かに陰を落せる

○長　崎　港　白帆子
子を征かせつつましやかに住む母の家は靜かにさるびやの咲く

○名古屋　つき　孤影
いたづきの姿佗しも母上のひたひに翳るともし暗くて

○東　京　七七丘文緒
靈前に額づき給ふわが老母の澄みゆく面みるはかなしも
（叔父のみたま迎へし日）

○大　阪　桑村　安世
かずかずの思ひ出秘めし亡き母の形見ぞいまや年經りにけり

○福　井　玻璃　陽子
訪問の幾年ぶりの晴着ゆえ似合はずなりて母老いましぬ

○福　岡　愁　菫
いくとせの世のかなしみを經たりけむ母の寢顏の白く小さし

○兵　庫　小波　瑤子
ひとゝせを我が看護に疲れたる母はこの頃老い給ひけり

○北海道　麻木　典子
母上の解きてまゐらす衣の香に母の十九のはるをしのべり

○山　形　伊吹　加代
久々に針する母が手は荒れてすれ合ふ布の音ぞさびしき

○大　阪　牧　夕子
母が手と我が手とならべ煖りつゝ見くらべてあれば涙しとみあぐ

○京　都　紫娥夕木子
月明りふと見て母のあまりにも老い給ひけるに胸迫り來ぬ

○北　京　聖　銀鐘
苦しみも悲しみも皆母上に語れば心安らふものを

○露　の　光
我が病いえなば着せむと母上は我が晴着などぬひ給ふなり

○大　阪　瀾木美也子
目を閉ぢてものな思ひそ病みつゝもふみ讀むわれに母はのたまふ

○京　都　美樹　潤
かたくなゝ我が性ゆゑに母上のまゆよせたまふくせはかなしき

○山　口　莊　鈴香
ひねもすの疲れを休めるうたゝねに蒲團かけゆく母ぞ尊き

次號課題　春

すと思い、慕い寄っただけですが、そこで過ごした数年が平凡な田舎少女の私の背骨を育てたと思っています。

内山先生がどんな方だったか、言葉で形容するのは難しいです。東京人の歯切れの良さとシャイさ。偉丈夫に見えて繊細でした。教訓めいた事は言われないのに、先生のお目の高さに知らずに感化されたと思います。

生涯にわたって敬慕の心で思い出す人物は、めったにあるものでなく、先生にお目にかかれたことを、幸せに思っております。（弥生美術館「少女の友展」パンフレットより転載）

初出：昭和12年3月号

選　賞

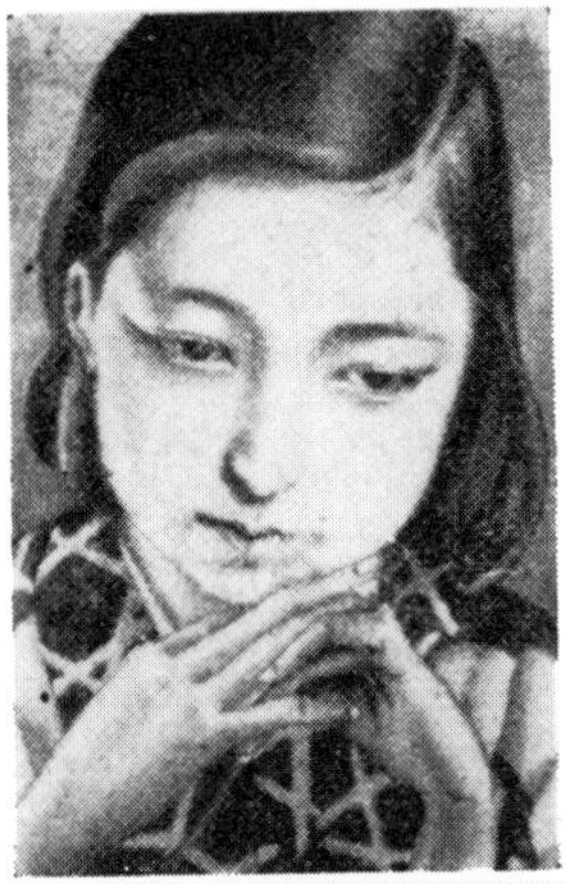

（賞）靜かに思ふ　北海道　玉　椿

少　女　東京千萬路

光代ちゃん　東京　江南　夏子

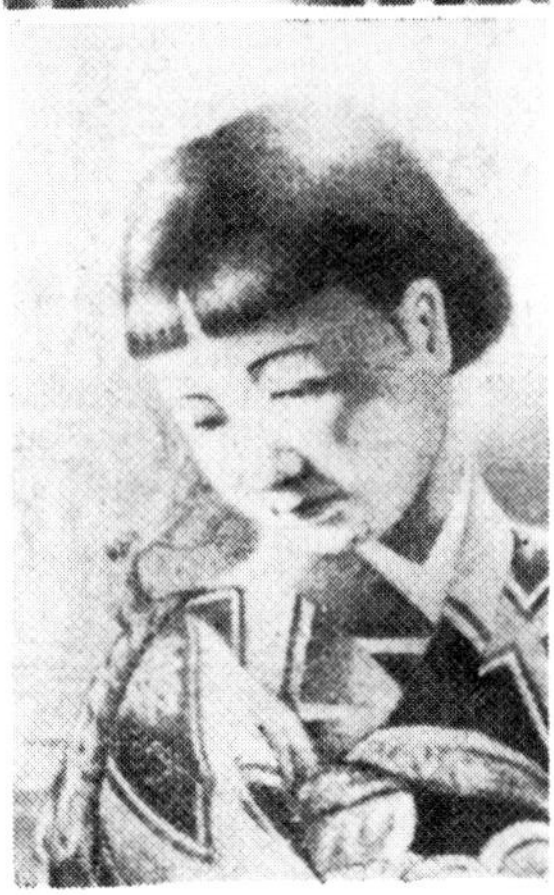

新　春　東京　二條　章子

選後評

深谷美保子

「靜かに思ふ」N、S子さんの顏に類似していますね。少女の顏の描寫は非常に巧で敬服しました。只髮の毛と左の手が不充分でした。

「光代ちゃん」あまりいつも同じ人はと思つても矢張り群を拔いているので、採りました、これも手が少し顏に比して劣つてゐます。

「少女」派手なパッとした感じのする繪で少女の顏に魅力を覺えました。

「新春」一體に調子が弱く冴えません。描寫は次第に柔かく進歩の跡がみとめられます。

「無題」描寫に何か鋭さが感じられます。何氣なく描かれたやうな毛の生へ際など上乘です。

「縫物」少し硬い感じがします、バックの障子が、からだからもう一寸離れたら、もつと樂な繪になつたと思ひます。墨の調子は佳。

絵画

93

無題　石川都　其子

少女　埼玉　高久靜子

縫物　東京　志路美佐

四ツ葉のクローバー　東京　赤い靴

「少女」すんなりと描かれたくせのない可愛い絵、少女らしい作です。

「四ツ葉のクローバー」前の方と反対に、これはくせがあるけれど矢張り少女らしい作です。

★深谷美保子女史のこと

選者の深谷美保子は投稿者出身の女流画家です。大正時代に表紙も描いた女流画家・原田浪路に憧れ「浪路葉子」の筆名で投稿。大正十二年に銀時計を受賞しました。

岩下小葉主筆に重用され、表紙を担当するまでの人気画家になりましたが、生来の病弱のため、昭和十二年四月に病没。

病魔に冒されながらも死の直前まで続いた美保子の評は、かつての自分に重ね合わせ、後輩たちにエールを送ったものなのでしょう。

初出：昭和10年4月号（一部抜粋）

口語和歌

（賞）京城 和子
あらいその匂をさせてわかめ賣り春の電車に入つて來ました
（評）趣ある感じ方鋭敏な心の動かせ方をよいと思ひます。

（賞）新潟 星窪 久子
リヤカーの分解を終つて石油の手をば洗へば心うき立つ
（評）自分の力以上になし終つたことの快よさが感じられます。

（賞）京都 千原 秋子
本箱の何處に入れやう迷ひます買つてもらつたこの赤い本
（評）何のご本でせう？ うれしさうな愛着のキモチが充分出てゐます。

、○札幌 六郷 英子
母さんも繪本が好きね美ちやんが寢たのに續き未だ見てゐるわ
（評）無邪氣な想像ですネ。

、○東京 小清水和子
何處見ても屋根ばつかりのその中にお向ひの柳がめをふいてゐる
（評）うれしい發見、春へのあこがれがひそんでゐます。

、○大阪 狭 霧
用事とて何もないけど母様をたゞ呼んで見る病の床に
（評）病人のたいくつさうな氣持が現れてゐます。

、○宮城 小見佳津子
南天の實が赤々となりましたかわいいうさぎのお目々にしませう
（評）子供らしい可愛いい聯想ですネ思つたまゝを歌つた素正さをとります。

、○岡山 ひゞき
霧深く今日はお城が見えません何だか淋しい登校の途

、○兵庫 みそらの鐘
だい〳〵が夕日をうけて光つてるまあ美しい夕燒だこと

、○愛知 粽 笹
ずらりつと土手に並んで工夫さん辨當食べる冬の日ざかり

、○東京 北 祥子
お母様の病氣は悲しいことだけどねえやを手つだつて何だかうれしい

、○東京 一 葉
着ぶくれた子が二三人かたまつてめんこしてゐるうら町のひる

、○千葉 春菜まりこ
桃色の爪に浮んだ着物星をふと見出して嬉しくなつた

、○東京 霧 繪
踏み始めたミシンの音にわれながらハツとする程しづかなまひる

、○北海道 路 子
どうせ沒わかつてゐても開くまでなぜか嬉しい新しい本

、○北海道 山 茶 花
土手の雪が消えてかげろうが燃えている春はそこまで來てるらしい

、○大阪 白木すみ子
母さんが留守で御飯をたいたのよふんわり出來て嬉しかつたよ

、○山形 逸見 貞子
畦道に細々生へた麥の芽はきつとこぼれた種なんでせう
消え初めた雪の間にちよぴりと青い草の芽春が來たんだ

○神奈川 深山ちとせ
おままごとでねえや〳〵と呼んでたら本當のねえやがとんで來ました

○岐阜 アカシヤ
あか〳〵と炭つぎ足して雪の夜の母の歸りを待つもどかしさ

○兵庫 春 霞
磨いた靴なんだか氣になり下を見て氣をつけて行く靴の驗査日

○東京 小林 嬰子
母様のあんよをそつとさがしあてひつぱつてみるおこたつの中

○鹿兒島 藤田いづみ
ままごとのお葱が一束しほれてる霜に覆はれた庭の片すみ

○德島 鷺橋たまみ
おとなりの繩なひきかいの音やん

★口語和歌のこと

『少女の友』独自の試みで、大正十年より、当時の主筆岩下小葉の発案で始められました。自由な感覚の歌が並びます。

「読者文芸」投書の思い出

中野澤子（二六〇ページ）
（ペンネーム：北祥子）

「昭和十一年八回目の記念時計を北祥子さんに進呈致します。主として作文の欄に於て地味ではありますがしっかりした歩みを続けてこられたのでした。四年ももっとになるでしょう。小さかった北さんが今は女学生の最上級になられたのですから、たゆまざる努力の今に実って栄冠をお得になったのをお祝い申上げます」私が記念時計をいただい

で夜は静かに更けてゆきます

○東　京　瑠璃こずゑ
赤ちやんを負つた女の屑屋さんと顔を合せず下むいて通つた

○宮　城　川崎　道子
日の當る縁側に出し福壽草じつと見てたら金の輪に見える

○兵　庫　瑞勢　祥子
水溜うすい氷がはつてゐる小さい子供が靴でふんだよ

○奈　良　月宮夜詩子
赤ちやんはお乳をかんで母さんを叱らないかとじつと見てゐる

○三　重　丘　愁子
むら山が先づ目に入つてなつかしい久々歸る故郷の驛

○大　連　かおる
カナの字がお目に止まれば何時までも一字づつ讀む一年坊主

○岐　阜　小島　君子
カンバスの上にほんのり浮かび出たおとぎのやうな草ぶきの家

○東　京　澤　かね子
病み上りむすんだ黒髪さわつたらするりとすべつて悲しくなつた

○福　岡　夕空　映子
愛らしくまるくふくれたしもやけを一度したいとやせた手をみる

○東　京　綠　緋紗子
電燈を消して氣づいた月影の硝子に映るその美しさ

○東　京　長岡　春乃
町角の慈善なべに急ぎ入れ眞赤になつて逃げ歸つて來る

○神奈川　水　藻
わがままといはれりやほんとにさうだけど涙のおちるこの氣持なの

○山　梨　星宵　冴美
山茶花の散つたお庭を掃てたら夕陽がながく影をのばした

○香　川　南條　和子
湯の中できれいに見える指先をぢつと見てたら嬉しくなつた

○大　阪　小　芙　美
ジョンがひどく吠えるのでふと目がさめた靜な闇に山彥の聲

○大　阪　美月千夜子
悲しみをじつとこらへて來たけれど小石けつたら泪がおちた

○大　阪　七ツ星み紗
飛行機よとお菓子を一寸失敬したが無心に空みる弟が可哀さう

○東　京　岡　英世
お兄さんともう仲直りしたのだけれど顔合せるのが氣まり惡い

○大　阪　城山　千紗
散藥の紙で折鶴一つをり手にもつたままチヨちやんねてる

○廣　島　カト　レア
かあ様のおるすにそつと妹と鏡の前でおめかししてみました

○京都　水ノ江ヱリ子
あの時に言つた言葉が氣になつて一人で何度も言ひなほして見る

○大　阪　木々みどり
縫物をしてゐらつしやる母さんの後へまわつて白髪ぬいて上げた

○三　重　宵町　夢子
もう春だきら〳〵流れる小川にもおたまじやくしがおどつてゐます

○大　阪　扇　町　子
妹は始めて縫つた着物をばそつと着て見て一人微笑む

○大　阪　二葉あさひ
兄さんが飛んで來るので物干に待つて居たけど日が暮れて來た

○兵　庫　眞畫の露
妹につらくあたつた悲しさに用のないことを言ひかけて見る

○東　京　及川美也子
行きづりにふと見た美しあの瞳何故か忘れず想ひ出します

○靜　岡　秋空　千草
自轉車にはじめてのれたうれしさに隣の家にも自轉車で行く

○滋　賀　夏木　澄子
妹によく似た隣の赤ちやんの笑くボをついて母ににらまる

○石　川　高田　弘子
新しいスリツパ買つた其の日だけいやな勤めも嬉しい氣がする

○京　都　野原あき子
若草が芽ばえたらしい向ふ岸小舟が一そら止まつてゐます

た時、内山先生がお書き下さった文です。昭和八年十一月号に初めて作文が入賞して以来、時折り入選するのが楽しみで続けておりましたが、目立たない存在でしたので本当に驚きました。

私のような影の薄い者にも目をくばって下さったお優しい方、『少女の友』はこのお気持ちで一ぱいの本でした。人生で最も輝いていた頃、学校の次の存在だった『少女の友』。隅から隅まで読んでいた懐かしい『少女の友』。

★北祥子さんのこと

「緑の室」で長く活躍。二五三ページ掲載の城まさみさんの投書からは、〈お時計組〉同士の友情が育まれていたことがわかります。

初出：昭和13年11月号

當選

（賞）京都　簗瀬　安

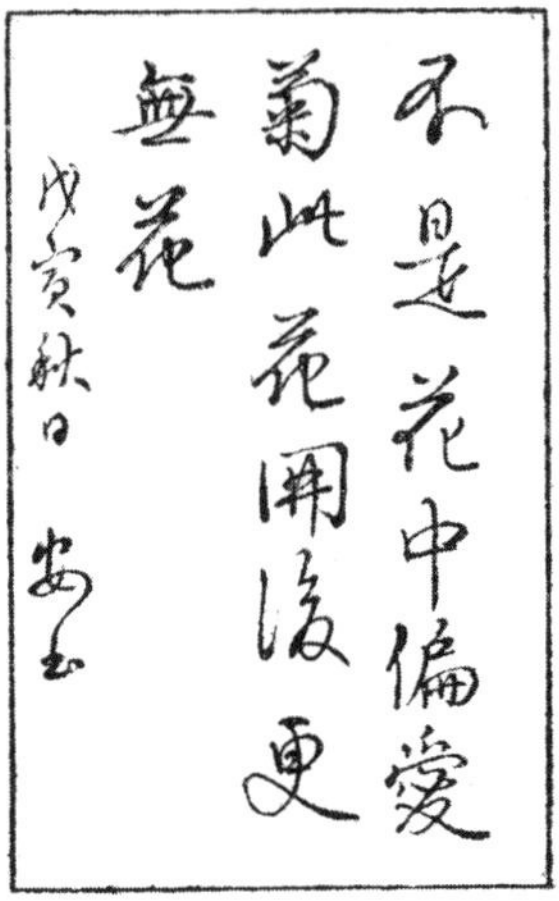

（二）廣島　銀　小美夜

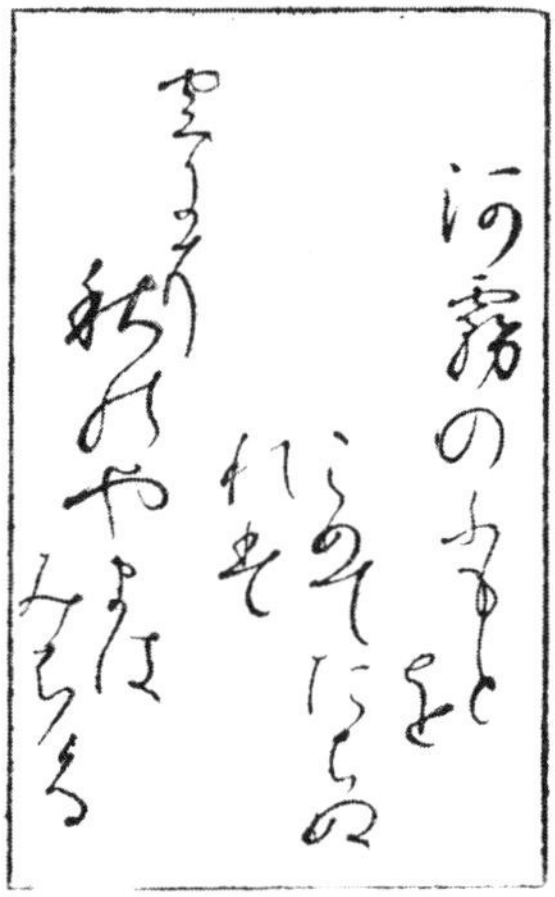

（三）東京　ますゑ

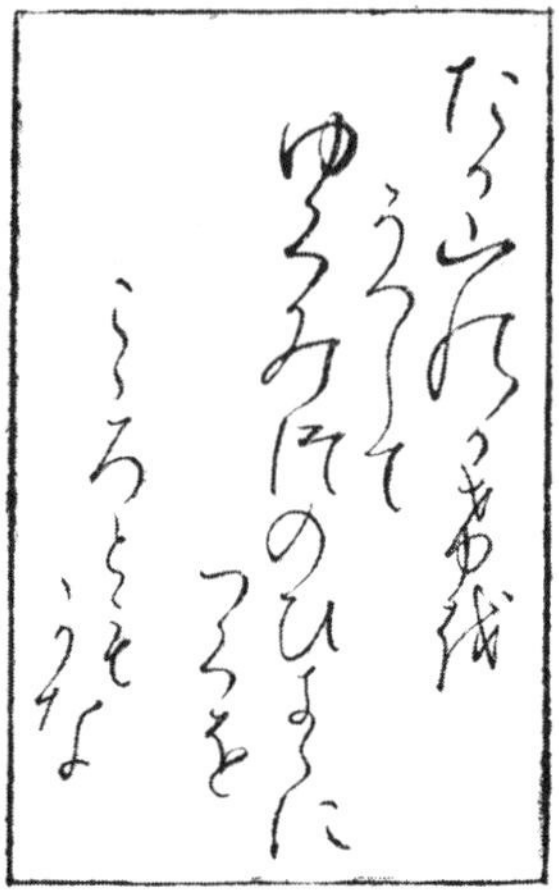

（四）三重　木　蓮

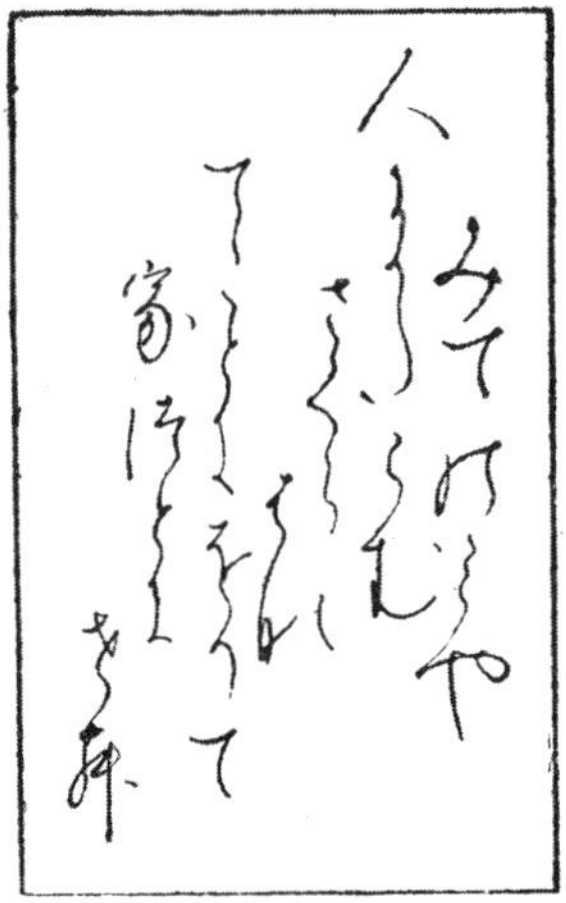

選後一評

天山　**水戸部寅松**

（一）一時横へ傾きかけた筆が正に歸つて、今回は王座を占めるに至つた。お目出度う。

（二）艶やかなる筆賞すべきものなり。只恨む中央上部の空域大に過ぐ。「こめて……」を「霧」の字まであげたらと思ふ。

（三）假名は久振です。よくこなれた腕前賞すべきものあり。只聊か單調に過ぎる恨あり。

（四）やさしみに於いては滿點なるも、今少しく潑剌さを加へたし。

（五）よく整つた書振ですが、變化に乏しきを恨む。今少しく大小肥瘠を與へられよ。

（六）字體變化に富み、形式も亦よく整へられた佳い書振です。これからは字配の變化を研究されよ。

（七）自由な書きまはしですが、聊かがさつきを感ずる。もつとしとやかさを加へられよ。

（八）よく整つた書振ですが、字體少し角張り過ぎる感がある。もつ

書方

（五）大阪　袴田紀久子

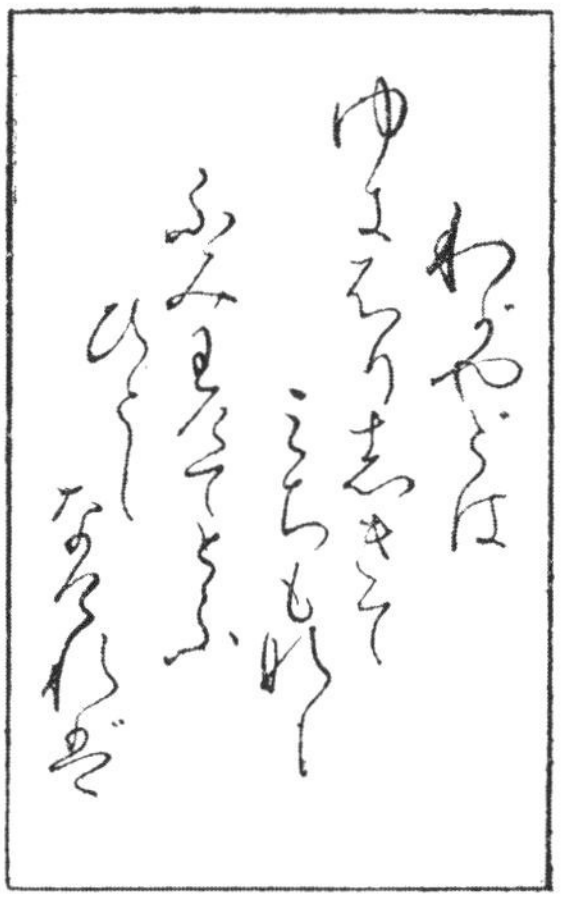

（七）東京　砂濱路子

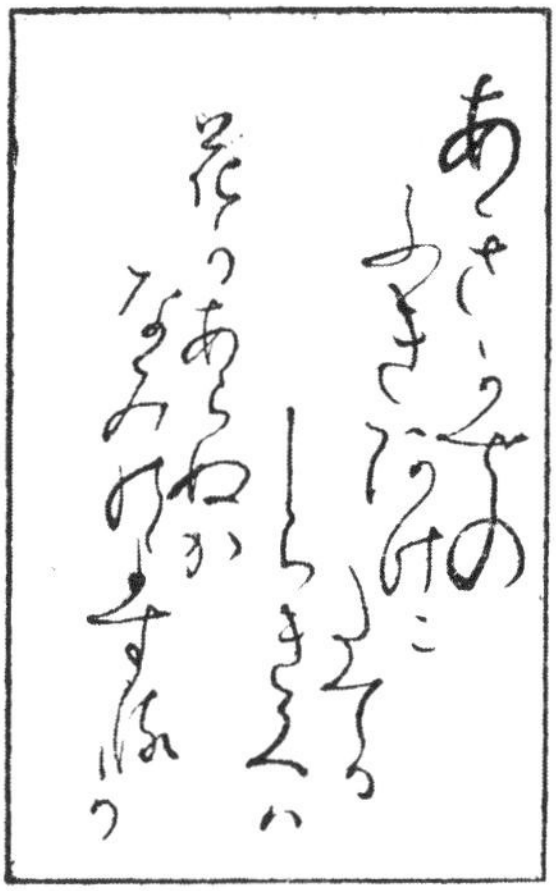

（六）北海道　橘三枝子

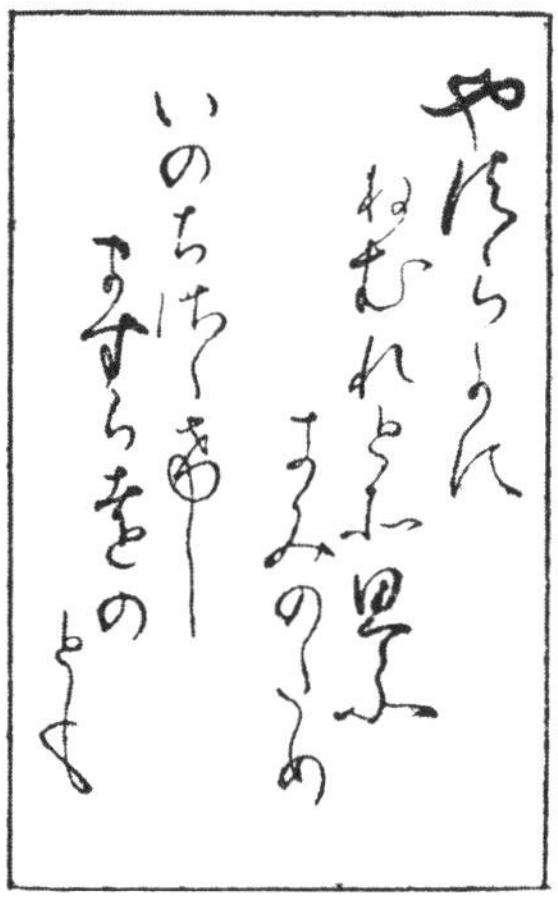

（八）三重　槇玲子

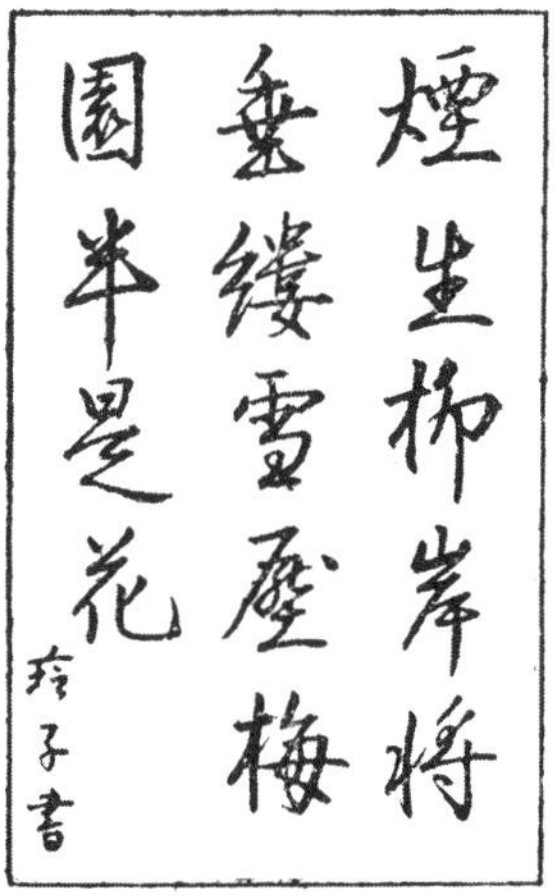

と圓味（まるみ）を加（くは）へたらと思（おも）ふ。

次の課題（書體隨意）

（一）何（なん）でも自分（じぶん）の好（す）きなもの

（二）實　祚　惟　永　暉　光　日　新

（三）昨日　過今日　暮
さのふとすぎけふとくらして
明日（飛鳥）川　流　早
あす　かがはながれてはや
月日
きつきひなりけり

入選候補

京都　芳竹廸子
兵庫　蛸壺
岡山　白夜
鳥取　春日野廸子
北海道　峯ちぐさ
長野　矢車草

鹿兒島　羅草
長崎　純子
東京　南順子
東京　とみ子
熊本　御津子

★書方のこと

書家・水戸部寅松が選者をつとめ、築瀬安、銀小美夜など有力投稿者を輩出した本欄ですが、昭和十三年十二月号をもって終了します。雑誌に使える用紙の枚数が厳しく制限され、比較的投書数の少ない書方が削られたわけですが、これだけの能書家が揃っていたとは驚きです。その後、書道界で活躍された方もいたのではないでしょうか。

初出：昭和12年1月号(一部抜粋)

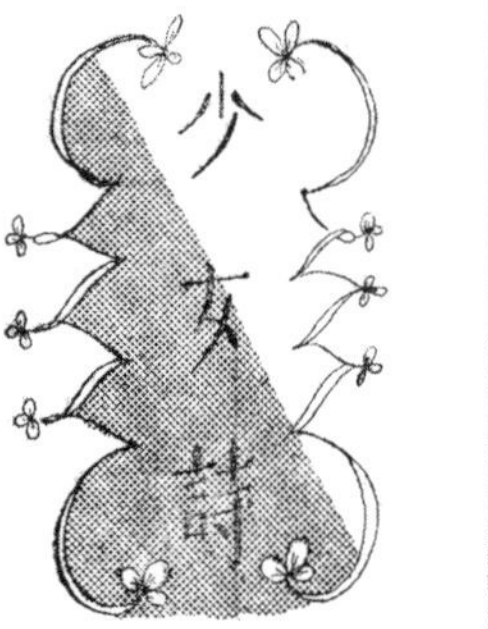

(賞)　しぐれ

埼玉　幽菫

しぐれなやみそ　をとめらは
ひねもすまどに　よりそひて
ながすゝりなく　しろがねの
うれひのひとの　ねをききつ
いとけなきひの　ゆめのかを
ほの〴〵したうて　ゐるものを
しぐれなやみそ　たそがれの
ともしびけぶる　よもすがら

(評)乙女の日の靜寂のひとときは、細雨に煙る白百合の哀しく美しい心情にたとへられませう。

(賞)　く　も

大阪　野邊　迪子

あぢさいの葉つぱ
青い皺に露を浴びてる
五色に光る吊り橋に乘つて
葉と葉の間を
去來するくも
無表情に只機械的に
するり〳〵と動くのみだ
時を忘れた世界——
何んの屈托もない小さな生命の動
きを
私は默つて見てゐた

(評)時を忘れた世界を今一歩深く考へてそれを詩に唄つて欲しかつた。

(賞)　お藏の中で

岐阜　二日月

お藏の中で
古い汚い小箱を開けて見たら
昔のお人形が笑つて
私を見ましたの
伸びたかんざしは
お雛まつりに
學校へ持つて行つた時
意地惡な男の生徒が
むりに引つぱつて伸ばしたの

×　×　×

その生徒は
此の間　ぬかるみを
大きな車を引つぱつて
行きなやんでゐましたの

(評)私達の周圍には自分獨りしか理解出來ないやうな、過去を想ひ出すなつかしいものがあるものですね。

、、○ばあやのお里

靜岡　川端ヒロ子

ばあやのお里は
ねむの木に
ちんちろ雀の
うたふとこ
そよ〳〵
風も吹いてゐた
ばあやのお里は
谷かげに
あわびがうれて
われるとこ
さら〳〵
水も流れてた
ばあやのお里は
乳くさい
かげろふもえて
ゐたところ
もいちど小ちやく
なりたいな

(評)小さい頃をなつかしむ氣持は、ほんとに淋しいものですね。

、、○空　想

長崎　牧千穗

空想は夜の御空にかゞやく
たつた一つの星
うるはしくはかなきもの
そつと手をのばせど
秋風がそれをなでて
行くばかり：：
空想は深い海にほゝゑむ
たつた一つの寶石
とらうたつて〳〵
それはだめ　だか：：

★少女詩のこと

現代詩のコーナー。昭和十六年以降は室生犀星や深尾須磨子といった一流の詩人が選にあたっています。

「読者文芸」投書の思い出

山下寿子（二六四ページ）
（ペンネーム：幽菫）

それは私の女学校時代のこと、その頃の私には『少女の友』は何よりも大切なもので、内山先生のお言葉の一言一言、そして誌友との交流が私を育て導いて下さったのでした。少女の友により詩を知り、短歌を覚えました。文学のほんの端っこをそれでもその雰囲気を身につけたいと一生懸命だったような気がします。ただ詩が好きで夢中で書き綴っていましたが、何時か書け

その慾望は絶ちがたい
空想は廣い沙漠のどこかに
きざまれた二ツ三ツの足跡
それを探す？・・・
と思ふ時心は悲しみにうちふるふ

（評）私達の生きてゐる限り、かうした夢を求めてゐることでせうね。

、○秋逝く　　大分　城さち緒

落葉燒く煙いたづらに白く
黄昏の色濃き中に
我一人佇めば
去にし人の何故か懐しき
たまゆらにして過ぎ行く
思ひ出のいたく胸をかすめて
西山の赤き夕燒に
秋雁も飛びゆけば
我が胸はいたくおのゝく

、○白壁　　大分　南美恵

秋の日の
白壁は淋しいもの
ぢつとみつめてゐると
胸のさなかに泌しみ入る
その冷さに
何かしら涙ぐまれてくる
夕づけば
大空に漂ふあかね雲の
餘波をうけて
ほのかにも暖かな
橙色に染まるが――
それもほんの一時にして消え行く
その後の白い淋しさが
ひし／＼と胸に迫つて
私の郷愁をさそふ

、○失れた鍵　　兵庫　岡淳子

鍵は嘲笑ひながら言つた
「何て馬鹿々々しい者共だらう」と
冷たく白い光を放つて・・・
嘲笑つた鍵の心の中に
ふと
僅か許りの淋しさが
ちらと通つた
廊下の隅に落ちてゐるのに
誰だつて自分に
氣がつかないのだ
悔にも似た鍵の心
「あゝ誰からも見捨てられたのだ」
鍵は淋しく低くつぶやいた

、○空に寄す　　澁谷　白萩路子

動くとも見えぬ白雲も
時たゝば過ぎ行く
燃えくるめく太陽も
時たゝばあせゆくものを
大空のこゝろは
淋しくはないのだらうか
またる日の空は
青く靜もり居れど
夜となればまたゝく當り
もしや泪ではなかろうか

○おそあき　　大阪　三也路

髮は水の様に冷たかつた
櫛のあとと薄いオイルの匂ひが
交錯した爽涼を呼びながら・・・
髮は漆黑であつた
オイルの上を陽はすべる様に光つて
その色は金色にまぶしかつた
髮は荒くそして
さく／＼と白いうなじに
短かく裁たれてあつた

○夜　　滿洲　泉美歌子

こつ／＼と夜が
青い心の人を訪れる時
いつも何時も
悲しみとわびしさの
黑い花を抱いてゐる
黑の花のしめやかな香の
あたりに漂よふ頃
青い心の人の瞳は
つねに潤んでゐる

なくなり鑑賞するだけになってしまいました。今思うと本当に稚拙で恥ずかしいものばかりでしたが。あの頃毎月『少女の友』の発行がどれ程待たれたか、あれ程の期待感はその後ほとんど味わったことがありません。けがれなく純粋であり、何とか精神的に自立したい、従来の又周囲のしきたりに流されたくないという自覚は、はっきりとした形でなくとも芽生えていたと思います、『少女の友』のお陰で。

★幽菫（かすかすみれ）さんのこと

投稿欄を席巻した方で、詩だけでなく、短歌や作文にも優れた作品を発表しました。二五一、二六四、二六九ページにも登場しています。

初出：昭和12年12月号（一部抜粋）

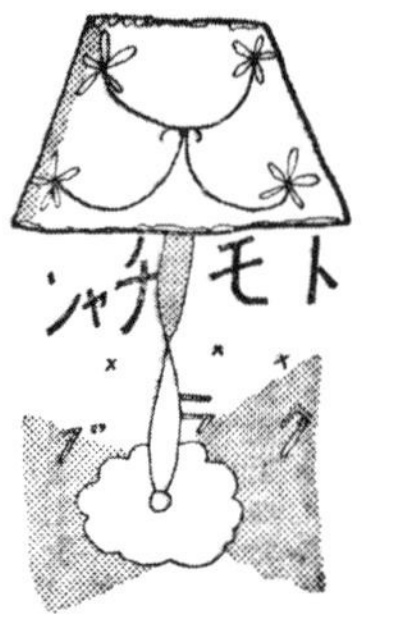

クラブ室より

△紙の値段が高くなつたもので、附錄がだん〳〵貧弱になります、その貧しい中で何か綺麗な、それでゐて、實用に向くものをと考へるもので苦心致します。でも今度のは可憐な美しさを持つてゐるでせう。初めは心配してゐたのですが、出來上つたのを見たら、とても綺麗なので嬉しくなりました。どうぞ出征してゐらつしやる皆さまのお父樣お兄樣、に貴女方の誠心を書いて送つて上げて下さい。きつとお喜びになりますよ。

△若草日記、仔猫ルイ、ピチ子とチャー公、みんな終りました。此の數年來、皆さまの笑ひのお友だちだつたピチ子とチャー公が今月限りで姿を消すのかと思ふと、ほんとに別れが哀しくなります。ではいつか又時を見て再び活躍してもらうこととして、暫く休養させることに致しませう。紫 さんも、久美子もさやうなら、グエンドリンちやんさやうなら、ルイよ、おいしいものをたべて、大きくおなり、ではみんなごきげんやう。

△さて次に來月からいよ〳〵吉屋信子先生が書いて下さいますよ、題はまだきまりませんが、きつとすてきな物語に想違ありません。一年お休みになつた吉屋先生の麗筆がどんなに冴えるか、大に期待してゐて下さい。花籠、双葉と美鳥、あまのじやく合戰、題を見ただけでもすてきですね、どうぞすばらしい新年號を首を長くして待つてゐて下さいね。では皆さま、よいお年をお取り下さい。

東京クラブ

▲美しい友ちやん有難うございました。そしてあのグラビヤも、昨秋參りました處迚も懷しさを感じさせられました。基先生お兄樣の御出征お祝ひ申上ます。でも基先生が出られるのは――何故つて先生は銃後にあつて第二の國民の向上を計られる方がふさはしいんですもの。そして友ちやんが淋しくなりますもの。では又來月に。

（東京　紫　水　悅）

（M）ありがたう、僕の仕事をそんなに買つて下すつてお禮申し上げます。でも此の事だけは、他の何物も曲げることの出來ない第一義的なことなのですから覺悟だけはこしらへてゐるのです。

▲お投書こんなに遲くなつて了ひました。基先生、私の名前とても變だとお思ひになりませんか？でも、今度はなるたけ續けようとハリキツてます。あのね…お願ひ、誰方か私位のお友達探して下さいませ。私、姉妹がなくつて淋しいんです。大きいお姉樣はあつてももう遠くへお嫁に行つちやつたので…。

（東京　梨　の　花）

（M）さうですね、貴女は宮松さんたちと一緒にお出になつたのではありませんか。宮松さんとお友だちにおなりなさい。

▲基先生、童話集有難う。でも三ツの中、二ツとも知つてゐたので

★トモチャンクラブとは

読者の短信欄です。地区毎に分けて掲載されます。

投書に添えられた（M）のコメントは内山基主筆のものです。『少女の友』では創刊以来、必ず主筆が読者の投稿にコメントをつけてきました。読者が主筆を「先生」と呼ぶのも伝統です。投書には悩みを打ち明け、質問を投げかけるものも目立ちます。学校の先生ではないけれど、人生の先を示してくれる人。『少女の友』の主筆はまさに「先生」と呼ぶべき存在でした。

「トモチャンクラブ」投書の思い出

澤本佐栄子（二六八ページ）
（ペンネーム：リラ清美）

この度は少女の友創刊百周年記念号ご出版心よりお祝申

がつかりしました。こんな事書いてボツかしら？私中原先生の服装帖から言ふと健康型よ。私内山先生のお姿見た事あるの。黄バスの中で私の左に坐つてらしたわ。今度お會ひしたら聲をかけてよ。

（東京　山葉　章子）

（M）その時貴女は隨分すましてゐたでせう。あのすましつぷりではとても聲はかけられませんね。

▲基先生、私今本當に考へちやふ事があります。いくら病氣の爲とは云へ二度も落第する事になつたのです。悲しいわ、私の立場を考へて下さる人々、一人きり、さびしくてたまりません。先生に喝を入れて頂きたいの。さようなら。

（東京　空　空）

（M）休學なさるのですか。ゆつくり休んで早く丈夫におなりなさい。一年や二年理由があつておくれることなら今は悲しいでせうが、我慢なさい。過ぎてしまふと何んでもないのですよ。それより今こそ健康を作つておくべきです。

▲基先生、三つの童話の本有難う御座いました。みんな可愛いの許りで何遍も讀みました。今月の中原先生の女學生服装帖で健康型が私大好き。基先生、私のクラスでクラブに入りたいつて方ありますの其の方基先生によろしくつておつしやいました。先生夏休みももうあきたので明後日の學校が樂しみで仕方がありません。では先生どうぞお元氣で。サヨナラ。

（東京　ロ　ビ　ン）

（M）お友だちの方をどうぞクラブにおさそひ下さい。貴女のクラブは隨分澤山いらつしやいますよ。

▲内山先生、有難う御座いました嬉しくて……宮松小夜サマ此の間はゴメンサイ、お解りになるかしら？美保子チヤンネーム變でショ何か考へて頂戴、お願ひネ。カツチヤンセンセ桑原センセ、茶目コサマ、バア、ウンとアバレますからそのおつもりで。沒籠なんてヘツチヤラよ、由利センセイどうぞ御大切に。アラ〳〵カシコ。

（東京　牧　ヒバリ）

（M）妹さんによろしく。

▲基先生サアちやんのポート、有難う。乙女の港！何てステキなんでせう。十月號讀むと何だか、洋子さんが可哀さうでなりませんの川端先生に御願ひしてね。洋子さんをもう少し幸福につて。吉田絃二郎先生の渡り鳥の中に……渡り鳥の世界にも不慮の死は有る……と云ふ句が有りましたわね。不慮つてどう云ふ事ですの？

（東京　春彌乃利子）

（M）不慮と云ふのは思ひがけないといふことですね、例へば燈臺につき當るとか、疲れて海に落ちるとかそんな思ひがけないことで突然死ぬことでせう。

▲先生、お友達御紹介して下さつてどうも有難うございました。夜空の星樣どうぞ仲よくして下さいましね。八月二十六日に東寶で淳一先生とそつくりの方にお會ひしました。ベレーをかぶつた男の方と御一緒でしたが間違ひでせうかお教へ下さい。みしかが水泳大會の梨取りで八つもとつた梨、先生に差し上げればよかつたわね。

（東京　月渚みしか）

（M）きつと中原先生でせう、弟さんと御一緒だつたのですよ。

▲ネーム變へさせて頂きたいの、御免なさいネ。青から黄へまるで信號の樣ネ。前のも大々好きなんですけどこの方がなほ好き。小石川の小夜ヒロミ樣私も夏は輕井澤そして小夜フアン。來年一緒に遊びたい。リラ清美樣、クニもトーン好き。仲よくしませう。しばらく御無沙汰しちやつて、内山先生私をお忘れかしら？

（東京　黄　クニ）

（M）ペンネームを變へると忘れ

し上げます。そのご企画を承りました時、今迄の長い年月が消え去り、十四、五歳の自分に戻った様な心躍る不思議な気持ちになりました。思えば毎月の出版日には、本屋さんから届いているのが楽しみで学校から走って帰り先ず中原先生の表紙に見とれ、まっ先に開くのがトモチャンクラブの頁でした。投書がのった時は嬉しくて切抜き、手製の小さな手帳に貼りました。

沢山の投書にコメントを書き入れて下さるのは大変なお仕事だったと思いますが読者にとっては何よりの楽しみでした。今は亡きヒナギクさんという無二の友を得たのも投書を通じてのご縁で、一緒に編集部へ伺い中原先生の原画を頂いたのも昨日の事の様です。

私共の一生は戦争をはさみ

てしまひますよ。

▲お呼びかけして下さつた方に直に御返事をする時は何時もボッ、本當に惡い〳〵と思つてます。皆さんと仲良くなりたいのに……。友ちやん會ではきつとお目にかゝつてお話しませう。樂しみにして居ます、津見子樣是非いらして頂戴。潮・緋櫻サマ有難う、元氣です。明日はラク、今月は忙しくて一寸もお逢ひ出來なくて、それにお體が惡いとか……心配です。

（牛込　宮松　小夜）

▲基先生此の間は本當に有難うございました。作文がのつてゐてとても嬉しかつたノ。今日で試驗が全部終つてうれしくつて。先生野球にいらしやいましたか？私この間參りましたけど帝大が勝つて嬉しかつたわ。帝大は一番すきなの東京のクララちやんイナゴのために振ひましョね。白美チヤンいつまでも仲よくしてネ。サヨナラ。

（東京　リラ　清美）

關西クラブ

▲基先生、人の心といふものは本當に信じられないものですのね。秋の感傷ではなく、此の頃つくづくさう感じます。お友達と、ふとした事で、心にもないいさかひをした時そんな事を思ひます。拙い和歌あとがたうございました。これから一生懸命にしようと思つてゐます。

（兵庫　ふうせん草）

（M）その位で人間に對する信用を失つてはいけません。もつともつと人間への興味を强くお持ちなさい。そのお友だちが心の中で思つてゐられることは判らないでせう。好意を持ちつゞけてゐられるかもしれませんよ。

▲M先生或大きな目的を達するには必ず小さな犧牲がありますのね私達は支那事變の犧牲なんでせうね。心が落ちつくに隨ひ青島で戰爭がない樣に念じてた私もこの頃では假令青島が燒野原にならうとも皇國の爲なら喜んで萬歲をいはれる位になりました。關西くらぶの方々よろしくおみちびき下さいませ、異國くらぶの皆樣、みふるひを。

（和歌山　瀧谷　佳子）

（M）貴女なんかの口からそれが出る時一層切實なものを感じます。ほんとに今は非常時なのですね。

▲御無沙汰してゐる中にいつの間にか卒業してしまつてもう秋になりました。唯今は綠の葉かげの學舍に居ります。瑞木砂千子樣御言葉本當に嬉しう存じました。仲よくして下さいましね。瑞穗葉子樣いつまでも御一緒に參りませう。田の皆樣御元氣で。

（大阪　水の江マリ子）

▲日光に秋を訪ねて、とても好き私もあんな野原に行つて見たい氣がする。秘密の花園讀んだ時の氣持先生と同じ。グラビヤの人物女學校の四五年位迄の方にしてほしい。光と影、外國の學校の寫眞、どうぞ澤山に。世界の眼と耳もつと書いて下さい。塚のこと多すぎると思ひます。

（兵庫　レイ子）

▲私のお父樣八月召集され今戰地に行つてをります。芦屋へ二週間近く行き歸つて來てすぐこんな報をきゝびつくりしてしまひました初めはそんなでもありませんけど此の頃淋しくて仕方がありませんけれど皆御國の爲ですものね……これから又お投書させて頂きますネームかへてすみません。これ一回きりで今後絕對……お許し下さいませ。

（三重　葉月　京子）

（M）可哀想に、御國の犧牲ですねお父樣が無事で凱せんなさることを祈つてゐます。

▲皆樣お元氣ですか。先生のお兄樣第一乙でいらつしやいましたの私の兄樣第一補充です。いつ召集が來るか知れません。あたし、さくらゐ屋の角で千人針をしていた

激動の年月でしたが、大切な少女時代に、安らぎと喜びと希望を与えて下さった『少女の友』と、内山基先生に改めて心からの御礼を申上げたいと思います。

永田照子（一六八ページ）

（ペンネーム：宮松小夜）

少女時代をふり返ってみます時、そのほとんどを『少女の友』に影響されて育ったといえましょう。戦争が終わって十年位経った頃、主人と火鉢を囲んで話し合っておりました時、これ迄に一番ご恩になった人は誰？　ときかれ、その時、女学校の先生方ではなく、教会の神父様方でもなく、内山先生と迷わず申しました程、少女時代をしのぶ時、内山先生とご縁が深かったことを思います。

一番自らを理解して下さる

だいてます。白露日記の夏川さんみたいによけて通られるとほんとに悲しくなるの。でもあと八十六で出來上ります。近かつたら茶目ちやんにもしていただくのにね。

（京都　一ノ瀬まち子）

（M）僕の兄は甲種の少尉でした僕も五錢つけて、してあげませうか。

▲花の冠チヤン東京で先生に御會ひになつたのですつてネ、ウラヤマシイワ。今月のZUKA難波さんでしよ？早速初日學校さぼつて行つたのよ、歌へモンパルナスでは葦原の相手役なんですもの、そりや好かつたわ。M先生もコボンちやんお好き？茶目子チヤンは？先生アノネ、東京の方とFになりたいのヨ、どなたか……バイ。

（大阪　晴野　晶子）

（M）貴女と同じ位の方と云ふとさうですね宮松小夜さんにお友だちになつておもらひなさい。

▲内山先生、お丈夫ですか？今月號の表紙すてきですね。私又ペンネームかへました。本當はかへないつもりでしたがお友達に知れましたので。お友達さがして下さい私達の級で誰がお投書して居られますでせうか。おしへて下さい。お友達おねがひ致します。

（京都　路　あき子）

▲其先生、私のネームお友達に知れてしまひましたの。お投書なんてするのは不良だと思つてるやうな人にまで。あんなこと云つて歩いて何が面白いんでせう。私大好きなネームで變へたくないんですけど、その人達に何とか云はれるのもいやですの、どうしませう。

（兵庫　丘　路代）

（M）少女の友のお投書の何處が不良なんて恐しい名をつける内容があるでせう、そんなことを云ふ人がゐたら輕蔑してあげて下さい、僕が保證致します、少女の友のお投書はほんとの少女の生活の表現で立派なものです投書そのものを學則として禁じてゐられるならば仕方がありませんがさうでなかつたら決して恥かしくお思ひにならなくてよいのです。

關東クラブ

▲其先生友ちやん會は大變有益だつたと思ひます、明るい先生を初め、沈默の桑原先生グラビヤの安田先生、大人しい不思議な中原先生、どなたも皆魅力のある先生ですのね、桑原先生にペンネームはと云はれて「悲しい事にまだどなたにも知られてないので……」とサインのお禮そこ〳〵に逃げちやいました。お友達の支那の方には親切にして上げてゐますから御安心を……内山先生、さようなら。

（橫濱　荆　の　道）

（M）大人しい不思議な中原先生とは許し得て妙ですね。

▲M先生御變りございませんか？此の頃學校で毎日お友達と議論してますの。さうすると終には何が何んだか解らなくなつては本當に自分を信ずる事さへ出來ない樣な氣がして參ります。こんな事では駄目だと思ひながらも懷疑的とでも言ふのでせうか人間が何處まで眞實を云つてゐるのかと思ふと悲しくなつてしまひます。かしこ。

（埼玉　幽　菫）

（M）人間を今からそんなにきめてかゝつてはいけません、殊に人間とは地上に存在する最も大きな藝術品です、その神の藝術をほんとに理解するのですもの偉大な人々でもその一生をかけたのです、貴女もほんとに知りたいなら一生をおかけなさい。

中部クラブ

▲すつかり秋らしくなりました。

方と信じ、暇ができると銀座の裏通りの実業之日本社をお訪ねしたものです。内山先生はどんなにお忙しい時でも二階の応接室に通され、ニコやかにいらっしゃいと迎えて下さいました。特別何の用事もない私共に原稿や原画を見せて楽しませて下さり、お茶の時間近くになると、さあお茶に行きましょうと銀座の裏通りにあるすてきなお店に連れて行っていただきました。

内山先生はいつもステッキを小脇にはさみ、赤いマフラーをちょっとしめて、手袋をして、さっそうと歩いていらっしゃいました。冒頭の話に戻りますが、主人と二人でご恩になった方にお礼をしようと話し合った時、私はあの時の内山先生の颯爽とした姿を思い出し、また赤いマフラーでも身につけて下さいとクリ此の頃の空の青さや白い雲の美しさ。文才のない自分がほんとにつまらなく思へます。基先生、一度もつれた友情は永久にとけないでせうか？これ没でもかまひませんサヨナラ。（静岡　秋空　千草）

（M）もと通りになるのはなかなかむつかしいことですね。

▲他の方へのお言葉でしたけれど他人に本當に理解してもらへるといふ事は絶望に近いと言ふ事が私にもはつきりわかつて、淋しうございました。又自分が理解して上げる事も随分むつかしい事と思ひました。誰れでも本當の事も見せて下さる方等ありませんもの。今月の詩の頁は私のお願ひして居た事の實現ではないでせうか。お體お大切に。（名古屋　鳩　時　計）

（M）そんなに貴女を悲しませることがありましたか。人間と人間がそんなに簡單に自分の思つてゐることをすぐ出してしまふと反つて傷つき易いものですよ。弱い人間は自分の眞實な最後のものを傷つけない爲になか〳〵それを外に出さない術をひとりでに覺えたのです。一概にお責めになつても無理ですね。

▲基先生、父が亡くなりましたのでお投書後れてすみません。母と二人きりになりました。大變淋しく思ひます。でも私の様な方、クラブに澤山ゐらつしやるでせうねえ。今月の表紙可愛く思ひます。基先生も中原先生御元氣ですか？基先生も御大切に。ではクラブの皆様、さようなら。（福井　木　蓮）

（M）同じ様な不幸におあひになつた方は澤山ありますが、でもそれは貴女のお心を慰めはしないでせう。どんなにかお悲しみのことゝお氣の毒に存じます。お大事に。

▲憧れの友ちやん會もすんで少しおち着いた氣持です。基先生、逸子様あの日は有難う。九月二十六日ほんたうに樂しかつた。永遠に忘れないでせう。自己紹介をもつとはつきりしたらよかつたと思ひます。と言つて自分は……中原先生の御繪、今更ながら見入つて居ます。（金澤　川井　治美）

▲樂しかつた友ちやん會。内山先生、お目にかゝれて嬉しうございました。先生はちつとも以前とお變りになつて居らつしやいませんあの日の皆様亂暴なサインで御免んなさい。今度は誰方かお世話して下さいね。都其子様どうぞ御心配なく。あんな風な態度をした私が惡いのです。（石川　逸　子）

（M）貴女がすつかり大きくなつてゐられたのに驚きました。お姉さんらしくなりましたね、ほんとにいろいろお骨折頂いてお禮の申し上げ様がありません、お母様によろしく。

▲お投書遅れて濟ません。今月號の服裝帖素敵。だけど私どれにも入つてゐませんわ。先生何型の少女がお好きですの？私勉強以外に本が讀みたくてたまりませんの。何か私に適當な本お教へ下さいませ。きつとお願ひ。（名古屋　久　美　子）

（M）少し古いけれどドストイエフスキーの罪と罰とかロマンローランのジヤンクリストフ等を讀んでごらんなさい。少しむづかしいけれど爲になります。

▲基先生毎日友ちやん會を思ひ出して許り居ます。一年間の望みが遂々實現出來ました嬉しさで一ぱいです。先生金澤は淋しい町でした？どんなお考へかしらと氣になります。美しい字でサインして頂いた方々有難うございました。そして皆様いよ〳〵お勵み下さい。先生もしか紀念寫眞お別けして頂けませんでせうかお願ひします（石川　露　草）

（M）靜かなそして全體に城下町らしいつつましやかな町だと思ひました。寫眞御希望でしたら

スマス・プレゼントをお贈りしました。ありがたいことに、内山先生はたいそう喜んで下さったそうです。少女時代に一番お世話になった方に、一言お礼をお伝えできたこと、これだけは本当によかったと思っております。

先生からはお返しにとマロングラッヤを頂戴しました。ほかでもない内山先生からの贈り物、開けてしまうのももったいなく、もう、三十年も昔のことになりますが、そのマロングラッセは今なお大切にとってあります。（談・弥生美術館「少女の友展」パンフレットより転載）

★永田（旧姓・塚崎）照子さんのこと

「東京クラブ」で頻繁に名前が挙がっている人が〈宮松小夜〉こと塚崎照子さんです。

さしあげます。どうぞお申し込み下さい。

九州クラブ

▲「日光に秋を訪ねて」本當にようございました。あんな所に住んでゐましたら、よい歌や詩が湧いてくる事でせうね――

お投書始めて丁度一年にもなりますのに、一寸もふるはない私の事を思ひますと……どうぞはづかしいお投書お笑ひ下さいますなお投書に專心すれば勉强がだめになつてしまひますし、それに體も餘り丈夫でございませんので――

（佐賀　秋葉　準子）

（M）お投書は勉强の合ひ間に出來る一つの趣味です。そんなお體をこはす樣なことをなすつてはいけません。叱りますよ。

▲クラブの皆樣お元氣でいらつしやいますか。〃友ちやん會〃久々に開きたう御座います。時節柄ピクニツク等は如何でございませう鹿兒島皆樣。友ちやんの先生方今月號も素敵でございました。有難う。

（鹿兒島　彩雲美）

中國クラブ

▲基先生うらむわよ、いつも沒!! 繪三子此の頃神經スイジヤクよ、先生ネームかへたの。だつて前のネームですといつも沒でせう。それと、同じネームの人居るでせう、もう決してかへないわ、先生私ナギナタの練習してんのよ。運動會にするのですつて、繪三子の、はちまき姿、先生に見せたいわ。

（廣島　緒花繪三子）

（M）あの女學生のナギナタ姿はなか〳〵よいものですね。強いですか。

▲此の間東京へ行きましたの、神宮水泳競技會へ……。お訪ねしようかと思つたけど、恥かしかつたからやめましたの。でも友のお家の姿だけみて來ましたワ。でも何時かはそちらへ行きますからその時はおじやま致します。では、BYBY。

（廣島　咫佳湖）

（M）およりになればよかつたのに。

▲基先生お兄樣が御出征なさいましたさうですね。御無事で凱旋なさる樣に祈つてゐます。職業を持つてゐる事は、決して恥しい事ではありませんわね。お友達が變な目で見るの。私自信が持ちたいのですけど……。岡山が小都會であるやうに人の心もせまいのか知ら？

（岡山　美都江）

（M）もうそんなことを云つてゐる時代ではありません、婦人が自分達で出來るあらゆる仕事にたづさはつて理論と實際を知つておくことはこんな時代の義務ですよ、女の人をいつまでも家の中にとぢこめて家事裁縫だけしかさせなかつた時代はもう過ぎたのです。

東北クラブ

▲先生、希望一ぱいに待つてゐた神宮の競技會へ、たうとう行けなくなりました。出場選手として一生に一度は行きたかつたんですけれど。とても殘念です。しかし私よりも本選手のお姉樣方はまだまだ可哀想です。先生は「今迄の努力や戰ひぶりは優勝以上の貴い價値がある。」とほめて下さいましたさびしくあきらめてゐます。

（山形　福原世津子）

（M）そのお言葉がカツプ以上ですね。

▲内山先生始め皆樣お元氣でございますか。友ちやんを離れるともなく離れてしまつた私。またかうして投書する圖々しさ。お許し下さいませ。でも秋田の奮はないのをみてますとじつとしてゐられな

今風にいえばカリスマ読者で、グラビアや座談会に登場し、お馴染みの存在でした。天真爛漫なご性格で、読者からの「お友だちが欲しい」との依頼には、しょっちゅう引き合いに出されています（二二四ページに手記「北京の生活」を掲載しています）。

★ペンネームのこと

投書はほとんどペンネームにて行われました。ロマンチックな名前はそれぞれ個性を主張しており、読んでいるだけでも楽しくなります。ですが、ペンネームの使用は投書歴を隠すための自衛手段でもありました。今では考えられないことですが、雑誌への投書など不良のすること、との保守的な見方もあったようです（二六九ページの丘路代さん投書に注目）。

い私です。秋田の皆様おふるひ遊ばせ。　（秋田　鳩　駒　毛）

（M）貴女のお氣持はいつも嬉しく思つてゐたのです、女子への愛情や郷土への熱情を感ぜられて嬉しく思つてゐたのですどうぞいつまでも、友のお友だちでゐて下さい。

異國クラブ

▲M先生長い間サボつちやつてごめんなさい〃乙女の港〃大好き!!今日は奉天神社のお祭りですのほら太鼓の音やワツショイ〳〵の聲聞えません？　とてもにぎやかですの、M先生奉天でも友ちやん會していたゞきたいんですけど、御無理？　では奉天の皆様みふるひを。　（滿洲　東　雲）

（M）どなたか幹事になつてなすつて下さい發表致しませう。

▲基先生、私遂にネーム變へちやひました。ごめんなさい。でもこれからは此のネームで勵んでゆきたいと思ひます。先生あと百六十日位で内地旅行です。うれしくてうれしくて……瞳様東雲様きつと友のお家にゆきませうね。ネーム變へた私お判りになる？　基先生此のネームの御批評をどうぞ。茶目子女史は良い子ね、サヨナラ　（奉天　綠の小宮）

（M）なるほど百六十日とはよく感じが出てゐますよ時間があつたら僕の處におよんなさい。

▲基先生、御元氣ですか？　日支事變の爲おいそがしいでせうね？　でも大連の人々は、皆おちついてゐますわ。私「花散る丘」が一番好きだわ。漣さんが、可哀想でたまらないの……上田先生、どうぞ漣さんを早く幸福にしてあげて下さい。おネガヒです。茶目ちやん毎日大へんでせうね？　事變の爲……おさつし致します。では御體を御大切に……バイ〳〵　（大連　惠美ちやん）

（M）貴女方が落着いてゐられるときいてほんとに心強く感じましたよ。

北海クラブ

▲内山先生御無汰沙致しました。クラブで十六より大きい方いらつしやる？　私そろ〳〵新女苑にしようと思つてます。まだ早いかしら？　どうしてよいかわかりませんので……水町玲子様、仲よくさせて下さいませ。ボツお許しを、サヨナラ。（北海道　南　るり子）

（M）新女苑が面白いとお思ひになる樣でしたら新女苑になさい年齡は氣になさらなくともよいのです。もつともつと大きい方は澤山いられるのですから。

▲内山先生桒原先生、お變りございませんか内山先生がだん〳〵私達から離れてゆかれるやうな氣がします。小説もちつともお書きにならないし、先生違ひます？　瑞木砂千子様、私貴女のネームとても好きでしたので突然お呼びかけしてしまひました。失禮お許し下さいませ。御作お待ちして居ります、沒はごめんなさい。　（小樽　淡月　梨花）

（M）友からそんなに簡單に離れられるならこんなに肉體的にも毎月苦しまないでもよいのです小説は書かないだけでそれも時間が無いからで友の一頁一頁には僕の心がはいつてゐるのですよ。

朝鮮クラブ

▲一年以上も御無沙汰致してしまひました。何時も氣にしてゐつゝ

板橋節子（一七一ページ）
（ペンネーム：福原澪子／世津子）

約六十年以上も文通や、たまにはお会いしたりして、交際を続けてきた『少女の友』のお友達に、薄月ゆり子様がいらっしゃる。そして突然遠藤寛子様という方が『少女の友』の仲間の動静を、次々発表していらっしゃると知らされた時は、思いがけなくびっくりしてしまった。懐かしい方々のペンネームが次々に思い出された。

新刊の『少女の友』が待ち遠しくて、門の外に本屋さんが来るのを、待ちに待っていた少女の頃。女学校の定期試験が終わると、そのまま机を離れずに、作文や短歌を書いていた私。尾山篤二郎先生の『芸林』を紹介していただいたのも松小路晴代様。喜寿近くなっても未だに短歌から離れら

ネームに心をとらはれて、色々と考へてばかり居ました。何だか自分の一時的な淺い氣持でこんなネームをつけた樣な氣がしまして。けれど自分のネームを育てゝ行きます事に努力して行きますれば、ネームに對しての氣持も、やわらいで行く事と存じます。これから努力致して參ります故、基先生どうぞお導き下さいませ。
（朝鮮　疑　問）

（M）きつとさうでせうね、でも貴女が眞面目に考へていらつしやれば內容的なよいお名になるでせう、僕は面白いと思ひますお變へにならないで。

▲先生友チヤンくらぶの用紙これでよろしいのですか。この紙はインキがしみてきたなくなつてとまります。ですから口語和歌はあんなにしました。先生友チヤンくらぶの投書數一月に何枚位ですの。それから作文はどなたが選びますか原稿紙ないので作つて書きました。
（朝鮮　絹　美）

（M）友ちやんくらぶは三千枚位でせうね、作文は僕です。

▲基先生お元氣でゐらつしやいますか。北鮮は此頃急に秋らしくなつて風がビユービユー吹きますの今から寒い冬がしのばれます。由利先生どうしてあんなに女學生の心を御存知なんでせう。友の諸先生方時節柄お體御大切に。
（朝鮮　渚　千鳥）

（M）女學校の先生ですもの。

臺灣クラブ

▲**基先生。かはいゝすてきな童話の御本有難うございました。大好きな秋父晴世さんのグレーテルを**思ひ浮べながら讀みました童話は大好き。子供見たいですけどでも童話はなつかしい世界です。時局はます／＼切迫して參りました。こちらからもずゐ分出征されました。お氣の毒な方も大分ございます御身體御大切に遊ばせ。
（高雄　紅　蓮）

（M）皆さんが御存知のばかりでいけませんでした。今度は知られてゐないのを搜してみませう

▲やつぱりお投書しないのは淋しく思はれます。又私達の學校の方多勢出していらつしやる樣で嬉しく思ひます。それでこれからもお投書つゞけますわ。友ちやんをしみ／＼味はふとしつとりと落ち着いたとへやうのない香りがあるやうな氣がしていよ／＼友が好きになりました。
（臺北　白　妙）

（M）ありがたう、どうぞいつまでもお心にかけて下さい。

四國クラブ

▲茶目子御姉樣私初投書よ、十七になつてもまだ少女の友を讀むなんて笑つちやいやよ、中原先生の表紙の繪とても可愛いわ。それに內山先生譯の三つの童話の面白い事に私感心しましたわ。來月の秋の服裝帖私早くほしいわ。私投書沒になつても仕方がないわ。私の御友達の方に少女の友を讀む樣にすすめますわ。では先生方御元氣に。小夜奈良。
（德島　千草　早苗）

▲內山先生お元氣？忙がしさに追はれお投書つい怠けてしまつてごめんなさい。十月の末あこがれの東京長年の望神宮へ行く事になりました。先生方におあひ出來ればうれしいけど社へ尋ねて行かなければ駄目なんでせう、何にも知らない東京へ行くのですもの。美都湖樣詩上でおかゞやき下さい。
（香川　冷　瞳）

れず、駄文を書いて心豊かに過ごしていられるのは、少女時代に培われたたまものではないでしょうか。

学校を卒業して故郷に帰る時、内山先生よりいただいた松野一夫画伯の「思い」の原画が、六十数年経った今でも色あせることなく、私を見つめていてくれるのは、何よりの宝である。

★トモチャンクラブの友情

投稿欄を通じて数々の友情も育まれました。少し珍しいのが山形の福原世津子さん（二七一ページ）と東京の薄月ゆりこさん（三一三ページ）との友情物語。お二人は結婚後、奇しくも同じ街の東×町と西×町に住むことになったのですが、ご近所同士にもかかわらず、あえて一度も会わずに終生文通を続けられました。

コラム

『少女の友』伝統の読者の集い「友ちゃん会」

雑誌を通じて結んだ絆がさらに深まる「友ちゃん会」。読者たちは胸躍らせて駆けつけました。

「友ちゃん会」とは『少女の友』の愛読者集会のことで、創刊の翌年から全国各地で開催されてきました（当初は「愛読者大会」と呼ばれ、「友ちゃん会」の名称は大正十年から）。十数人程度の小集会から街のホールを借り切っての数百人規模の大集会まで規模はさまざまでしたが、投書でしか知らなかった同士が互いに名乗りあい、憧れの存在である編集部員や執筆陣とも対面できるのですから、参加者にとっては夢のような一日だったでしょう。互いにサイン帖を廻しあっては交流を深め、読者有志が歌や劇を披露して盛り上がった会もありました。

注目すべきは、この会の幹事を読者がつとめたことです。編集部主催の大がかりな会もありましたが、多くはその土地土地の読者が発起人となってさまざまな交渉事に当たりました。会の告知から参加者集め、当日の受付やゲストの接待はもとより、閉会後に配るお土産の配布までまめまめしく働きました。

幹事はやはり投稿欄で活躍する有力投稿者がつとめるケースが多かったようですが、これだけの会を仕切るのですから、一世一代の大仕事だったでしょう。先輩格の旧読者が応援に駆けつけたり、読者同士が互いに励まし合ったようです。

戦況が深まると一時は影を潜めますが、戦後やがて復活。新生「友ちゃん会」ではガリ版刷りの会報も発行するなど、さらに活発な活動が行われました。

明治の昔、女子はおとなしく控え目であることが良いとされた時代から、民主主義の時代まで。企画力と行動力を持った少女たちが活躍し、ノウハウを継承していった「友ちゃん会」は、『少女の友』の誇れる伝統なのです。（内田静枝）

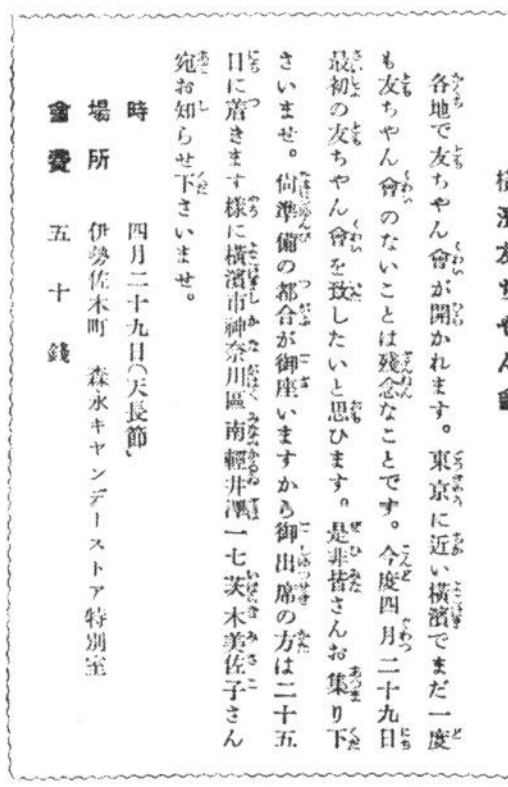

横濱友ちゃん會

各地で友ちゃん會が開かれます。東京に近い横濱でまだ一度も友ちゃん會のないことは残念なことです。今度四月二十九日最初の友ちゃん會を致したいと思ひます。是非皆さんお集り下さいませ。尙準備の都合が御座いますから御出席の方は二十五日に着きます様に横濱市神奈川區南輕井澤一七茨木美佐子さん宛お知らせ下さいませ。

時　四月二十九日（天長節）
場所　伊勢佐木町　森永キャンデーストア特別室
會費　五十錢

「友ちゃん会」の告知記事
（昭和11年5月号）

右の「友ちゃん会」を報告するグラビア記事
（昭和11年7月号）

第Ⅱ部

『少女の友』100年の物語

The Centennial Story of *Shojo no Tomo*

日本の少女雑誌のなかで、
いちばん長く読者に愛された『少女の友』。
創刊 100 周年を迎えるにあたり、かつての愛読者、
関係者の協力のもと、
創刊から現在に至る 100 年を振り返ります。

第Ⅱ部

『少女の友』100年の絆の深さ

　にぎにぎしく創刊した雑誌が、数年後にはあっさり休刊してしまうことが珍しくない現在、五十年も前に終刊になった雑誌の愛読者に集まってもらうことは、ほとんど不可能だと考えるのが普通かもしれません。

　今回、『少女の友創刊１００周年記念号』を製作する過程で驚いたのは、愛読者、関係者同士の絆の深さです。七十年以上の時を超え、いまだに関係が続いているのです。

　この雑誌を通して、生涯の友を得た方が何人もいます。実際に親交があるということだけではありません。ある有名読者のことを、七十年後の現在も鮮やかに記憶している方がいました。彼女は、その有名読者が『少女の友』に投稿した小説のあらすじをいまだに覚えていて、「ほんとうにあの作品はすばらしかったのよ」と語り、「いまもお元気かしら」と消息を気にしていました。実際に会ったことは一度もないにもかかわらずです。いまも、それだけ『少女の友』を近しいものとして感じているのでしょう。

　第Ⅱ部では、かつての愛読者や関係者の同窓会ルポ、インタビュー、関係者による寄稿など、１００周年を振り返る様々な企画をお届けします。ここに登場する方々は、版元である実業之日本社がつながりを保ってきたというよりは、愛読者同士、また、『少女の友』を愛する研究者の方々が長年関係を築かれてきました。平成十一年には弥生美術館で開催された「少女の友展」の会場で、愛読者有志による復刻版実現のための署名活動が行われ、多くの読者の消息がわかりました。

「黄金時代」といわれる昭和十年代前半に女学生だった読者は、現在八十代。残念ながら、既に鬼籍に入った方も少なからずおられます。

　今となっては貴重な、戦前の雑誌の愛読者、関係者の証言と、『少女の友』への思いをまとめました。

（編集部）

「友ちゃん」同窓会

Alumni Reunion of *Shojo no Tomo*

読者は『少女の友』のことを、親しみを込めて「友ちゃん」と呼んでいました。
かつての愛読者、当時を知る関係者の方に、
「友ちゃん」こと『少女の友』の思い出をお話しいただきました。

読者文芸入賞の記念に贈られた銀時計。読者の花田みよさんは、70年間大切に身につけてきた

「『少女の友』を一号だけ新たに刊行します」とお知らせしたところ、かつての読者、関係者の方々から、すぐに気持ちのこもった丁寧な手紙がとどきました。そのどれもが、お返事の筆をとるのがためらわれるほどの美しい筆跡。

『少女の友』は、エレガントで教養あふれる誌面が特徴でしたが、それはそのまま愛読者の手に受け継がれているのでしょう。

まずは、百周年の節目に行われた愛読者の同窓会「友ちゃん会」の模様をレポートします。続いて、母子二代にわたる愛読者で、二十年以上に渡り続いた名物連載「宝塚日記」の筆者・富士野高嶺さんと、戦前の『少女の友』の編集部を知る菊地良江さんにインタビューしました。

（編集部）

100年目の「友ちゃん会」誌上報告

「友ちゃん会」は創刊当時から全国各地で開かれていた、読者主催の集い。
100周年の節目に、再び愛読者が集まりました

会場
東京・銀座 実業之日本社
（2008年7月14日）

司会
内田静枝
（弥生美術館学芸員）

出席者（五十音順）
伊藤ユキ子（東京都）
岩倉祺子（東京都）
岩倉貴美子（東京都）
岩崎京子（東京都）
遠藤寛子（東京都）
門田昌子（東京都）
神沢利子（東京都）
楠田弘子（東京都）
澤本佐栄子（東京都）
中西由美（神奈川県）
花田みよ（千葉県）
宮坂和子（東京都）

ゲスト
内山美樹子
（内山基主筆長女）
伊藤美和子
（内山基主筆次女）

あの友ちゃん会の賑わいが復活

「今日が来るのが楽しみで楽しみで」
「じつは二時間も前にビルの前に着いたの（笑）」

この日、東京・銀座に揃った元愛読者たちの数は十二人。昭和十年代に『少女の友』を愛読されていた方々である。平均年齢八十三歳。

「友ちゃん会」は、読者と編集部、また読者同士の交流の場として、創刊以来全国各地で行われていた「伝統」で、なかでも、昭和十年代には内山基主筆のもと盛んに開催された。企画・運営は読者たちである。

今回は、実業之日本社の増田義和社長の挨拶から始まった。

「『少女の友』は初代社長である祖父の時代に立ち上げた雑誌です。当時の

思い出の品を手に話が弾む

少女たちから大変愛された雑誌だということは祖父や父から聞いておりましたが、休刊して半世紀近くも経って、こうして読者の方々が集まってくださる雑誌がほかにあるでしょうか。今日はどうぞ楽しんでいらしてください」

続いて司会の内田静枝さんより挨拶。じつは今回の「友ちゃん会」の開催は、内田さんが学芸員を務める弥生美術館（東京・文京区）のご尽力による。同館では一九九九年に『少女の友展』を催した。これを機に元愛読者たちのネットワークの整備がすすみ、今回の開催に至る。

端から順番に自己紹介が始まる。岩崎京子さんは元愛読者であり、これまで児童文学者としてたくさんの絵本を執筆されている。

「少女時代は毎号、真っ先にトモチャ

表紙モデルを務めたときの表紙を持つ伊藤ユキ子さん（右）と妹の楠田弘子さん

ンクラブを見てお友だちのペンネームがあるかを一生懸命探しました。本当にミーハーしていましたね（笑）。ほかの雑誌がどんどん軍事色が強くなっていく中で、『少女の友』だけは毅然としていて、それがとてもありがたかった」

岩崎さんと同級生で投稿仲間だったのは中西由美さん。

「両親にもクラスメートにも内緒で、お友だち三、四人で密かに投稿していました。時々載ったときに嬉しかったのは、私たちの投稿を受けて内山主筆が書いてくださるコメントです。くだらない私の文章に内山さんが真面目に、親身になって答えて下さったのが嬉しかったです」

岩倉祺子さんのペンネーム・夫馬邦子は憧れていた早稲田大学の野球選手と、宝塚スターの名前の合作だそう。

「皆さん、あの頃の友ちゃん会でよく歌われていた『夢の花』という歌、覚えていますか？　私、今でも好きで時々歌っているんですよ。今日一緒に来た

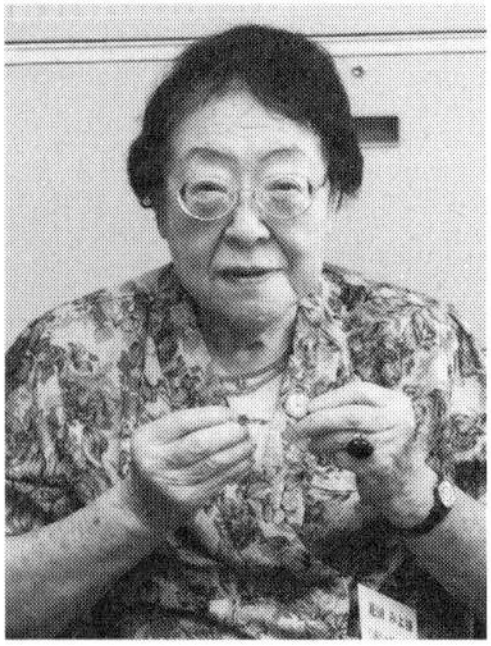

思い出の銀時計を手に持つ花田みよさん。壊れるたび修理に出して使い続けた

「友ちゃん会」参加の折に撮影した集合写真を見せる門田昌子さん

娘が音楽をちょっとやっているもので、私の歌を聞いて楽譜にしてくれましてね、持ってまいりましたから、あとで皆さんにお配りします」

かつて友ちゃん会を企画・運営したというモダンガールは門田昌子さん。

「当時は函館に住んでいまして、友ちゃん会の報告記事を見ると羨ましくてね。『私たちもやりたいわねえ』って、お友だちふたりと企画しました。今思うとずいぶん大胆だったんですね」

毎号発売日には学校から飛ぶように

帰って読んだという澤本佐栄子さん。

「今、皆さんのお話を聞いて何十年の日々を飛び越えて、すっと十三歳の頃に戻りました。当時、学校の先輩と一緒に編集部を何度かお訪ねしました。その時に、内山先生が『自分の思ったことをちゃんと、はっきりと伝えるようにしなさい』とおっしゃられたんですね。このことは忘れないようにしよう、ずっと覚えておこうとその時強く思いまして、今も守っています」

『夢の花』の歌声が響き渡って

「赤いリンゴのペンネームの通り、生まれは青森県弘前の人間です。今日はぜひ皆さんにお見せしたいと思って」

花田みよさんが持参した箱から次々と取り出したものに全員の目が釘付けに。

「あぁ〜あらあら」

「どうしてまあ、すごいわ」

かつて大人気を博した少女の友の付録の数々。百人一首、絵本、カードゲーム……どれも色合いが美しい。

「私の宝物です。戦時中は、空襲にあって焼けてはいけないと思って、油紙でくるんで、リンゴの木箱に入れて田舎のほうに疎開させていたので無事でした。銀時計もあります。長いこと着けていましてね、修理に時計屋へ持っていきましたら、『奥さん、文学少女だったんですか?』って(笑)」

自己紹介の後はおしゃべりタイム。花田さんの付録を手に取りそれぞれの思い出を披露したり、内山主筆の長女・美樹子さんが持ってきてくださった、主筆のラジオ出演の折の録音テープを

『夢の花』を歌う岩倉禎子さん(右)の次女、貴美子さん。幼い頃からこの歌を聞いて育ったという

参加者の皆さん。（後列左から）中西由美さん、岩崎京子さん、神沢利子さん、門田昌子さん、宮坂和子さん、花田みよさん、澤本佐栄子さん、岩倉祺子さん、岩倉貴美子さん。（前列左から）遠藤寛子さん、内田静枝さん、内山美樹子さん、伊藤美和子さん、伊藤ユキ子さん、楠田弘子さん

聴いたり。かつての「友ちゃん会」の様子を想像させる、和やかな光景が繰り広げられるうちに時間が瞬く間に過ぎる。

「お名残惜しいですが終わりが迫ってきました。最後に先ほど岩倉さんのお話に出た『夢の花』を歌いましょう」と内田さんに促され、岩倉さんの次女、貴美子さんが起立する。

「今日は母の付き添いということで、どういう会か分からずに寄らせていただきましたが、今はもう、大変感激しております。良い思い出を作るということがこれほど人間を豊かにするものなのかと。感性豊かなときに美しいものと出会うこと、それを支えてくれるおとなの存在がいかにのちの人生を豊かにするのか、ということを教えていただきました。私などが歌わせていただくのは大変申し訳ない気持ちがしますけれども、あの、ちょっと歌ってみたいと思います」

　ふくよかな胸の深みに
若き日は若き香りに
美しく咲く夢の花
空蟬みの世の坩堝は
赤々と燃えたぎるも
麗しく咲く夢の花

（以降三番まで、全員で合唱）

（宮坂敦子・記）

『友』は生涯最良の友でした

二十三年にわたり「宝塚日記」を連載して

冨士野高嶺さん（元・宝塚歌劇団）

ふじの・たかね
1916（大正5）年長崎県生まれ。後年、関西に移住。昭和3年宝塚音楽歌劇学校入学。昭和47年退団後は、同劇団の振付・日舞指導、演劇講師として現在に至る。

冨士野高嶺さんは、元・宝塚歌劇団のスターで、『少女の友』に「宝塚日記」のタイトルで昭和四年から昭和二十七年までの長きにわたり、身辺雑記を連載された方です。文章だけでなく絵も担当されました。また、冨士野さんのお母様は創刊以来の愛読者で、母子二代で『少女の友』を応援してくださった方でもあります。

夏の暑い日、宝塚歌劇団にほど近いお宅をお訪ねしました。

――「宝塚日記」連載のきっかけとなったのは?

冨士野　母が岩下小葉先生（第二・四代主筆。三三三ページ参照）から薦められたようですね。劇団もね、私が文章を書くのを知っていましたから、私だけに許してくれたのです。その頃、宝塚のことはどこの雑誌にも出ていなくて『少女の友』の「宝塚日記」だけだったんですよ。これはときの劇団理事長の吉岡重三郎先生の御英断で――ですから、そのために『少女の友』の売れ行きがちがったとあとから聞きました（笑）。昭和四年の初舞台のことからずっと書いておりました。

――その頃冨士野さんはおいくつで?

冨士野　宝塚に入ったのは十三歳のときですからね。「宝塚日記」を書き始めたのは十五～十六歳だったのではないかな。

――では読者と同年代だったのですね。文章をお書きになるのはお母様譲りでお得意だったのですか？

冨士野　まあ、モノ書いたり恥かいたり。あぐらもかいたり（笑）。私、小さいときから本を読むのは好きでしたね。

――「宝塚日記」にはスターの知られざる素顔や舞台上でのエピソードが書かれていますが、これらは全部実際にあったことなのですか？

冨士野　ええ。自分で見たことを。

――多少、脚色しているということは？

冨士野　そんなアタマありません（笑）。

――ファンの方は喜んだでしょうね。

冨士野　ファンの人はこの連載を待ってられたようです。当時は、あれしか宝塚に開かれている窓はなかったから。

――「宝塚日記」には冨士野さんの自筆の絵が添えられていますが、文章と絵ではどちらがお得意ですか？

冨士野　どっちも得意なことあらへん。かくほうはどっちも「恥かく」方やわ（笑）。

――（笑）絵もお得意でいらした。

冨士野　絵は好きでしたよ。うちの血筋が大体絵が好きで。それから日本画家の小村雪岱さんを父が存じあげてましてね。絵をみていただいたこともあります。

――松本かつぢ先生の影響は？

冨士野　好きでしたね。もう、一生懸命お手本だと思って見ておりましたけどね。誠実でしょ？　もう、いやな線がひとつもないの。それが好きでしたね。（ご自分の作品を指して）コレなんかもかつぢ先生の感じかしら。なんてウヌボレもいいとこ！

――宝塚のことをうかがいます。冨士野さんはずっと月組だったのですか？

△月△日

カーテン一枚をさかひに、フットライト華やかな庭園の場面と、こちらは大道具の所せまくたてならんだ舞臺裏。そのカーテンをへだてて、幕の開くまでを、舞臺の小夜さんと舞臺裏に居る佐保さんとが、いつも手をさぐる。

「ちよつと佐保さん、私に代らして、そして科白だけ佐保さん云うてね」

で私は、佐保さんの冗談に合はせて、小夜さんの手をまさぐり〱カーテン越しに握つたり引つぱつたり、つまり手の代役をつとめた。

樂屋へはいつて來はつた小夜さんに、

「ねえ小夜さん、佐保ちやんの手エと、私の手と、そない似てます？

冨士野　ええ。それから日本舞踊専科に入れられました。

――役柄としては、どんな役柄を？

冨士野　男役です。三枚目をようやらされましたけど。三枚目というのはとても難しくて。泣かすのはドツイても泣かせられますけどね、人を笑わせるのは、お腹の底から笑わせるのは、難しい。いちばん技術がいるんじゃないでしょうか。

――戦前の『少女の友』を見ていますと、宝塚の人気はすごかったようですね。小夜福子さん、葦原邦子さん……。

冨士野　葦原は私の同期生。小夜さんは上級生。大ぜいステキな方がいはったけど、奈良美也子さん。この人は宝塚の魅力のかたまりみたいな方やった。

昔の上級生は立派でしたね。今の宝塚とは色が全然ちがいます。まあ、いうたら、お公家さんのお姫さんみたいやったな。気位が高いていうのではないんですけど、あんまりよその人と話さなかったんです。だからファンの人と会ってもことばを交わすのはよっぽどの方。楽屋口から先へは入られなかったですからね。

――宝塚の方も『少女の友』を読んでおられたのですか？

冨士野　読んでいたと思いますよ。私の「宝塚日記」も。やっぱりね、はじめはいろいろ言われましたね。宝塚の内部を知らせすぎるとか、ことば遣いがどうとかね。みんなが使っていることばを書いたんですけど。あないそのまま書かなくてもいいのにとか。でもね、終いにはみな、楽しみにしてくれるようになりましたよ。

昭和10年9月号の宝塚日記（一部）

と、両手をひろげてみせたら、
「アッ、さては今の人、際はヤノチャンで、手エはタカネやつてんな。コラッ！」
以來、小夜さんはカーテンのむかうから、本ものの佐保さんの手をつかまへながら、
「タカネか？タカネと違ふ？タカネやろ？」
と聞いてみて、
「違ふ、今日はタカネ、居てへん。」
といつても、ちつとも信用しはらん樣になつたといふ。

――「宝塚日記」で苦労されたところはありますか？

冨士野　苦労て。何も苦労ありませんよ。そりゃまあ、こっちは公演中やしね、忙しかったから「ウワーまた締め切りがくるわぁ」言うてたけど。ほかに何も。

――東京公演のときに編集部に行ったことはありますか？

冨士野　はい。春日野八千代さんたちと一緒に。その記事が『少女の友』に出ているはずよ。（本誌六四ページに掲載）

――『少女の友』編集部の方々についておたずねします。

冨士野　岩下小葉先生はね、優しそうな、どしっとしたおじいさまという感じ。今考えたらそんな、おじいさまではないんですけど。どっしりした、あたたかい先生って感じをうけましたね。母がずいぶんとお世話になったそうです。

　内山基先生は聡明な方でね。すばらしい方でしたね。そりゃあ大した方ですよ。それこそ『少女の友』の中興の祖じゃないですか。

　中原淳一先生はとても頭の冴えた方。おかっぱでとてもハイカラな方でしたね。そういえば大阪「友ちゃん会」でね、母が中原先生と御一緒に写っている写真もありましたよ。

――お母様についておうかがいします。冨士野さんのお母様は創刊以来の『少女の友』愛読者ですね。

冨士野　母はお時計組なんですよ。ほら、これが母の読んでいた『少女の友』ですよ。

お母様秘蔵の『少女の友』。お母様の加藤みねさんは明治44年に記念時計を受賞。史上12番目の受賞者です

――いちばん古いものは……明治四十一年三月号。創刊二号目ですね。百年前のものですよ。すごい！

冨士野　母が大切に大切にしてきたものです。母はおりにふれて手箱の中から取りだしては、いとおしむようにページをめくっていました。今でも、これだけは別にして保管しているんです。

――原稿を書いたらお母様に見せていたのですか？

スクラップ帳はお父様のお手製。初回から毎号綴られており愛情を感じます

冨士野　そうねえ。ずっと見てくれてました。それはおかしいとか、いらないとか、いろいろアドバイスしてくれましたよ。

――ところで、冨士野さんは戦後もまた「宝塚日記」を書き続けられています。連載は昭和十五年にいったん終了しますが、昭和二十四年三月号から「宝塚トピックス」というタイトルで、六月号からはもとの「宝塚日記」に改題して再開。連載はその後昭和二十七年五月号まで続きます。

冨士野　ヘエー、全然おぼえてない。ぜひ見せてほしいですねえ。

――昭和二十七年三月に開催された、創刊四十五周年記念の愛読者大会では踊りを披露されていますね。

冨士野　日比谷公会堂でしたかしら？「荒城の月」とか「おてもやん」とか――恥しいワ！

――冨士野さんはお母様とあわせて母子二代、ずっと『少女の友』を側で見守り続けてきたのですね。冨士野さんにとって、『少女の友』とはどんな存在ですか？

冨士野　ウーン！それこそ私の生涯での最良の友ではないでしょうか！

――ありがとうございました。

「宝塚日記」そのままの軽妙な受け答え。今尚お綺麗ではつらつとしておられ、往年の活躍が目に浮かぶようでした。

　初めてお目にかかったとき、冨士野さんが開口一番、「ト、モ、チャンのことでいらしたのね」と、『少女の友』を親しい友人のように呼ばれたのがとても印象的でした。お母様とおふたり、『少女の友』の終生の友でいてくださったのでしょう。（聞き手・内田静枝）

川端先生に「気の毒でしたね」と言われたこともありました

戦前の少女雑誌編集の思い出

菊地良江さん（元『新女苑』記者）

きくち・よしえ
1915（大正4）年京都府生まれ。東京女子高等師範学校付属高等女学校（現在のお茶の水女子大学附属高校）卒業。卒業後『新女苑』記者として活躍。

菊地（旧姓奥村）良江さんは女学校在学中の昭和七年に、読者文芸で銀時計を受賞し、〈緑の室（おへや）のお姉様〉として誌上で注目を集めた方です。その後、『少女の友』の姉妹誌である『新女苑』の婦人記者として活躍されました。

秋晴れのよき日、七十年ぶりに実業之日本社にお越しいただき、当時の編集部の様子などをおうかがいしました。

——菊地さんが『新女苑』でお仕事をされていたのはいつ頃ですか？

菊地　昭和十二年からです。内山基さんが新しい雑誌を作るというので、お声をかけていただきました。昭和十五年頃まで勤めさせていただいたかしら。

——『新女苑』はどんな雑誌ですか？

菊地　『少女の友』の姉妹誌で、女学校卒業から結婚するまでの若い女性をターゲットにしていました。『少女の友』を卒業した読者のためによき雑誌を作ろうと内山基さん（当時の『少女の友』主筆）が奮闘されて。

——当時の編集部のメンバーは？

菊地　主筆は内山さんが『少女の友』との兼任で、他には神山裕一さん、辛島栄成さん。『少女の友』のほうは桑原至さんと内田多美野さんがおいででした。

——では、編集部も『少女の友』と兼ねた形だったのですね。そこにかつての有力投稿者が記者にスカウトされて加わったと。

菊地　どうでしょうか(笑)。恵美子さんの関係もあったのかもしれません。

――岩下小葉前主筆のお嬢様である恵美子さんとは同級生でいらしたとか。

昭和12年４月号掲載の、菊地さんの短編小説。

菊地　ええ。女学校の。その頃、恵美子さんは急逝されたお父様の後を引き継ぐ形で『少女の友』に翻訳小説を連載していました。学校がお堅かったので、私は「友ちゃん会」にも出たことがないし、編集部をお訪ねしたこともなく、お仕事のお話をいただいて初めて、内山さんにお目にかかったんですよ。ですから、多分、恵美子さんが推薦してくれたのだと思いますよ。

――その頃、菊地さんは歌人としてご活動をされていたのですね。

菊地　いえ、そんな。もちろん短歌は好きで続けていました。お時計をいただいたのが女学校の卒業間際で、卒業後は専攻科に進みました。そして結婚話が出たあたりでしょうか、『新女苑』のお話をいただいたのは。

――では、ご結婚しながらお勤めを？

菊地　ええ、そうです。毎月の編集会議に出て、あとは自分の担当の取材をして記事にすればよいので、家庭を持ちながら勤められて助かりました。

――今でいう契約記者のような形のお勤めだったのですね。具体的にはどのようなお仕事を？

菊地　お料理や美容の取材が多かったです。編集会議で若い女性の間で話題になっているものを提案して、自分で取材にいくのです。女優さんをつれてマヤ片岡など有名な美容院へ行ったり。

――なるほど。男性社員だけでなく、読者と感覚の近い若い女性をブレーンとして加えていたのですね。

菊地　そんな。座談会の人集めも主な仕事でしたよ（笑）。雑誌にはたくさんの若い女性にご参加いただく必要がありましたから、友人のつてを使って。

――若いといえば、菊地さんは若き日の中原淳一先生ともお仕事をご一緒されたのですよね。

菊地　ええ。中原さんはいつも洋服姿で、すてきな髪型をして、とても目立っておられましたよ。中原さんはその頃まだ駆け出しでしたでしょう？

――いいえ。表紙も担当する人気ナンバーワン画家でしたよ。

菊地　あら、そうだったかしら。中原さんとふたりで、下の応接室で内山さんがお見えになるのをじっと座って待っていた思い出があります。私と一緒に待っているくらいだから、絵の持ち込みにでも来ていたお方なのかと思いました。

――その頃中原先生は二十代半ばですから確かにお若かったですが。しかし菊地さんがそうした印象をお持ちになったというのは、当時の中原淳一を知る上で興味深い証言ですね。ほかに印象に残っている作家さんはおられますか？

菊地　そうですね。林芙美子さんとか。川端康成先生の奥様に、お料理の話をうかがいにお宅をお訪ねして、半日がんばったのだけど、とうとう出ていらっしゃらなくて。帰る際に川端康成先生が「気の毒でしたね」と出てきてくださったこともありました。いろいろと、ほんとうによい経験をさせていただきました。

――お仕事はいつ頃まで続けられたのですか？

菊地　昭和十五年頃までやったかしら？　内田多美野さんがご結婚でおやめになって、入れ替わりで東京女子大と日本女子大の人が入ってきて。その後、会社の制度が変わり全員社員にするというので、それを機にやめさせていただきました。毎日出勤するのは大変でしたから。

――その後、菊地さんは今日まで歌人としてご活躍されています。その第一歩は『少女の友』だったと考えてよいのでしょうか？

菊地　ええ、ほんとうにそうだと思います。

九十三歳の今も、颯爽とした足取りで、かつての職場を訪ねてくださった菊地さん。記者時代の敏腕ぶりが想像できました。

ご親友の岩下恵美子さんとのエピソードは三一三ページをご参照ください。

（聞き手・内田静枝）

『友』で育った文学者たち

Literati growing up with *Shojo no Tomo*

**放課後、川端康成の「乙女の港」を熟読し、
中原淳一の絵にうっとりする……
そんな女学生時代を経て、
自ら創作者になった女性たちをご紹介します。**

『少女の友』を愛読した文学者たちの作品の一部

田辺聖子さんをはじめ、戦後活躍する女性文学者には、少女時代に『少女の友』を熱愛した、と語る人が少なくありません。もし歴代愛読者名簿を作ったならば、そのまま戦後日本をリードした淑女録と重なるといわれるほどです。多感な少女時代に、川端康成や吉屋信子ら一流の作家たちの作品が載るページを繰る時間は、彼女たちの文学的素養を刺激したことでしょう。

ここでは、作家としては六十一歳という遅咲きのデビューながらも、イタリアをめぐる美しい文章で現在もファンの多い故・須賀敦子さんのエッセイ（抄）を再録します。続いて、児童文学者として数多くの作品を発表してきた岩崎京子さん、神沢利子さん、生源寺美子さん、遠藤寛子さんに、思い出を綴っていただきました。（編集部）

「少女の友」と「少女倶楽部」のこと

エッセイ「『サフランの歌』のころ」より

須賀 敦子

三月の十八日という日付が記憶にある。女学校最上級の五年生にとっては卒業式だったが、私たち二年生にはただの終業式でしかなかったその日の夜、私は、二階の西の洋間と呼ばれていた部屋の窓から半分からだを乗り出すようにして外を見ていた。日米戦争がはじまって一年経っていたけれど、高台の家の窓からは、まだ街の灯がちらちらとまたたくのが眺められた。卒業式といっても、三年も上の卒業生のことなどほとんどなにも知らなかったから、他の日にくらべて取りたてていうほど特別な日ではなかった。小さな丸いテーブルのうえのコップにさしたミモザの、むっとするような匂いが、明かりを消した部屋の空気を濃くしていた。

春だな。それが、最初に私のあたまにうかんだことばだった。そして、そんなことに気づいた自分に私はびっくりしていた。皮膚が受けとめたミモザの匂いや空気の暖かさから、自分は春というこ とばを探りあてた。こういうことは、これまでになかった。もしかしたら、こんなふうにしておとなになっていくのかもしれない。論理がとおっているのかどうか、そこまでは考えないままに、私はそのあたらしい考えをひとりこころに漂わせて愉しんだ。

だが、その直後にあたまをよぎったもうひとつの考えは、もっと衝撃的だった。それは、「きっと、この夜のことをいつまでも思いだすだろう」というもので、まったく予期しないまま、いきなり私のなかに一連のことばとして生まれ、洋間の暗い空気のなかを生命のあるもののように駆けぬけた。「この夜」といっても、その日の昼間がごく平凡であったように、なにもとくべつのことがあったわけではない。それでも、ミモザの匂いを背に洋間の窓から首をつき出して「夜」を見ていた自分が、これらのことばに行きあたった瞬間、たえず泡だつように騒々しい日常の自分からすこし離れたところにいるという意識につながって、そのことが私をこのうえなく幸福にした。たしかに自分はふたりいる。そう思った。見ている自分と、それを思い出す自分と。

そのころ、学校では少女雑誌のうわさがよく話題にのぼった。記憶にあやまりがなければ、私たちがそのころ読んでいたのは「少女の友」と「少女倶楽部」だったが、ある時期から、私は、それぞれの雑誌についての話が出るグループが微妙にずれていることに気づいていて、この人たちにはこっちの本の話、というふうに、毎月の記事や連載のうわさをする相手を使いわけるようになった。

当時は、近くの書店にたのんでおくと、毎月、発行されると同時に家にとどけてくれるようになっていて、小学校のときは、「小学○年生」という学年別の月刊誌が、母の読んでいた「婦人之友」などといっしょにとどいた。ただいま、とどなって内玄関の引き戸を開けると、台所の横の上がりがまちに三冊の雑誌が、本屋が持ってきたままの形で積み重ねてある。わっと声をあげて、ランドセルをほうりだし、靴を脱ぐのももどかしく玄関にすわりこんで、私たちはページをめくった。気配に気づいて茶の間から出てきた母が、あっ、しまった、とあわてるのは、子供たちの目のとどかないところに本を隠すのを忘れていたからだ。母の作戦としては、おやつも宿題も済んだところで、はい、と手渡したかった、それを不覚にも先に見つけられてしまったので、「あっ、しまった」なのだった。

このように「小学○年生」は毎月、なんの苦労もしないで手に入ったのだが、私も妹も、「おまけ」のやたらとついてくるその雑誌がとりわけ好きだったわけではない。その雑誌には、どこか、教壇で間のぬけた冗談を口にしてとくいになる先生につきあっているみたいなところ、勉強をすきにならせようとする「陰謀」みたいなものが底にひそませてあるのを、私たちは嗅ぎつけて、こころのどこかで軽蔑していた。おもしろくない、とこぼすと、母は、それは贅沢というものよ、わたしが子供のころは、読むものなんて買ってもらえなかったんだから、と取りあってくれなかった。

女学生になったとき私は母にたのんで、毎月の雑誌を「少女倶楽部」に変えてもらった。（妹はまだ「小学六年生」でがまんしなければならなかったけれど。）もともと「少女倶楽部」にして、と母にたのんだのは、自分本人だったくせに、そしてとどいたときは、自分が妹よりずっとおとなになったみたいでうれしかったのに、読んでみると、これといっておもしろいところはなにもなく、なあんだとがっかりした。それまでの学年別の雑誌とおなじように、読者を笑わせようとする調子がありありで、たちまちしらけてしまったのだ。

学校の帰り道に、そのころ開店したばかりの本屋の店先でいろいろ読みくらべてみると、おなじ少女向きでも、「少女の友」という雑誌のほうが、さし絵もしゃれていて、ずっと高級に思えた。これは妹もおなじ意見だった。「少女倶楽部」のほうは、いまならダサイとでもいうのだろう。一種の少女向け情報誌じみたものではなかったか。「少女倶楽部」はつまらない、と私はたちまち確信してしまった。読みたかったのは、もっと甘くてロマンチックな物語がいっぱい載っている雑誌だったのだから。

「少女の友」のほうがおもしろそうなの、そういって私と妹は雑誌を変えてほしいと母に頼んだ。そんな、と私たちは叱られた。いちど選んだのだから、がまんしなさい。勉強も、それくらい熱心にすればいいのに。

母の小言は、いつもそこに落着いたので、私たちは首をすくめて、顔を見あわせた。でもどれほど「少女倶楽部」でがまんしたのだったか、とうとう、ある日、学校から帰ると「少女の友」が玄関にとどいていた。

この雑誌がどうしても欲しかった理由はいくつかあったが、まず、「少女倶楽部」にくらべて「友」のほうは表紙からしてずっと都会的だった。そのうえ、着るものはなくなる、食べるものも満足にない日常で、現実がどちらを向いても灰色の壁にぶつかっているような時代に、この雑誌はそれを超越して私たちをある愉楽の世界にさそってくれた。なによりも、私たちの夢を大きく支えていたのは、あのなよなよした、たよりない女の子ばかり描いてみせる中原淳一のさし絵だった。戦争がすぐそこまで来ていた時代に、淳一は、この世が現実だけでないという事実を、あのやせっぽちの少女たちを描くことで語りつづけていた。

目ばかり大きくて、手足のやたらと長い、虚弱そのものみたいな淳一の少女たちが、昭和十年代後半の女の子たちにとって、どれほど魅惑にとんだものだったか。戦争が身近に迫ってくるにつれて、私たちは現実でないものをこそ、身のまわりに備えておきたかった。たしか「救急袋」と呼んでいた、あの忌まわしい肩かけ袋に、何日もかけて花壇に咲き乱れる花や、西洋の女の子を刺繍するのが流行っていたのとおなじように。

母は、しかし、私たちの淳一熱をみて、いやあね、おまえたちは、と嘆いた。ママの若いころには、竹久夢二という画家がいて、ちょっとあなたたちの淳一に似てたけど、夢二のほうが、ずっと絵が上手だったわ。ただ、なよなよしてるからいいってもんじゃないでしょう。

それにしても、自分たちがこんなにいいと信じている淳一の絵を、母が認めてくれないのはなにやら心細かった。早稲田の建築科の学生だった叔父も、私たちの「淳一フィーバー」を半分ばかにして、半分心配した。もっと、ちゃんとした絵を見ろ、と叔父はいった。こんなの、デッサンがなってない。

なんといわれても、私も妹も淳一がすきなのだった。デッサンがなってなくても、いい。ちゃんとした絵なんて、つまらない、と私は考えた。叔父ちゃんになんて私たちの気持がわかるものか。

この叔父は、ときどきこんなふうに母とグルになって私たちを叱ったから、そのことも私は気に入らなかったのだが、こころのすみのほうでは、「デッサンがいい」とか「デッサンがよくない」という彼の批評をきくと、私は不安になった。絵がいいとか、わるいとか、いったいどうやって決めるのだろう。

初山滋という画家のさし絵がいい、と叔父はその人が描いた絵本をどこかで見つけて買ってきた。淡い色彩のイメージがふわふわと空中にただよっている感じのこの画家の絵は、たしかに幻想的で美しかったが、中原淳一の作品にくらべると、「むずかしい」気がした。叔父は、また武井武雄という人の描いた『赤のっぽ、青のっぽ』という、とんまな鬼の話の漫画本を私たちに買ってくれた。中原淳一のつぎでよければ、初山滋や武井武雄もいい。それが妹と私の意見だった。
「少女の友」には、淳一のさし絵で、『美しい旅』という小説が連載されていた。作者の名を見て、この川端康成というひとは、おとなの本も書いてるのよ、と母がおしえてくれた。その小説のすじはほとんど思い出せないのだけれど、盲目の小さな女の子が出てきた。その子が、だれかに連れられて汽車で旅行する場面があった。目はみえないのだけれど、そして、目がみえないために、花子はひどくわがままで、とつぜん大きな声で泣いたりすることがあった。それでも、その子のひとみはいつも濡れたように黒く澄んでいて、汽車に乗っていても、だれも盲目だということに気づかない。そのことが私をつよく捉えた。花子という名もすてきだったが、なによりも、盲目なのに、吸いこまれそうに美しい目というのは、いったいどんなことだろう、と私は考えた。汽車に乗っている花子のさし絵があった。淳一の描く濡れたような黒い大きな目が、川端康成の文章にぴったりだった。

夏になると、毎年、私たちは関西の祖母のところに「帰省した」。八月のお盆のあとにいちど、春休みにもいちどだけ、私たちきょうだい三人は、母に連れられて、大阪の南の郊外に住んでいた母の兄のところに遊びに行った。母の四人の兄のなかで、この伯父がいちばんかわいがってくれたと慕っていたから、一年に二回のこの訪問は、母にとっていわば里がえりみたいなものだったろう。おじいさんに叱られながらも、この伯父が、自分はどうしても画家になりたいといって、大学にも行かなかった話を母から聞くのが私は好きだった。中学を出てすぐに有名な日本画家の弟子になったが、それもやめて、画だけでは食べていけないから、図案画家になったというのだった。芸術はたいへんなのよ、と母がいうのをきいて、私は伯父を尊敬した。

「うちみたいに、子供を叱ってばかりいるおばあちゃんがいない」伯父のところに行くのが、私たちには待ち遠しかった。食事も私たちの家よりずっとおいしかったし、広い、クスの大木があったり、草がぼうぼうに生えていたりする庭も、祖母がいつもどこかで見張っているような、石灯籠や折ってはいけない植木があったりするうちの庭とはちがって、駆けまわって遊ぶことができた。伯父の子供たち、すなわち、いとこたちが、上が女ふたり、いちばん下が男、という私たちとおなじ兄弟構成であるのも、親しみを感じさせた。(その家では、いちばん下の男の子のコウちゃんが、私とおなじ学年だった。)

ある夏、いつものように母たちと伯父の家にいくと、女学校の修学旅行で、東京にいってきたといって、二ばんめのお姉さんのノブちゃんがすっかり興奮していた。そして、自由行動のときに「少女の友」の出版社にいって、中原淳一のさし絵の原画を一枚もらってきたのよ、といばっている。私たちが拝むようにして見せてもらったその絵が、例の目のぱっちりした少女ではなくて、チューリップかなにか、花を一本、さっとペンで描いたものだったのには、少々がっかりはしたけれど、「原画」ということばの威力にはすっかり降参だった。お父さんの友人が、出版社にいるからよ、とノブちゃんは自慢そうにいった。伯母さんも、そうよ、ノブちゃんはほかのお友達といっしょだったのに、このひとだけが原画をもらったのよ、と母の顔を見ながら、おなじことをくりかえした。自分は東京に住んでいるのに、出版社もなにも知らないで、つまらないな、とノブちゃんがうらやましかった。出版社にお父さんの友人がいる、というのもなにかすごいことに思えたが、では出版社というところが、いったいどんな仕事をする場所なのかと聞かれると、本がそこからやってくるという以外には、なにも答えられなかっただろう。父は、本はめっぽうすきだったが、出版社の話をすることはなかった。

わあわあ話しているうちに、原画をもらってきたノブちゃんの興奮が、だんだん妹にも伝染して、ふたりは画家になりたいねえ、とひそひそ話をはじめた。私は絵が描けなかったし、画家になんてなりたいと思ったこともなかったから、ふたりのいうことをあきれて聞いていた。

自分が尊敬している画家の兄が娘の東京旅行で出版社の友人を紹介し、その子が淳一の原画までもらってきた話を聞いて、母は気が変ったのか、うるさい私たちの淳一熱に根負けがしただけだったのか、私たちの「少女の友熱」を黙認するところまではこぎつけたようだった。

初出　『遠い朝の本たち』（1998年、筑摩書房刊）

すが・あつこ
1929（昭和4）年兵庫県生まれ。聖心女子大学卒業。1953年よりパリ、ローマに留学、その後イタリアに在住し、1961年ミラノで結婚。数多くの日本文学の翻訳紹介に携わる。夫の死後、1971年帰国。上智大学比較文化学科教授をつとめる。『ミラノ 霧の風景』（白水社）で講談社エッセイ賞、女流文学賞受賞。1998年死去。

少女のような「ろまんの残党」

岩崎京子（児童文学作家）

いわさき・きょうこ 1922（大正11）年東京生まれ。恵泉女学園高等部卒業後同人誌「童話」に参加。『花咲か』（日本児童文学者協会賞）、『公園のふしぎ観察記』など作品多数

昭和十年代、私は女学生でした。その頃の女学生の楽しみといえば、少年少女向けの雑誌の購読でした。それしかなかったからですが。出版社の側からいっても、いちばん発行部数の多かった黄金時代だったそうです。

昭和十年代というと、昭和十二年七月に、中国盧溝橋で軍事接触があり、中国との戦争がはじまりました。昭和十六年十二月には真珠湾攻撃ではじまるアメリカとの戦争でした。

だから当然雑誌は軍事色一辺倒でしたが、『少女の友』だけは一線を画し、戦争の頁は最少限でした。その頃私たちがどの程度意識していたか……。とにかく眉の上までかぶさってくる暗い雲の存在を忘れさせてくれて、息をついていたのはたしかです。

主筆はじめ編集のスタッフが少女たちに魂の自由、本ものの価値、芸術性、繊細な感性などしっかり手渡そうとしてくれていたのですね。その頃わかりませんでしたが、今思うとちゃんと受け取っていたことに気づき、自分でも驚いています。つぎの世代の子どもを守ろうとしてくれた大人たち、その見識と勇気は尊敬せずにはいられません。私もそういう大人になりたい――。

巻頭にカラー挿絵つきで、世界の短編の名作が紹介されていました。ドーデーの「星」、アンデルセンの「月の見た話（絵なき絵本）」など文学性、芸術性の高さに気づかされました。本誌の小説も川端康成、室生犀星、井伏鱒二のものなどものっていました。子ども向けだからといって手抜きのない、子どもにおもねっていない事など、私たちにもわかりました。

心理学者ユングのいう「無意識の領域」とは幼児が無心に見、聞き、さわり……をいっていますが、無意識だからといって、意味がないかというと、そうではない、ちゃんと大脳にインプットされ、積み重ねられ、それがその人

の人格を形成しているといっています。

私は女学生でしたが、幼稚なもので、ユングのいう「幼児」の範疇かもしれませんが、その時『少女の友』からもらったもの、そして編集者たち心ある大人のメッセージは、ちゃんと私の中に定着しているのはたしかです。

もうひとつ、『少女の友』の特徴として巻末に読者欄がありました。詩・短歌・作文などの文芸欄と、もうひとつ、読者と編集者、あるいは読者どうしの交流が目的のおしゃべりの頁「友ちゃんクラブ」がありました。

文芸欄には手の出なかった私たちは、ペンネームを使って「友ちゃんクラブ」に投書しました。ペンネームはクラスのみんなには内緒です。それを探り当てたり、自分のペンネームを毎号変えて、友だちの詮索をかわしたり……という、とても女学生とは思えない、幼稚な子どもっぽい私たちでした。

さて『少女の友』は創刊されて百年目です。そこで読者が集まりました。大正生まれ、昭和初期の世代ですが、「ろまんの残党」たちでした。みなさん、まるで少女のようでした。

わたしのなかの『少女の友』

神沢利子（児童文学作家）

かんざわ・としこ 1924(大正13)年生まれ。北海道やサハリンで幼少時代を過ごす。作品に『くまの子ウーフ』など多数。エッセイに『おばあさんになるなんて』(晶文社)

わたしの本棚に四十七版昭和十七年発行の『乙女の港』があります。四、五年前、古書店でこれを見つけた折は、あまりのなつかしさに胸が切なくなったのをおぼえています。

この作品が『少女の友』に連載されたのは、昭和十二年。『少女の友』の全盛期は昭和十年代というけれど、それはまた、わたしの十代ともぴったり重なるのです。

そして『少女の友』といえば、中原淳一の絵を忘れることができません。月々きものや洋服と装いこそ変われ、毎号の表紙に描かれるのは、きまって淳一の夢見るような瞳の少女でしたから。

『乙女の港』は、川端康成の香り高い文章に淳一のさし絵という、絶妙なコンビで、全国の少女たちを魅了しました。わたしもたちまち夢中になり、発売日を待ちかねて読みふけったものです。

小説の舞台は、少女たちのあこがれを誘う港町のミッションスクールで、お姉さま、妹とよび合う上級生下級生間の恋にも似た友情を描いたものでした。この本の箱には赤いリボンをつけたお河童の大河原三千子が、そして、表紙には白地の椿模様のきもの姿の上級生、八木洋子が描かれています。物語はこのふたりの間に、もうひとりの少女、三千子を想う克子が登場します。

当時、わたしは牧・ルミというペンネームで、詩や作文を投稿していたのですが、『乙女の港』を読んでから、日南克子と名を変えています。日南とは、その頃あこがれていた上級の日夏さんにちなみ、克子は『乙女の港』から借りました。美しい上級生の日夏さんは、わたしの想いも知らずに他校へ転校してしまい、「三千子」になれぬわたしは、さみしく克子を名のるほかはなかったのです。

十代のその頃、わたしは微熱が続いて学校を休学していました。といって、どこが苦しいわけでもなく、気ままな読書と、詩や文をかき散らして日を過ごしていました。

いつでしたか、洋裁の好きな三つ年上の姉が縫ってくれた服は、中原淳一描く少女のスタイルをまねて、白い小さな丸衿の、まっ赤なワンピースでした。それがうれしくて、どこへでも着ていったのをおぼえています。

その姉が今頃、「わたしも友ちゃん会へいったことがあるのよ」ともらし、わたしを驚かせました。どこへでもついてゆきたがる妹には、内緒ででかけたのでしょう。わたしは一度もそんな会にでたことはないのですが、お誘いを受けて、平成二十年、初めて「友ちゃん会」にまいりました。すると、そこには児童文学の先輩作家、岩崎京子さんのにこやかなお顔も見えて、わたしはほおっとうれしくなりました。そんな昔にもわたしたちは『少女の友』で結ばれていたのだと思いました。

『少女の友』に投稿したあのひとすじの心が、童話に向かい、わたしもまた何十年もこの道を歩き続けて来たからです。

姉が読む『少女の友』にあこがれて

生源寺美子（児童文学作家）

しょうげんじ・はるこ 1914（大正3）年奈良生まれ。少女時代を東北各地や韓国で過ごす。『草の芽は青い』で講談社児童文学新人賞、サンケイ児童出版文化賞受賞。作品多数

私の母はかなりの読書家でした。子どもの読みものについても一家言をもっていたようですが、あまりやかましいことは言いませんでした。ただこんなことが記憶にのこっています。

女学生の姉は『少女の友』を買ってもらっていました。小学二、三年だった私には『赤い鳥』と、あとは何か三冊ほどだったと思いますが、『少女の友』がうらやましくてなりませんでした。表紙の美しい乙女は幼い私にとっても、とても魅力的です。

ある日遊びから帰ってきてみると、母と姉が並んで一冊の『少女の友』を肩をよせあって見ています。かねがね「『少女の友』は品がよくてきれいね」とほめていた母です。「お母さんまで一緒に楽しめる本！」「お母さんと並んで読める本！」と思いますとねたましい思いにとらわれました。

私はふたりのそばにそっと近づくと、ぱっと上からぬきとって走りました。

「あっ！ 何するの。この本。あんたにはまだ早いって。いつもいってるでしょ。かえしてよ」

姉は金切り声をあげて追いかけてきました。逃げる、追うの活劇になりました。

「わたしだってちゃんと読めるわよ。何よ。けちんぼ」

私は「まだ早い」と言われたのが心底くやしくなりました。家じゅうを逃げまわりました。あとはどうなったかおぼえていませんが、たぶん母がよしなにとりなしたのではないでしょうか。むろん姉につづいて私も愛読者になったことは確かです。

あれから八十年近くもたっているのか。なつかしい雑誌です。

四代の思い出

遠藤寛子（児童文学作家）

えんどう・ひろこ 1931（昭和6）年三重生まれ。三重大学を経て法政大学史学科卒。著書に『深い雪の中で』ほか多数。375ページ参照

　わが家は母、ふたりの姉と続いて『少女の友』の愛読者だった。母は水裏先生、小葉先生、二代の主筆の思い出をよく語った。おふたりがいつも一緒で読者たちが「先生がたお神酒徳利みたい」といったとか。水裏先生は堅実主義で「口絵の少女には銘仙しか着せません」と宣言なさったとか。あるいは実業之日本社主催の図画習字展に、三皇孫殿下がお成りのとき、増田社長が先導するグラビヤに感動したとか――。

　他の少女誌についても、後年私が『少女世界』の主筆をヌマタリウホウ（沼田立峰）と読んだら、「リッポウ先生よ」と訂正するぐらい詳しかったが、やはり『友』への愛着が一番強かったと思う。自然ふたりの姉も『少女の友』党になり、私にもひきつがれた。

　でも、昭和六年生まれの私は『友』が最もけんらんと輝いていた時代、まだ幼く、長姉とおしゃまの次姉が「乙女の港」に熱中しているのを、禁断の花園の話のように聞いていた。

　私がようやく『友』の正式の読者になったとき（つまり女学生になったとき）、戦況わが方に不利、『友』も戦時色一色で悲しくなった。

　しかし、その直前まで『友』は本当に立派だった。以前とは別の意味で、凛として美しかった。主筆内山先生はあの暗い時代、淳一時代にも増してすぐれた誌面を作るため、どんなに苦心されただろう。

　後になるほどそれを痛切に感じ、成長した私は児童文学作家となった。そして機会ある毎に（戦前の）幻となった『友』を紹介した。それがご縁で、内山先生に近しくさせて頂くようになったが、母は私以上に感激していた。御晩年に小作の解説をお願いしたら、快く引受けてくださり、その作品がＴＶドラマ化されると、とても喜んで観てくださった。先生は間もなく逝去されたので、大切な思い出となった。

100周年に寄せて

〜愛読者、関係者からのメッセージ〜

On the Occasion of the Centennial Edition of *Shojo no Tomo*
— Letters from readers and those connected

**現在60〜90歳代を迎える『少女の友』の
愛読者・関係者にとって、『友』はどのような記憶として刻まれているのでしょうか。
メッセージを寄せてもらいました。**

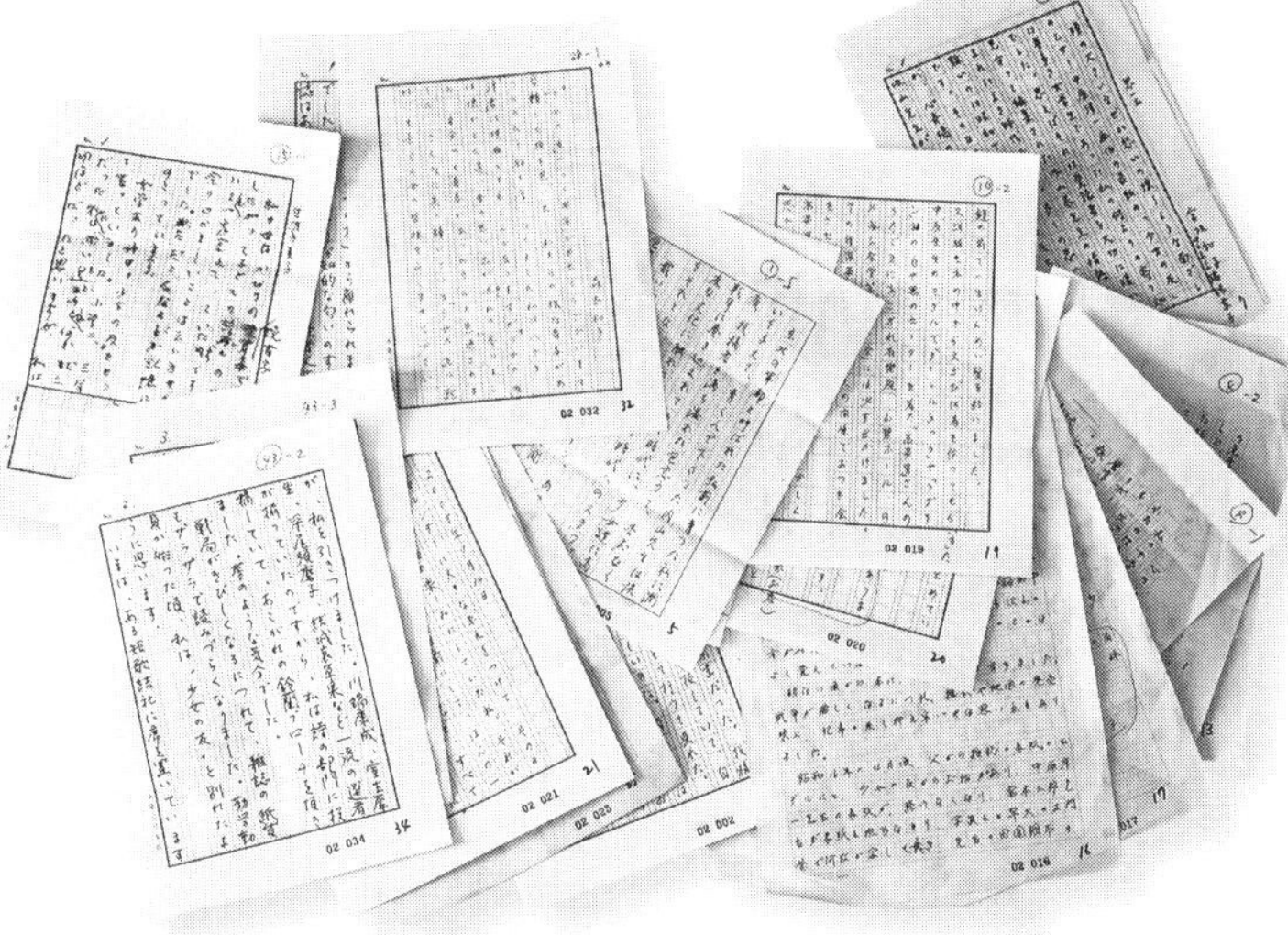

愛読者から寄せられた原稿

創刊百周年を迎えるにあたり、愛読者や関係者の方々に寄稿を呼びかけたところ、多くの方からメッセージが寄せられました。読者と編集部の関係が密であった『少女の友』らしく、どの手紙にも『友』への思いがあふれています。

休刊してから半世紀近く経っているにもかかわらず、多くの読者・関係者の消息がわかったのは、弥生美術館と、『少女の友』研究者・遠藤寛子氏の尽力によるものです。弥生美術館では、一九九九年の中原淳一と内山主筆を主題にした「少女の友展」の開催を機に、愛読者とのつながりを得、その後関係をあたためてこられました。

寄稿者に、昭和十年代、内山主筆時代の愛読者が多いのは、このような事情にもよります。（編集部）

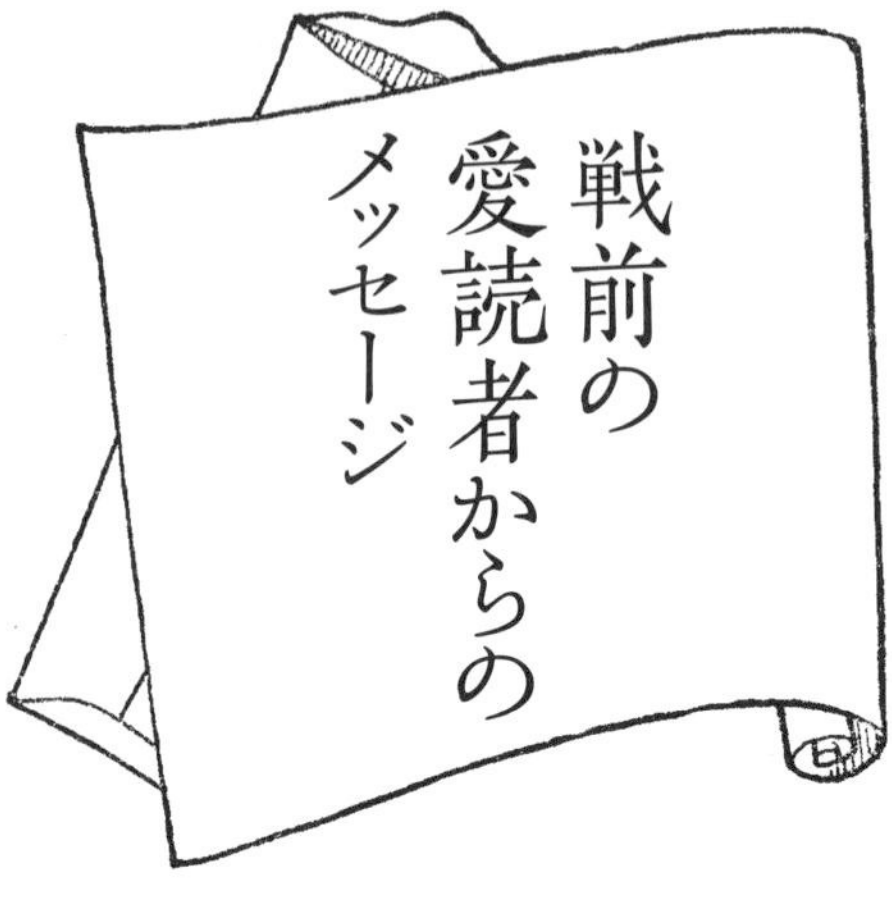

戦前の愛読者からのメッセージ

内山先生からいただいた宝物

花田みよ（ペンネーム　赤いリンゴ）

『少女の友』の発売日は学校の門から本屋まで小走り。ショウウインドウをのぞく。確かめて本屋に入り文芸欄を開き、自分のペンネームを探す。出ているときは足どりも軽く家路へ急ぐ。

読者文芸欄は、作文、和歌、口語和歌、詩、絵、書方と多彩なのに、私は作文と口語和歌と、内山先生の御ことばをいただける「友ちゃんクラブ」だけ。選外佳作で小さな活字でペンネームが出るだけでも満足し、まれに作品が載ると大喜び。

弘前の女学校に通っていた私は、昭和十三年の六月、二週間にわたる関東関西方面への修学旅行に行った。その終りが東京だった。投稿仲間の雙葉女学校のNさんが、自由時間に『少女の友』の編集部に連れていってくれた。今思うに突然うかがったらしいのに、内山先生はあたたかい笑顔で快く私たちを迎え、色々なお話しをしてくださった。

連載の先生方の原稿、原画もたくさん見せてくれて、好きなのをくださるとのこと。とくに川端康成のお原稿は「署名のあるところをお持ちなさい」との助言。「色のついた中原淳一の表紙原画を遠くから来た赤いリンゴさんにあげたいが、雙葉の人には申し訳ない。ひとりでもあげたら明日から行列ができるからね」と内山先生がおっしゃると、Nさんがちょっとうらやましそうに私を見たので遠慮したが、川端康成、吉田弦二郎、加藤まさを、蕗谷虹児、松本かつぢ、中原淳一、深谷美保子、といただく。先生は無雑作にその辺にある包装紙をペリペリと手で破り包んで巻いてくださった。

持参した付録のサイン帳には「貴方の少女の日の回想が美しいものであるように大事になさい」と書いてくださった。当時の女学校は雑誌の投稿は学校の許可がいるのだが、ペンネームで内緒で投稿していた。そのため旅館へ帰り皆に自慢したいのに、そっと大事に鞄の底に入れ

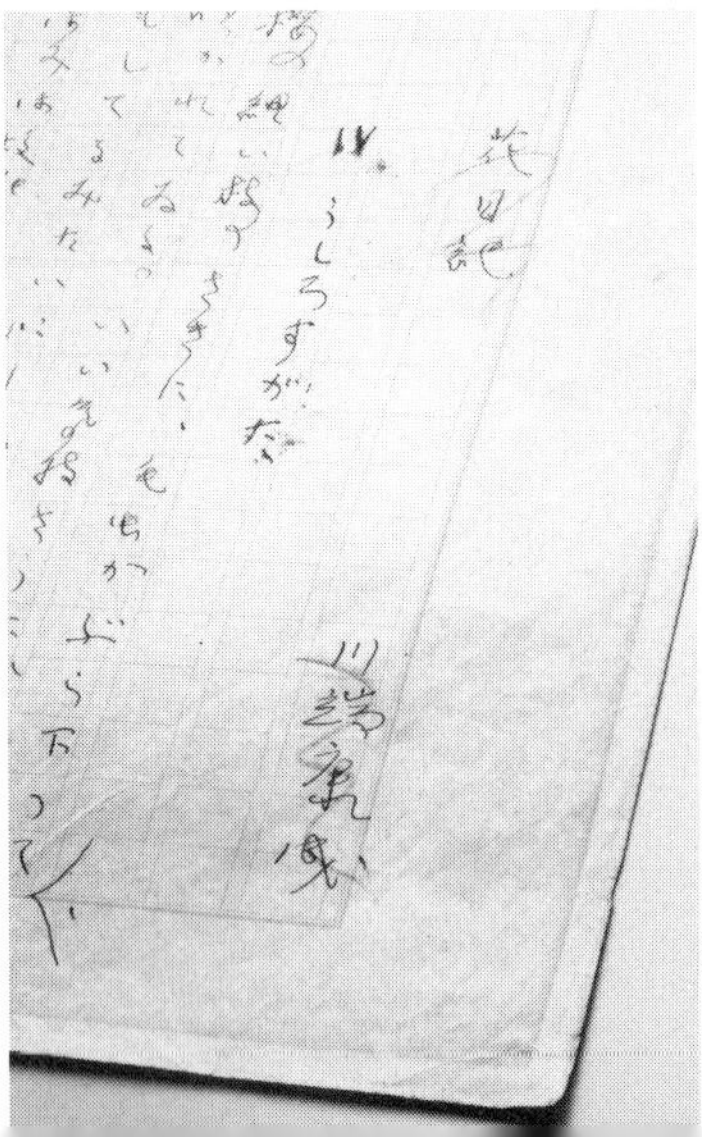

花田さんの宝物・川端康成
「花日記」の直筆原稿

た。

翌々年、冴えない投稿成績の私が「たゆまず努力をおつづけになった御褒美です。とくに強いものと言ってはありませんが、真面目に詩作してこられた点を取ります」とのおことばで文芸賞の時計をいただいた。その後は「緑の室（おへや）」だけの投稿となり、私にはまぶし過ぎて数回より投稿しなかった。

東北の軍都と呼ばれた弘前に育った私に潤いを与えて、育んでくださった内山先生。否応なく戦争に巻き込まれてゆく時代に、読者、投稿者を満ちあふれた包容力で、少女たちに高度な文化に触れさせ、次の時代へのステップをそれとなく指示された。

いただいた原稿原画、先生のサイン、あのときの包装紙、裏ぶたに少女の友文芸賞と彫られた時計、友の字をアレンジした鈴蘭のブローチ、凝ったセンスのいい付録の数々、七十年経った今も私の唯一の宝物である。

心あたたかな少女時代を過させてくれた『少女の友』に感謝し、内山先生のおことばの「たゆまず努力を重ねる」を胸に、短歌（歌誌潮音）を詠み続けて六十七年になる。『少女の友』は八十六歳の今も私の心の故郷である。

『少女の友』が引き合わせた縁

宮坂和子（ペンネーム 瑠穂葉子）

瞳の大きい、なぜか愁いの漂うような面ざしの乙女！

中原淳一画伯の表紙の『少女の友』は、夢多き女学生であった私の何よりのよりどころでした。思えばそれは愛読者を大切に暖かく見守って編集された内山基先生の情熱に育まれたよき時代でした。

多くの思い出で忘れがたいのは昭和十一年二月大阪友ちゃん会のことです。その日大阪は十何年ぶりの大雪でしたが、心斎橋の会場には愛読者たちが続々と集まり、内山先生が「皆さんの熱意でこの大雪もまもなく溶けるでしょう」と言われました。そのときの中原淳一先生の印象を「おとなしい不思議な中原先生」と友ちゃんクラブへのお便りに書いた方がありました。両先生はサイン攻めでした。ほんとうに楽しい会でした。

昭和十二年五月には修学旅行で上京し、自由行動のときに友人ふたりと実業之日本社へ内山先生をお訪ねしました。先生方の生原稿、原画等貴重なものを見せていただき、感激致しました。帰りは夜になり危ないからと、内山先生が宿の近くまで送ってくださいました。

私は昭和九年、女学校三年から作文と和歌を投稿し、同十五年五月号で、栄えある少女の友文芸賞を受賞し、記念の腕時計をいただきました。その喜びは今も胸あつくよみがえってきます。「緑の室（おへや）」へ入れていただきなお励みました。

内山先生から「新しい経験におうちかちになってそれが貴女の人生に更に一層真実をもたらすことを祈ってお祝のことばに代えます」とのおことばをいただきました。

短歌をずっと続けて今日に至りました。今から九年前の六月、弥生美術館での集まりで隣席の花田みよ様と親しくなり、短歌の会で毎月お会いするのが楽しみです。花田さんも短歌をなさっています。やはり少女の友文芸賞を受賞され、今も時計、『少女の友』、附録を大切に保存なさっていて、平成二十年七月の「百年目の友ちゃん会」で見せていただき感銘を受けました。花田さんとの出逢いも、内山先生のお引き合せと感謝しています。

永い歳月を経ても、色あせることのない『少女の友』を愛読し育てられた夢と、あこがれ多い少女時代の幸を内深く、生きている思いを深めつつ。

心のふるさと『少女の友』

門田昌子
（ペンネーム 聖銀鐘）

私の女学校生活を、友情を、豊かにしてくれたのは、『少女の友』でした。休み時間も放課後も、エッセイや小説はもとより、東京の女学校のリポート等に話題がはずみました。とくに中原淳一や松本かつぢの絵に熱中し、半透明の紙に写して見せあったり交換しました。

毎月のたのしみは淳一の洋服のデザイン。モダンな感じでしたが実用向きなようにも思い、私は女学校を卒業するとすぐに洋裁の先生について淳一デザインの服を仕立てました。V字の衿、波状に胸の切り替えをいれた服ができあがったときの喜びは、今思い出しても笑みがこぼれます。

その年の夏には、他校の読者ふたりと相談して、函館で最初の「友ちゃん会」を開きました。あこがれの内山基氏も出席されるというので、大勢の参加者で大成功でした。この日、淳一デザインの服を着て行ったのは言うまでもありません。

そしてその秋に、私は北京へと旅立ちました。『少女の友』で感動深く読んだ神崎清氏の「崇貞学園」で、清水牧師夫妻のお手伝いをすることになったのでした。ことばも習慣も、生活そのものが異なる中で戸惑い、心細いこともありましたが、毎日届く『少女の友』の読者の方々からのお手紙に、慰め励まされました。深月様たちから贈られた寄せ書きにあった歌は今も誦んじています。

「淋しき日 時にあらば 窓辺吹く 風とならまし われらの心」

奇しくも投稿欄で集っていた私たち

中西由美

なつかしい時代です。あまり昔のことになってしまったので思い出は切なく、深く心に訴えかけてきます。

本を読むことが好きだったので、『少女の友』では川端康成、由利聖子、田宮虎彦諸先生の物語や、「宝塚日記」などのお茶目なリポート、またグラビアの世界名作の紹介――『マテオ・ファルコーネ』での、息子に銃を放つ父親の悲劇には、おてんばで、呑気ものの娘には、はじめての衝撃でした。

また、「ブック・レヴュー」というこ

とばもおぼえました。それから洗練されたアイディアの付録の数々。思い出のなかでも最高は、主筆の内山基氏に、「友ちゃん会」でお目にかかれたことに他なりません。

投書は数回、のせていただいたくらいだったのですが、先日、七月に行われた「百年目の友ちゃん会」で係の方から、関西にお元気でいられる川口汐子さんが、同じ頃、短歌や、その他の欄で、一ノ瀬マチ子のペンネームでご活躍されていらしたことをうかがい、驚いた、というより、さもありなんと、大ニュースに心が躍りました。

実はわたくしごとになりますが、平成二十年の四月下旬に、中西の編集、演出により、ある小公演を行ないました。これは二〇〇五年に出版されて、静かなブームを呼んだ実際の書簡集からなる『あの夏、少年はいた』を舞台化したものです。ドキュメンタリー映画監督の岩佐寿弥氏と、川口汐子さん（二五四ページ参照）の間に交わされたお手紙の数々からなるもので、NHKのBSでも取りあげられて評判にもなりました。公演の折、汐子さんも関西から観劇にこられ、初めてお目にかかることができて大感激でした。

また、もうひとり、私の高校の同級生の岩崎京子さんとも、汐子さんは親しい童話作家仲間でいられることがわかったのも、不思議なご縁でした。京子さんは槙京子のペンネームで投稿されており、私たち三人は『少女の友』の投稿欄で、すれちがったり、同じ号にのったり、お互いの文章をおもしろがったりしていたのです。

少女モデルをつとめた思い出

伊藤ユキ子

何年か前、地下鉄の駅に貼られた弥生美術館の行事予定表を目にして、『少女の友』の展覧会があると知り、妹と一緒に「なつかしい少女の絵に会える」と出かけました。

父は戦前から現在の新宿区馬場下町、早稲田中学校の正門前で東皐堂という書店を開いていました。学校の教科書、雑誌や参謀本部の地図を扱っており、家には早稲田中学の卒業生たちがたくさんみえていました。会津八一先生のことはとても印象に残っています。

幼い頃から本にかこまれて育ちましたが、戦争が激しくなるにつれ、雑誌や地図の発売禁止、記事の差し押え等いやな思い出もあります。

昭和十五年の四月頃、父から「雑誌の表紙のモデルにと『少女の友』からお話しがあった」といわれました。中原淳一先生の表紙が続けていけなくなり、宮本

伊藤さんがモデルをつとめた昭和15年9月号。友人から表紙だけ譲ってもらいスクラップした

三郎先生が表紙を担当なさるとのこと。早大の正門前で写真を何枚か写していただき、後日宮本先生の田園調布のお宅におじゃまして、絵を書いていただきました。横山美智子さんのお嬢さんの、はるひさんも表紙を飾られたと思います。

　ところが、昭和二十年五月二十五日のB29の爆撃で、家も『少女の友』も焼失してしまいました。戦後、私がモデルをつとめたときの表紙がほしいと思い、探して回りました。偶然、勤務していた都庁のお友だちが持っており、表紙だけいただくことができました。

　弥生美術館に伺ったことで、「百年目の友ちゃん会」のご連絡もいただくことができました。思いがけない『少女の友』とのご縁を感じています。

洋服も髪型も中原淳一を参考に

楠田弘子

子供の頃から（生れたときから）父が学校の教科書、雑誌、単行本、参謀本部の地図等を販売しておりましたので、『少女の友』、『少女倶楽部』、『少年倶楽部』や絵本等にかこまれて育ちました（注・前出の伊藤ユキ子さんとはご姉妹）。他の雑誌とちがい『少女の友』は中原淳一先生の表紙です。

　毎月かわいい少女の姿にあこがれて育ちました。川端康成氏の「乙女の港」、吉屋信子氏の「花物語」の表紙、さし絵にひかれて読みました。また『ひまわり』『それいゆ』の髪型を、本を見ながら鏡の前で一所懸命髪を結いました。洋服も本の中からえらび、何着も作ってもらいました。

　中原先生のモデルで、タートルネックやラグラン袖の白や黒のセーターを着た高英男さんの歌声にあこがれて、有楽座、山葉ホール、日比谷公会堂等「リラの会」には必ず出かけました。その後、高英男さんとは主人の関係でおつき合いをさせていただきました。

　高英男さんの姿も中原先生の絵でなつかしく思い出します。私は新聞社「朝・毎・読」が銀座や丸ノ内にあった頃、銀座の広告代理店につとめていたので銀座が大好きです。今は『少女の友』の版元である実業之日本社のビルの一階にある沖縄の物産館「わした」へよく行きます。

夢とロマンを与えていただいた少女時代

小笠原愛子

　平成二十年七月十四日——カレンダーに大きな赤丸をつけて、その日を今年の最高の楽しみにしていた私。それがあと一週間、その日を目前にして、ほんの一瞬の不注意から転倒、骨折、入院と、すべてを無にして、大切な約束を破ってしまった私。

　失敗の原因はすべて自分と承知しながらもあまりの残念さに「なぜ？ なぜ？」と、未練がましくこの運命を疑ってみたり。手術待ちの寝たきりのベッドで、ただただ自問自答していました。

　十日経て出た私の答えは、あの当時の

読者として私はごく淡い存在でしかなかったので、意義ある「百年目の友ちゃん会」に参加する資格がなかったのだ、ということでした。心の中でいくらよい本だと思っていても、積極的な投稿などできませんでした。

　仕方ないのだと心が落ち着いた頃に手術でした。事前に麻酔の説明は受けましたが、気にもせずたちまち眠って手術は終わり。術後の激しい喝きに耐えながら、改めて麻酔の力を体感し、そしてあるお話を思い出していました。

『少女の友』の何年何月の所載かはわかりません。題名も忘れましたが、作者は木々高太郎氏。ストーリーは、ある医院へ盲腸炎（昔は虫様突起炎をそう呼びました）で入院してきた少女が、手術前日に医師に聞きます。

「麻酔をかけるとうわごとを言うってほんとうですか？」。医師は、ときにはそういうこともある、と答えます。いよいよ手術の日、姉につき添われた少女は、麻酔を施された後、語ります。姉の夫である義兄の不倫の行動を。医師は、この少女が実はうわごとでなく、姉に伝えるべき重大な忠告を、苦しさに耐えながら告げていたのだと悟り、少女のまごころに打たれた、という作品だったと思います。

　淡々とした文体で、少女雑誌には珍しい感じでしたが、私もちょうど仲良しの姉が、嫁いでいってしまったあとの淋しさを抱えていた頃だったので、よけい印象的だったのでした。

　おとなとなり、終戦後の文芸誌に折々作者名を見かけ読むことも多くなり、作家名は医師である林髞（はやしたかし）氏のペンネームということも知りました。少女の雑誌だからと言って決して安易な作りをせず、一流の人たちがしっかりと書いた作品がそろっていたのも、編集の視線の高さであったと思います。

　『少女の友』の編集の志に「戦時下に…夢とロマンを掲げ…」とありますが、まさに私は、『少女の友』から夢とロマンを与えられ、加えて知性と品位を育てていただいたと思い返しています。

豪華絢爛なすばらしい付録の数々

小暮令子（ペンネーム　並木径子）

　本誌のすばらしさは、もう言うまでもない。『少女の友』の付録、なんと豪華絢爛であったことか！まさに「錦上花を添える」ともいうべき存在であった。「啄木かるた」「抒情詩集（正確なタイトルは失念）」「花あわせ（これも定かならず）」「女学生ご指南帳」や家族合わせの都会風現代版ともいうべき「○○あわせ」（これも記憶おぼろげ）。これらは下世話に考えれば、「よくこれで採算がとれましたね」と言わずにいられないほどの入念な作り、でき栄えなのである。

　しかし、その前に、これらを考えだされた方々の、乙女心を捉えるセンスのよさ、いかにしゃれた感覚の持ち主が、多士済々と集まったであろう編集部のありように、感心せずにはいられない。「啄木かるた」が登場してからは、我が家の正月行事の定番であった「小倉百人一首」は影を失ってしまった。

　名高い「東海の……」や、「やわらかに……」などは、絵札のもの思わしげな絵とともに、おはことなってしまった。「叙情詩集」には教科書になんか載っていない、まぶしいような素敵な詩がちりばめられていた。今でも、そのときにおぼえた詩のいくつかに出会うと、「あ、あのとき――」と読みふけっていた当時の部屋の様子までが思い出される。

　ともあれ、私の女学生生活は『少女の友』とその付録によって、息をつぐことができたのである。発売日に学校から急ぎ帰り、「友、来たァ？」と玄関を開ける。月にいちどのあの「たのしみ」の日とともに。

青春のあの頃があふれ出す『少女の友』

森本和子

『少女の友』百周年おめでとうございます。愛読した頃を思い出し、私もそのような青春があったのだと、胸が熱くなりました。私は八十歳、「読書」は現在でも楽しんでおりますが、『少女の友』はなつかしく、遠い昔の思い出があふれてまいりました。

　こんなに長く続いた『少女の友』に乾杯！

宝石のような思い出を胸に秘めて

菅原美代

『少女の友』――なんとなつかしい響きでしょう。現在の私が、たちまち七十年のときを逆戻りして甘酸っぱい少女時代の雰囲気にひたれるのです。

　中原淳一の表紙もさし絵も、この雑誌からなくなると知ったときの悲しさも、また昨日のようによみがえります。

　でも私は『少女の友』から離れられませんでした。他にあのような知的なにおいのする雑誌はありませんでしたから。とくに読者文芸欄が、私をひきつけました。川端康成、室生犀星、深尾須磨子、結城哀草果など一流の選者がそろっていたのですから。私は詩の部門に投稿していて、あこがれの鈴蘭ブローチをいただきました。夢のような気分でした。

　戦局がきびしくなるにつれて、雑誌の紙質もザラザラで読みづらくなりました。勤労動員がはじまった頃、私は『少女の友』と別れたように思います。

　いまは、ある短歌結社に籍を置いていますが、ふとした折に『少女の友』に投稿していた話になりました。

　少し私より年上らしいひとりが「私もあのブローチ持ってるの」と言って、後日、見せてくれたのです。ふたりとも涙が出そうになりました。

『少女の友』の読者だった当時の少女たちは、みんな宝石のように、思い出を胸に秘めて年を重ねてきました。すでに八十歳を越えました。こんな雑誌が他にあったでしょうか。

女学校の縁に導かれて

菊地良江
（ペンネーム 藍青たゑ）

故郷の京都にいたとき、母が買ってくれた「関東大震災記念号」が、『少女の友』を知ったはじめである。私は小学校三年生だった。

あの大変なときによく惨状を伝える立派な写真集が出せたものよ、と今も感心するのだが、翌春思いがけず東京に住むことになった。移り住んだ渋谷は避難民でいっぱい、小学校は満員で、区域ちがいの小学校にまわされるありさまだった。

クラスからただひとり入学したお茶の水の女学校では、はじめての電車通学に心細い私に、最初に声をかけてくださったのが岩下恵美子様だった。恵美子様は、『少女の友』の主筆をつとめられた岩下小葉先生のお嬢様である。付属小学校から来られた恵美子様のあたたかいご様子に、私のコチコチの緊張がすっかりほぐれたおぼえがある。

読者投稿のお時計組（編集部注・「緑の室（おへや）」に入選した人はこう呼ばれた）に入れていただいたのを最初に知らせてくださったのも、恵美子様だった。

『新女苑』のお手伝いをさせてくださった内山基先生も恵美子様も、亡きお方になられた今、往時茫々たる思いの中に『少女の友』『新女苑』の思い出を花のように大切にして、感謝申しあげている。

※菊地良江さんのインタビューを二八八ページに掲載しています

『少女の友』の思い出

白仁文子（**故人**）
（ペンネーム 薄月ゆりこ）

『少女の友』といえばまず内山先生と中原淳一の表紙が思い出される。次に吉川英治、吉屋信子、川端康成の小説。蕗谷虹児、深谷美保子、初山滋の口絵。室生犀星や佐藤春夫の詩に胸ときめかせた青春の日も遠い昔となった。

その他チビ君シリーズや、黒板ロマンスが毎号楽しみであったし、グラビアで見た札幌の時計台や北大のポプラ並木にあこがれ、後年訪れて少女時代の夢を果たしたものである。

付録では「バースデーブック」、「フラワーゲーム」、「啄木かるた」が記憶に残っている。どれも皆しゃれた感じで美しく楽しめるものばかりだった。

編集局へおうかがいしたり読者の会に出席したりして内山先生とは四、五度お会いしたが、少女の気持ちをよく理解していられいつもにこやかで優しい方であった。

『少女の友』を通じて多くのすばらしい方たちとの出会いにも恵まれ、色々な意味で私の人生を豊かにしてくれたことに感謝している。

（弥生美術館「少女の友展」パンフレットより転載）

戦中のあの日、地中に埋めた六十六冊

矢島昭彦

今から約七十余年も前の、美しさのひとかけらもない殺風景な時代。私のまことに唯一無二の得がたい宝物は、六十数冊の『少女の友』のみだった。そしてそれは、九歳も年上の至極仲の良かった、たったひとりの姉の貴重な遺品でもあった。

姉は葦原邦子礼賛の、マニッシュなタイプ。私は今流行の「オネエ」たちに近い美意識を、先天的に持ち合せていたものか、男の子が『少女の友』に関心を持つというと妙なことにも思うが、後々推察すると、出版元の堅実な社風とともに、誌を編集する内山主筆の審美眼と清潔で理知的な雑誌づくりが、少年にも何の違和感もなく、ごく自然に心の琴線に触れる雰囲気を持っていたのではないか、と考える。

ちょうど姉が誌を購入する時期と重なって、それまでの深谷美保子描く表紙絵にかわり、昭和十年の一月号より中原淳一が彩筆をとることになった。

内山主筆の慧眼により、その後雑誌の顔とも言うべき表紙に起用された淳一のあまたの作品は、天性の美への鋭い感性から生まれた斬新であかぬけた画風で、誌の不動の個性として、戦前最後の『少女の友』の黄金期を創り出した。

なんと言ってもまず魅了されたのが、初めての表紙絵となる昭和十年一月号。見るからに都会的な、ショートカットに盛装の和服姿だ。

彼の美的感覚によるまことにモダンな調和を見せ、明晰でシャープな才気走った線描の巧緻な絵柄は、稚い少年の目にも充分過ぎる程の清い共感をもたらし、以降筆致こそ変れ、それは最後まで続いた。

誌のひとつの傑出した特色として、内山主筆との連帯感や親近感を盛りあげた、あたたかく和やかな読者との交流の頁である「トモチャンクラブ」の充実ぶりがある。ときには読者からの様々な質問への細やかな応答もあり、いかに主筆が少女たちに真面目に対していたかがうかがえ、今目を通しても、読者のひとりになったような充足を感じる。

そんな『少女の友』との親しい関係のうちに姉は結婚し一児の母となり、束の間ののちに他界する。空襲も日ごとに現実感を増し始め、何時私の家も焼失してしまうかわからぬ状態になった。

私にとっても亡姉にとってももっとも失いたくない貴重な『少女の友』。十代はじめの世間知らずの少年には、いったいどうして大切な誌を災害から守るかということは、生活に忙しい親たちには悠長な悩みと一笑に付されそうで、とても相談するわけにもゆかず途方に暮れた。

思い余って無謀にも、淳一描く表紙の六十六冊の本誌のみを（付録類は既に散逸していたので）、油紙に包んで木箱に詰めて、ともかく少しでも被害を免れて欲しい一心不乱の思いで、庭の一隅の地中深くに埋めた。

やがて終戦――その秋。どさくさも

やや落ち着いた頃、胸を弾ませながら掘り起こして、取り出した木箱の中の『少女の友』たちは、すべて湿気と雨水の浸食で濡れそぼり、手に取れば哀しい声を立てるように、優しい柔らかさで崩れるばかり。

　そのときの手の感触と、ただの残骸と化した『少女の友』を目にしたときの言いようもない虚脱感は、今でも生々しく記憶の底に息づいている。ほんとうに姉も『少女の友』もまったく消えてしまったという、もとに戻ることのない冷たい現実――。

　感傷は、実社会へ出てからは次第に薄れたが、何十年も経ってそろそろ定年退職という頃、あの少年だった自分が無性になつかしく思い出され、幻と化した『少女の友』を再び手にしてみたいものだと、まるで昔日を追うように収集を始めた。あの淳一時代の、世にもまれな上質の誌たちを、まるで美しい薔薇の花の一枝一枝を摘むかのように探求に乗り出した。

　長い間、古書目録による注文での、同好の収集家連との競り合いで一喜一憂のうちに、どうやら念願の分は入手できた。となると今度は天変地異の突然の災害の心配が生じて、図書管理専門の倉庫に預けたが、常に手もとにないとなんとも心が充たされないことに気づく。

　以来、重複承知で座右用を集め始め、現在数十冊になった誌の頁を毎日操っては、ひとときタイムスリップを楽しんでいる。

　そして、戦時体制の挙国一致のスローガンの下で、各個人の好みは一切棚あげという風潮の中、昭和十五年六月号を最後に淳一の絵の少女たちはすべて誌より消え去ってしまった。同年九月号の読者欄では「なぜ？」という怨嗟の声が多く、それらの投書を堂々と載せた内山主筆の、読者の少女たちの人間性を大切にしたレジスタンスの姿勢は、今更ながら立派だったと感服するのみである。

　大甘な感傷ばかりで少女たちに迎合しようとする誌づくりより、より遥かに高い水準の実践で、人間的な豊さを育んでいこうということは、ひとつの確かなポリシーを堅持した思想家だったのかも知れない。

　そして『少女の友』は昭和一桁初期の動乱の時代に突如開花した、今迄前例の無い少女の為の格調高い教養誌として黄金期を創り出したのだった。

　また私にとって『少女の友』の淳一描く少女たちは、何か現実を超えた別世界に生きるお姫様であって、色彩感覚や配色の妙を与えてくれた稀なる対象として、私は常にその付き人の位置に立って、今後もまた永遠に一歩下がった処から不変の観賞を続けていくのである。

矢島昭彦さん。『少女の友』は男性読者にも愛された

戦後の愛読者からのメッセージ

月一回届く文化の清新な風

師岡鯉水子

　五十年あまりのときを経て、今、手もとに大切に保存している昭和二十年代後半の数冊の『少女の友』には、私の少女時代の日々が詰まっていて、それを開くとき、今もときめきを感じます。

　私たちが戦禍の中から立ちあがって、新しい国づくりに向かって必死に歩みはじめていたその頃。モノはなく、雑誌の紙は粗悪でしたが、富士山麓の農村に住む私に、文学、美術、音楽、映画、演劇、見たこともない宝塚のことまで、さまざまな文化の清新な風をとどけてくれた『少女の友』。都会からの時代の風を胸いっぱい吸い込んで成長した気がします。同じようにこの風を受けとめた少女が全国にいたと思います。

　『友』の編集は「志高く」……私たちはそう感じ取りました。ずっとあとで知ったことですが、戦前から「自由と自立を尊ぶ」編集者がいらしてそれが受け継がれていたのですね。

　ひとりの読者だった私が、昭和二十七年、四十五周年記念の短編小説募集に応募、入選十編の仲間に入ることができた高校三年。初夏、突然、藤井千秋先生からお手紙が届きました。

　拙作のさし絵を担当してくださることになって、目の不自由な少年と明るい少女との友情を描いた短い物語に感動したと、わざわざお手紙をくださったのです。あこがれの画家からのお手紙、どんなに感激し、嬉しかったことか。

　『友』には、こういうつながりがおかしくない、不思議な雰囲気がありました。当時の森田淳二郎編集長を森田センセとお呼びして、編集部の方がたと、友ちゃんルームのページで、私たち日本中の読者はさまざまな話題で勝手なおしゃべりを楽しみました。

　昭和二十年代の終わり頃からでしょうか、おとなの大衆娯楽誌の影響か、芸能関係を中心にしたグラビアの多い少女雑誌が次々に創刊され、教養は二の次、見て楽しむ雑誌が主流になっていきました。時代の流れにあらがうこともできず、渦中にあって、さびしく悲しかった……。

　それから六十年あまりのときが流れましたが、どんなときにも数冊の『友』、千秋先生の原画とお手紙は私の手もとを離れることなく、凛と生きる支えになっていました。いま、この「宝物」を私の子どもたちにどう伝えていくかを思案しています。

そうそう、その頃の読者の方と今でも文通しています。長いおつきあいです。そして私は、今も文章を書くとき、その頃と同じこの名前です。

「せりざわりみこ」

今も心に残る編集長のひとこと

多田千鶴子

東京都中央区銀座西一ー三。昭和二十三年から二十八年にかけて、『少女の友』に投稿していた頃の実業之日本社の所番地を、忘れていなかった自分に驚いております。少女時代（あえてそう書きますが）どれだけの投稿をしてきましたことか。

『少女の友』と森田編集長なくして語れない、私の少女時代でした。編集長に連れられて、豊島園で開かれた友ちゃん会に出席し、鎌倉の吉屋信子先生のご自宅で話をお聞きした、あの夏休みの日々。まだ幼かった川田孝子、美空ひばりの対談もかたわらで見聞することができました。輝いていたかけがえのない時間です。

鈴木悦郎さんのアトリエにうかがったとき、道ばたに咲いていた露草までおぼえております。

編集部でお目にかかった三木澄子先生の、和服姿と優しい笑顔も印象的でした。

このたび、あの『少女の友』が帰ってくる……。信じられないできごとです。藤井千秋さんのさし絵をいただいた私の小文に対して、森田編集長が言われたことばが、強く心に残っております。

「創り出すことは、生きている実感があるよね。消費型じゃなく、生産型の女性になりなさい……」。

それを念頭において、今も生きているつもりです。『少女の友』と森田淳二郎編集長に、心からお礼を申あげます。

当時の『友』の
マスコット、Q子

縁あって義兄になった藤井千秋

藤井芳子

『少女の友』は私にとって、少女時代のあこがれの世界であり、また藤井千秋というさし絵画家との出会いでもありました。私が初めて『少女の友』に出会ったのは終戦から数年たった中学生のときでした。友だちの読むその雑誌には、美しいさし絵がたくさん載っており、今までに見たことのないものでした。

一目見たときから、私はすっかりとりこになり、それ以来、毎月の発売日が待ち遠しくてたまりませんでした。友だちと回し読みをしながら、みんなで一時の夢の世界にひたっていたものでした。

貧しい時代でしたが、モノにあふれた今よりもはるかに心豊かな少女時代が過ごせたのは、夢と希望がたくさん詰まった『少女の友』が、私に前に進む力を与えてくれたからだと思うのです。

また『少女の友』には、たくさんの著名な先生方がさし絵を描かれておられましたが、その中で私がもっとも心を惹かれましたのは、エキゾチックな少女やシルエット画を描く藤井千秋でした。その頃はファンレターを夢中になって、書いたものです。

あとに奇しくも縁あって、千秋の弟と結婚し、義理の兄妹となりました。家にはファンの人たちが次々に訪れ、千秋はその方たちに囲まれて、いつも楽しそうに話をしていました。

多忙な日々のなか、千秋は寸暇を惜しんで机に向かっておりました。ペンからは、次々に美しい絵が生み出されていきましたが、そのために様々な資料を集め、いつも完璧な絵を目指しておりました。千秋が亡くなってはや二十三年がたちましたが、今も色鮮やかな原画を見ると、その姿を昨日のことのように思い出すのです。

詩作の基本は投稿欄で学びました

小柳玲子

私は少女雑誌の投稿欄から出発してとうとう一生詩を書く身になったという、詩人の中では異色の人である。受験雑誌の投稿欄から詩人になった人は、寺山修司さんを筆頭に大勢いるのだが、少女雑誌から、という詩人はほとんどいないのである。

なぜか気恥ずかしく、私はこのことを最近までひた隠しにしていた。いや、当時から川井雅子という目立たないペンネームを使い、（他にもいろいろなペンネームを使ったが、もう思い出せない）親にも隠していたのだから、「書く」ということは私にとってずっと恥ずかしかったのだろう。しかし私は詩作の基本、詩というものの本質はすべてこの投稿欄で勉強させてもらったと、いまでも思っている。

当時、『少女の友』の選者は三井ふたばこさんで、若々しく意気に燃えての指導者であった。私は一応詩人となってから、一度だけ三井さんに出会ったことがある。でも投稿者だったことは言いそびれてしまった。まるで独力で育ったような顔をしていたのである。これも恥の記憶である。

『少女の友』にはもうひとつ、思い出がある。私の同級生に加賀周子さんという、すこぶるつきの美少女がいた。のちに女優さんになったが、いまは良き家庭人である。この加賀さんが『少女の友』のスタッフにスカウトされて、グラビアに登場したのである。中学生の頃だった。

手に手に『少女の友』を持って、同級生は大騒ぎである。そのずっとうしろのページ、投稿欄には私の作品がこっそり載っているわけで、私は教室の隅のほうで小さくなっていたものである。

ま、ペンネームで書いたのは正解だったわい、と胸をなでおろしていたらしい。思えばかわいいことである。

『少女の友』関係者からのメッセージ

父・松本昌美のこと

松本弘
（画家・松本昌美長男）

父・松本昌美（盛昌）は昭和十二年頃『少女の友』でさし絵画家としてデビューし、昭和二十三年十二月号〜昭和二十七年七月号、昭和二十九年と計四年半表紙を描いています。

父のデビュー当時、私はまだ赤ん坊だったのですが、東京での画家修業に見切りをつけて、郷里へ帰ろうとしていた父を、内山基主筆が引きとめてくださったのだと聞いています。

家財道具もすっかり送り、切符まで用意していた矢先のできごとだったそうです。父がチャンスをつかむまでの間、内職をして家計を支え続けた母もえらかったと思いますよ。

戦後、復員してからは便箋の表紙などを描いてなんとか暮らしを立てていたのですが、絵筆以外は持つ気はなかったようです。まあ、それ以外にできなかったのですが（笑）。そんなとき、新しく主筆に就任された森田淳二郎氏が訪ねてこられたのです。なんと表紙画の依頼です。父は張り切って名前も本名の盛昌から昌美に変えました。

表紙の仕事には心血注いでいましたね。仕あげにかかる頃は近寄れない程でした。

父は実物を見ないと描けないたちで、母がよくモデルをつとめていました。僕

左から松本昌美、藤井千秋、鈴木悦郎。『少女の友』で活躍した3作家の貴重な写真。松本昌美氏のアルバムに大切に保存されていた

もかり出されたことがあったなあ。動くと怒られてね。それから僕の同級生なんかも。同窓会で「あなたのお父さんに絵を描いてもらったのよ」など今でも言われます。

　背景や小道具なんかも、実物がないとダメでした。例えば少女の頭に飾るリボンひとつにしても、空では描けないのです。模様の出方や曲がり具合など、正確に描くためにはね。絵に描くためだけに自分でこしらえたりもしました。

　布を染めて模様を描いて、そこから始めるのですから大変ですよ。

　こんな調子ですから一枚の絵を描くのに半月もかかります。実に商売下手なのですが（笑）、それだけこの仕事に懸けていたのでしょうね。

　父は内気で寡黙な性質だったので、ファンと積極的に交流するようなタイプではありませんでしたが、郷里で開催された「松山友ちゃん会」には、僕を連れて東京から駆けつけました。父の中には故郷に錦を飾ったとの思いがあったのでしょう。（談）

『少女の友』編集部に絵を持ち込んで

鈴木悦郎（画家）

『少女の友』を初めて目にしたときの感動は、今でもおぼえています。小学校四年生のときで、隣家の女の子が私に見せてくれたのです。私は表紙に描かれた美しい少女にすっかり見入ってしまったのですが、そのとき、隣の子がこういったのですよ。「口より目の方が大きいのよ！」と（笑）。

　言われて私も初めて気がつき驚きました。確かにそれは常識的なバランスではありませんが、しかし美を損なうことがなく、善き絵だなあと感じ入りました。今から思えば、あれは中原淳一先生のお絵でした。

　戦後、復員してから、今後はどうしても絵を描いてゆきたいと思い、雑誌社を訪ねることにしました。真っ先に浮かんだのが『少女の友』です。やはり幼き日の感動が残っていたのでしょう。編集部をお訪ねし、森田淳二郎主筆に絵を見ていただきました。即採用とのお返事で嬉しかったです。あの美しい雑誌に自分の絵が載るのですから。

　森田さんは仕事には厳しかったですが、芯は優しい方で、いろいろとお世話になりました。そうそう、創刊四十五周年記念の愛読者大会では、司会の森田さんが進行をまちがえて、ゲストで来ていた先輩の内山基さんからオコられたりなんてこともありましたよ（笑）。

　『少女の友』では主にカットの仕事をさせていただきましたが、忘れられない仕事がバレエ物語のさし絵です。私はバレエが大好きで、戦前からよく観ていましたから、もう嬉しくて。

　友人がバレエ教室をやっていたので、動きや足のポジションなどを観察するため教室に足を運んだりもしました。昭和二十五年九月号の「コッペリヤ」、十一月号の「火の鳥」など楽しい仕事でした。

　文章は澤牧雄氏でしたが、この方は実は副編集長の佐々木さんのペンネームだったそうで！　今になって初めて知りました。私と同年代である佐々木さんもご健在とのこと、なつかしく嬉しく思っております。

歳を重ねて想い出は尽きることなく、編集部の皆様にはお礼申しあげます。

（談）

わが青春の編集時代

佐々木淳
（昭和23〜29年編集部在籍）

わたしが『少女の友』の編集部配属の社命を受けたのは、昭和二十三年のことである。二十二年に入社して約一年間、『赤とんぼ』の編集部で、あの有名な「ビルマの竪琴」（竹山道雄）の担当を務めたが、『少女の友』の編集長が森田淳二郎さんになるとともに指名され、お手伝いをすることになった。

三年間の兵役、まして戦地で重傷を負ったが幸運にも一命を取りとめて復員したあとのことで、戦後のきびしい生活状況のなかにあっても、毎日が楽しい青春の夢あふれた日々であった。森田さんは編集者としては内山基大先輩の後継者にふさわしい人柄で、個人的には詩人のような感性の持ち主であった。

孤高の詩人大手拓次、三好達治の作品を愛して花を愛したが、好んだ花は人工的なものではなく、素朴な野草の類いであった。そうした感性の持ち主を上役に持ったことはなによりも幸運であった。

森田さんは丹波篠山の出身で、当時著名な女流詩人の深尾須磨子と同郷であることを誇りとしていた。わたしは幼いとき、街よりも放し飼いの鹿がすむ公園のほうが広い箱庭のような奈良で育ったので、ときにふたりでしゃべっているといつのまにか関西弁になっていることがたのしかった。そうした人間関係に恵まれていたことは感謝であり、『少女の友』が休刊になる昭和三十年の一年前まで、約六年間のびのびと編集に励むことができた。

わたしは戦地で足に銃弾を受けるまでは、バレリーナになることを夢見る多感なロマンティストであった。そうしたセンスを編集長がみとめ、貝谷バレエ団の少女たちによる野外撮影の私の企画が採用されグラビヤページをかざった。

なかでも奥日光の湯ノ湖での神秘的な「春の妖精」は好評で、当時の社長からおほめをいただいた。澤牧雄のペンネームで執筆もし、そのなかの一作、「情熱のピアノ詩人ショパン」はとくに印象にのこっている。

人生を変えた森田編集長との出会い

高木清
（昭和27〜30年編集部在籍）

戦後まもなく上京し、早稲田大学に学んだ私は、当時『少女の友』の表紙を描いて活躍中の松本昌美先生に師事し、学業のかたわら東京・中野の先生の自宅アトリエに通い、少年時代から念願の抒情画家への道を模索していた。

そんなある日、先生の自宅を訪れた『少女の友』の森田淳二郎編集長との偶然の

昭和24年の編集部。右から林千恵子、佐々木淳、森田淳二郎、篠遠喜健。中央はマスコットQ子

出会いが、私のその後の人生を一変させることになる。森田編集長は早稲田の後輩の私の〝夢〟への挑戦にあたたかい理解を示しながらも「抒情画の将来は厳しい。もし『少女の友』に興味があるのなら、編集の仕事をしてみないか」と思いがけないことば。編集長の『少女の友』に懸ける熱い情熱と理念がひしひし胸に伝わり、私の未知の世界への好奇心を大きく揺さぶった。

　昭和二十七年四月、大学卒業と同時に、『少女の友』編集部の一員として迎えられ、新米記者ながら主として芸能面の仕事を任され、毎日が新鮮で充実した編集者生活だった。

　しかし昭和三十年春、『少女の友』の突然の休刊が決定。途方に暮れた私に森田編集長は、その頃には私の得意分野となっていた芸能記者への転身を薦め、同じ高円寺の町内に住む、当時若者に大人気の雑誌『平凡』の清水達夫編集長に直々に推薦。以後ここマガジンハウスで定年を迎えるまで四十年間、編集一筋の人生を全うすることができた。

　もし五十五年前のあの日、松本先生の自宅での森田編集長との出会いがなかったとしたら、自分自身どんな人生を歩んでいただろうと思うと、運命的ともいうべき人との出会いの大切さを、つくづく感じずにはいられない。

戦後の名編集長
森田淳二郎とは

『少女の友』のためにこの世に生まれて来た男。当時の森田編集長を知る人達は、今もその稀有な感性を懐かしむ。

　ダンディで花と詩を愛するロマンチスト。一八〇センチ近い長身の男の周辺には、常に華やかさが漂い、全国各地から編集部を訪れた少女達も、皆、彼の放つ独特のオーラに魅せられた。

　直情径行。時には強引なまでの手法で、次々と誌面に新風を吹き込み、就任早々まだ無名に近い松本昌美画伯を表紙に大抜擢。藤井千秋、鈴木悦郎など前途有望な青年画家を世に送り出し、新進の女流作家、三谷晴美（現在の瀬戸内寂聴氏）の才能にもいち早く着目するなど『友』を創刊以来の大部数雑誌に育て上げ、その辣腕ぶりは戦前の内山、戦後の森田と称えられた。

　二年前まさ子夫人に先立たれ、九十五歳の今は、穏やかに余生を過ごす日々という。

（高木 清）

編集者・内山基のこと

The Achievements of Motoi Uchiyama, the Editor

**半世紀にわたる『少女の友』の歩みのなかでも、
とりわけ読者に熱愛されたのが、昭和十年代の内山基主筆（編集長）の時代です。
この雑誌の黄金期を築いた編集者にスポットをあてます。**

昭和13年、36歳の内山

本書の第Ⅰ部「ベストセレクション」に載録した記事は、ほとんどが昭和十年代、内山基が主筆をつとめた時期のものです。

『少女の友』の四十八年分のバックナンバーを積み上げページを繰ると、この時期の誌面の充実ぶり、ことにエレガントさにおいてはぬきんでており、「黄金期」と呼んで過言ではありません。内山基は、若き中原淳一の才能を見出し、育てたことで知られていますが、読者に非常に親しまれ、編集部と読者のきわめて親密な関係をつくったことも特筆すべきことです。

日本が戦争へと向かう昭和十年代に、エレガントな「小宇宙」を女の子たちに与えた内山の業績と、その素顔の一端を、ここにご紹介します。

（編集部）

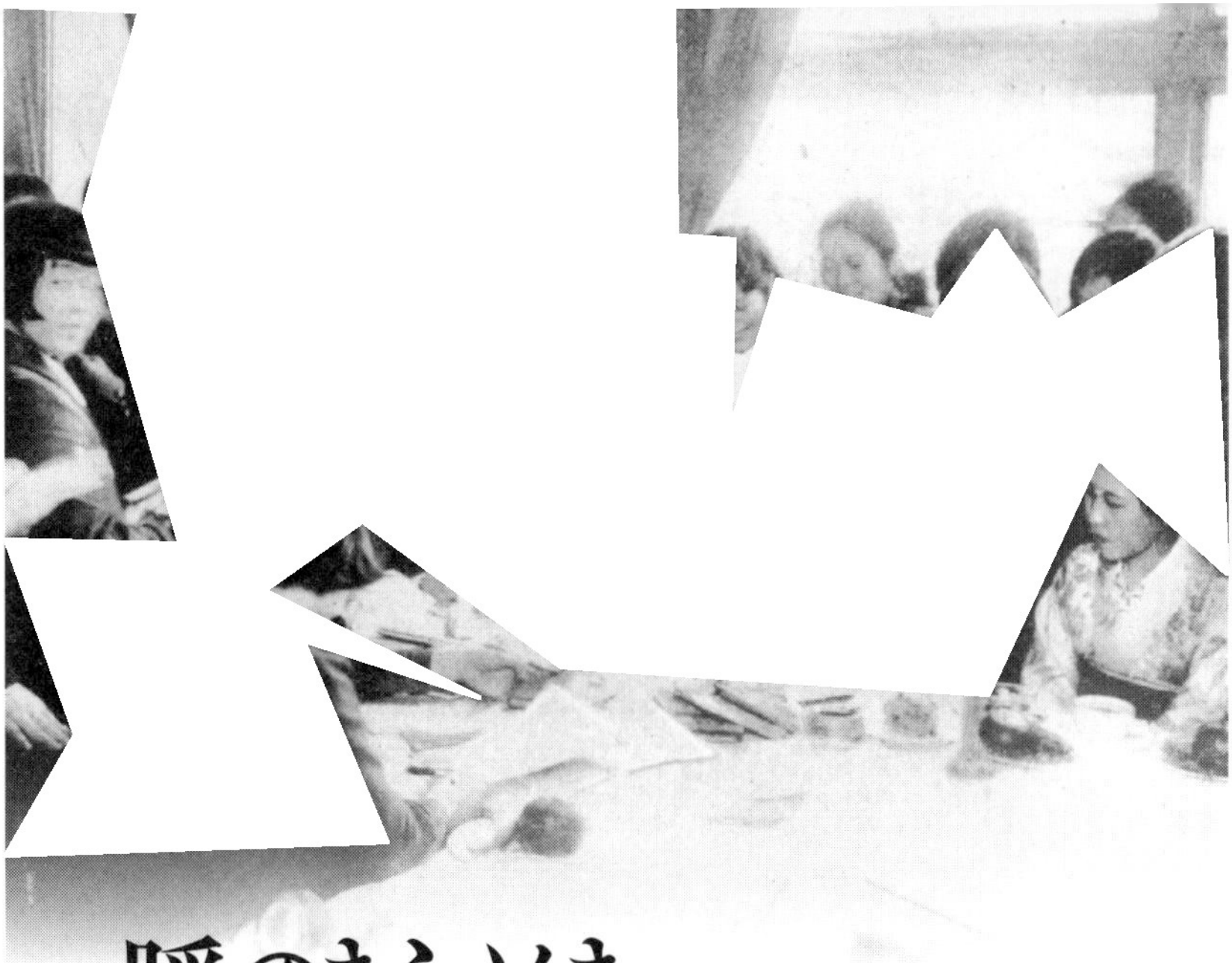

一瞬のきらめき

『少女の友』の内山時代

遠藤寛子（児童文学作家）

二十八歳の若き主筆

『少女の友』はその四十八年間の歴史に七代六人の主筆（戦後編集長と改称）を迎えた。二・四代は岩下小葉の重任なのでこういう数になるが、それぞれ個性的な編集者の中で特に注目されるのは、五代内山基（昭和六年六月号〜昭和二十年九月号）の時代であろう。否、それは『少女の友』という一誌の中だけではない。明治から昭和まで、おびただしく生まれた「少女雑誌」の中でも一種独特の輝きを以て存在感を示しているのが、この時代の『少女の友』だといっても過言ではないと思う。

こうした評価は主観を伴うものであり、ことにこの小稿が発表される場が『少女の友』百年記念号であることを考えると「内輪ぼめ」とのそしりを免れがたいとは思うが、でも、私は敢えていいたい、内山時代の『少女の友』はすばらしかったと。

内山基が主筆をつとめたのは昭和六年六月号から昭和二十年九月号まで。主筆就任時は二十八歳の若さで

昭和11年4月に横浜で開かれた「友ちゃん会」で来会者にサインを求められる中原淳一（手前右から2番目）と、内山基（3番目）

あった。そして、この若さを内山主筆は十二分に生かした。

内山時代の約十五年間をおおまかに区切ると、

1．前代をうけつぐ（昭和六～九年）

2．個性を発揮する（昭和十～十二年）

3．近づく嵐の中で美しく（昭和十三～十四年）

4．圧力に耐えて輝く（昭和十五～十七年前半）

5．戦禍の中に努力空しく（昭和十七年後半～二十年）

となろうか。

1．の時代は、岩下前主筆の方針を、深谷美保子の表紙などで踏襲しつつ、新しい内容、作家、画家を求めた。その努力が花開いたのが2．の時代である。実は、この時代は、『少女倶楽部』との激烈な競争の時代でもあったが、内山主筆は中原淳一という新しい若い才能を、表紙に登用したのをはじめ、絵にも作品にも『少女倶楽部』とは全く対照的な雰囲気をただよわせ、『少女倶楽部』との「住みわけ」に成功した。

かつて私は二誌の特色を下記のように分類した。「少女倶楽部」の大衆的な娯楽性、生真面目な教育性、堅実な素朴さ、これに対して『少女の友』は優雅な抒情性、機智に富んだ諧謔性、洗練された華麗さ――これらをまとめて、前者の地方性に対する後者の都会性、とした。また、内山主筆自身が「ロマンチシズム、ヒューマニズム、エキゾチシズム」を以て『少女の友』を定義した。これらを重ね合わせれば2．の、戦前の華やかな『少女の友』の姿がうかんで来よう。

読者の身近なお兄さん「基先生」

内山主筆はヒューマニズムに富むジャーナリストの家庭に生いたち、早大時代には、社会事業家丸山ちよ、大森アニー女史らの事業を手伝った経験もあった。また、当時の女学校教育の良妻賢母主義や、温良貞淑という教育方針に疑問を抱いていた。しかし、有能な編集者として、それを強く表面にうちだすことはせず、少女達に自分の考えを発表する事をすすめても、その前には必ず「おとなしい事はよいことですが」と前おきをつけるほど慎重であった。そしてこの若く、読者の一人ひとりをよく記憶し、誌上で、あるいは愛読者会の「友ちゃん会」で、適切な助言を与える主筆は、頼れる兄のように読者から「基先生」と敬慕された。

読者通信欄「トモチャンクラブ」の一例。ドイツは偉大だと書いた読者に「ドイツは偉大です。しかし崇高ではありません。ぼくは日本が崇高であってほしいと思います」と答えた。これは近年、仏国の水爆実験に対して、ある全国紙の投書欄に「フランスは偉大だ。しかし崇高ではない」と模倣したものが載った。戦前の少女への言葉が、数十年を経て成人向けの新聞の読者と編集者を動かすものであったのだ。

戦時下の勇気

しかし、戦時体制が深まり、言論統制が強まると、美しい誌面は陸軍から目をつけられる。その圧力への対策として、昭和十四年に一〇〇三箇の慰問袋献納、慰問文募集が企画される。この一等賞品が腕時計（三人）であることに、当時の腕時計の貴重さを知る人は驚く。

今日さらに驚かされるのは、その一等入選慰問文の、軍国調のみじんも見られぬ、のびやかな明るさである。殊に一人はアメリカからの応募で、「あしながおじさん」調に綴られている。編集者の軍部への巧みな対応と共に、その内に秘めた自由と平和への、思いが知られる。3．の時代である。

しかしついに淳一の絵のあまりの優美さが軍・政府を刺激し、「自発的に」退場させられ誌面も変化を迫られる。4．の時代である。

内山主筆は中原氏の退場を、読者と編集者の通信欄「トモチャンクラブ」で静かに告げた。表面は中原氏の意志といいながら、政府の圧力であることを言外に伝え、

「――父を兄を、夫を子を、失ふことさへも、国の為に忍ばなければならない時です。今は僕たちの一つの喜びを国家に捧げませう――」と述べた（三五四ページに全文掲載）。今日では別に特異な文ではないであろう。しかし、当時、名誉の戦死と讃えられた「死」を、愛するものを「失ふ」といい、又「光栄」というところを「忍ぶ」と表現した内山主筆の姿勢は、非常に大

きな勇気を必要とした。

ふしぎな調和の時代を経て

政府は『少女の友』に変化を求め、『少女の友』は変わった。

しかしそれは政府が求める変化と微妙に違っていた。戦局の変化と共に、女性も社会に進出することが求められるようになった。内山主筆はそれを巧みに利用し、かつては声高にいえなかった自立へのすすめと、それに必要な高い教養主義を誌面にうちだしたのだ。そして昭和十六年、日本出版文化協会の「児童文化賞（雑誌の部）」を受賞している。

誌上で募集された兵士への慰問文で、第一等となった蓮沼國子さんが、陸軍省で賞状を受け取る様子を伝えるグラビア記事（昭和15年2月号）

多くの人が危ぶんだ売上部数も淳一退場の時期の後は減らなかった。戦前、女子の専門学校以上への進学率はきわめて低かった。少女たちは高い能力をもちながら、文化に、知識に、飢えていた。

『少女の友』の驚くほど高い内容は、こうして読者にうけ入れられたのだ。

このふしぎな調和の時代も、やがて太平洋戦争開戦、戦況の悪化と共に終る。

ページ数が薄くなると共に、すぐれた文化面は、程度の低い戦争読物に変ってゆき、ついに敗戦を迎え、内山主筆は『少女の友』を去る。

敗戦後出版界では、少年少女のため良心的内容をもつという月刊誌が数誌創刊された。内容的にはたしかに立派なものだった。しかし、商業的には全くなりたたず、短い生命で終った。

ここで内山主筆の晩年の言葉を紹介しよう。

「内容のよい雑誌を作るだけなら簡単だ。ぼくの誇りは、『少女の友』が高い評価をうけてしかもよく売れたことだよ」

家族が語る、内山基の素顔

『少女の友』の関係者に話を聞くと、多くの方が、内山基の人間的魅力を口にされる。黄金期を築いた主筆の素顔が知りたくて、長女の美樹子さんを訪ねた。

内山美樹子（早稲田大学教授、内山基長女）

1939年生まれ。早稲田大学文学部卒業。文学博士。著書に『浄瑠璃史の十八世紀』

純粋な人

――お父さま・内山基主筆の編集者としての業績は、遠藤寛子先生らの研究で明らかになっています。きょうは、家庭人としてのお父さまの思い出をうかがいたくてまいりました。

内山　松本かつぢ先生がエッセイで「めずらしい位心の清らかな人でした」と書いてくださっています。娘として申すのも、自慢めくのですが、そういわれるのはわかるような気がします。

江戸時代の浄瑠璃とか歌舞伎を専門にしている、私のような人間から見ると、父はいわゆる「わけ知り」とはちがって、やぼなくらい純粋で。もちろん、ものわかりはよかったと思うんですよ。でも清濁あわせ飲む、という感じではなかった。「編集者の思い出」で父が書いているように（編集部注・戦後、実業之日本社から独立し発行した雑誌『モードェモード』に連載。戦中、当局の強い圧力により妥協を強いられたことが綴られている）、当然のことながら妥協しなきゃならない場面にも出会ったろうし、独立してからは、小さな会社の経営者としていろいろな思いをしたに相違ないんですけれど。

――家庭ではどんな方でしたか。

内山　家庭人としてはきわめていい人だったと思います。仕事は徹夜も厭わず、非常に大事にしていたけれど、だからといって家庭を犠牲にということは決してしなかった。大正のヒューマニズムの時代に育ったといえますが、明治生まれの頑固さのようなものも持っていて。

左から多美野(37歳)、膝の上に1歳4ヶ月の次女美和子、住み込みの村中（福居）輝子、基(47歳)、美樹子(11歳)。ここは「ホール」と呼ばれていたリビングで、格子の窓や飾り棚など、インテリアは内山主筆がデザインした。「家族が各々のことをしていても、『じゃあお茶にしよう』となれば、皆集まってきて、お菓子を食べつつあれこれ話をしていました」という家族の団らんの場所。昭和26年1月、『少女の友』のグラビア写真を手掛けていた安田勝彦を自宅に招いて撮影した

父は、私や、私の妹の美和子を「君たち」という呼び方をしていましたね。子どもとも「君・僕」の関係なわけです。自分の父親のことを話すときも「守太郎君は」。

その内山守太郎は、長野県の北安曇郡池田町の旧家の農家出身で、仙台藩士の娘だった祖母と結婚しました。事業家として大いに活躍したと聞いています。ただ、祖母以外の女性との間に子どもがいたことを、父は「守太郎君は、事業家としては自分なんかよりはるかに優れている。けれどもだらしないところもあって……」と言っていました。祖父は、祖母に対して愛情はあったとは思うんですよ。でもそれとは別で。

——当時としては、それほど珍しいことではなかったですからね。

内山 ええ、父を含め六人の子どもがいて、決して仲の悪い家庭ではなかった。けれど、なかなかうちへ帰ってこないとか、そういう自分の父親を見ていて、少年時代、「自分は家庭を大事にしなきゃいけない」と実感した、と言っていまし

た。

結婚と内田百閒のこと

――内山主筆は、昭和三年に実業之日本社に入社し、十四年に内田百閒の長女、内田多美野さんと結婚されます。

内山　父の兄である、内山保が百閒の門人で、内田百閒の家族の一員として、長い間生活していました。ですから、父と百閒のつながりは、内山保を通してですね。父は、母が小学生の頃から知っていたようです。そんなつきあいがあって、母は学生時代から、実業之日本社でアルバイトするようになったようです。

――昭和十二年には、多美野さんは「南由紀子」の名で、中原淳一と「女学生服装帖」の連載を持ち、英詩の翻訳も、毎号のようにされています。

内山　母は、日本女子大の英文科を出て、卒業論文は英語で書いていますし、英語は非常によくできたと思います。

――結婚のきっかけは、多美野さんがキリスト教の洗礼を受けたことに、百閒が立腹して家から追い出し、その間を内山主筆が取り持ったことだと聞いたことがあります。「イヤダカラ、イヤダ」で有名な百閒らしい話だと感じたのですが。

内山　ああ、百閒が母を義絶した、という話ね。ただし、洗礼を受けたあとも、母はまったく家を出てはいません。同じ状態で暮らしています。家を出たのは、というか帰らなくなったのは、百閒のほうです。百閒はとにかく、自分の母と、妻（清子）と、たくさんの子どもと暮らしていて。そんな状態だと、家では文筆の仕事がなかなかできない。だから、仕事場を別に持つということは、家族一同、その方がいいだろう、と賛成していたと思います。

　ところが、昔の男性の常というのか、別の女性と一緒に住むようになって。それも、祖母（清子）なり、母や私も含めて、こちら側の理解としては、言うなれば看護婦さんのように、側にいてくれる人があれば、それは必要だろうと、そういう理解をしていました。母と義絶状態だったことが、祖父にとっては戻ってこない口実に……。

――なったかもしれませんね。

内山　ええ。百閒の中での、いろいろな口実の一つに、それもなくもないと思います。つまり、百閒も守太郎も、家庭第一ではないわけです。どちらも、文筆家として、事業家としては優れている。それは父は認めていましたが。

――ふたりの結婚について、百閒はなんと言っていたのですか。

内山　父が報告に行ったら、「そうなると思っていた」と言ったそうです。その上で、百閒は「多美野が結婚を認めてくれというなら、まずキリスト教をやめて来い」という条件を出した。でも母は「神様に背くことはできない」と。それを聞いて百閒は「だったら自分とは関係なく、勝手にやれ」と。そういうことだったと聞いています。

よく結ばれた夫婦

――内山主筆は、読者に大変な人気だったようです。下世話ですけれども、とても女性にモテたのではと思うのですが。

内山　たびたび投書される方とか、自然とつきあいは多くなってきて「だれそれさんと結婚するだろうと思っていました」とか、言われた方はあるみたいですね。私が「実際はどうだったの」と父に聞いたら、「たくさんの人と知り合うなかで、あの人と結婚しよう、この人と結婚しよう、という了見ではやっていけない」と言っていましたね。父はある意味で堅物というか、やはり純粋な人で。ほんとうに父は、母以外の女性は知らなかったと思います。

——多美野さんは、内山主筆が結婚するくらいですから、とても魅力的な方だったと想像します。

内山　いわゆる良妻賢母とはちょっとちがいます。でも、父が自分の会社を立ちあげてからは、原稿を書いたり、広告の営業なども非常によくやって、父を助けていました。

——とても活発な感じ……？

内山　というよりは、むしろおっとりしたところもあって、世間的にうまく切り盛りするというタイプではなかったです。お料理なんかは、作るとなれば、それは立派に作るんですよ。おすましの味なんていうのは非常にやかましくて。父は、夕食は特別なことがない限り、家で食べることにしていたので、十一時になろうと十二時になろうと、父が帰ってくるまで待っていて。でもおそらく、家事にそんなに向いている女性ではなかったと思うんです。逆に父のほうが楽しんで台所へ入っていました。

——お父様は、台所に立たれたときは、どんなものを作っていらしたんですか？

内山　朝ごはんのハムエッグは、毎日私に焼いてくれましたね。妹には、おべんとうまで作ったりしていました。母は体が弱かったということもあって、父の方が早く起きて、朝ごはんを作って。母はもう少ししてからマイペースで起きてきて。

——美樹子先生は、女性も仕事を持つというのは当たり前だという感覚でしたか。

内山　父は「女性は自立しなければならない」ということを言い続けていました。

内山基 略年譜

明治36年　横浜に生まれる
昭和3年　早稲田大学文学部英文科卒業。実業之日本社入社
昭和6年　『少女の友』主筆となる
昭和12年　『新女苑』を創刊。『少女の友』と主筆を兼任する
昭和14年　内田多美野と結婚、長女・美樹子誕生
昭和21年　『私のきもの』を創刊
昭和23年　実業之日本社から独立し、東和社を設立。『私のきもの』を引き続き出版
昭和24年　次女、美和子誕生
昭和35年　『私のきもの』を現在の『モードェモード』に誌名変更
昭和40年　モードェモード社に社名変更
昭和57年　10月死去。享年79

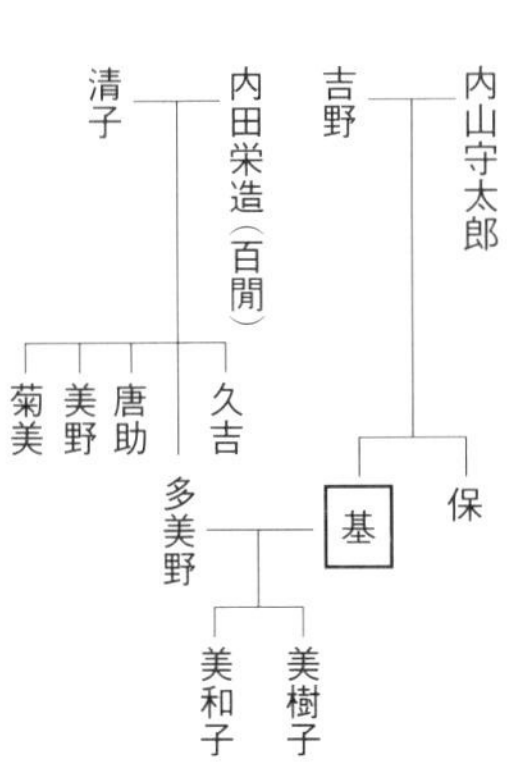

（遠藤寛子著『『少女の友』とその時代－編集者の勇気 内山基』を参照）

万一離婚したいという状況になったとき、生活ができないから嫌々一緒にいるような、みじめなことにはなってほしくない、と。

でも、母も、娘が適齢期をとっくに過ぎても、あまり気にしていなかった。おばの伊藤（内田）美野（みの）が、私にお見合いの話を持ってきたとき、母はそういうのは個人の問題だから、と聞き流しているので、おばは「お父さんが不熱心なのはよくあることだけど、お母さんまで人ごとのようで、お宅は呆れたもんだ」と（笑）。

――そういう意味でも、内山主筆と多美野さんは非常に通じるものがあったのですね。

内山　もちろんけんかもしていましたけど、よく結ばれた夫婦だったと思います。

――お父様から「こんな本を読むといい」と勧められたものはありましたか。

内山　子どもの頃には、鈴木三重吉の本などを。ある程度大きくなってからは、「古典を読め」ということはよく言われました。私より十歳下の妹には、「これからはコンピュータをちゃんとやっとけ」と、昭和四十年代に言っていましたね。

『少女の友』への思い

――『少女の友』時代を振り返って、よくお話しされていたことはありますか?

内山　「編集者の思い出」の「八月十五日」のエッセイに、玉音放送を聞いたあと、「十五年『少女の友』の編集を手がけて、私は今、深い慚愧と陳謝の思いを抱いた」「私は便乗して利益をはかるようなことはしなかったつもりだがそれでも幾多の無知との妥協で仕事をつづけてきたのである」と書いてありますよね。戦後、という感覚がなくなるある時期までは、古き良き『少女の友』をなつかしむ、という以上に、むしろ、「終わった」という思いが強かったようです。

――今回の記念号の作業をしていて、『少女の友』が、今も強い引力があることを実感しています。

内山　百周年をやっていただくのは、それは喜んでいると思いますよ。

遠藤寛子先生が「『少女の友』とその時代」の中で、昭和四十年前後に父が川端康成展を見て、作品年表に「『乙女の港』も『美しい旅』も、何も載っていない」とさびしがった、と書いておられますが、近年まで『少年倶楽部』にくらべると『少女の友』は一般にはほとんど知られていなかった。

少年向けの雑誌は、読者の男の子が長じて有名になって「子どもの頃はこんな雑誌を読んでいた」と話すから知られるけれど、戦後でも女性が活躍する場は限られている。だから「いくら頑張っていいものを作っても、そういう形で評価されることはないんだよな」ということは、一貫して思っていたようです。

ですから、こういう取材をしていただいたというのは、父も照れて苦笑いしながら、でも喜んでいるだろうなと、ほんとうに思います。

（聞き手・編集部）

コラム

岩下小葉主筆と岩下恵美子さんのこと

『少女の友』に半生を捧げた編集者と、亡父の遺志を継いだ愛娘。
『少女の友』を支えた父娘二代・三十年のヒストリー。

第二代、第四代主筆をつとめた岩下小葉（本名天年、一八八四～一九三三）は、まさに『少女の友』のために生きた人でした。学生時代にふと手にした『少女の友』の、記者と読者の家族的な交流に感銘を受けて編集を志して以来、一筋にこの誌を愛し、明治四十三年の入社から突然の死による昭和八年まで、足かけ二十二年間『少女の友』と歩みました。回顧録で小葉は「『少女の友』の仕事は、私の生活であり、私の趣味でありました」「全身全霊を捧げて我が子のように慈しみ育ててまいりました」と述懐していますが、その言葉どおり、彼は公私の別なく『少女の友』に尽くしました。

ゆえに千駄ヶ谷の自宅が編集の場になることも度々で、座談会や愛読者集会が催されたり、愛読者遠足が天候不順のため急遽中止になった折には、解散し難い気持ちの参加者たちがそのまま小葉邸に集まったこともあったといいます。まさに初代主筆の掲げた〈家族的親愛主義〉を地でゆく編集者人生でした。

そんな一家に育ったのが娘の恵美子さん、まさに『少女の友』の申し子です。幼い頃から父に連れられ愛読者集会に顔を出し、誌上にも愛らしい写真が載るなど、全国の読者から妹分として愛されました。読者と同じ年頃に成長してからは、

岩下宅で開かれた座談会の折の、岩下小葉父娘（昭和7年4月号）

小葉主筆の一番身近な読者としてよき相談相手となりました。小葉は毎号の感想を恵美子さんに求め、恵美子さんは思うままを話して、時には父を苦笑させた事もあったそうです。

ところが昭和八年四月、『少女の友』は深い悲しみに包まれました。その前年に第一線を退いたものの、執筆者として変わらぬ活躍をしていた小葉が急逝したのです。新著出版を祝う会を内山基が計画していた、その当日のことでした。

岩下小葉の功績は枚挙にいとまがあり

ません。不幸な境遇にあった投稿者の深谷美保子を励ましプロの挿絵画家に育てたことなどは、読者思いの小葉らしい一例ですが、児童文学の見地からみて特筆すべきは、イギリスの作家バーネットの作品をいち早く紹介したことでしょう。「秘密の花園」は本邦初訳とされています。小葉は「小公女」、「小公子」など、読者の心の糧にと見込んだ作品を自ら訳し、少女たちに届け続けました。

精神的支柱であった小葉を喪い、編集部は悲しみに沈みますが、より悲しみが深いであろう娘の恵美子さんを皆は励ましました。松本かつぢと中原淳一は小葉が連載していた小説のヒロインの人形を制作し恵美子さんに贈りました。そして主筆を継いでいた内山基は、まだ学生だった恵美子さんには少々ハードルの高い依頼をすることで彼女を奮い立たせました。小葉の死により中断していた「小さき妹」の連載を、恵美子訳で引き継ぐよう依頼したのです。

お机拝見

——岩下恵美子さん——

岩下恵美子さんを恵美子先生などとはどうも書きにくい。おかしいやうでもあるし、それでは第一恵美子さんではない、別の人のことを呼んでるやうな親しみのない感じしかしない。何しろ恵美子さんがまだ小さいお茶の水の女學生で、寶塚ファンだつた頃の姿を知つてゐる私なもんだから。

だから恵美子さんはいくら大人になられても、

壁の上には「友」の附録が貼りつけてあるのです。そして庭に面して据ゑられた小ぢんまりとしたお机も、行燈型の電氣スタンドも、所詮は小さい女の子の趣味

私のかの感じおや、どうにもやつぱり少女の恵美子さんと云ふ氣しかしないで、その恵美子さんがヨハンナとハイヂの物語を翻譯なさつたりすることに、ちよつと驚いたりするくらゐのもんです。

「ハイヂを書いてゐる時の氣持と云ふか、さう云つたやうな何か恵美子さん自身の感想はありませんか？」

「さア何とお答へしたらよろしいんでせう。困りましたわね。ハイヂを書いてゐる時の私はいつでもいつのまにか自分がハイヂになつたやうな積りになつてしまつて、夢中で書いてしまふもんですから、はつきりした感想なんか云へませんわ。恰度ハイヂのやうに私自身も、世間のことは何にも知らない小ちやな女の子になつてしまつたやうな氣がするんです。」

「ハイヂみたいな女の子をお好きですか。」

「ええ、とても好きですわ。ですから「友ちやん」の多勢の小さいお友達が、私の書いたハイヂを讀んでくださつて、どう云ふことを感じるとか、どんなふうに考へてほしいとか、そんなことを考へる餘裕なんか私にはないのです。私自身がハイヂのお話にすつかり浸つてしまつてゐるのです。」

結局恵美子さんを今も少女のままだと思ふ私の感じは本統なので、どうやら恵美子さんは未だに皆さんと同じ「友」の愛讀者の氣持らしく、本箱の上には中原淳一先生のお人形がちよこなんと坐つてをり、

ではないかと想像されたのです。

しかし今更何もそんな氣持を細かく思ひ出して、悲しみを新たにす

グラビア企画に登場した恵美子さん（昭和10年10月号）

恵美子さんは試行錯誤しながらも果敢に父の遺業に挑み、以後も「パレアナ」「ハイヂ」「秘密の花園（新訳）」など、数々の翻訳小説を発表しました。内山が丸善などで次々に原書を探し出しては恵美子さんに依頼したのだそうです。

実は恵美子さんが筆をふるった昭和八年から十五年は、彼女が学生だった時分から、卒業をし、結婚をし、二人のお子さんを出産された時期にあたります。女性の一生において最も多忙であろうこの時期に筆を執り続けたのは、父が愛し、自分を育んだ『少女の友』に尽くしたいとの思いからだったのでしょう。

小葉の死後、『少女の友』は勢いよく発行部数を拡大してゆきます。けれども、編集部員は岩下小葉の生き様を心に刻み、より一層力を入れて読者との交流に努めました。やがて迎えた黄金時代は、小葉が耕した花園に芽吹いた花が美しく咲き出したものなのです。

（内田静枝）

『少女の友』略年譜

Chronological History of *Shojo no Tomo* from 1908 to 1955

1908（明治41）年の創刊から1955（昭和30）年の休刊まで、
48年間にわたって読み継がれた『少女の友』には、
いったいどんな記事や連載が載っていたのでしょうか。
世相とともに、1年ごとのクロニクルでご紹介します。

年譜作成／北 連一、協力／内田静枝

昭和30年、終刊の年にデビューした手塚治虫デザインのキャラクター「ピコちゃん」

『少女の友』は四十八年間という少女雑誌として最長の歴史を誇りながら、その全体像について語られる機会は、これまでほとんどありませんでした。というのも、発行元である実業之日本社は、大正十二年九月の関東大震災と昭和二十年春の東京大空襲という二度にわたる災禍によって所蔵していた『少女の友』の大半を失い、全国の公共図書館や大学図書館でも全巻を所蔵するところが皆無のため、その全体像を把握することが困難だったからです。今回、『百周年記念号』を刊行するにあたって、編集部では全国に分散する所蔵先から可能な限り目次を収集し、編集内容の変遷が一年ごとにわかる略年譜を作成しました。時代とともに移り変わる誌面の息吹と、多彩な執筆陣の意気込みを感じとっていただければ幸いです。

（編集部）

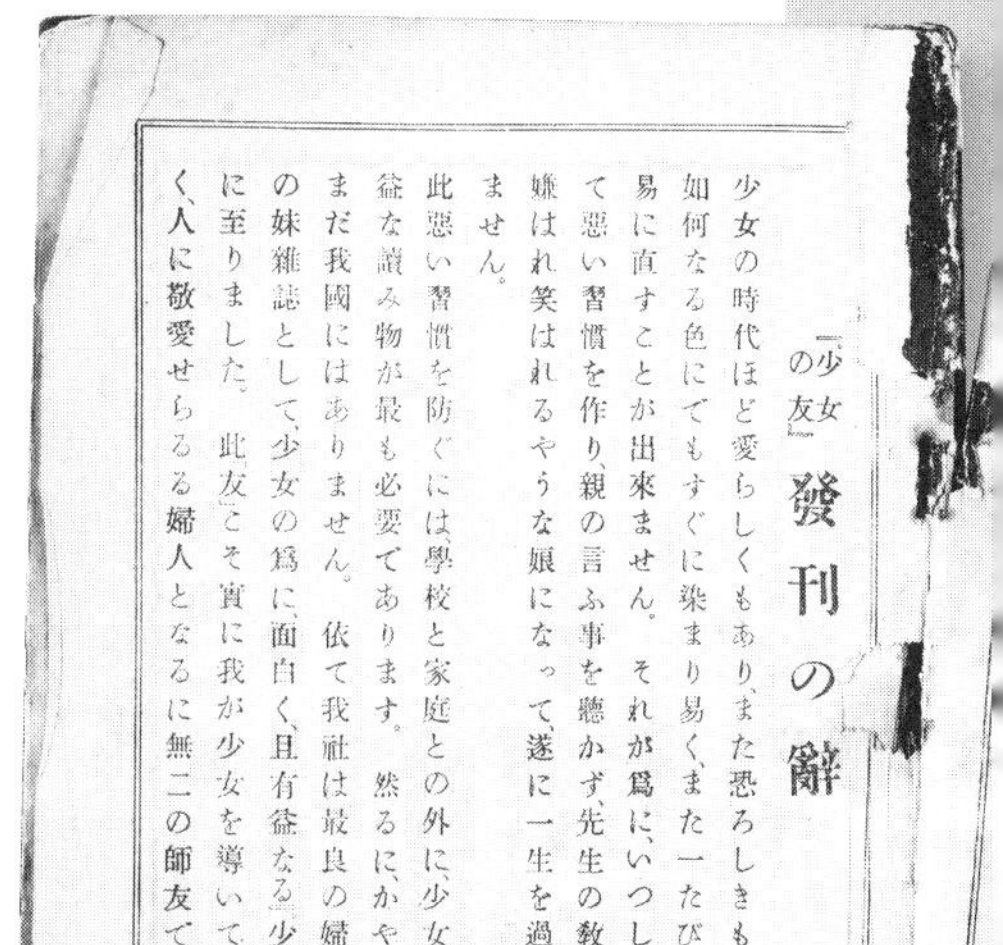

『少女の友』發刊の辭

少女の時代ほど愛らしくもあり、また恐ろしきものはありません。如何なる色にでもすぐに染まり易く、また一たび染った惡習慣は容易に直すことが出來ません。それが爲に、いつしか惡い友達と交って惡い習慣を作り、親の言ふ事を聽かず、先生の敎にも從はず、他人に嫌はれ笑はれるやうな娘になって遂に一生を過つ者が少なくありません。

此惡い習慣を防ぐには學校と家庭との外に、少女に取りて面白く有益な讀み物が最も必要であります。然るに、かやうな良い讀み物はまだ我國にはありません。依て我社は最良の婦人雜誌『婦人世界』の姉妹雜誌として、少女の爲に面白く、且有益なる『少女の友』を發行するに至りました。此友こそ實に我が少女を導いて、やさしくうるはしく、人に敬愛せらるる婦人となるに無二の師友であると信じます。

明治41年の創刊号「少女の友発刊の辞」

明治41年
1908
第1巻
創刊2月号～12月号
定価10銭 96ページ

★表紙
木元平太郎

★おもな口絵
島守寒光「紀元節」（創刊2月号）
閑院宮女王恭子殿下（写真、創刊2月号）
伏見宮女王恭子殿下（写真、創刊2月号）
徳川公爵令嬢（写真、創刊2月号）
川端龍子「金魚」（6月号）
竹久夢二「たなばた」（7月号）
谷洗馬「小春日」（10月号）

★おもな記事
「少女遊戯（六種）」（創刊2月号）
「花の匂」（創刊2月号）
「歌修行」（創刊2月号）
「少女教訓 読書と実際」（女子学院長 矢島揖子）
「世界一周の土産話」（9月号）
「八歳で奉公をして九歳で御飯を炊く感心なる生徒」（11月号）
「頭を真直にして歩きなさい」（12月号）
「料理問答 姉さんの百物語」（12月号）

★おもな執筆者
村井弦斎「優しき少女が友達を善人に化したる話」（創刊2月号）
与謝野晶子「女中代理鬼の子」（4月号）「金ちゃん蛍」（6月号）「早口」（7月号）「赤い花」（8月号）「衣裳持ちの鈴子さん」（9月号）

★おもな連載
与謝野晶子「お伽噺」（10月号～明治44年12月号）
竹久夢二「露子と武坊」（創刊2月号～5月号。6月号より「えとぎ」となり、12月号まで）
高信峡水「光ちゃんシリーズ」（創刊2月号～明治42年10月号）

★おもな画家
木元平太郎、川端龍子、竹久夢二、谷洗馬、島守寒光

★『少女の友』の動き
2月11日、紀元節をもって創刊。初代主筆は『日本少年』初代主筆の星野久（水裏）

★世相
森田草平、平塚明子（らいてう）心中未遂（煤煙事件）（3月24日）
奈良女子高等師範学校設立（4月1日）
鈴木三郎助「味の素」の製造開始（7月25日）

明治42年
1909
第2巻
1月号～12月号、増刊「花衣」、秋増刊
定価10銭 96ページ

★表紙
木元平太郎

★おもな口絵
竹久夢二「春の村」（2月号）
明石赤子「梅咲く里」（増刊「花衣」号）
川端龍子「京の春」（4月号）
谷洗馬「コスモスの花」（10月号）
宮崎與平「新月」（7月号）

★おもな記事
「毛糸シャツの編み方」（2月号）
「日本の火事と西洋の火事」（4月号）
「子供の時でなければ出来ない歯並の矯正」（8月号）
「月世界より地球を望む図」（9月号）
「私の少女時代に最もおかしかった事」（棚橋絢子・跡見花蹊・三輪田真佐子・山脇房子・嘉悦孝子ほか、秋の増刊号）
故落合直文先生作「孝女白菊の歌」（10月号）

しっかりした少女
農学博士 法学博士 新渡戸稲造

明治42年1月、新渡戸稲造博士が実業之日本社の編集顧問となる

★おもな執筆者
星野水裏「口語詩 今一度泣いてくれぬか」（2月号）
東草水「冒険小説 日章旗」（3月号）
滝沢素水「お家騒動美登子様」（8月号）
本多静六「大きな山火事」（11月号）

★おもな画家
川端龍子、竹久夢二、谷洗馬、明石赤司、宮崎與平

★おもな付録
「日本名所歌がるた」（1月号）

★『少女の友』の動き
第1回東京愛読者大会開催（4月4日）

★世相
大阪毎日新聞社主催、神戸・大阪間マラソン競争挙行。マラソン呼称のはじめ（3月21日）
この頃、活動写真の常設館増加、東京市内で70館余（7月）
森鷗外「ヰタ・セクスアリス」所収の『スバル』発禁（7月）
三越呉服店で万国玩具展開催（12月）

明治43年
1910
第3巻
1月号～12月号、春の増刊、秋の増刊
定価10銭 110ページ

★表紙

不詳
★おもな口絵
梨本宮女王殿下閑院宮女王殿下（写真版、1月号）
竹久夢二「残雪」（2月号）
谷洗馬「葵祭」（5月号）
川端龍子「花壇」（9月号）
宮崎與平「日向」（4月号）
★おもな記事
「私共は炭や薪をどの位使うか」（本多静六、9月号）
「実用靴下の編み方」（11月号）
「貧乏人のお友達となる救世軍」（山室軍平、12月号）
「懸賞当選読者文芸」（春の増刊号）
★おもな執筆者
新渡戸稲造「しっかりした少女」（1月号）
大隈綾子（重信夫人）「私の少女時代」（1月号）
有本芳水「少女小説 松並木」（6月号）
高信峡水「少女小説あべこべ」（8月号）
★おもな連載
石塚月亭「冒険お伽 少女島」（1月〜6月）
★おもな画家
川端龍子、竹久夢二、谷洗馬、明石赤子、宮崎與平
★おもな付録
「歴代風俗女装飾絵」（1月号）
★『少女の友』の動き
この年、1月から11月にかけて愛読者大会を酒田、東京、新潟、大阪、神戸、札幌、奈良で開催
★世相
逗子開成中学の生徒、七里ヶ浜で遭難溺死（2月）
東京フィルハーモニー会第1回演奏会（4月）
石川啄木『一握の砂』刊行（12月）

明治44年

1911
第4巻
1月〜12月号、春の増刊、秋の増刊
定価10銭 110ページ
★表紙
不詳
★おもな口絵
渡邊與平「よむ人」（1月号）
谷洗馬「春のしらべ」（1月号）

竹久夢二「都より」（明治44年11月号）

川端龍子「展覧会」（3月号）
竹久夢二「夏の日」（7月号）、「桃咲く家」（春の増刊号）
★おもな記事
「お師匠様に可愛がられた私の少女時代」（幸田延子、3月号）
「お化や幽霊の正体はこんなものです」（5月号）
「人の子を取って喰ふ鬼子母神」（6月号）
「夏の手遊び、箱庭の拵へ方」（7月号）
★おもな執筆者
下田歌子「小品随筆 新年のこころ」（1月号）
星野水裏「新体詩 今宵は是非に宿りませ」（5月号）
与謝野晶子「少女小説 さくら草」（春の増刊号）
野上弥生子「少女小説 桃咲く郷」（春の増刊号）
長谷川時雨「少女小説 茂子」（秋の増刊号）
小金井喜美子「少女小説 八重子」（秋の増刊号）
★おもな連載
竹久夢二「流人スケッチ」※6月号より「行人スケッチ」に改題（1月号〜12月号、10月号休）
下田歌子「小品随筆」（1月号〜12月号）
★おもな画家
川端龍子、竹久夢二、谷洗馬、佐々木林風、渡邊與平
★『少女の友』の動き
1月号より、投書家中優秀な者（毎号2名）に記念懐中時計を贈ることに決める（1月）
★世相
この頃からレコード、蓄音器普及し始める
義務教育の就学率98％達成
『青鞜』創刊（9月）
イプセン『人形の家』日本初演（9月）
大学、高専卒業者の無就職者増加

明治45年・大正元年

1912
第5巻
1月〜12月号、春の増刊、秋の増刊
定価10銭 112ページ
★表紙
不詳
★おもな口絵
小林古径「お猿さん」（1月号）
川端龍子「雪消」（2月号）
竹久夢二「その日頃」（春の増刊号）
川端龍子「からすうり」（11月号）
★おもな記事
「四十四年度諸高等女学校入学試験問題」（3月号）
「東京愛読者大会記事」（3月号）
「自ら歯を折って操を守った歌人大田垣

蓮月」(4月号)
「先帝陛下を送り奉る」(10月号)
「少女の友の愛読者だと思ふ少女に出会った時の印象」(竹久夢二、川端龍子他、秋の増刊号)
★おもな執筆者
高浜虚子「こんな冬休みもありました」(2月号)
有本芳水「夕化粧」(春の増刊号)
竹久夢二「雪の夜の街」(12月号)
★おもな連載
竹久夢二「絵筆物語」(1月号〜6月号)
与謝野晶子「お伽小説 環の一年間」(1月号〜大正1年12月号、7月号休)
★おもな画家
川端龍子、谷洗馬、竹久夢二、佐々木林風
★おもな付録
「花咲き双六」(1月号)
★世相
与謝野晶子『新釈 源氏物語』刊行始まる(2月)
明治天皇崩御(7月29日)、大正に改元
日本内地の人口5252万2753人(12月)

大正2年
1913
第6巻

1月号〜12月号、春の増刊「五つの春」(創刊五周年記念号)、秋の増刊
定価10銭 110ページ
★表紙
不詳
★おもな口絵
竹久夢二「今の春」(1月号)
小林古径「山羊さん」(3月号)
佐々木林風「湖畔」(4月号)
川端龍子「雁来紅」(秋の増刊号)
★おもな記事
「子供の発句」(2月号)
「五年間の少女の友の歴史」(春の増刊号)
「五年間の投書家の変遷」(春の増刊号)
「蛇に手を噛ませて自殺した世界一の美人」(7月号)
「誰にも出来る植物学の実験」(7月号)
「大懸賞『日本名所競べ』」(9月号)
「本誌の愛読者になった動機」(記念時計受領者十六名、秋の増刊号)
★おもな執筆者
上田萬年「物も言ひやうで角が立つ」(4月号)
川端龍子「ポンチ露ちゃんと電話」(10月号)
★おもな連載
江見水蔭「少女小説 飛ぶ少女」(1月〜12

五年間の少女の友の歴史

家族的親愛主義

第一巻から第五巻まで六十七冊、明治四十一年二月から大正元年十二月まで五十九ケ月、此間の少女の友の歴史を記すに當つて、我等は先づ其主義精神なるものを述べて置きたいと思ふ。

少女の友の主義精神、それは何であつたかと云ふに家族的親愛主義、即ち少女の友は一の大なる家庭であつて、記者及び讀者は其家族である、一家の家族が互に愛し合つて親密なるが如く、我々もさうせねばならぬ、といふ此家族的親愛主義を皷吹するにあつたのである。

我等は、始めから、あからさまにはこれを口にしなかつた。けれども其編輯の方針上には、一刻たりとも忘るゝ事なくこれが實行につとめた。

これが爲に我等は、徒に讀者におもねつて、讀者の意向にのみ從ふ事はなさなかつた。或時は愛撫もし、或時は訓誡もした。

これが爲に我等は、販路擴張の上から尠からず遠廻りの道を選んだ。けれども、撓まず倦まず氣根よく歩んで來た。

我等は、いつも、朝早く起きて、爽快な氣分で、ニコ〜〜した顔で、元氣よく、お早う、と挨拶する如く、每月の雜誌をこしらへて居た。


— 64 —

月号）
下田歌子「古今和歌名吟略解」（1月号〜12月号、2月号より「古今女歌人」に改題）
与謝野晶子「お伽小説」（1月号〜7月号、4月号より「お伽噺」に改題）
竹久夢二「母の思ひ出」（3月号〜12月号）
川端龍子「次女物語」（11月号〜大正3年12月号）

★おもな画家
川端龍子、佐々木林風、小林古径、竹久夢二

★おもな付録
「十二ケ月掛け換え少女書斎の額」（1月号）

★『少女の友』の動き
1月号より、表紙の題字が北大路魯山人のものとなる
東北地方愛読者大会を仙台、福島、秋田、山形、青森、盛岡で開催（10月17日〜23日）

★世相
文部省、婦人雑誌に多載の〈反良妻賢母主義的婦人論〉の取締りを決定（4月20日）、『青鞜』2月号、『女学世界』5月号など発禁
宝塚唱歌隊設立（第1期生25人、7月15日）
東北・北海道地方大凶作

大正3年
1914

第7巻
1月号〜12月号、春の増刊、秋の増刊
定価10銭 110ページ

★表紙
川端龍子（1月号、3月号、5月号〜12月号）
※初めて表紙の画家名が目次に登場
佐々木林風（2月号、4月号）

★おもな口絵
佐々木林風「お正月」（1月号）
川端龍子「鳩の歌」（2月号）

★おもな記事
「初めは虎に助けられ後には虎を助けた貞女」（1月号）
「皇太后陛下の崩御を哀悼し奉る」（5月号）
「奇談珍談世界一物語」（9月号）

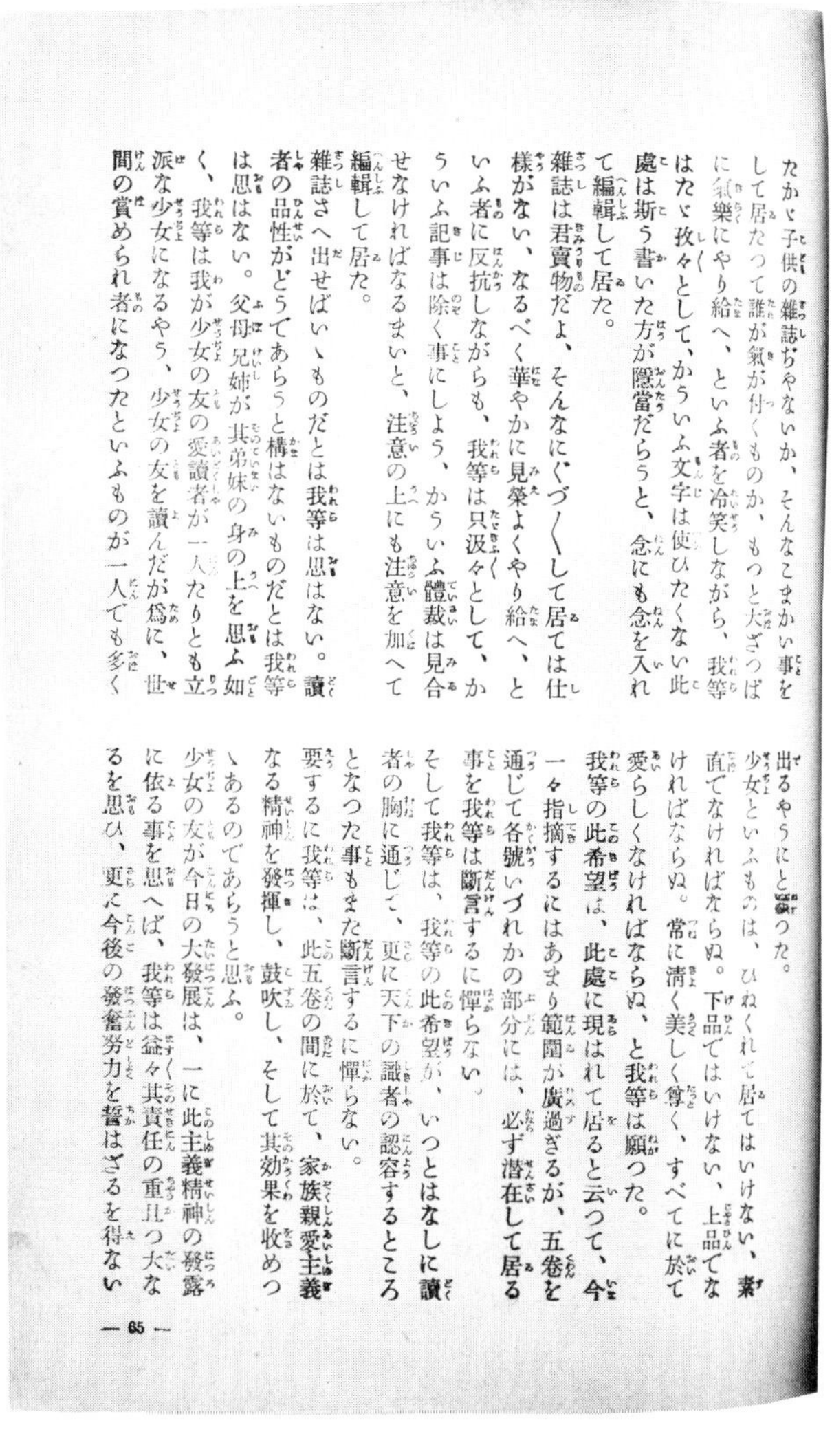
たかゞ子供の雑誌ぢやないか、そんなこまかい事をして居たつて誰が氣が付くものか、もつと大ざつぱに氣樂にやり給へ、といふ者を冷笑しながら、我等はたゞ孜々として、かういふ文字は使ひたくない此處は斯う書いた方が穩當だらうと、念にも念を入れて編輯して居た。

雑誌は君賣物だよ、そんなにぐづ／＼して居ては仕様がない、なるべく華やかに見榮よくやり給へ、といふ者に反抗しながらも、我等は只汲々として、かういふ記事は除く事にしよう、かういふ體裁は見合せなければなるまいと、注意の上にも注意を加へて編輯して居た。

雑誌さへ出せばいゝものだとは我等は思はない。讀者の品性がどうであらうと構はないものだとは我等は思はない。父母兄姉が其弟妹の身の上を思ふ如く、我等は我が少女の友の愛讀者が一人たりとも立派な少女になるやう、少女の友を讀んだが爲に、世間の賞められ者になつたといふものが一人でも多く出るやうにと願つた。

少女といふものは、ひねくれて居てはいけない、素直でなければならぬ。下品ではいけない、上品でなければならぬ。常に清く美しく尊く、すべてに於て愛らしくなければならぬ、と我等は願つた。

我等の此希望は、此處に現はれて居ると云つて、今一々指摘するにはあまり範圍が廣過ぎるが、五巻を通じて各號いづれかの部分には、必ず潜在して居る事を我等は斷言するに憚らない。

そして我等は、我等の此希望が、いつとはなしに讀者の胸に通じて、更に天下の識者の認容するところとなつた事もまた斷言するに憚らない。

要するに我等は、此五巻の間に於て、家族親愛主義なる精神を發揮し、鼓吹し、そして其效果を收めつゝあるのであらうと思ふ。

少女の友が今日の大發展は、一に此主義精神の發露に依る事を思へば、我等は益々其責任の重且つ大なるを思ひ、更に今後の發奮努力を誓はざるを得ない
— 65 —


大正2年3月に発刊された「春の増刊 五周年記念号」に掲載された『少女の友』5年間の歴史。記者と読者が家族のような関係にある「家族的親愛主義」を揺るがぬ編集方針とした

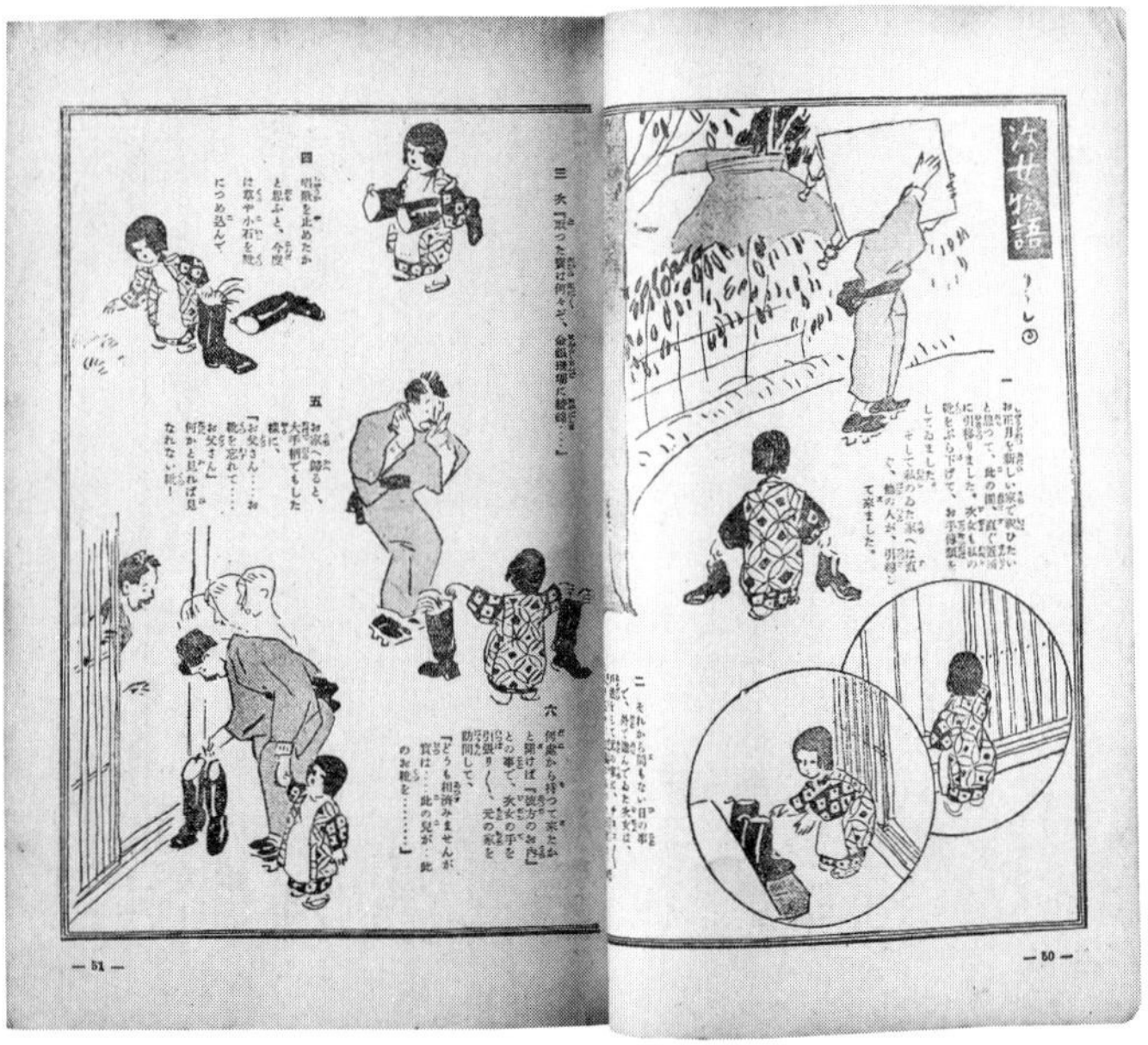

川端龍子が大正2年11月号から連載を開始した「次女物語」（写真は大正3年1月号）。明治44年12月に生まれた次女・和歌子をモチーフにした連載漫画は、「お小言日記」「やんちゃ娘」「お悧巧振り」「近所迷惑」と改題されつつ大正7年12月号まで続いた

「露国少女の日本日記」（11月号）

★おもな執筆者

真山青果「少女小説 美乎子の涙」（1月号）

相馬御風「少女小説 悲しき秘密」（2月号）

田山花袋「お伽小説 幼い姉の悲み」（2月号）

徳田秋声「初奉公」（3月号）

小山内薫「ミンナの電話」（4月号）

野尻抱影「少女小説 海恋し」（4月号）

★おもな連載

下田歌子「思ひ出の記」（2月号～7月号）

★おもな画家

川端龍子、佐々木林風、篠田十一郎

★おもな付録

「買ひ物双六」（1月号）

★『少女の友』の動き

九州地方愛読者大会を門司、久留米、福岡、佐賀、熊本で開催（1月17日～20日）

★世相

『芳水詩集』刊行（3月25日）

大隈重信に組閣命令（4月13日）

辰野金吾ら設計の東京中央停車場（東京駅）成る（3月）

第一次世界大戦始まる（7月28日）

『少年倶楽部』創刊（11月1日）

大正4年

1915

第8巻

跡見女学校、実践女学校の制服制定を報じた大正4年12月号の記事

1月号～12月号、春の増刊、秋の増刊

定価10銭　110ページ

★表紙

川端龍子

★おもな口絵

篠田十一郎「初春の歌」（1月号）

佐々木林風「花散る宵」（春の増刊号）

小川兵衛「途上スケッチ」（11月号）

★おもな記事

「少女の模範として仰ぎ奉るべき竹田宮北白川宮両妃殿下の御少女時代」（1月号）

「苦心物語十四歳で発明の大天才」（2月号）

「玉の輿に乗った漁夫の娘」（6月号）

「少女の美徳十ケ条」（下田歌子、12月号）
★おもな執筆者
増田義一「独立心の強い英国の少女」（1月号）
宇野浩二「揺籃の唄の思ひ出」（5月号）「和蘭へ行ったお里の手紙」（秋の増刊号）
★おもな連載
川端龍子「おこごと日記」（1月号〜12月号）
※3月号より「お小言日記」
長田幹彦「長篇少女小説 春のゆくへ」（1月号〜12月号）
★おもな画家
川端龍子、篠田十一郎、鶴田吾郎、小川兵衛
★おもな付録
「滑稽双六 卯の字冠りないないづくし」（1月号）
★世相
大阪朝日新聞社主催第1回全国中等学校野球大会、豊中グランドで開催。10校参加で京都二中優勝（8月18日）
芥川龍之介、「帝国文学」で『羅生門』発表（11月）
この頃より、鉱山、貿易、船舶など〈成金〉続出

大正5年
1916
第9巻
1月号〜12月号、春の増刊、秋の増刊
定価12銭 110ページ
★表紙
川端龍子
★おもな口絵
篠田十一郎「若葉の頃」（5月号）
河畠義一「海浜」（7月号）
★おもな記事
「懸賞当選新作子守唄」（2月号）
「男子に劣らぬ女子の発明力」（8月号）
★おもな執筆者
下田歌子「意地の悪い友達に対しては」（1月号から12月号まで、毎月テーマをかえて）

大正5年3月号「くるまのいろいろ」。世界的な流行に先立ち、この年1月号から4回にわたりフォトモンタージュの口絵が掲載された

宇野浩二「寂しい一生の物語」（7月号）「少女小説 お糸の窓のあかり」（11月号）
星野水裏「口語詩」（2月号から12月号まで、テーマをかえて。6月号、7月号休）
★おもな連載
川端龍子「やんちゃむすめ」（1月号〜12月号）※4月号より「やんちゃ娘」
長田幹彦「長篇小説 露のいのち」（1月号〜12月号）
森下雨村「科学小説 怪星の秘密」（1月号〜12月号）
★おもな画家
川端龍子、篠田十一郎、河畠義一、渡邊ふみ子
★おもな付録
「龍宮土産初夢双六」（1月号）
★世相
「婦人公論」創刊（1月）
大杉栄、伊藤野枝との三角関係から神近市子に刺される（11月9日）
チャップリンの喜劇映画、人気を集める（「チャップリンの拳闘」など）
夏目漱石没（12月9日）

大正6年
1917
第10巻
1月号〜12月号、春の増刊、秋の増刊
定価12銭（1月号〜8月号）→13銭（9月号〜）

竹久夢二の妻、笠井彦乃の「七夕」（大正6年7月号）

112ページ
★表紙
川端龍子
★おもな口絵
篠田十一郎「お正月」（1月号）
笠井彦乃「初春」（1月号）「七夕」（7月号）
浅井みつゐ「江の島へ」（8月号）
川端龍子「蜃気楼」（秋の増刊号）
★おもな記事
「台湾のお正月、朝鮮のお正月、満洲のお正月」（1月号）
「九官鳥の言葉と其飼ひ方」（3月号）
「それぞれ由来を持ってゐる土地の名」（12月号）
★おもな執筆者
高村光太郎「外つ国の春の思ひ出（一）佛蘭西の春」（4月号）
宇野浩二「長篇小説 十七年の春秋」（10月号）
上司小剣「小説 かたみの手匣」（秋の増刊

号）

★**おもな連載**

川端龍子「お悧好振り」（1月号〜12月号）

秋田雨雀「長篇小説 三人の少女」（2月号〜7月号）

下田歌子「東西婦人合せ」（1月号〜12月号）

森下雨村「科学小説 ダイヤモンド」（1月号〜9月号）、「長篇冒険小説 西蔵に咲く花」（10月号〜大正7年6月号）

★**おもな画家**

川端龍子、篠田十一郎、浅井みつゐ、笠井彦乃、渡邊ふみ子

★**おもな付録**

「花鳥双六」（1月号）

★**世相**

金本位制停止（9月12日）

『主婦の友』創刊（2月14日）

この頃から避暑に出かけるもの増加

東京を中心に東日本に大暴風雨。死者行方不明1300人（9月30日）

ロシア10月革命（11月7日）

大正7年

1918

第11巻

1月号〜12月号、春の増刊「楽しき十歳」（創刊10周年記念号）、秋の増刊

定価13銭（1月号〜3月号）→15銭（4月号〜11月号）→20銭（12月号〜）104ページ

★**表紙**

川端龍子

★**おもな口絵**

野原けい子「にこやか」（2月号）

太田義一「白蓮」（3月号）

★**おもな記事**

「動物園世界一周」（1月号〜12月号）

「植物園世界一周」（1月号〜12月号）

「女子のベースボール」（1月号、12月号）

「本誌記念時計受領者姓名及府県別」（春の増刊号）

「大正二年以後の五年間の少女の友の略歴」（春の増刊号）

「私が露西亜で逢った少年少女」（片上伸、6月号）

「日本全国名産調べ」（10月号）

「空想読者訪問旅行記」（星野水裏、渋沢青花、秋の増刊号）

★**おもな執筆者**

上司小剣「少女小説 羽子板くらべ」（1月号）

吉田絃二郎「少女小説 巡礼の歌」（8月号）

「少女小説 秋の夜」（10月号）

与謝野晶子「月夜」（秋の増刊号）

宇野浩二「涙の泉」（秋の増刊号）

★**おもな連載**

坪内士行「長篇少女小説 露の干ぬ間」（1月号〜6月号）

川端龍子「近所迷惑」（1月号〜12月号）

★**おもな画家**

川端龍子、野原けい子、森田ひさし

★**おもな付録**

「日本名所双六」（1月号）

「張交ぜ屏風」（9月号）

「張交ぜ屏風、短冊形『月の巻』」（秋の増刊号）

「張交ぜ屏風『遊戯の巻』」（11月号）

「張交ぜ屏風『名婦の巻』」（12月号）

★**『少女の友』の動き**

創刊10周年記念第6回東京愛読者大会を有楽座で開催。会費20銭（2月24日）

★**世相**

JTBスキー講演、映画会開催（1月23日）。スキーの普及始まる

東京女子大学開校。学長新渡戸稲造（4月30日）

東京音楽学校春季演奏会でベートーヴェン〈交響曲第5番〉を日本初演（5月25日）

宝塚少女歌劇東京初公演（5月26日）

第一次大戦終わる（11月11日）

大正8年

1919

第12巻

1月号〜12月号、春の増刊、秋の増刊

定価20銭 104ページ

★**表紙**

川端龍子

★**おもな口絵**

野原けい子「楽しき春」（1月号）

中野修二「烏瓜の花」（7月号）

星川清雄「雪の朝」（12月号）

★**おもな記事**

「女学校訪問記」（7月号は山脇高等女学校と京華高等女学校、8月号は日本橋高等女学校と共立女子職業学校）

「悲しく美しい安養尼のお話」（池田亀鑑、7・8月号）

近郊めぐり「多摩川の遊園地と二子」（5月号）

東西女学校評判記（9月号）

★**おもな執筆者**

与謝野晶子「花子の目」（3月号）、「薔薇と花子」（4月号）、「九官鳥」（5月号）、「噴水と花子」（6月号）

下田歌子「温き親子の愛」（1月号）※以下11月号を除き、12月号までタイトルを変えて執筆

大泉黒石「思い出づるスラブの娘」（5月号）

浜田広介「返らぬ鶯」（6月号）

★**おもな連載**

森下雨村「長篇小説 犬の探偵」（1月号〜7月号）

坪内士行「長篇小説 雛菊堤のおとよ」（1月号〜12月号）

★**おもな画家**

川端龍子、野原けい子、中野修二、星川清雄

★おもな付録
「友子の空想旅行双六」（1月号）
「張交ぜ屏風『友子の表紙の巻』」（1月号）
「植木鉢とそれに植える花」（2月号）
「お節句に飾る雛燈籠」（3月号）
「十名婦の色紙及び色紙掛け」（春の増刊号）
「虫籠」（7月号）

★『少女の友』の動き

4月号で、読者から投票募集した「日本の十名婦人」を発表。結果は1位神功皇后、2位紫式部、3位山内一豊妻、4位楠木正行の母、5位松下禅尼、6位春日局、7位清少納言、8位弟橘姫、9位細川ガラシア、10位加賀千代

★世相

皇太子裕仁親王（昭和天皇）、久邇宮良子女王の婚約成立（6月10日）
土地投資ブーム起こる。東京日本橋附近で坪価1000円が3000円の騰貴
東京市街自動車会社〈青バス〉運行開始（3月1日）。翌20年2月から白襟の女車掌業務

大正9年

1920年
第13巻
1月号～12月号
定価25銭 104ページ

★表紙

川端龍子

★おもな口絵

河畠義一「トランプ」（1月号）
原田なみぢ「希望の春」（1月号）
佐々木林風「秋の水」（10月号）
小林永二郎「小雀」（12月号）
林唯一「お人形」（12月号）

★おもな記事

「三度母を失ふて異郷に泣く少女」（2月号）
「父の遺志をついで青き空へ」（少女飛行家兵頭精子、3月号）
「記者の探偵 愛読者尾行記」（4月号）
「友ちゃん会の設立」（8月号）
「少女実話 一本の徳利で狼を生捕った少女」（11月号）

★おもな執筆者

中山晋平「音楽の話」（1月号）
坪内士行「宝塚少女歌劇西遊記譚」（2月号）
中條百合子「私の大好きなアメリカの少女」（3月号）
有本芳水「長詩 海恋し」（7月号）
西条八十「母を恋ふる唄」（9月号）

★おもな連載

大泉黒石「長篇小説 緑色のめかくし」（1月号～12月号、7月号休）
江見水蔭「冒険小説 国境の少女」（7月号～12月号）
下田歌子「小さき胸にて」（4月号～12月号）

★おもな画家

川端龍子、原田なみぢ、佐々木林風、小林永二郎

★おもな付録

「新案 少女トランプ双六」（1月号）
「少女用封筒」（2月号）
「雛の金屏風一双」（3月号）
「へちゃ子の探偵 四月の馬鹿」（4月号）

★『少女の友』の動き

1月新年号付録「少女トランプ双六」が骨牌法違反の疑いで京橋税務署より付録については発売を禁止される
浅原鏡村作の「友ちゃんの歌」が発表される（4月号）
『日本少年』『少女の友』合同関西愛読者大会が次の各地で開催される。2日大阪、3日神戸、4日京都。6日には和歌山で『婦人世界』も加わり3誌合同で（4月）
第二代主筆に『幼年の友』主筆だった岩下天年（小葉）が就任（7月人事、9月号より）

★世相

松竹、松竹キネマ合名会社設立と発表（2月11日）。6月蒲田撮影所完成
東京帝大、聴講生として女子の入学許可（2月17日）
株式市場、株価暴落で混乱。〈戦後恐慌〉始まる
平塚らいてふ、市川房枝ら〈新婦人協会〉発会式挙行（3月28日）

大正10年

1921
第14巻
1月号～12月号
定価30銭 104ページ

★表紙

原田なみぢ

★おもな口絵

本田庄太郎「追羽子」（1月号）
林唯一「きさらぎの頃」（2月号）
川端龍子「春光」（3月号）
原田なみぢ「砂に書く歌」（8月号）
河畠義一「帝劇の前」（12月号）

★おもな記事

「お正月を楽しむ新しい遊戯いろいろ」（1月号）
「此頃の少女はどういふ美点欠点を持つてゐるか」（4月号）
「竹の園生姫宮御物語」（11月号）
「お伽探検 七つ星の秘密」（岩下小葉、12月号）

★おもな執筆者

室生犀星「少女小説 音楽時計」（1月号）
長谷川時雨「芝居の少女 巡礼『おつる』」（2月号）
有本芳水作歌、中山晋平作曲「晩春の別離」（5月号）
北原白秋作歌、中山晋平作曲「少女小唄 夜宮の灯」（8月号）

★おもな連載
長田幹彦「長編少女小説 草笛」（1月号～12月号）
池田芙蓉（亀鑑）「諸国物語」（1月号～12月号）
★おもな画家
川端龍子、原田なみぢ、河畠義一、林唯一
★おもな付録
「新案 少女ジャンケン双六」（1月号）
★『少女の友』の動き
4月24日午前9時を期して、全国主要都市において一斉に「全国少女の友デー」を挙行（一部地方では悪天候のため5月1日に延期）。宣伝隊が街頭活動を行う。また同日、神田猿楽町の明治会館で、東京における第1回「友ちゃん会」の大会を開催
★世相
志賀直哉『暗夜行路』前篇「改造」に連載（1月号～8月号）
羽仁もと子「自由学園」設立（4月15日）
野口雨情「十五夜お月さん」（6月5日）
原敬首相刺殺さる（11月4日）
自動車登録台数９６４８台

大正11年
１９２２
第15巻
1月号～12月号
定価30銭 １０４ページ
★表紙
原田なみぢ
★おもな口絵
宮芳平「朝の歌」（1月号）
明石精一「博覧会めぐり」（5月号）
星川清雄「初秋の朝」（10月号）
★おもな記事
「歌がるた練習の秘訣」（1月号）
科学閑話「香水物語」（7月号）
「身を捨てて教へ児を救ひし尊き小野先生の死」（9月号）
「血の湧きたつやうな勇ましい行ひをした少女」（10月号）
★おもな執筆者
長谷川時雨「少女スケッチ」（1月号～2月号か？）
早川雪洲「私は魚に釣られました」「活動写真『沼』」（9月号）
★おもな連載
久米正雄「長篇少女小説 海のささやき」（5月号か？～10月号）
★おもな画家
原田なみぢ、原田斎子、星川清雄、明石精一
★おもな付録
「滑稽活劇 飛んだ梨の実」（8月号）
★世相
銀座の資生堂、美容、美髪、洋装の3科を新設（1月）、コールドクリームを発売
大阪毎日新聞、記者に洋服着用を命令
オスマン帝国滅亡（11月1日）
ソ連邦成立（12月30日）
この頃童話雑誌創刊さかん。『金の星』『童話』『コドモノクニ』『金の鳥』など

大正12年
１９２３
第16巻
1月号～11月号 ※12月号は東京雑誌協会の申し合わせで休刊
定価40銭 ２００ページ
★表紙
林唯一
★おもな口絵
川端龍子「春秋十五年」（2月号）
原田なみぢ「白桃ほゝゑむ」（3月号）
明石精一「野の百合を見よ」（7月号）
林唯一「背戸の朝」（8月号）

竹久夢二「娘と人形」（大正12年11月号）。震災の焼け野原での情景を描いた

竹久夢二「娘と人形」（11月号）
武井武雄「ＫＮＯＣＫ」（11月号）
★おもな記事
「人相占い福運はどんな顔立の人に当るか」（1月号）
「私はかういふ勉強法で入学試験に及第した」（2月号）
「どんな少女が誰にも愛されるか」（5月号）
「少女映画女優評判記」（8月号）
「摂津守の妻」（白柳秀湖、8月号）
「震災画報」（10月号）
「命からがら逃げ出した記者が恐怖の三日間」（10月号）
★おもな執筆者
西条八十「少女長詩 山羊飼ふ家」（1月号）
吉田絃二郎「少女小説 雪の朝」（1月号）
島崎藤村「私の好きな支那の少女」（5月号）
与謝野晶子「私はひとりぼっちでした」（6月号）
岡本綺堂「蛇屋敷（新講談）」（9月号）
吉屋信子「あゑ、まりあ」（9月号）※吉屋信子の初登場作品
有本芳水「巡礼哀歌」（11月号）
長谷川時雨「少女怪談 黒姫」（11月号）
★おもな連載
榊緑翠「懸賞当選長篇小説 夢見る母」（1月号～6月号）
宮田暁湖「懸賞当選長篇小説　真紅の朝

鮮服」（7月号～10月号）

★おもな画家

川端龍子、原田なみぢ、竹久夢二、武井武雄、林唯一

★おもな付録

「入学試験必勝準備時間割」（2月号）
「学年試験優勝準備時間割」（2月号）

★『少女の友』の動き

『少女の友』創刊15周年を記念して全国77市で懸賞宝さがし大会を開催（6月24日）
10月号「震災画報哀話号」を発行。岩下小葉「命からがら逃げ出した記者が恐怖の三日間」が当局の朝鮮人記事掲載禁止事項に触れて発売禁止となる

★世相

丸の内ビル成る（2月）
丸の内ビル内に山野千枝子美容院開設。美容院の呼称始める（3月）
有島武郎心中自殺（6月9日）
関東大震災起こる（9月1日）
支払猶予令公布。モラトリアム実施（9月7日）

関東大震災の惨状をグラフで伝えた大正12年10月号。朝鮮人虐殺を報じて当局より発行禁止処分を受けた

大正13年

1924
第17巻
1月号～12月号、春の増刊
定価40銭　216ページ

★表紙

林唯一

★おもな口絵

加藤まさを「春の光」（1月号）
原田なみぢ「冬枯れ」（2月号）
森川義子「十六の秋」（11月号）

★おもな記事

「良子女王殿下の御生立」（2月号）
「東海道忍びある記」（4月号）
「九州少女の美点と欠点」（5月号）
「誰れでも出来るやうになる少女勉強法」（府立第一高等女学校長、11月号）

★おもな執筆者

西条八十「少女詩 かるたの友」（1月号）
浜田広介「少女詩 心の綿に」（1月号）
佐々木邦「諧謔小説 末っ子の大威張り」（2月号）
吉屋信子「古鐘物語」（童話、4月号）
吉田絃二郎・宇野浩二「故郷の少女に贈る」（5月号）
横山美智子「少女小説 胸に咲く花」（7月号）
有本芳水「少女物語 湖畔小景」（8月号）

★おもな連載

池田芙蓉（亀鑑）「長篇歴史小説 陰謀」（1月号～6月号）

★おもな画家

林唯一、加藤まさを、浪路葉子、明石精一、原田なみぢ、須藤重

★おもな付録

「福引付少女園遊会双六」（1月号）

★『少女の友』の動き

『婦人世界』『少女の友』合同主催「劇とオペラの会」を帝国ホテル演芸場で開催（5月3～4日）
第三代主筆に『少女の友』編集長だった浅原六朗が昇任（5月人事、6月号より）
『日本少年』『少女の友』『幼年の友』合同で鶴見花月園で娯楽デーを催す（11月16日）

★世相

上野公園及び動物園、皇太子御成婚記念に宮内庁から東京都へ下賜（1月28日）
大阪毎日新聞社主催第1回選抜中等学校野球大会、名古屋で開催（4月1日）
築地小劇場開場（6月13日）
甲子園野球場竣工（8月1日）

皇太子殿下と良子女王殿下のご成婚を伝える大正13年3月号

大正14年

1925
第18巻
1月号～12月号
定価40銭　216ページ

★表紙

林唯一

★おもな口絵

高畠華宵「かるたとる日よ」（1月号）

原田なみぢ「夏を待」（5月号）
深谷美保子「みどりの風」（7月号）
角田次郎「小鳥よ」（11月号）
斎藤晴久「ぼたん雪」（12月号）

★おもな記事
「大懸賞 諸国名婦推薦競争」（1月号）
「全国少女に選まれた名婦の物語、その生活の如何に偉大なりしかを見よ」（4月号）
「銀婚式を挙げさせらるる皇后陛下の御婦徳高き御事共」（6月号）
「世界十大少女物語傑作集」（10月号）

★おもな執筆者
与謝野晶子「少女短歌 少女と春」（1月号）
野口雨情「常世の春」（1月号）
河口慧海「印度チベット地方旅行記」（8月号）

★おもな連載
池田芙蓉（亀鑑）「歴史小説 かたぶく月影」（1月号～12月号）
横山美智子「長篇少女小説 海鳥は唄ふ」（1月号～12月号、9月号休）
闇野冥火「長篇怪奇小説 差しまねく影」（1月号～12月号）※5月号、8月号～12月号は「差し招く影」

人気画家・高畠華宵が初登場した大正14年1月号の「かるたとる日よ」

★おもな画家
「六大人気画家傑作集」（蕗谷虹児、林唯一、原田なみぢ、須藤しげる、斎藤晴久、高畠華宵、5月号）
「艶麗無比 華宵画集」（6月号）
深谷美保子

★おもな付録
「少女経済買物競争双六」（1月号）

★『少女の友』の動き
この年4月に女学校へ入学した読者5000名に記念絵はがきを贈る
『婦人世界』『日本少年』『少女の友』『幼年の友』4誌はアンデルセン没後50年記念会を後援して全国20カ所で講演会を開く。講師は巌谷小波、久留島武彦ほか（9月19日～）

★世相
衆議院で普通選挙法案（3月2日）、治安維持法案（3月7日）を修正可決
不景気で大学中退者、1年間で東大413人、京大310人、慶応59人（3月）
東海道本線東京－国府津間電化さる（12月13日）
ラジオ普及、契約者東京に13万1373

大正15年・昭和元年

1926
第19巻
1月号～12月号
定価40銭 216ページ

★表紙
林唯一 ※2月号は記載なし

★おもな口絵
高畠華宵「追い羽根」（1月号、以下12月号まで毎号）
林唯一「かへりみち」（2月号）
加藤まさを「もの思ふ人」（6月号）
竹久夢二「小鳥を呼ぶ少女」（10月号）
武井武雄「お姫様」（11月号）

★おもな記事
「新年勅題にちなめる歌人旅行」（1月号）
「弟妹を援けてけな気に戦う秀才の名も高き孝行女学生」（9月号）
高畠華宵「華宵音楽画譜」（10月号）、「華宵音楽画帳」（11月号～12月号）
「世界の花形 人見絹枝嬢の土産話」（12月号）

武井武雄「お姫様」（大正15年11月号）

★おもな執筆者
吉田絃二郎「長篇少女小説 春の山から」（1月号）
有本芳水「感激長詩 紀伊路の春」（4月号）
岡本かの子「名作歌集 夜の薔薇」（11月号）
竹久夢二「抒情詩 他郷の夕ぐれ」（11月号）

★おもな連載
横山美智子「少女物語（可憐小説、愛情小説もあり）小さい（小さな）兵隊」（1月号～12月号）
青山櫻洲「侠勇小説（武侠小説）炎の渦巻」（1月号～12月号）

★おもな画家
原田なみぢ、加藤まさを、深谷美保子

★おもな付録
「少女花言葉双六」（1月号）

★世相
千葉県で4人を殺した岩淵熊治郎、山林に逃亡、自殺〈鬼熊事件〉（8月20日）
人見絹枝、第2回国際女子陸上競技大会で個人総合優勝（8月29日）
大正天皇崩御（12月25日）、昭和に改元
この年モガ（モダンガール）の断髪流行

昭和2年

大正15年11月号の「華宵音楽画帳」。目次には「他雑誌では決して見られない天下唯一の音楽画帳です」とある

1927
第20巻
1月号～12月号
定価40銭 216ページ

★表紙

久保田清春（1月～2月号）
竹久夢二（3月～4月）
加藤まさを（5月～7月）
林唯一（8月～12月号）

★おもな口絵

高畠華宵「春の歌」（1月号）
川端龍子「椿の花」（2月号）
竹久夢二「空あかるし」（2月号）
深谷美保子「うららか」（5月号）
武井武雄「ギタールの少女」（9月号）
久保田清春「秋のセレナーデ」（11月号）

★おもな記事

「ああ今や亡し、先帝陛下」、「新らたに仰ぐ両陛下」（2月号）
「新春少女愛唱集」（3月号）
「犠牲献身少女熱情談話」（4月号）
「日光－中禅寺湖－湯元への鏡村光一郎－詩歌抒情の旅」（7月号）
「世界少女冒険奇譚集」（8月号）
「全国少女憧れの的 加藤まさを物語」（9月号）

★おもな執筆者

増田義一「少女よ世界的なれ」（2月号）
川端龍子「挿絵二十年」（2月号）
竹久夢二「その頃のこと」（2月号）
有本芳水「思ひ出」（2月号）
サトウ・ハチロー「四つ葉」（5月号）
新渡戸稲造「外国少女の美点と挿話」（6月号）
吉田絃二郎「物語詩 聖夜の祈り」（12月号）

★おもな連載

横山美智子「長篇少女小説（長篇愛情小説）光あれ」（1月号～12月号）
浅原鏡村「長篇滑稽小説 逆転する幸福」（1月号～12月号、5月号休）
青山櫻洲「侠勇小説 燃ゆる夕空」（1月号～12月号）

★おもな画家

高畠華宵、武井武雄、深谷美保子、加藤まさを

★おもな付録

「抒情詩歌双六」（1月号）

★『少女の友』の動き

少女音楽大会を大隈講堂で開催するが、藤原義江の人気と主催者側の不手際が重なって、入場希望者が会場に殺到、大混乱に陥る（11月26日）

★世相

金融恐慌始まる（3月15日）
北丹後地方で大地震、死者3589人（3月7日）
第1回全日本オープンゴルフ選手権（5月28日）
新潮社「世界文学全集」刊行開始、予約数58万

本誌記者による「全国少女憧れの的 加藤まさを物語」（昭和2年9月号）

芥川龍之介自殺（7月24日）
この年、産児制限不況で出生人口大幅減

昭和3年

1928
第21巻
1月号〜12月号
定価40銭 240ページ

★表紙
林唯一（1月号〜12月号）

★おもな口絵
加藤まさを「弾きそめ」（1月号）
高畠華宵「はつすがた」（1月号）
原田なみぢ「絵封筒」（3月号）
須藤しげる「月光曲」（9月号）
「われらの秩父宮さま御写真大画報」（10月号）

★おもな記事
「校長先生座談会」（東京都内七高女、1月号）
「四名の少女記者 街頭に活躍す」（3月号）
「記者五人男 関西滑稽武者修行」（4月号）
「蠟燭の灯を吹き消して泣いた乃木大将」（桜井忠温、6月号）
「御成婚奉祝歌」（野口雨情、10月号）

★おもな執筆者
大仏次郎「歴史小説 楠正成の最後」（1月号）
西条八十「物語詩 少女と蜘蛛」（1月号）
「花形女優合作少女小説 村の幌馬車」（栗島すみ子、水谷八重子、夏川静江、柳さく子、高畠華宵画、1月号）
藤原義江「さやうなら日本の乙女たちよ」（2月号）
大泉黒石「日本アルプス雪渓物語」（9月号）

★おもな連載
吉屋信子「長篇少女小説 暁の聖歌」（1月号〜9月号）
加藤まさを「長篇絵画小説 一対二」（1月号〜12月号、5月号、11月号休）
青山櫻洲「長篇怪奇小説 白鳥の塔」（1月号〜7月号。8月号〜9月号の執筆は、村岡筑水。9月号本文（つづく）のまま以降なし。未完か？）
町田幹「怪奇探偵小説 九官鳥の秘密」（11月号〜昭和4年2月号）

★おもな画家
林唯一、加藤まさを、高畠華宵、原田なみぢ

★おもな付録
「少女占ひ辞典」（5月号）
「少女びっくり箱」（6月号）
「現代少女流行言葉辞典」（10月号）

★『少女の友』の動き
第四代主筆に『婦人世界』に転じていた岩下天年が復帰（昭和2年11月人事、3年1月号より）

★世相
第16回総選挙。最初の普通選挙（2月20日）

のちに切手の原画にもなった加藤まさをの名画「月の砂漠をはるばると」（昭和3年4月号）

勅使河原蒼風、第1回草月流花展開催（5月5日）
婦人雑誌に性愛記事横溢、婦人矯風会など内務省に取締り請願（7月19日）
張作霖爆死事件（6月4日）

昭和4年

1929
第22巻
1月号〜12月号
定価50銭 320ページ

★表紙
林唯一

★おもな口絵
加藤まさを「日記の第一頁」（1月号）
深谷美保子「おはねつき」（1月号）、「秋晴れ」（11月号）
竹久夢二「春をまつ」（2月号）
加藤まさを「さようなら」（2月号）
須藤しげる「ほたる」（6月号）

★おもな記事
石井漠「美と健康の道へ」（7月号）
原せい子「美と健康への足の運動」（10月号）

★おもな執筆者
河井酔名「少女詩刺繍」（1月号）
西条八十「少女小曲 青いお空にお星さま」（1月号）
横山美智子「美しい小鳥」（1月号）

北川千代「母のまぼろし」（2月号）
三木露風「少女詩 白き月夜」（3月号）
内山基「音楽物語 悲しき画像」（7月号）、「少女小説 朱総の文箱」（8月号）、「忘れ得ぬ人」（9月号）

★おもな連載

橋爪健「愛国小説 少女十字軍」（1月号～12月号）
宮尾しげを「漫画小説 珍野八重菊」（1月号～12月号）
西条八十訳、マロウ原作「家なき娘」（高畠華宵画、5月号～昭和5年8月号）
横山美智子「嵐の小夜曲」（深谷美保子画、6月号～昭和5年8月号）
青山櫻洲「勤王歴史小説 海に咲く花」（8月号～昭和5年12月号）
冨士野高嶺「宝塚日記」（7月号～昭和15年1月号、戦後に再開）

★おもな画家

竹久夢二、加藤まさを、深谷美保子、高畠華宵、林唯一、岩田専太郎、中野修二

★おもな付録

「少女買物競争双六」（1月号）
「五大附録福ぶくろ」（4月号）

★世相

共産党員全国的大検挙（4月16日）
大学卒業者の就職難深刻化、東大卒の就職率30％（3月）
小林多喜二『蟹工船』発禁（5月）
東京ー下関間特急に〈富士〉〈桜〉と命名。国鉄の列車愛称のはじめ（9月15日）
ニューヨーク株式市場大暴落（10月24日）
世界恐慌始まる

長篇少女小説
嵐（あらし）の小夜曲（セレナーデ）
横山美智子
深谷美保子畫

尋常科五六年、男女生徒の、長い〳〵行列が、白い街道に、ぱつ〳〵と煙のやうな砂ほこりを捲き起しつゝ通つて行く。

『牧さん。そんなにお引きずりしないで歩いて頂だいよ。後から行くものはたまらないわ。ハツクシヨーン！あーら、あたしの肺臓の中へ、バイキンが、百萬ほど突貫したわ。』

『ホツホヽヽヽ。佐古さん。あなたの口から百萬のバイキンが飛び出したのぢやない？』

『あら、ひどいわ。そんなこと無いわ。——ハツク

—50—

人気女流作家・横山美智子の連載小説「嵐の小夜曲」第1回。挿絵画家・深谷美保子とのコンビも評判となる（昭和4年6月号）

昭和5年

1930

第23巻
1～12月号、臨時増刊「紅雀」春の巻、臨時増刊「紅雀」夏の巻
定価50銭 320ページ

★表紙

深谷美保子

★おもな口絵

加藤まさを「潮音」（7月号）
林唯一「紅雀」（7月号）
高畠華宵「夕べとなれば」（8月号）

★おもな記事

「宝塚レビュー」（7月号）
「東北地方新八景」（深谷美保子、7月号）
「中央・北陸地方新八景」（加藤まさを、8月号）
「台湾地方新八景」（深谷美保子、9月号）
「北陸・中部地方新八景」（加藤まさを、10月号）
「朝鮮地方新八景」（深谷美保子、11月号）
「山陰地方新八景」（林唯一、12月号）

★おもな執筆者

内山基「少女物語 鳴かない犬」（8月号）
菊池寛「僕の少女観」（臨時増刊夏の巻）
吉屋信子「次女の哲学」（臨時増刊夏の巻）
西条八十「小指の許婚指環」（臨時増刊夏の巻、宮本三郎画）
林房雄「棟割長屋のストーヴ」（臨時増刊夏の巻）

★おもな連載

吉屋信子「紅雀」（1月号～12月号）
横山美智子「紅薔薇白薔薇」（深谷美保子画、10月号～7年3月号）

★おもな画家

宮本三郎、加藤まさを、林唯一、高畠華宵、布施長春、深谷美保子

★おもな付録

★『少女の友』の動き

『日本少年』『少女の友』『幼年の友』3誌共催で「小学児童廃物利用製作展覧会」を上野松坂屋で開催（3月15～23日）

★世相

温情主義で知られた鐘紡、不況で4割減給発表（4月5日）
大塚女子アパートメント開館（6月6日）
大阪のキャバレー東京に進出、濃厚サービスで東京式を圧倒（6月）。「エロ・グロ・ナンセンス」の語流行
浜口首相東京駅頭で狙撃され重傷（11月14日）
世界恐慌、日本に波及。昭和恐慌

昭和6年

1931

第24巻
1月号〜12月号
定価50銭　320ページ

★表紙
深谷美保子

★おもな口絵
林唯一「悩める鈴蘭」（1月号）
布施長春「初音の鼓」（2月号）
村上三千穂「嘆きの安寿姫」（8月号）
加藤まさを「飛沫を浴びて」（8月号）
高畠華宵「秋朗らか」（9月号）

★おもな記事
「秘められた事実物語」（1月号）
「動物愛物語」（2月号）
「大都会物語」（3月号）
「少女の友特輯 映画のページ」（6月号）
「少女の友特輯 宝塚名花物語」（9月号）
「少女の友特輯 松竹蒲田名子役物語」（10月号）

★おもな執筆者
加藤まさを「わか草のころ」（3月号）
内山基「少女小説 涙の手巾」（7月号）

★おもな連載
吉屋信子「桜貝」（1月号〜昭和7年3月号）
長田幹彦「悩める鈴蘭」（1月号〜12月号）
池田芙蓉「哀しき野菊」（1月号〜12月号）

★おもな画家
深谷美保子、村上三千穂、田中良、林唯一、高畠華宵、蕗谷虹児、松野一夫、長谷川露二

★おもな付録
「新東京スピード一周双六」（1月号）
「少女幸運日記」（1月号）
「京趣味絵封筒一組」（4月号）
「女学生モダン流行語辞典」（9月号）

★『少女の友』の動き
吉屋信子、新年号から「桜貝」を連載するとともに専属契約を結ぶ（1月）
読者の進級と卒業祝いに懸賞として小型カメラ1000台を贈り、さらにそのカメラによる優秀写真作品10名に腕時計を贈る（4月）
第五代主筆に『少女の友』編集長だった内山基が昇任（4月人事、6月号より）

★世相
田沼水泡の漫画『のらくろ二等兵』、「少年倶楽部」で連載開始（1月）
満州事変始まる（9月18日）
東北、北海道地方冷害、東北の一村で娘457人中50人が身売り（秋）
千寿食糧品研究所で女子従業員わが国最初の生理休暇獲得（12月）

昭和7年

1932年
第25巻
1月号〜12月号
定価50銭　304ページ

★表紙
深谷美保子

★おもな口絵
高畠華宵「初春」（1月号）
深谷美保子「雪の夜」（1月号）
林唯一「憩ひ」（4月号）
加藤まさを「春のたより」（5月号）

★おもな記事
「映画スター・マスコット物語」（2月号）
「お雛様の正しい並べ方」（3月号）
「創刊二十五周年記念少女の友記念座談会」（4月号）
「少女実話 上海を逃れ出でて」（4月号）
「人形の國の夢」（5月号）※中原淳一初登場
「四色刷 新東京三十二景」（10月号）

★おもな執筆者
大関五郎「お別れ」（中原淳一画、6月号）
※中原淳一挿絵デビュー作
小川未明「店ざらしのダンサー」（7月号）
野尻抱影「乙女の星・琴の星」（7月号）
岩下小葉「捨てられた王子」（中原淳一画、11月号）
岩下小葉「思ひ出20年」（1月号〜11月号？）

★おもな連載
長田幹彦「帰らぬ虹」（1月号〜12月号？）
大佛次郎「春雨の琴」（山口将吉郎画、1月号〜12月号？）
横山美智子「リラ咲く丘」（4月号〜12月号？）
サトウ・ハチロー「三色菫組」（1月号〜12月号？）
小山勝清「十二の指環」（松本かつぢ画、1月号〜12月号？）
吉屋信子「わすれなぐさ」（高畠華宵画、4月号〜12月号？）

★おもな画家
深谷美保子、高畠華宵、加藤まさを、山口将吉郎、中原淳一、松本かつぢ

★おもな付録
「豪華版 柱かけカレンダー」（1月号）
「四大画伯合作 少女ベビーゴルフ双六」（1月号）
「少女趣味のアルバム」（1月号）
「泰西名画集」（2月号）
「画入り写真立て」（加藤まさを画、4月号）
「豪華版占ひ日時計」（7月号）

★『少女の友』の動き
創刊25周年記念として短編小説を募集し、4月号で文芸賞腕時計6個を贈呈。さらに特別懸賞で2000名にブックカバーを贈呈

★世相
満洲国、建国宣言を発表（3月1日）
第1回日本ダービー目黒競馬場で開催（4月24日）
俳優チャップリン来日（5月14日）
犬養首相射殺される。5・15事件（5月15日）
文部省、農漁村の欠食児童20万人と発表（7月27日）

日本橋白木屋出火。初の高層建築火災で死者14人（12月16日）

昭和8年

1933年
第26巻
1月号～12月号
定価50銭 320ページ

★表紙

深谷美保子

★おもな口絵

中原淳一「夕月」（7月号）
蕗谷虹児「憶ひ出」（7月号）
加藤まさを「風の子」（7月号）
中原淳一「憶ひ出」（9月号）
高畠華宵「欄によりて」（12月号）

★おもな記事

「星よ輝け 尾上菊枝物語」（5月号）
「日本アルプス訪問記」（9月号）
愛国作文「非常時日本に於ける私達の覚悟」（9月号）

★おもな執筆者

内山基「叙情小説 おし花」（5月号）
内山基「岩下小葉先生を悼む」（6月号）
岩下恵美子「亡き父上に捧ぐ」（6月号）
吉屋信子「今は亡き新渡戸博士の憶い出」（12月号）

★おもな連載

吉屋信子「からたちの花」（林唯一画、1月号?～12月号）
大佛次郎「じゃがたら文」（山口将吉郎画、1月号?～12月号）
サトウ・ハチロー「たんぽぽ倶楽部」（1月号?～12月号）
岩下小葉、岩下恵美子「小さき妹」（松本かつぢ画、1月号?～12月号）※小葉氏死去のため7月号より恵美子氏に引継ぎ
松本かつぢ「ぺゝ子とチャー公」（1月号?～昭和12年12月号、昭和9年1月号より「ピチ子とチャー公」に改題）
島本志津夫（神崎清）「女学校物語」（1月号?～4月号）、「先生の手帳」（「先生の手帳より」）（5月号～昭和11年12月号）

★おもな画家

深谷美保子、松本かつぢ、中原淳一、蕗谷虹児、林唯一、山口将吉郎

★おもな付録

「豪華額縁聖母像」（4月号）
「想ひ出の小筥」（5月号）
「叙情手帖 窓・扇」（中原淳一画、6月号）
「御羽子板二面」（村上三千穂画、12月号）

★『少女の友』の動き

元主筆の岩下天年（小葉）死去。享年50（4月24日）

★世相

ヒトラー、独首相に就任（1月30日）
日本、国際連盟脱退（3月27日）
大島三原山で実践女子学校生徒投身自殺（1月9日）。5月2日までに43人自殺。自殺の名所となる。
長崎県警察保安課、海水浴場に柵、ブイを設け男女混泳を取締る（7月20日）
皇太子明仁親王誕生（12月23日）

昭和9年

1934
第27巻
1月号～12月号
定価50銭 332ページ

★表紙

深谷美保子

★おもな口絵

中原淳一「窓」（1月号）「二月の夜雨」（2月号）「八月抒情画集」（8月号）「名ごりのばら」（10月号）「わが日わが夢」（12月号）
蕗谷虹児「雪兎」（1月号）
松本かつぢ「月の見たお話」（1月号）
松野一夫「四ツのクリスマス」（12月号）

★おもな記事

「トーキー漫画はかうして出来る」（2月号）
「女学生と言葉使ひ」（3月号）
「東郷大将の嫌ひなもの」（増田義一、5月号）
「吉屋信子先生を囲んで先生と読者の会」（8月号）
「祖父様を偲びて」（東郷良子、8月号）

★おもな執筆者

相馬御風「竹の子のびろ」（6月号）
内山基「大いなる星一つ墜つ」（7月号）
「動物園の生活を聞く」（古賀動物園長を囲んで、10月号）

★おもな連載

吉川英治「胡蝶陣」（山口将吉郎画、1月号～昭和10年6月号）
吉屋信子「街の子だち」（林唯一画、1月号～12月号）
富田常雄「虹の港」（1月号～12月号）
岩下恵美子「パレアナ」（松本かつぢ画、1月号～12月号）
由利聖子「チビ君」シリーズ（12月号～昭和11年12月号）

★おもな画家

深谷美保子、中原淳一、蕗谷虹児、加藤まさを、山口将吉郎、林唯一、松本かつぢ

★おもな付録

「小倉百人一首かるた」（村上三千穂画、1月号）
「叙情カレンダー」（中原淳一画、1月号）
「お人形帳」（中原淳一作、9月号）
「壁かけペナント」（松本かつぢ画、12月号）

★『少女の友』の動き

『少女の友』主催でフランス人形展覧会と同誌口絵展覧会を銀座伊東屋で開催。中原淳一、加藤まさを等が出品（7月21～25日）

★世相

名古屋中村遊郭、松の内3日間の登廓者

2万7624人、娼婦は1700人（1月3日）
東京宝塚劇場、宝塚少女歌劇の上演で開場（1月1日）
最初の国立公園指定。瀬戸内海、雲仙、霧島の3か所（3月16日）
室戸台風関西を襲う（9月21日）
この年東北地方の冷害、大凶作で娘の身売り、欠食児童、行き倒れ、自殺など惨状を極める

昭和10年

1935

第28巻

1月号〜12月号

定価50銭　340ページ

★表紙

中原淳一

★おもな口絵

村上三千穂「春宵」（3月号）
深谷美保子「花びら」（4月号）
松本かつぢ「戦ひの前」（5月号）
中原淳一「昼の月」（7月号）
山口将吉郎「二日月」（10月号）

★おもな記事

「白き薔薇の唄——諏訪根自子嬢物語」（7月号）
「富士登山記　崇高に憧れて」（内山基、岡田光一郎）（9月号）
「ロンドンの憶ひ出」（松平正子、10月号）

★おもな執筆者

北原白秋「詩話」（1月号）
九條武子「シシリーの春」（2月号）
北村小松「短篇小説　マニラで逢った少女」（9月号）
田村泰次郎「二つの白鳥」（11月号）
村岡花子「信用される少女」（12月号）

★おもな連載

吉屋信子「小さき花々」（中原淳一画、1月号〜12月号）
吉川英治「朝顔夕顔」（山口将吉郎画、7月号〜昭和11年12月号）
サトウ・ハチロー「ベレーの合唱」（1月号〜12月号）
上田エルザ「暁の野ばら」（深谷美保子画、4月号〜11年3月号）
岩下恵美子「ハイヂ」（松本かつぢ画、1月号〜12月号）

★おもな画家

中原淳一、加藤まさを、蕗谷虹児、林唯一、村上三千穂、山口将吉郎

★おもな付録

「バースデーブック」（中原淳一画、1月号）
「叙情カレンダー」（松本かつぢ画、1月号）
「洋服の作り方スタイル・ブック（詩画集）」（中原淳一画、9月号）

★世相

丹那トンネル開通で熱海、伊豆の温泉場盛況（1月）
忠犬ハチ公死ぬ（3月8日）〈1934年4月21日に渋谷駅前に銅像建立〉
日本ペンクラブ結成、会長島崎藤村（11月26日）
初の年賀郵便切手発行（12月1日）

昭和11年

1936

第29巻

1月号〜12月号、夏の増刊号

定価50銭　340ページ

★表紙

中原淳一
小林秀恒（夏の増刊号）

★おもな口絵

深谷美保子「着ぞめ」（1月号）
松本かつぢ「初占ひ」（1月号）
中原淳一「宵待草」（8月号）
蕗谷虹児「白百合の幻想」（9月号）
初山滋「あれののばら」（11月号）
村上三千穂「雪の降る街」（12月号）

★おもな記事

「児童善行表彰会発表」（3月号）
「お雛様のお話」（京口元吉、3月号）
「母に捧ぐる凱歌—前畑秀子嬢物語」（10月号）
「皇軍に花を捧ぐ—満洲慰問少女団座談会」（11月号）
「故郷を語る座談会」（12月号）

★おもな執筆者

村上三千穂「彦根屏風物語」（1月号）
武田鄰太郎「少女小説　岸田敏子」（2月号）
井上友一郎「心の花園」（4月号）
阿部静枝「幻の母」（6月号）
矢田津世子「別れの夜曲」（8月号）
吉田絃二郎「玲子に与ふる書」（10月号）

★おもな連載

吉屋信子「司馬家の子供部屋」（林唯一画、1月号〜10月号）
山中峯太郎「祖国の鐘」（小林秀恒画、1月号〜昭和12年3月号）
上田エルザ「雛罌粟の唄」（中原淳一画、4月号〜昭和12年3月号）
岩下恵美子「秘密の花園」（松本かつぢ画、1月号〜12月号）
田村泰次郎「南風薫るところ」（1月号〜12月号、6月号休）
吉田絃二郎「山遠ければ」（蕗谷虹児画、11月号〜昭和12年5月号）

★おもな画家

中原淳一、村上三千穂、松本かつぢ、蕗谷虹児、加藤まさを、不破俊子、深谷美保子

★おもな付録

「彦根屏風畳紙」（村上三千穂画、1月号）
「叙情カレンダー」（中原淳一画、1月号）
「花詩集」（内山基編・中原淳一画、3月号）
「スタイルブック」（中原淳一、9月号）

★『少女の友』の動き
この年、2月から10月にかけて「友ちゃん会」を大阪、呉、鹿児島、横浜、札幌、神戸、京都、東京で開催

★世相
日劇ダンシングチーム、ジャズとダンスで初公演（1月13日）
2・26事件起こる（2月26日）
日本職業野球連盟結成。巨人軍対金鯱軍初試合を行なう（2月9日）
阿部定、情夫を殺害、局部を切り取り逃走（5月18日）
第11回ベルリンオリンピックで三段跳田島直人、女子２００メートル平泳ぎで前畑秀子ら優勝（8月1日）

昭和12年

１９３７
第30巻
1月号～12月号、夏休み増刊号
定価50銭 ３４０ページ

★表紙
中原淳一
小林秀恒（夏休み増刊号）

★おもな口絵
宮本三郎「日記」（1月号）
蕗谷虹児「ささやき」（1月号）
中原淳一「追羽根」（1月号）
深谷美保子「花かげ」（5月号）※絶筆

★おもな記事
「大作曲家の少年時代」（1月号）
「職場から観た女学生」（2月号）
「三十周年記念特輯」（4月号）
「女学生生活報告書 六人記」（5月号）
「深谷美保子先生を悼む」（6月号）
「懸賞当選読者短篇小説発表」（夏休み増刊号）
「軍国の母を訪ねて」（10月号）

★おもな執筆者
舟橋聖一「雪は白妙」（1月号）
内山基「青い花」（中原淳一画、1月号）
吉屋信子「小さき花々」（1月号）
吉屋信子「花物語」（2、3、6、7、8、夏休み増刊号、9月号）
深尾須磨子「一月の晴着」（1月号）
坪田譲治「三平の夏」（夏休み増刊号）
横山隆一「漫画 日の丸マリ子」（10月号）
西條八十「秋の旅情」（11月号）

★おもな連載
由利聖子「仔猫ルイの報告書」（1月号～12月号）
島本志津夫（神崎清）「白墨日記」（1月号～12月号）
吉川英治「やまどり文庫」（1月号～昭和13年4月号）
川端康成「乙女の港」（中原淳一画、6月号～昭和13年3月号）
中原淳一「女学生服装帖」（5月号～昭和15年5月号）
松本かつぢ「漫画アルバム」（7月号～昭和13年3月号、5月号、7月号）

★おもな画家
中原淳一、宮本三郎、蕗谷虹児、深谷美保子、不破俊子、松本かつぢ

★おもな付録
「記録帳『思ひ出』」（中原淳一画、1月号）
「着せ替えお人形」（村上三千穂画、1月号）
「手芸の本」（中原淳一、3月号）
「三十周年記念第一附録 暁の聖歌」（吉屋信子作、4月号）
「スタイルブック」（中原淳一画、8月号）
「叙情便箋二組」（中原淳一画、12月号）

★『少女の友』の動き
この年、「友ちゃん会」を大阪（5月23日）、東京（10月31日）で開催。東京では約４００名が参加

★世相
盧溝橋で日中両軍衝突、日中事変のはじまり（7月7日）
日独伊三国防共協定成立（11月6日）

昭和13年

１９３８
第31巻
1月号～12月号、春の増刊号、夏の増刊号
定価50銭 ３４０ページ

★表紙
中原淳一
小林秀恒（春の増刊号、夏の増刊号）

★おもな口絵
中原淳一「雪の夜」（1月号）、「黒いリボン」（2月号）、「春宵粧」（3月号）
不破俊子「待つ」（1月号）
蕗谷虹児「朝」（1月号）
初山滋「星」（9月号）

★おもな記事
「吉屋先生内山主筆対談会」（1月号）
「鳩山一郎先生に訊く座談会」（4月号）
「日本若し戦はば」（5月号）
「日独女学生座談会」（6月号）
「優れた少女の座談会」（9月号）
「世界の少女女学生々活を語る 外交官座談会」（10、11月号）
「日本の旗を立てる」（上海日本女学校生徒座談会、12月号）
「ペン部隊 吉屋信子先生に訊く」（12月号）

★おもな執筆者
佐藤春夫「軍国の春」（1月号）
式場隆三郎「科学の戦士パスツール」（1月号）
堀口大学「青い鳥」（2月号）
林芙美子「二月の花」（2月号）
井伏鱒二「山彦」（夏の増刊号）
林芙美子「勿忘草」（夏の増刊号）
芹澤光治良「のばらは美し」（夏の増刊号）
宮城道雄「秋風」（12月号）

★おもな連載

松本かつぢ「くるくるクルミちゃん」（1月号～昭和15年12月号、昭和15年2月号休）
島本志津夫（神崎清）「黒板ロマンス」（松野一夫画、1月号～昭和17年9月号）
川端康成「花日記」（中原淳一画、4月号～昭和14年3月号）
西条八十「古都の乙女」（蕗谷虹児画、4月号～昭和14年4月号）
吉屋信子「伴先生」（4月号まで小林秀恒画、5月号より松本かつぢ画、1月号～昭和14年3月号）
田郷虎雄「双葉と美鳥」（不破俊子画、1月号～12月号）
村岡花子「ブックレビュー」（1月号～昭和16年12月号）

★おもな画家

中原淳一、不破俊子、小林秀恒、蕗谷虹児、松本かつぢ、初山滋

★おもな付録

「フラワーゲーム」（中原淳一作、1月号）
「女学生譜」（詩集、西条八十詩、中原淳一画、5月号）
「戦線慰問お人形帖」（中原淳一作、8月号）
「愛唱歌曲集」（中原淳一装幀、11月号）

★『少女の友』の動き

この年、3月から10月にかけて「友ちゃん会」を京都、大阪、広島、大宮、札幌、津、山形、金沢、仙台、東京で開催

★世相

女優岡田嘉子、演出家の杉本良吉とソ連に越境して亡命（1月3日）
この年、モンペ流行

昭和14年

1939
第32巻
1月号～12月号、春の増刊号、夏の増刊号
定価50銭 304ページ

★表紙

中原淳一

★おもな口絵

松本かつぢ（春の増刊号、夏の増刊号）
初山滋「ひと枝」（1月号）
小林秀恒「春日」（1月号）
不破俊子「ピアノ」（2月号）
松本盛昌「春めぐむ」（4月号）
中原淳一「水郷」（6月号）
松本かつぢ「虹のお城」（9月号）

★おもな記事

「戦場に我は泣きぬ」（林芙美子、1月号）
「馬と兵隊」（津浦線南下部隊報告、3月号）
「万葉集より」（4月号）
「もう一度女学生になったら」（吉屋信子、村岡花子、平井美奈子、深尾須磨子、4月号）
「私達の観て来たもの 訪欧宝塚生徒座談会」（春の増刊号）
「七つの海を語る」（船長さんに訊く座談会、6月号）
「少女の友の歌当選歌」（6月号）
「南極制覇の日」（白瀬矗、夏の増刊号）
「座談会 女学生の風俗を語る」（9、10月号）

★おもな執筆者

芹澤光治良「月光の曲」（1月号）
舟橋聖一「椿と柳」（2月号）
「西条八十自選詩集」（2月号）
長谷川時雨「会津の五人姉弟」（7月号）
川端康成「兄の遺曲」（4月号）
山本周五郎「月の出峠」（夏の増刊号）「やどかり草紙」（12月号）
林芙美子「光射す日」（11月号）
宮本百合子「キュリー夫人の命の焔」（12月号）
吉屋信子「汪兆銘に会つたお話」（12月号）

★おもな連載

吉屋信子「乙女手帖」（松本かつぢ画、4月号～昭15年4月号）
川端康成「美しい旅」（中原淳一、初山滋画、7月号～昭16年3月号、昭和15年4月号休）
村岡花子「友情論」（10月号～昭17年7月号、昭和15年7月号より「女学生論」に改題）

★おもな画家

中原淳一、松本かつぢ、初山滋、小林秀恒、松本盛昌

★おもな付録

「啄木かるた」（中原淳一画、1月号）
「幌馬車カレンダー」（松本かつぢ画、1月号）

★『少女の友』の動き

10月に「友ちゃん会」を仙台と東京で開催

★世相

文部省、大学でも軍事教練を必修とする（3月30日）
満蒙国境ノモンハンで満・外蒙両国軍衝突。ノモンハン事件（5月12日）
国民精神総動員委員会、ネオン全廃、学生の長髪禁止、パーマネント廃止などを決定（6月16日）
第二次世界大戦始まる（9月1日）

昭和15年

1940
第33巻
1月号～12月号
定価50銭 250ページ

★表紙

中原淳一（1月～6月）
宮本三郎（7月～12月）

★おもな口絵

初山滋「白樹」（1月号）
中原淳一「さすらふ乙女」（1月号）
宮本三郎「少女像」（4月号）
小林秀恒「白樺」（6月号）
松本盛昌「まひる」（7月号）
不破俊子「秋思」（9月号）
松本かつぢ「秋」（10月号）

★おもな記事

「優れた少女の座談会」（1月号）
「白き手の戦士は語る―従軍看護婦の座談会」（2月号）

クラブ室便り

△中原さんの畫が少女の友から無くなりました。きつと多くの方が寂しくお思ひになり、失望なすつたことと思ひます、失望と寂しさは僕達も、決して皆さんに劣らないのです。が併し、時の流が僕達にさういふことを命じたのです、どうぞおあきらめ下さい。

中原さんの畫は大變美しいものを持ち、その技巧の優秀さは恐らく絶品に近いものを持つてゐたにかゝはらず、その美しさは弱々しいものの中に形づくられてゐました。中原さんの畫く少女は、健康な强い少女ではなかつたのです。とれが五年、六年前の平和な時ならば、恐らく、一箇の特色ある美しさとして不思議はありませんでしたが、今は國全體が好むと好まざるとに拘らず、一つの目的に向つて進んでゆかなければなりません。その目的こそ、皆さんもお分りのやうに聖戰の遂行なのです。その大きな目的を果す爲には、先づ第一に國民が健康でなければならないとです。少女の友の活字が大きくなつたり、ふり假名が無くなつたりしたのはひとへにさうした目的から出たのでした。弱められやすい少女の眼を保護する爲なのです。入學試驗が體育中心となり學術を廢止したのも矢張り同じ目的でした。學術を廢止した爲に、一般の智能が低くなるかもしれないのですが、それよりも國民の健康の方が一層大事なので大きな犧牲を拂つてまで新しい方法が採用されたのです。

中原さんの畫の美しさが弱弱しい感じを與へることについては中原さんも苦しんでゐられたところです、そしてかうした時代の、國家の必要を感じる時、更に一層高い美しさを創造することは中原さんにも少女の友の爲にも是非必要なことでした。中原さんはいろ〳〵苦しみ考へられた結果、一時仕事を一切休んで自分に勉强の機會を與へて欲しいと言はれたのです。

今迄も幾度か同じ考へを持たれたのでしたが、少女の友の讀者の熱情がそれを許さなかつたのです。

中原さんを一時でも失ふことは少女の友の爲にどんなに寂しいことかしれません、でも、いろ〳〵考へた結果お國の爲に、少女の友の爲に、そして中原さんの爲に、一時中原さんに自由をあげて、より高く美しいものを創造して頂くことがよいことであるといふことを知つたのです。

中原さんの畫が暫く少女の友にのらなくなります、どうぞ我慢なすつて下さい。今はあらゆることに忍ばなければならないのです。國家がその忍耐を要求してゐるのです。父を兄を、夫を、子を失ふとさへも國の爲に忍ばなければならない時です、今は僕達の一つの喜びを、國家に捧げませう。そして若き中原さんがよりよく、更に高きものを創造して歸つて來られる日まで、心からなるフレーを送つて待つてゐたいと思ひます。

「美しき友イタリア　深尾須磨子先生に訊く」（3月号）
「赤陽沈むところ」（林芙美子、4月号）
「南十字の星の下に―南洋を訊く座談会」（6月号）
「北京の秋」（内山基、12月号）

★おもな執筆者

林芙美子「ともだち」（1月号）
山本周五郎「鳥」（2月号）
室生犀星「人界魚界」（2月号）、「友情の哈爾賓」（4月号）
森田たま「時計台」（3月号）
山手樹一郎「春恨」（3月号）
西条八十「春のながれ」（4月号）
舟橋聖一「母の御絵」（5月号）
村上元三「白樺」、「人形」（6月号）
長谷川時雨「時代の娘」（10月号）

★おもな連載

吉屋信子「小さき花々」（中原淳一、小林秀恒、松本盛昌、長沢節画、5月号～11月号）
井伏鱒二「オコマさん」（蕗谷虹児画、1月号～6月号）

中原淳一の降板を読者に伝える昭和15年7月号の「クラブ室だより」。主筆・内山基による文章で、時局に抗することのできなかった編集者の苦渋の思いが行間から伝わってくる

内山基「白い燈台」（1月号〜12月号）
橘外男「墓碑銘」（1月号〜9月号）
芹沢光治良「愛すべき哉」（7月号〜昭和16年8月号）
野上彰「ピノチオ」（松本かつぢ画、3月号〜12月号）
森口多里「私たちの祖先の芸術」（7月号〜昭和17年4月号）
田中千代「服装帖」（6月号〜10月号）

★おもな画家

中原淳一、初山滋、蕗谷虹児、宮本三郎、田代光、不破俊子、松本かつぢ

★おもな付録

「ランド・ゲーム」（中原淳一作、1月号）

★『少女の友』の動き

この年、1月から6月にかけて「友ちゃん会」を秋田、大阪、京都、福井で開催。軍部の強圧で7月号から中原淳一の絵が誌上から消える。また12月号では、主筆の内山基が読者に対して「非時局的なペンネーム（たとえばナンセンスなもの、センチメンタルなもの）」の自粛を要望

★世相

陸軍省、川端龍子ら12画家を大陸戦線へ派遣（4月）
国民優生法公布（5月1日）
国民精神総動員本部東京市内に〈贅沢品は敵だ〉の立看板1500本を配置（8月1日）
第二次近衛内閣成立（7月22日）
大政翼賛会発足（10月12日）
NHK、大晦日にベートーヴェン〈第9〉を初放送（12月31日）

昭和16年

1941
第34巻
1月号〜12月号
定価50銭　240ページ

★表紙

宮本三郎

★おもな口絵

伊藤小坡「山内一豊の妻」（1月号）
木下孝則「読書」（2月号）
荻須高徳「ノアルムーチエの漁村」（4月号）
初山滋「夕粧」（8月号）

★おもな記事

「日本をめぐる世界の国々—座談会」（1月号）
「アメリカは日本に何をしようとするか」（海軍大佐平出英夫、2月号）
「若し私が女学生だったら」（村岡花子、宮本百合子、吉屋信子、2月号）
「聖戦第五年！　馬淵報道部長吉屋信子対談会」（7月号）
「子供風土記」（坪田譲二選、11月号）
「読者文芸」（作文・川端康成選、詩・室生犀星選、1月号）※この号より読者文芸の選者名を目次に掲載

★おもな執筆者

室生犀星、西條八十、高村光太郎「希望の詩」（1月号）
火野葦平「花の命」（1月号）
山本周五郎「鼓くらべ」（1月号）
吉田絃二郎「朝の讃歌」（2月号）
吉屋信子「小さき花々」（小林秀恒画、3月号）
野上彰「鉄路」（松本かつぢ画、4月号）
高村光太郎「詩　少女に」（5月号）
室生犀星「詩　僕の庭」（6月号）
平塚らいてう「わが少女の日」（8、9月号）

★おもな連載

吉屋信子「少女期」（小林秀恒画、1、2月号、4〜11月号）
大佛次郎「冬の太陽」（松野一夫画、1月号〜昭和17年3月号）
由利聖子「蕾物語」（1月号〜12月号）
田中千代「女学生服装帖」（「少女服装帖」（1月号〜11月号）
川端康成「美しい旅・続編」（蕗谷虹児画、9月号〜昭和17年10月号、昭和16年11月号、12月号、昭和17年9月号休）
橘外男「将軍の令嬢」（9月号〜昭和17年4月号）

★おもな画家

林唯一、蕗谷虹児、初山滋、小林秀恒、松野一夫、長沢節、田代光、松本かつぢ

★おもな付録

「隣組かるた」（松本かつぢ画、1月号）
「船のカレンダー」（1月号）

★『少女の友』の動き

この年、8月から9月にかけて「友ちゃん会」を福井、富山、函館で開催

★世相

中学校の新入生の制服、男子は国民服に戦闘帽、女子はセーラーを廃し、襟を右前、ヘチマ型となる（4月）
藤原歌劇団、ヴェルディ〈アイーダ〉上演（5月26日）
軍報道員として多数の文学者徴用（11月）
東条英機内閣成立（10月18日）
ハワイ真珠湾攻撃、太平洋戦争はじまる（12月8日）

昭和17年

1942
第35巻
1月号〜12月号
定価50銭　168ページ

★表紙

宮本三郎（1月号〜5月号）
松田文雄（6月号〜12月号）

★おもな口絵

堂本印象「戦機」（1月号）
松田文雄「小孩」（1月号）
小磯良平「斉唱」（2月号）
松田文雄「戦場よりの便り」（4月号）
松野一夫「爆撃のあと」（9月号）

★**おもな記事**
「対談会 新しい女学生の生き方」（1月号）
「宣戦御詔書謹釈」（2月号）
「巣立つ海鷲―一少年航空兵の手記」（2月号）
「日本語の美しさ・金田一博士に訊く」（4月号）
「陸戦隊の子供・報道班員の手記」（村上元三、7月号）
「日本と支那とを結ぶ愛情」（窪川稲子、美川きよ、真杉静枝、8月号）
「郷土 柳田國男先生に訊く」（11月号）

★**おもな執筆者**
若山喜志子「わが少女の日」（2月号）
上村松園「わが少女の日」（4月号）
山本周五郎「花宵」（4月号）
武者小路実篤「花・日本の画のことなど」（11月号）
川端龍子「南十字星」（11月号）
中野好夫「二つの態度」（11月号）
波多野勤子「親切部隊の一人」（12月号）
壺井栄「一本の糸」（12月号）

★**おもな連載**
芹沢光治良「けなげな娘達」（須藤重画、1月号～12月号）
由利聖子「五月物語」（1月号～7月号、4月号休）
佐藤春夫「環境」（4月号～9月号）
サトウ・ハチロー「青空より青く」（河目悌二画、10月号～昭和20年8月号）
松本かつぢ「ヒナ子姉ちゃん」（1月号～12月号）
神崎清「宮城野の春」（10月号～昭和18年4月号）

★**おもな画家**
宮本三郎、松田文雄、蕗谷虹児、山口将吉郎、松本盛昌、林唯一、松本かつぢ、須藤重、河目悌二

★**おもな付録**

★**『少女の友』の動き**
創刊35周年を記念して「緑の室」の集いを東京で催す。「緑の室」は投書家のうち銀時計を得た人たちのための欄のこと（3月8日）

★**世相**
味噌、醤油、切符制配給実施（2月1日）
東京に初の空襲警報発令（3月5日）
日本出版文化協会、用紙割当てを大幅に減配決定（12月28日）
大本営、ガダルカナル島撤退を決定（12月31日）

昭和18年

1943
第36巻
1月号～12月号
定価45銭 124ページ

★**表紙**
松田文雄

★**おもな口絵**
向井潤吉「比島サンフェルナンドの少女」（2月号）
松野一夫「建国祭」（2月号）
林唯一「工場にて働く少女」（4月号）
赤松俊子「漁村で働く少女たち」（4月号）
小松崎茂「未来の兵器」（グラビヤ写真、11月号）

★**おもな記事**
「田舎の正月 町の正月」（結城哀草果、長谷川かな女、吉田絃二郎、1月号）
「南方便り」（内山基、小田嶽夫、2月号）
「空は女学生の手で守れ」（4月号）
「土に戦ふ人々」（内山基、7月号）
「家について―穂積重遠先生に訊く」（8月号～9月号）
「女学生の戦闘配置」（西山少佐、12月号）

★**おもな執筆者**
深尾須磨子「母を慕ふ防人の歌」（1月号）
高村光太郎「詩 少女に」（1月号）
尾崎一雄「白衣の歌」（3月号）
中野好夫「臣子の文学」（6月号）
壺井栄「お留守番」（6月号）
室生犀星「馬と山虻」（7月号）
住井すゑ子「河童の冬」（12月号）
中村地平「日本の人形」（12月号）

★**おもな連載**
大池唯雄「命のかぎり」（1月号～昭和20年8月号）
丹羽文雄「夕陽ケ乙女」（2月号～6月号）
舟橋聖一「若い手」（7月号～昭和19年6月号）

★**おもな画家**
松田文雄、赤松俊子、山口将吉郎、林唯一、河目悌二

★**おもな付録**

★**『少女の友』の動き**
陸海軍省後援「従軍看護婦に感謝する会」を日比谷公会堂で開催。市内および府下の高等女学校二十数校が参加（1月30日）

★**世相**
英語の雑誌名禁止され、「サンデー毎日」は「週刊毎日」、「エコノミスト」は「経済毎日」などに（2月）
黒沢明監督第1回作品「姿三四郎」封切（3月25日）
山本五十六連合艦隊司令長官、ソロモン群島上空で戦死（4月18日）
日本出版会、組版および活字使用を制限（5月）

昭和19年

1944
第37巻
1月号～12月号
定価45銭 68ページ

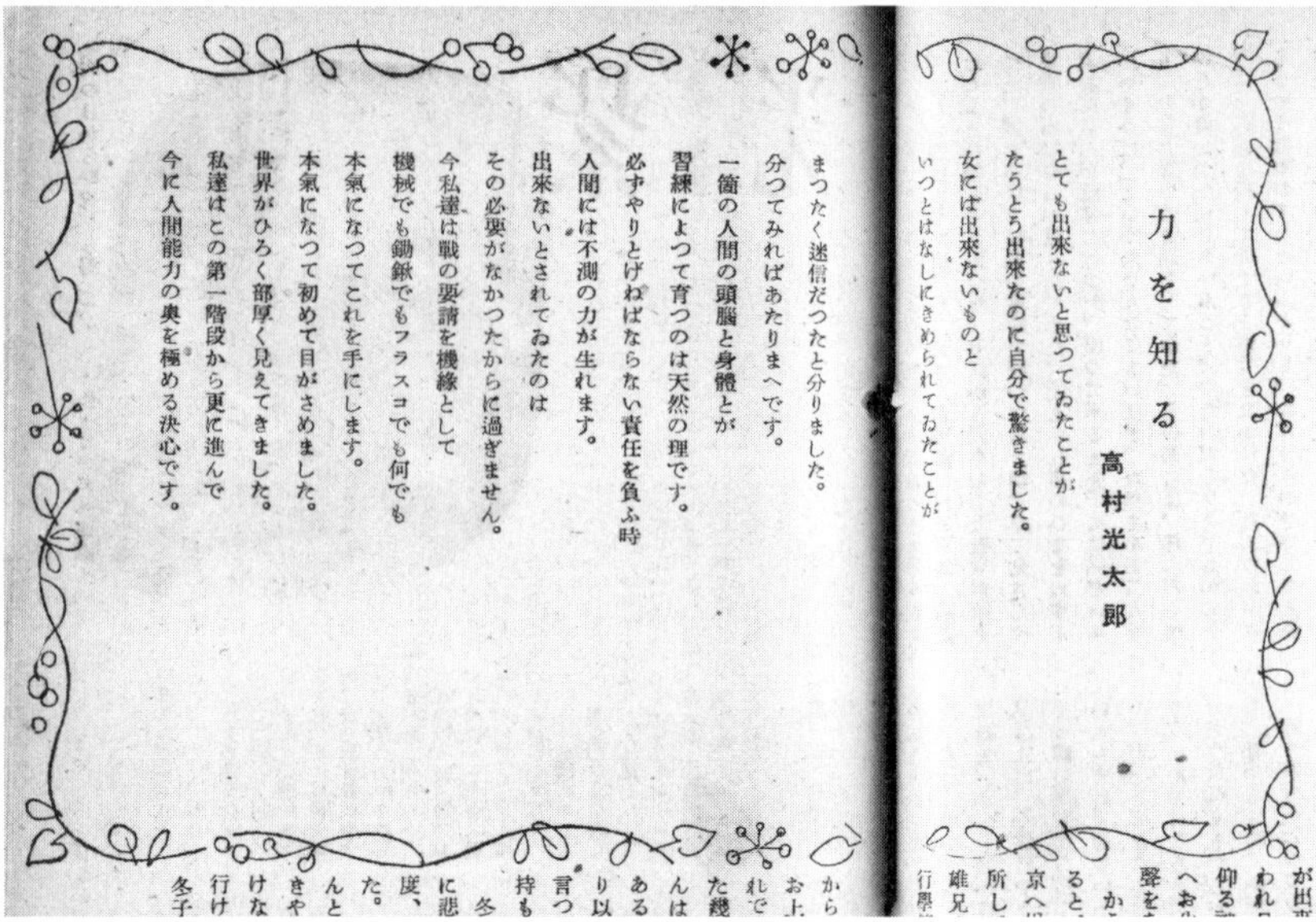
力を知る

高村光太郎

とても出來ないと思つてゐたことが
たうとう出來たのに自分で驚きました。
女には出來ないものと
いつとはなしにきめられてゐたことが
まつたく迷信だつたと分りました。
分つてみればあたりまへです。
一箇の人間の頭腦と身體とが
習練によつて育つのは天然の理です。
必ずやりとげねばならない責任を負ふ時
人間には不測の力が生れます。
出來ないとされてゐたのは
その必要がなかつたからに過ぎません。
今私達は戰の要請を機縁として
機械でも鋤鍬でもフラスコでも何でも
本氣になつてこれを手にします。
本氣になつて初めて目がさめました。
世界がひろく部厚く見えてきました。
私達はこの第一階段から更に進んで
今に人間能力の奥を極める決心です。

大東亜戦争（太平洋戦争）の敗色濃い昭和20年3月号に掲載された
高村光太郎の詩「力を知る」

★表紙
松田文雄
★おもな口絵
向井潤吉「闘魂」（3月号）
三芳悌吉「木造船をつくる」（4月号）
松田文雄「無敵陸戦隊」（5月号）
棟方志功「古事記頌」（10月号）
★おもな記事
「大いなる日本―竹下大将に訊く」（1月号）
「これでこそ勝ったのだ」（桜井忠温、3月号）
「通年動員に出動する女学生達へ」（6月号）
「日本刀魂」（栗原彦三郎、10月号）
「日本の聖火」（内山基、11月号）
★おもな執筆者
高村光太郎「詩 少女戦ふ」（1月号）
太宰治「雪の夜の話」（5月号）
山岡荘八「桜系図」（7月号）
中里恒子「寄宿舎にて」（8月号）
山手樹一郎「侍の家」（9月号）
壷井栄「おばあさんの誕生日」（10月号）
火野葦平「オツタマ日語学校」（11月号）
★おもな連載

★おもな画家
松田文雄、向井潤吉、三芳悌吉、小松崎茂、河目悌二、松野一夫
★おもな付録

★世相
警視庁、高級料理店850店、待合芸妓屋4300店、バー・酒店2000店を閉鎖（3月5日）
東条内閣総辞職（7月18日）
学童疎開第一陣、上野を発つ（8月4日）
全国の新聞朝刊2ページとなる（11月1日）
総合誌2、大衆誌2、婦人誌〈主婦之友、婦人倶楽部、新女苑〉3誌となる（12月）

昭和20年

1945
第38巻
1月号～5月号、6・7月合併号、8月号～9月号、10・11月合併号、12月号
定価50銭（1月号～5月号）→45銭（6月号～8月号）→1円（10・11月号、12月号）60ページ
★表紙
松田文雄
★おもな口絵
玉村吉典「小楠公」（1月号）、「北畠親房」（2月号）、「恩田木工」（3月号）
★おもな記事
「咲き匂ふ日本少女」（1月号）
「一滴の血地に落ちて潔くば花咲かむ」（内山基、6・7月合併号）
「最後の日」（内山基、8月号）
「インフレーションの話」（9月号）

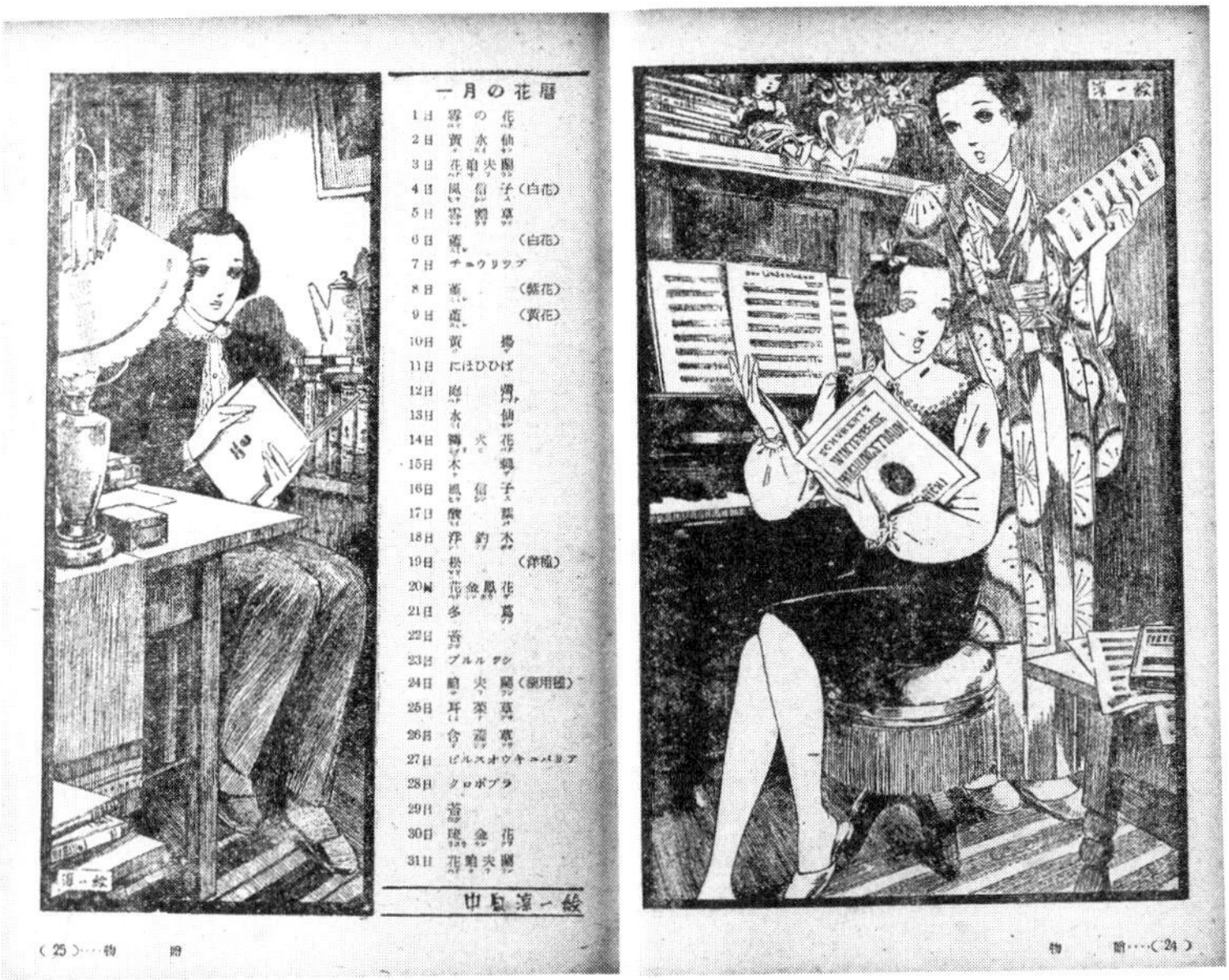

中原淳一が終戦後はじめて誌面に復帰した昭和21年1月号のモノクロ「贈物」（一部）。その後、裏表紙を使ってのファッション記事を担当するが、同年6月号を最後に『少女の友』と袂を分かった

号）
「アメリカ人気質」（松下正寿、10・11月合併号）
「ノーベル賞の話」（西村孝次、（10・11月合併号）
「少女のまごころ」（渋沢秀雄、12月号）

★おもな執筆者
山岡荘八「白梅記」（1月号）
深尾須磨子「詩 母の心もて」（1月号）詩「泪の出発」（10・11月合併号）
柳田国男「親棄て山」（2月号〜3月号）
高村光太郎「詩 力を知る」（3月号）
山中峯太郎「死中に活」（5月号）
窪川稲子「朝もや」（9月号）
サトウ・ハチロー「歌時計と望遠鏡」（9月号）
村岡花子「新しい日本」（10・11月合併号）
宮本百合子「美しく豊かな生活へ」（12月号）

★おもな連載

★おもな画家
松田文雄、河目悌二、玉村吉典

★おもな付録

★『少女の友』の動き
第六代主筆に『新女苑』編集長の中山信夫が昇任（9月28日人事、10・11月合併号より）

★世相
米英ソ、ヤルタ会談ひらく（2月4日）
米軍B29、東京を大空襲。23万戸焼失、死者12万人（3月9日）
米軍沖縄に上陸（4月1日）
広島（8月6日）、長崎（8月9日）に原子爆弾
ポツダム宣言受諾を決定（8月14日）
「日米会話手帖」刊行（9月15日）、360万部売れる

昭和21年

1946
第39巻
1月号〜4月号、6月号〜12月号 ※5月号は業界申し合わせで月刊誌一斉休刊
定価1円（1月号）→1円50銭（2月号）→2円（3月号〜7月号）→3円50銭（8月号〜12月号） 68ページ

★表紙
松田文雄

★おもな口絵
中原淳一「贈物」（1月号）

★おもな記事
「生命の不思議」（2月〜10月号）
「魂の歓喜」（野村光一、3月号）
「アメリカの映画」（8月号）
「世界の子守唄」（10月号）

★おもな執筆者
芹澤光治良「小説 むすめ」（1月号）
サトウ・ハチロー「新東京めぐり」（松本かつぢ画、2月号）
大田黒元雄「三つの音 楽聖物語」（2月号）

村山知義「日曜の朝」（4月号）
林芙美子「詩」（7、9、10、11、12月号）
野上彰「マリアと軽業師」（松本かつぢ画、9月号）
花森安治「リボンは花びらのやうに」（11月号）、「何よりも靴を美しく」（12月号）
青野季吉「夏目漱石」（12月号）
「私達の懇話室（読者投稿欄）」（6月号から復活）
西中千晴「趣味の手芸」（6月号〜昭和24年2月号）

★おもな連載
長谷川俊「緑の森」（長沢節画、8月号〜昭和22年4月号）
日吉早苗「二つの楽園」（10月号〜昭和22年9月）
北野道彦「人間の歴史をたずねて」（11月号〜昭和22年10月）

★おもな画家
中原淳一、松田文雄、松野一雄、松本かつぢ、河目悌二、長沢節

★おもな付録

★世相
平川唯一の〈英語会話〉放送開始、「カムカムエブリボディ」が評判（2月1日）
長谷川町子の漫画「サザエさん」、夕刊フクニチで連載始まる（4月22日）
極東国際軍事裁判所開廷（5月3日）
第1次吉田内閣成立（5月22日）
日本国憲法公布（11月3日）

昭和22年
1947
第40巻
1月号〜12月号
定価6円（1月号、2月号）→8円（3月号、4月号）→9円（5月号）→14円（6月号、7月号）→15円（8月号）→18円（9月号、10月号）→20円（11月号、12月号） 64ページ

★表紙
松田文雄

★おもな口絵
広本長子「春の花束」（1月号）※オフセット印刷
赤羽喜一「春の模様」（4月号）
石川滋彦「街路樹」（5月号）
西田正秋「母親と子供」（8月号）※これ以後4色オフセット

★おもな記事
「貨幣のはなし」（2月号）
「村から都市へ」（7月号）
「紙と印刷」（9月号）
「生活の中の映画」（10月号）
「秋の渡り鳥」（内田清之助、11月号）

★おもな執筆者
山本安英「私の歩んできたお芝居の道」（1月号）
花森安治「美しい着もの」（3月号）

★おもな連載

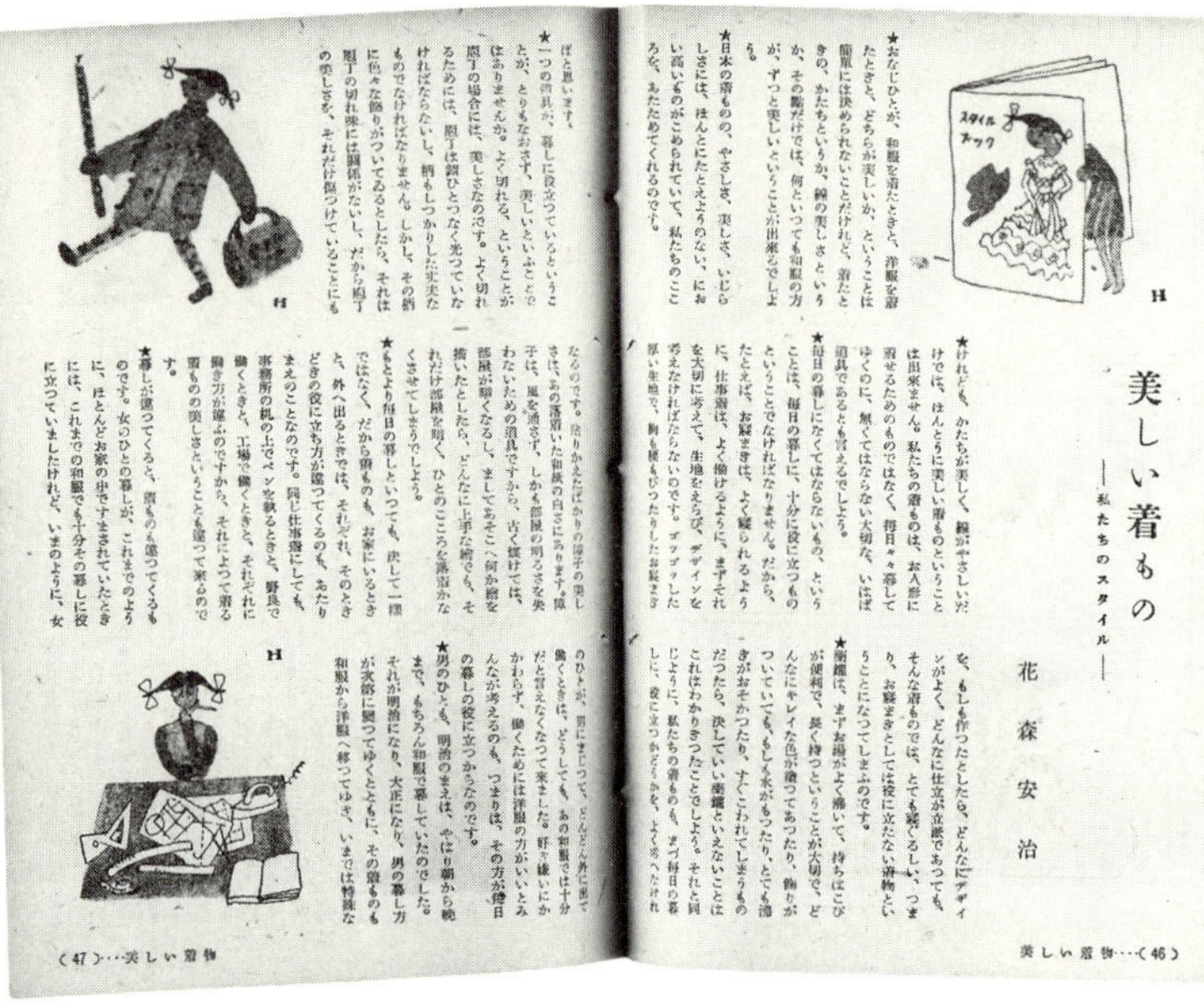

美しい着もの
——私たちのスタイル——
花森安治

★おなじひとが、和服を着たときと、洋服を着たときと、どちらが美しいか、ということは簡単には決められないことだけれど、着たときの、かたちというか、線の美しさというか、その点だけでは、何といつても和服の方が、ずつと美しいということが出来るでしょう。
★日本の着ものの、やさしさ、美しさ、いじらしさには、ほんとにたとえようのない、におい高いものがこめられていて、私たちのこころを、あたためてくれるのです。
★けれども、かたちが美しく、線がやさしいだけでは、ほんとうに美しい着ものということは出来ません。私たちの着ものは、お人形に着せるためのものではなく、毎日々々暮してゆくのに、無くてはならない大切な、いはば道具であるとも言えるでしょう。
★毎日の暮しになくてはならないもの、ということは、毎日の暮しに、十分に役に立つものということでなければなりません。だから、たとえば、お寝まきは、よく寝られるように、仕事着は、よく働けるように、まずそれを大切に考えて、生地をえらび、デザインを考えなければならないのです。ゴツゴツした厚い生地で、胸も腰もぴつたりしたお寝まきを、もしも作つたとしたら、どんなにデザインがよく、どんなに仕立が立派であつても、そんな着ものでは、とても寝ぐるしく、つまり、お寝まきとしては役に立たない着物ということになつてしまふのです。
★薬鑵は、まずお湯がよく沸いて、持ちはこびが便利で、長く持つということが大切で、どんなにキレイな色が塗つてあつたり、飾りがついていても、もし水がもつたり、とても湯きがおそかつたり、すぐこわれてしまうものだつたら、決していい薬鑵といえないことは、これはわかりきつたことでしょう。それと同じように、私たちの着ものも、まづ毎日の暮しに、役に立つかどうかを、よく考へなければと思います。
★一つの道具が、暮しに役立つているということが、とりもなおさず、美しいといふことではありませんか。よく切れる、ということが庖丁の場合には、美しさなのです。よく切れるためには、庖丁は錆ひとつなく光つていなければならないし、柄もしつかりした丈夫なものでなければなりません。しかし、その柄に色々な飾りがついてゐるとしたら、それは庖丁の切れ味には関係がないし、だから庖丁の美しさを、それだけ傷つけていることにもなるのです。貼りかえたばかりの障子の美しさは、あの落着いた和紙の白さにあります。障子は、風を通さず、しかも部屋の明るさを失わないための道具ですから、古く煤けては、部屋が暗くなるし、ましてあそこへ何か絵を描いたとしたら、どんなに上手な絵でも、それだけ部屋を暗く、ひとのこころを落着かなくさせてしまうでしょう。
★もとより毎日の暮しといつても、決して一様ではなく、だから着ものも、お家にいるときと、外へ出るときでは、それぞれ、そのときどきの役に立ち方が違つてくるのも、あたりまえのことなのです。同じ仕事着にしても、事務所の机の上でペンを執るときと、野良で働くときと、工場で働くときと、それぞれに働き方が違ふのですから、それによつて着る着ものの美しさということも違つて来るのです。
★暮しが違つてくると、着ものも違つてくるものです。女のひとの暮しが、これまでのように、ほとんどお家の中ですまされていたときには、これまでの和服でも十分その暮しに役に立つていましたけれど、いまのように、女のひとが、男にまじつて、どんどん外に出て働くときは、どうしても、あの和服では十分だと言えなくなつて来ました。好き嫌いにかかわらず、働くためには洋服の方がいいとみんなが考えるのも、つまりは、その方が毎日の暮しの役に立つからなのです。
★男のひとも、明治のまえは、やはり朝から晩まで、もちろん和服で暮していたのでした。それが明治になり、大正になり、男の暮し方が次第に変つてゆくとともに、その着ものも和服から洋服へ移つてゆき、いまでは特殊な

美しい着物…（46）
（47）…美しい着物

のちに『暮らしの手帖』編集長として辣腕をふるった花森安治による記事「美しい着もの」（昭和22年3月号）

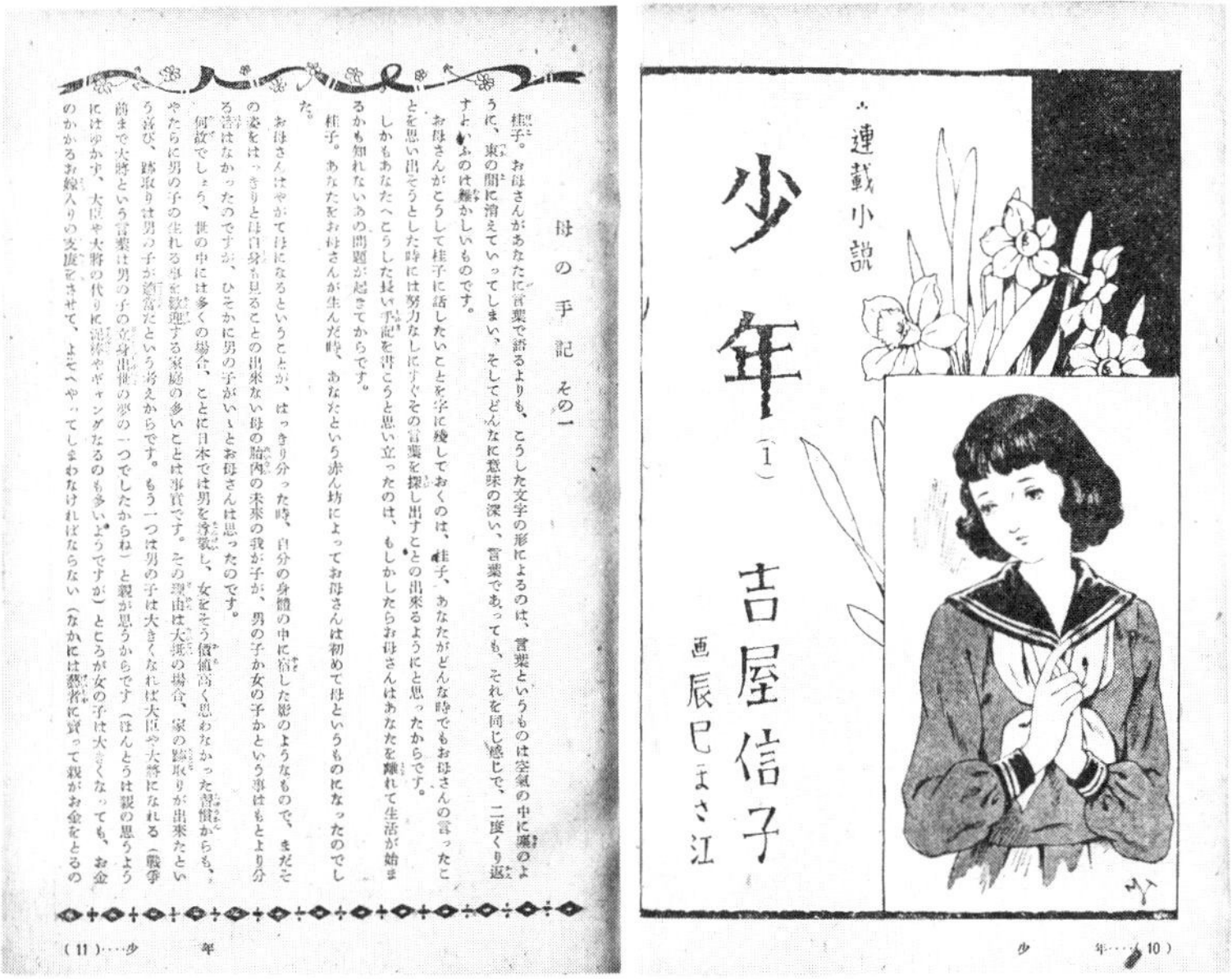
母の手記　その一

桂子。お母さんがあなたに言葉で語るよりも、こうした文字の形によるのは、言葉というものは空氣の中に霧のように、束の間に消えていってしまい、そしてどんなに意味の深い、言葉であっても、それを同じ感じで、二度くり返すといふのは難かしいものです。

お母さんがこうして桂子に話したいことを字に殘しておくのは、桂子、あなたがどんな時でもお母さんの言ったことを思い出そうとした時には努力なしにすぐその言葉を探し出すことの出來るようにと思ったからです。しかもあなたへこうした長い手記を書こうと思い立ったのは、もしかしたらお母さんはあなたを離れて生活が始まるかも知れないある問題が起きてからです。

桂子。あなたをお母さんが生んだ時、あなたという赤ん坊によってお母さんは初めて母というものになったのでした。

お母さんはやがて母になるということが、はっきり分った時、自分の身體の中に宿した影のようなもので、まだその姿をはっきりと母自身も見ることの出來ない母の胎内の未來の我が子が、男の子か女の子かという事はもとより分る筈はなかったのですが、ひそかに男の子がいゝとお母さんは思ったのです。

何故でしょう、世の中には多くの場合、ことに日本では男を尊敬し、女をそう價値高く思わなかった習慣からも、やたらに男の子の生れる事を歓迎する家庭の多いことは事實です。その理由は大抵の場合、家の跡取りが出來たという喜び、跡取りは男の子が適當だという考えからです。もう一つは男の子は大きくなれば大臣や大將になれる（戰爭前まで大將という言葉は男の子の立身出世の夢の一つでしたからね）と親が思うからです（ほんとうは親の思うようにはゆかず、大臣や大將の代りに泥棒やギャングなるのも多いようですが）ところが女の子は大きくなっても、お金のかかるお嫁入りの支度をさせて、よそへやってしまわなければならない（なかには藝者に賣って親がお金をとるの

（11）……少　年

連載小説
少年（1）
吉屋信子
画　辰巳まさ江

少　年……（10）

戦後も『少女の友』を代表する書き手のひとりだった吉屋信子の連載小説「少年」第1回（昭和24年1月号）

江間章子「小さい妹」（1月号〜6月号）
神崎清「かぐや姫」（1月号〜8月号）
伊藤信吉「日本現代詩読本」（6月号〜9月号）
串田孫一「愛の言葉」（10月号〜12月号）
萩谷朴「小説 こども今昔ものがたり」（9月号〜12月号）
サトウ・ハチロー「ポロンポロン物語」（11月〜昭和23年12月号）
北野道彦「産業革命ものがたり」（11月号〜昭和23年6月号）
松本かつぢ「おちゃめポン子」（1月号〜7月号、4月号休）

★おもな画家

松田文雄、松本かつぢ、石川滋彦、荻須高徳

★おもな付録

★世相

新宿帝都座で初の額縁ヌードショー開演（1月15日）
新学制による小学校および中学校発足（4月1日）
日本国憲法施行（5月3日）
キャスリン台風来襲、関東地方で死者2247人（9月14日）
電球、1世帯に1個配給（10月8日）
この年用紙事情悪化。「文藝春秋」など休刊続く

昭和23年

1948
第41巻
1月号〜12月号、別冊読物集第一号、別冊読物集第二号
定価22円（1月号〜4月号）→25円（5月号〜8月号）→30円（9月号）→35円（10月号）→38円（11月号）→40円（12月号）　64ページ

★表紙

石川滋彦（1月〜9月号）
竹谷富士雄（10月〜11月号）

「サトウ・ハチロー先生を囲む野球放談」。野球ファンの少女6名が出席（昭和25年7月号）

松本昌美（12月）
高橋庸男（別冊読物集）
大橋正（別冊読物集第二号）

★おもな口絵

荻須高徳「私のスケッチ帳から」（5月号）
大橋正「お伽の国のアップリケ」（6月号）
中西利雄「世界の夏」（8月号）

★おもな記事

「世界の服飾史（4色）」（1月号～3月号）
「オハイオの丘（アメリカの女学生生活）」（4月号）
「アメリカの女学生に学ぶ」（11月号）
「女学生の友情（吉屋信子先生を囲んで）」（12月号）

★おもな執筆者

壺井栄「小説 おべんとう」（1月号）
串田孫一「幸福を求めて」（5月号）
北條秀司「劇 やまびこ」（別冊読物集第二号）
堀内敬三「立琴と時の流れと」（11月号）

★おもな連載

中村妙子「マクサの子供たち」（1月号～12月号）
長谷川町子「マンガ・ワカメちゃん」（10月号～昭和25年3月号）

★おもな画家

松田文雄、岡田節子、大橋正、今村寅士、三輪ちかし、荻須高徳、中西利雄

★おもな付録

—

★『少女の友』の動き

第七代主筆に『新女苑』編集長の森田淳二郎が昇任（6月13日人事、10月号より）

★世相

二重橋開放、国民一般参賀、2日間に13万人（1月1日）
美空ひばり、横浜国際劇場で歌手としてデビュー（5月1日）
太宰治、玉川上水で山崎富栄と入水自殺（6月13日）
閣議、消費者米価を10キロ当たり148円50銭から266円に値上げ決定（7月9日）。この年倍々式値上げ続く。

昭和24年

1949
第42巻
1月号～12月号
定価65円 104ページ

★表紙

松本昌美

★おもな口絵

三輪ちかし（鄰）「ローランサンの画」（1月号）、「母子草」（3月号）、「幼きキリスト」（12月号）※「名画の花束」として昭和23年11月号～昭和25年10月号まで20回不定期連載

★おもな記事

「座談会 我が行く道を夢みし頃」（貝谷八百子、大谷洌子、葦原邦子、藤田晴子、1月号）

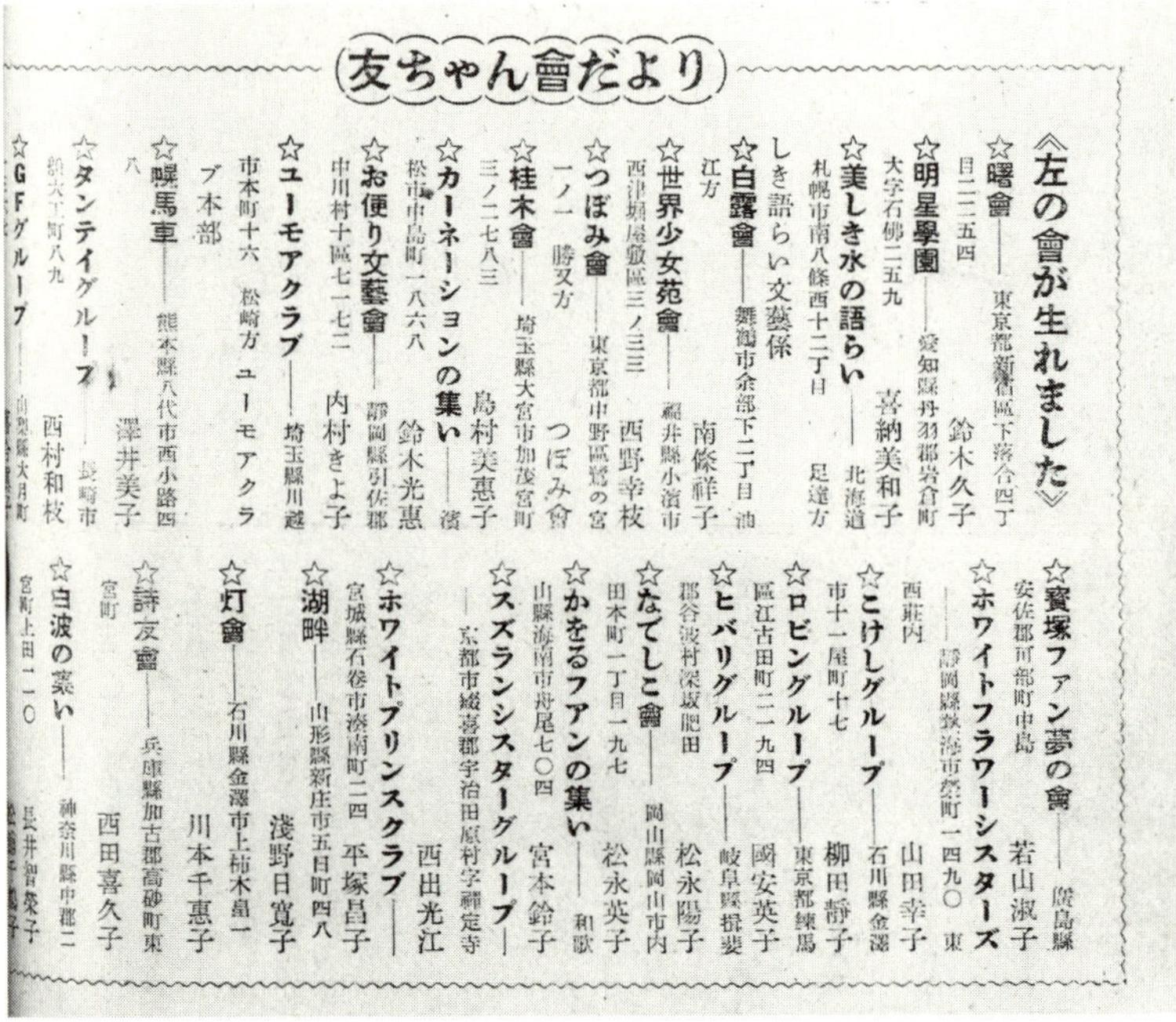
友ちゃん會だより

《左の會が生れました》

☆曙會——東京都新宿區下落合四丁目二二五四　鈴木久子
☆明星學園——愛知縣丹羽郡岩倉町大字石佛二五九　喜納美和子
☆美しき水の語らい——北海道札幌市南八條西十二丁目　足達方　しき語らい文藝係
☆白露會——舞鶴市余部下二丁目　油江方　南條祥子
☆世界少女苑會——福井縣小濱市西津頬屋敷區三ノ三三　西野幸枝
☆つぼみ會——東京都中野區鷺の宮一ノ一　勝又方　つぼみ會
☆桂木會——埼玉縣大宮市加茂宮町三ノ二七八三　島村美惠子
☆カーネーションの集い——濱松市中島町一八六八　鈴木光惠
☆お便り文藝會——靜岡縣引佐郡中川村十區七一七二　内村きよ子
☆ユーモアクラブ——埼玉縣川越市本町十六　松崎方　ユーモアクラブ本部
☆幌馬車——熊本縣八代市西小路西八　澤井美子
☆タンテイグループ——長崎市[illegible]町八九　西村和枝
☆GFグループ——山梨縣大月町[illegible]
☆寶塚ファン夢の會——廣島縣安佐郡可部町中島　若山淑子
☆ホワイトフラワーシスターズ——靜岡縣熱海市桜町一四九〇　東西莊内　山田幸子
☆こけしグループ——石川縣金澤市十一屋町十七　柳田靜子
☆ロビングループ——東京都練馬區江古田町二一九四　國安英子
☆ヒバリグループ——岐阜縣揖斐郡谷汲村深坂肥田　松永陽子
☆なでしこ會——岡山縣岡山市内田本町一丁目一九七　松永英子
☆かをるファンの集い——和歌山縣海南市舟尾七〇四　宮本鈴子
☆スズランシスターグループ——京都市綴喜郡宇治田原村字禪定寺　西出光江
☆ホワイトプリンスクラブ——宮城縣石巻市湊南町二四　平塚昌子
☆湖畔——山形縣新庄市五日町四八　淺野日寛子
☆灯會——石川縣金澤市上柿木畠一　川本千惠子
☆詩友會——兵庫縣加古郡高砂町東宮町　西田喜久子
☆白波の集い——神奈川縣中郡二宮町上田一一〇　長井智榮子

澤牧雄「輝かしき首途 アメリカへ渡った少女」(12月号)

★おもな執筆者

吉屋信子「一流の女流作家となるには」(4月号)

杉村春子「一流の舞台女優となるには」(11月号)

山手樹一郎「時代小説 五月雨の曲」(5月号)

★おもな連載

吉屋信子「少女小説 少年」(辰巳まさ江画、1月号〜12月号)

北村小松「怪奇小説 深山の怪光」(松本かつぢ画、1月号〜5月号)

丸尾長顕「宝塚ラプソディ」(3月号〜昭和25年3月号)※初回は丸橋中雄名義で執筆

林房雄「真珠島物語」(6月号〜10月号)

大佛次郎「どこまでも」(玉井徳太郎画、7月号〜昭和25年10月号)

冨士野高嶺「宝塚トピックス」(6月号より「宝塚日記」に改題、3月号〜昭和27年5月号)

★おもな画家

松本昌美、松本かつぢ、三輪ちかし、藤井千秋、鈴木悦郎

★おもな付録

「少女のデザイン・ブック」(花森安治ほか、1月号)

「少女のビューティー・サロン」(マヤ・片岡他、藤井千秋画、8月号)

「現代抒情画集」(10月号)

「クリスマスカード」(藤井千秋画、12月号)

「青い鳥ノート」(鈴木悦郎画、12月号)

★世相

1ドル360円の単一為替レート設定(4月25日)

マッカーサー、日本は共産主義進出の防壁と声明(7月4日)

東北本線、金谷川—松川間で列車転覆。松川事件(8月17日)

湯川秀樹ノーベル物理学賞の受賞決定(11月3日)

古橋広之進、1500、800、400m自由形で世界新記録(8月16日)

昭和25年

1950

第43巻

1月号〜12月号

定価80円 200ページ

★表紙

松本昌美

★おもな口絵

三輪ちかし「上村松園の絵」(1月号)、「光の中の子供」(7月号)

藤井千秋「春さきの語らい」(4月号)、「想い出の水辺」(8月号)

★おもな記事

「座談会 秀才少年たちはあなた方をどう思っているか」(3月号)

友ちゃん會だより

☆ハリキリ友の會——[illegible] 長崎京子

☆少女の友歌劇團——(濱松市常盤町四二)鈴木和江

☆細流第一號——B五版ガリ版十頁、發行所は「細流の會」(廣島縣高田郡吉田町西土手)佐々木美枝子

《左の會から會誌が發行されました》

☆クルミ創刊號——A五版ガリ版二十八頁、發行所は「クルミ會」(東京都港區赤坂丹後町五八)林逸子(紅もゆる)

☆紫苑No. 11及び12——B五版ガリ版二十二頁、發行所は「紫苑會」(東京都北區赤羽町二ノ七六三)押田仍宏

☆きさらぎ第四號——A五版ガリ版十八頁、發行所は「きさらぎ會」(京都市下京區四條通り西洞院西入)前田けい子

☆灯第二號——B五版ガリ版十六頁、「灯會」(秋田縣南秋田郡五城目町下町五九)兒玉貴美子

☆こけし第二號——B五版ガリ版十五頁、發行所は「こけしグループ」(金澤市十一屋町一ノ十七)柳田靜子

☆さゆりNo.7——B五版ガリ版十四頁、發行所は「さゆり會」(東京都日本橋馬喰町一ノ四)山越昭子

☆白百合ニュース——タブロイド版ガリ版二頁、發行所は「白百合サロン」(香川縣善通寺町生野)宮武妙子

☆「丘」No. 4——B五版ガリ版六頁、發行所は「丘の家」(宇都宮市河原町一〇八七)清水方「丘の家」

☆朱葉第三號(白ばら號)——B五版ガリ版十四頁、發行所は「朱葉會」(山口縣美禰郡赤郷村)朱葉會

皆さんが月々送つて下さる會誌が、こんなにたまりました。全部で200冊以上あります。

終戦から6年が経ち世相がやや落ち着きを取り戻すと、全国の愛読者による読者サークルや会誌が次々と生まれていった(昭和26年9月号)

「サトウ・ハチロー先生を囲む野球放談」（7月号）
「吉屋信子先生を囲む座談会 少年と少女はどう交際えば一番いいか」（8月号）
「吉屋先生に訊く座談会 少女小説を書く人はどう進むべきか」（11月号）

★おもな執筆者
永井隆「灯・人形」（1月号）※「灯」という通しタイトルで、著名人による随筆を不定期掲載
北條誠「抒情小説 あやめ日記」（2月号）
武者小路実篤「灯・幸福」（5月号）
三井嫩子（編）「ドラニの夢」（藤井千秋画、10月号）
美空ひばり「おみやげ話・アメリカの旅」（10月号）
草野心平「灯・美を見る眼」（11月号）

★おもな連載
吉屋信子「少女小説 花それぞれ」（山本サダ画、1月号～9月号）
富沢有為男「湖畔の姉妹」（6月号～昭和26年7月号）
西條八十「名作詩物語」（松本かつぢ画、5月号～12月号）
佐々木邦「ユーモア小説 御親友アルバム」（7月号～昭和26年5月号）
澤牧雄、「名作オペラ物語」（藤井千秋画、1～4月号）
持丸良雄「名作オペラ物語」（藤井千秋画、5月号～昭和26年1月号）
澤牧雄「コッペリヤ」（鈴木悦郎画、9月号）

★おもな画家
松本昌美、三輪ちかし、藤井千秋、蕗谷虹児、玉井徳太郎、日向房子、鈴木悦郎、松本かつぢ

★おもな付録
「ゲームハンドブック」（松本かつぢ画、1月号）
「少女愛唱歌曲集」（藤井千秋画、4月号）
「友ちゃん芸能手帳」（7月号）
「フランス刺繍セット」（11月号）
「特別読物 リラの花蔭に」（菊田一夫作、5月号）

★『少女の友』の動き
「友ちゃん会東京の集い」を新宿御苑で開催（4月2日）

★世相
山本富士子第1回ミス日本に選ばれる（4月22日）
雑誌の休、廃刊多数。出版社の廃業続出（1～6月）
朝鮮戦争始まる（6月25日）
警察予備隊令公布（8月10日）
この年、日本人の平均寿命初めて60歳を超える（女61・4歳、男58・0歳）

昭和26年

1951
第44巻
1月号～12月号、特別新年号
定価95円 200ページ

★表紙
松本昌美

★おもな口絵
山本サダ「弾き初め」（1月号）
勝山ひろし「かるた会の夕」（1月号）
藤井千秋「菫の花咲く丘」（4月号）
黒崎義介「雨コンコ」（6月号）
長谷川町子「蛍狩り」（7月号）
松本かつぢ「湖のほとり」（9月号）

★おもな記事
「特別記事 私たちの若き皇太子殿下」（4月号）
「少女座談会 理想の少年・理想の交際」（司会内村直也、9月号）
「少年座談会 理想の少女・理想の交際」（司会石田アヤ、9月号）
「あなたもバレエが踊れます」（責任指導員谷八百子、10月号）
「私の欧米おみやげ話」（マヤ・片岡、12月号）

★おもな執筆者
吉屋信子「私の散文詩」（特別新年号）
西条八十「雪の夜がたり」（2月号）
三木トリロー「サンタ・クロースがやって来る」（12月号）

★おもな連載
西条八十「西部小説 アリゾナの緋薔薇」（松本かつぢ画、4月号～昭和27年7月号）
菊田一夫「純情小説 七ツの鈴の物語」（4月号～昭和27年3月号）
長谷川町子「マンガ 巴さん」（1月号～6月号）

★おもな画家
蕗谷虹児、松本かつぢ、藤井千秋、長谷川町子

★おもな付録
「神秘のとびら」（松本かつぢ画、1月号）
「おひなさまかべかけ」（松本かつぢ画、3月号）
「チューリップ紙ばさみ」（藤井千秋画、4月号）
「美しい影絵集 シルエットパレード」（藤井千秋画、9月号）

★世相
NHK、第1回〈紅白歌合戦〉放送（1月3日）
マッカーサー離日。衆参両院感謝決議案可決。羽田までの沿道に見送りの都民ら約20万人（4月16日）
生活難からの児童福祉法違反（人身売買）激増（8月）
日米安全保障条約調印（9月8日）

昭和27年

1952
第45巻
1月号～12月号
定価99円 240ページ

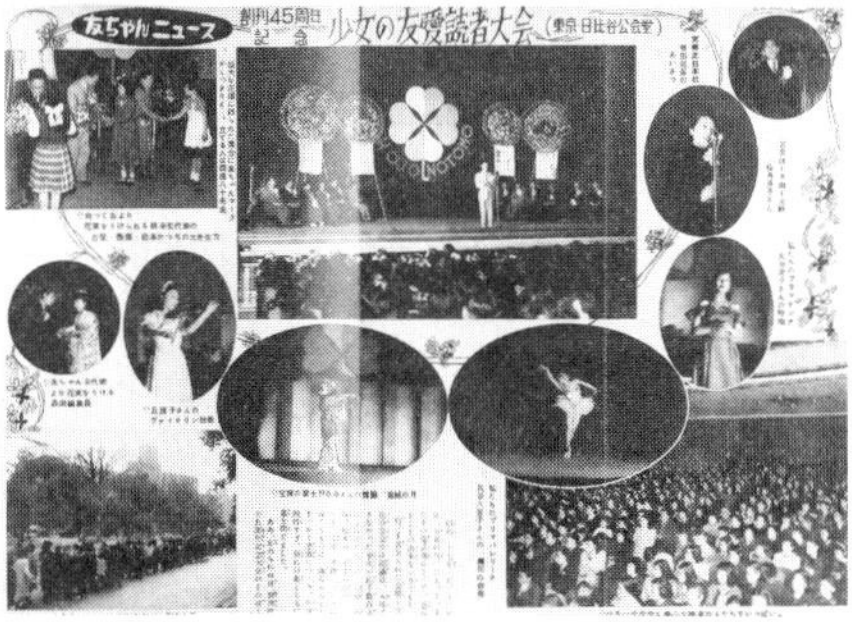

東京・日比谷公会堂で行われた「創刊45周年記念 少女の友愛読者大会」の活況ぶりを伝えるグラビア記事（昭和27年6月号）。2000名を超える参加者が集まった

★表紙
松本昌美（1月号～7月号）
玉井力三（8月号～12月号）

★おもな口絵
小堀安雄「麗わしき平安の頃」（1月号）
藤井千秋「若草物語のベス」（4月号）

★おもな記事
「学習院のクラス・メートが語る私たちの皇太子殿下」（1月号）
「想い出の少女時代」（杉村春子、貝谷八百子、3月号）
「『少女の友』創刊四十五周年記念 お祝いの花束」（4月号）
「『少女の友』創刊四十五周年記念大会 日比谷公会堂にて」（6月号）
特集「マーガレット・オブライエン」（11月号）
「グラビヤ特集 マギーちゃんとひばりちゃん」（11月号）

★おもな執筆者
三好達治「詩・頬白」（2月号）
吉屋信子「ふるさと」（6月号）

★おもな連載
古谷綱武「少女のための人生論」（1月号～7月号）
海音寺潮五郎「時代小説 弓張乙女」（1月号～7月号）
由起しげ子「性格小説 瑠璃色の海」（1月号～7月号）
西条八十「冒険小説 魔境の二少女」（8月号～昭和28年10月号）

★おもな画家
藤井千秋、蕗谷虹児、松本かつぢ、鈴木悦郎、松本昌美

★おもな付録
『四ツ葉』卓上メモ（藤井千秋画、1月号）
「春のレター・セット」（藤井千秋画、4月号）
「少女名画集」（6月号）
「美しいプレゼント クリスマスカード一組」（藤井千秋、鈴木悦郎画、12月号）

★『少女の友』の動き
創刊45周年記念読者大会を日比谷公会堂で開催。吉屋信子、西条八十、松本かつぢの祝辞、余興に川田孝子、賀集裕子、丘理子、筑紫まり、冨士野高嶺、大谷洌子、貝谷バレエ団が出演（3月31日）

日米の人気スター、美空ひばりとマーガレット・オブライエンが邦画『二人の瞳』で共演した際に、綴じ込みグラビアページで特集を組む。この頃から芸能人関係の記事が増えていった（昭和27年11月号）

★世相
農林省神戸検疫所、輸入ビルマ米から多量の〈黄変米〉を発見（1月13日）
NHK「君の名は」放送開始。のちに映画化。真知子巻き流行（4月10日）
白井義男、ボクシングフライ級で初の世界選手権を獲得（5月19日）
東京・青山に最初のボーリング場開業（12月20日）

昭和28年

1953
第46巻
1月号～12月号
定価99円 248ページ

★表紙
玉井力三

★おもな口絵
藤井千秋「白鳥の騎士」（1月号）、「銀色の鍵」（2月号）、「流れの花束」（11月号）
日向房子「サンメール女学院の豚」（4月号）、「花と馬とブンブン蜂」（6月号）

★おもな記事
「写真物語 悲しき白鳥」（1月号～3月号）

「スター物語 原節子物語」（1月号）
「仲よし対談 なつかしの母校」（岸恵子、小園蓉子、3月号）
「アン・ブライス物語」（小森和子、9月号）
「ハリウッドの天使」（小森和子、10月号）

★おもな執筆者

森三千代「若紫」（3月号）
北條誠「スター花詩集 ガーベラの歌」（4月号）
飯沢匡「明朗小説 らんぼうリラ子」（8月号）

★おもな連載

富沢有為男「家庭小説 新若草物語」（1月号〜昭和30年3月号）
橘外男「怪奇小説 双面の舞姫」（1月号〜昭和29年12月号）

★おもな画家

藤井千秋、高畠華宵、池田かずお、鈴木悦郎、日向房子

★おもな付録

「少女の自由日記」（藤井千秋画、1月号）
「新型カレンダー」（藤井千秋画、1月号）
「冬の少女読物集」（2月号）
「新型かべかけ」（藤井千秋画、6月号）
「少女の手芸帖」（藤井千秋、鈴木悦郎画、11月号）
「読書スタンド」（藤井千秋画、12月号）

★世相

NHK、東京地区でテレビの放送開始。1日約4時間（2月1日）
山田敬蔵、ボストンマラソンに優勝（4月20日）
公衆電話料5円が10円となる（8月1日）
日本テレビ（NTV）、放送開始。民放初のテレビ放送（8月28日）
この年、街頭テレビが人気を集める。14インチテレビ約17万円

昭和29年

1954
第47巻
1月号〜12月号
定価110円 270ページ

★表紙

松本昌美

★おもな口絵

藤井千秋「新らしき粧い」（1月号）、「人形の日」（3月号）
長谷川町子「さみだれ」（6月号）

★おもな記事

「日本に来てこう思う——六人の外国少女」（1月号）
「清宮さまの語られた 兄君皇太子殿下」（1月号）
「お手紙の書き方送り方」（3月号）
「学校劇脚本 うたがい」（6月号）
「夏の座談会 ふしぎな話ゾッとする話——探偵作家島田一男先生にきく」（9月号）

★おもな執筆者

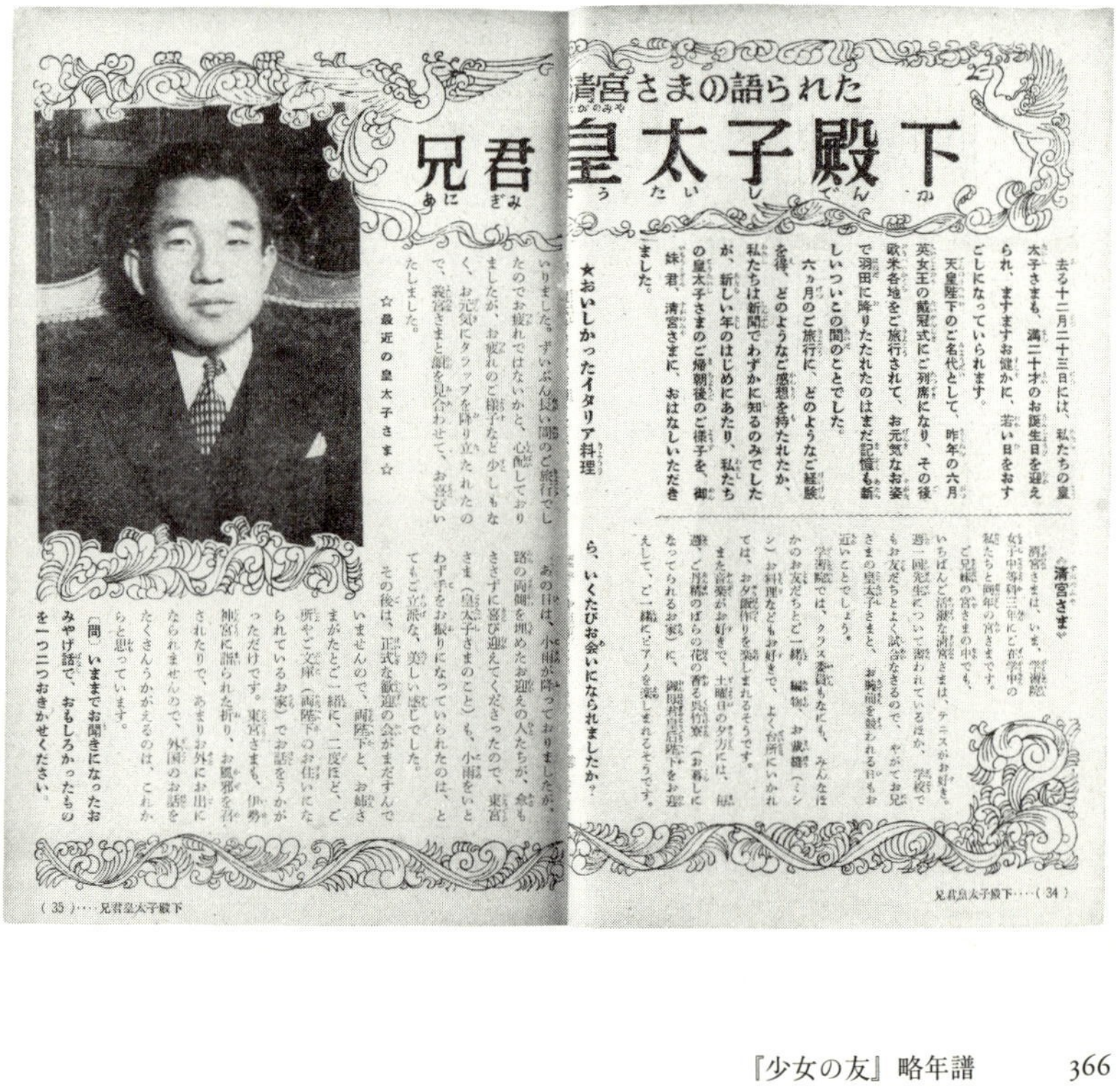
清宮さまの語られた
兄君皇太子殿下

去る十二月二十三日には、私たちの皇太子さまも、満二十才のお誕生日を迎えられ、ますますお健かに、若い日をおすごしになっていられます。

天皇陛下のご名代として、昨年の六月英女王の戴冠式にご列席になり、その後欧米各地をご旅行されて、お元気なお姿で羽田に降りたたれたのはまだ記憶も新しいついこの間のことでした。

六ヵ月のご旅行に、どのようなご経験を得、どのようなご感想を持たれたか、私たちは新聞でわずかに知るのみでしたが、新しい年のはじめにあたり、私たちの皇太子さまのご帰朝後のご様子を、御妹君、清宮さまに、おはなしいただきました。

☆清宮さま☆

清宮さまは、いま、学習院女子中等科三年にご在学中の私たちと同年の宮さまです。

ご兄妹の宮さまの中でも、いちばんご活潑な清宮さまは、テニスがお好き。週一回先生について習われているほか、学校でもお友だちとよく試合なさるので、やがてお兄さまの皇太子さまと、お腕前を競われる日もお近いことでしょう。

学習院では、クラス委員もなにも、みんなほかのお友だちとご一緒。編物、お裁縫（ミシン）お料理なども、お好きで、よく台所にいかれては、お夕飯作りを楽しまれるそうです。

また音楽がお好きで、土曜日の夕方には、隔週、ご月謝のばらの花の香る呉竹寮（お暮しになってられるお家）に、御母君皇后陛下をお迎えして、ご一緒にピアノを楽しまれるそうです。

★おいしかったイタリア料理

ら、いくたびお会いになられましたか？

いりました。ずいぶん長い間のご旅行でしたので、お疲れではないかと、心配しておりましたが、お疲れのご様子など少しもなく、お元気にタラップを降り立たれたので、義宮さまと顔を見合わせて、お喜びいたしました。

☆最近の皇太子さま☆

あの日は、小雨が降っておりましたが、沿道の両側を埋めたお迎えの人たちが、傘もささずに喜び迎えてくださったので、東宮さま（皇太子さまのこと）も、小雨をいとわず手をお振りになっていられたのは、とてもご立派な、美しい感じでした。

その後は、正式な歓迎の会がまだすんでいませんので、両陛下と、お姉さまがたとご一緒に、二度ほど、ご所やご文庫（両陛下のお住いになられているお家）でお話をうかがっただけです。東宮さまも、伊勢神宮に詣られた折り、お風邪を召されたりで、あまりお外にお出になられませんので、外国のお話をたくさんうかがえるのは、これからと思っています。

〔問〕いままでお聞きになったおみやげ話で、おもしろかったものを一つ二つおきかせください。

（35）……兄君皇太子殿下
兄君皇太子殿下……（34）

昭和29年1月号に掲載された「清宮さまの語られた 兄君皇太子殿下」。当時中学3年生だった御妹君、清宮様へのインタビュー記事

中原淳一に代わる『少女の友』のスター画家となった藤井千秋の「巴里祭」（昭和29年7月号）

柴田錬三郎「怪奇小説 この世の妖女」（3月号）
石井桃子「明朗小説 デボラの青い花」（4月号）
大林清「写真小説 星に誓いし」（11月号）

★おもな連載
北村寿夫「時代小説 新笛吹童子」（8月号～昭和30年3月号）
島田一夫「探偵小説 黒い鸚鵡」（9月号～昭和30年6月号）
梅田晴夫「さつきさん」（藤井千秋画、4月号～昭和30年6月号）
手塚治虫「マンガ 竜ヶ淵の乙女」（11月号～昭和30年1月号）

★おもな画家
高畠華宵、藤井千秋、日向房子、田村耕介、山本サダ、長谷川町子

★おもな付録
「オール・ゲーム集」（日向房子画、1月号）
「友ちゃんカレンダー」（藤井千秋画、1月号）
「英語便利帖つき単語帖」（5月号）
「たのしい折り紙の折り方集」（7月号）
「印刷機つきレターペーパー」（8月号）

★世相
マリリン・モンロー、夫のディマジオと来日（2月1日）
第五福竜丸、ビキニの米水爆実験で被災（3月1日）
カラヤン、N響を指揮（4月）
青函連絡船洞爺丸、函館港外七里浜沖で座礁転覆。死者行方不明1155人（9月26日）

昭和30年

1955年
第48巻
1月号～6月号 ※6月号をもって休刊
定価110円 270ページ

★表紙
茶山晃吉

★おもな口絵
高畠華宵「日本名作絵物語 万寿姫」（佐伯千秋文、1月号）
蕗谷虹児「名作絵物語 桃花の夢」（佐伯千秋文、3月号）

★おもな記事
「新春希望対談 千代ちゃん錦ちゃん大いにかたる」（2月号）
「ニュースストーリー ビルマに眠るお父さま」（2月号）

★おもな執筆者
山本周五郎「時代小説 鼓くらべ」（1月号）
横溝正史「探偵小説 七人の天女」（2月号）
横山美智子「少女小説 嵐の小夜曲」（勝山ひろし画、6月号）
三谷晴美「七分ズボンのお嬢さん―中村メイコ物語―」（4月号）

★おもな連載
美川きよ「少女小説 野ばら紅ばら」（1月号～6月号）
手塚治虫「マンガ 赤い雪」（1月号～5月号）
手塚治虫「マンガ 孔雀石」（6月号）※未完

★おもな画家
藤井千秋、勝山ひろし、手塚治虫

★おもな付録
「たのしい人気スター劇場」（2月号）
「プロマイドの花束」（4月号）
「モデルピアノ」（5月号）

★『少女の友』の動き
6月号をもって突然休刊。誌面には予告なく、新連載さえあった。

★世相
トヨタ自動車、トヨペットクラウン発売。乗用車製造技術、国際水準に近づく（1月7日）
共産党、第6回全国協議会〈6全協〉で自己批判と再出発のための方針を発表（7月29日）
この年下期より神武景気、57年上期まで続く。〈30娘〉の結婚難問題化

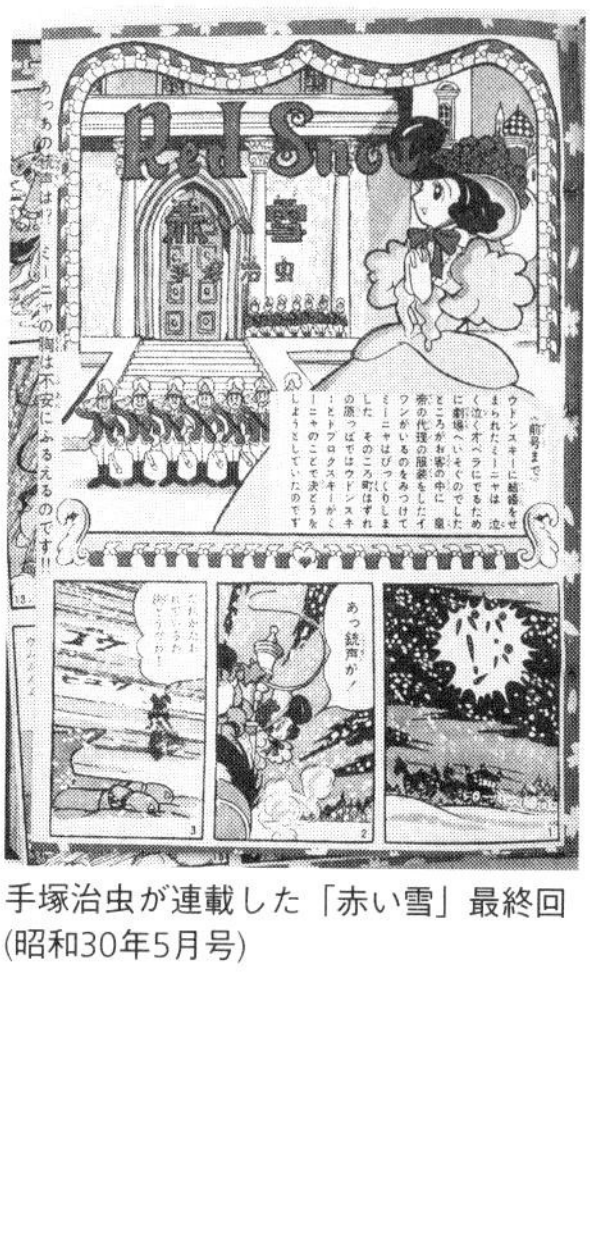

手塚治虫が連載した「赤い雪」最終回（昭和30年5月号）

『少女の友』載録記事　主要作家紹介（五十音順）

遠藤寛子／内田静枝

内田多美野 うちだ・たみの

1913（大正2）～1988（昭和63）

『少女の友』編集者、翻訳家。東京都生まれ。日本女子大学英文科卒業。作家、内田百閒の長女。昭和十年代前半『少女の友』誌上で英詩の翻訳、コラム「世界の眼と耳」の執筆など、編集に携わる。南由紀子の筆名で、中原淳一とともに「女学生服装帖」を連載。昭和14年『少女の友』主筆・内山基と結婚。

内山 基 うちやま・もとい

1903（明治36）～1982（昭和57）

『少女の友』主筆（編集長）。詳細は、323ページ～参照。

川端康成 かわばた・やすなり

1899（明治32）～1972（昭和47）

作家。大阪府生まれ。東京大学国文科卒業。大正13年横光利一らと『文芸時代』創刊。新感覚派として注目される。「伊豆の踊子」（昭和元年）、「禽獣」（8年）、「雪国」（10～22年）、「千羽鶴」（24～26年）等の問題作を発表。昭和36年文化勲章、43年ノーベル文学賞受賞。一方で年少者向け作品にも関心を寄せ「乙女の港」（『少女の友』・昭和12～13年）、「美しい旅」（同・14～17年）などは高い人気を得た。『少女の友』の読者投稿欄（作文）の選者も（昭和16～18年）担当。作品を向上させたが政府の忌諱で辞任した。

河目悌二 かわめ・ていじ

1889（明治22）～1958（昭和33）

画家。愛知県生まれ。東京美術学校西洋画科卒業。素朴でほのぼのとした画風で、ユーモア小説の挿絵を得意とした。『少女の友』には昭和9年から登場。由利聖子（「チビ君シリーズ」昭和9～11年など）やサトウ・ハチロー（「青空より青く」17～20年など）とコンビを組んだ。戦時中、抒情画家たちが現場を去ってゆくなか、変わらずに筆をふるい、戦後も引き続き『少女の友』を支え続けた。

神保光太郎 じんぼ・こうたろう

1905（明治38）～1990（平成2）

詩人。山形県生まれ。京都大学卒業。高校時代から同人誌活動をし、処女詩集は『鳥』（昭和10年）。児童文学関係でも、戦中戦後、多くの詩・童謡を『コドモノクニ』ほか各誌に発表。

中原淳一 なかはら・じゅんいち

1913（大正2）～1983（昭和58）

画家、アーティスト。香川県生まれ。徳島、広島への転居を経て、13歳より東京で暮らす。昭和3年、15歳で日本美術学校に入学。手先の器用さを生かして洋服作りや人形製作をよくし、昭和5年、

17歳で上野広小路の高級洋品店にデザイナーとして迎えられたり、昭和7年には創作人形の個展を開催するなど、早熟な才能を発揮した。この人形展が『少女の友』編集部の目にとまり、昭和7年6月号で挿絵デビュー。以後、専属画家として挿絵、口絵、付録、ファッションページの連載など、数多くの作品を手がけた。昭和10年から15年は表紙も担当し、名実ともに『少女の友』の顔となる。しかし、淳一の優美でモダンな作風を良しとしない軍部の圧力で昭和15年6月を最後に降板を余儀なくされる。

戦後はいち早く出版界に復帰。自らヒマワリ社を設立し、『それいゆ』『ひまわり』『ジュニアそれいゆ』などを刊行し、雑誌編集者としての手腕もみせた。また、ファッション・デザイナー、スタイリストとしてもマルチに活躍し、日本女性のセンスアップに多大な貢献をした。

中原中也　なかはら・ちゅうや

1907（明治40）～1937（昭和12）

詩人。山口県生まれ。15歳のときに友人との共著歌集『末黒野』を出版。大正14年に上京、フランス語を学び、ランボー、ヴェルレーヌに傾倒。昭和4年に大岡昇平らと創刊した『白痴群』をはじめ、『歴程』『四季』等の同人誌に数多くの詩作を発表。第一詩集『山羊の歌』（昭和9年）は、自費出版。死の翌年に出版された『在りし日の歌』と合わせて戦後刊行された『中原中也詩集』（昭和22年）は大きな反響を呼んだ。『少女の友』への寄稿は、本書載録の「梅雨と弟」（昭和12年8月号）の一編のみ。掲載の3カ月後に死去。

初山滋　はつやま・しげる　本名：繁蔵

1897（明治30）～1973（昭和48）

画家。浅草生まれ。模様画工房での奉公を経て、井川洗厓に日本画を学ぶ。大正5年、19歳の時『少年倶楽部』にて挿絵画家としてデビュー。やがて、大正デモクラシー思潮の影響を受け童画に転向。大正8年創刊の芸術的童話雑誌『おとぎの世界』、大正11年創刊の『コドモノクニ』等に執筆。『少女の友』には昭和11年頃登場。幻想とロマンに富み、色彩の宝石箱のような作風で人気を集めた。

深谷美保子　ふかや・みほこ

1903（明治36）～1937（昭和12）

画家。幼時から右足関節を病み、松葉杖に頼る身となる。女学校上級の時、「浪路葉子」の筆名で『少女の友』への投稿を始める。ペンネームの由来でもある原田なみぢに認められ、大正12年に銀時計を授与される。卒業後は美術学校への進学を志すが、母親に次いで父親も失い、一家離散の憂き目に会う。

この窮状を知った当時の主筆・岩下小葉が手を差し伸べ、大正13年から『少女の友』に挿絵や口絵を寄せるようになる。日本的な抒情を漂わせた健康的な少女画は読者に愛され、昭和5年から9年には表紙を担当するなど、人気画家に成長した。しかし、昭和12年4月、持病のカリエスが悪化し、自伝的エッセイ「不具を悲しむ少女達へ」を書いた翌日に急逝。編集部では6月号にて追悼記事を掲載し、読者出身である薄幸の女流画家を悼んだ。人気画家の突然の死に、読者たちは嘆き悲しみ、編集部には涙の投書が多数寄せられた。

蕗谷虹児　ふきや・こうじ　本名：一男

1898（明治31）～1979（昭和54）

画家。新潟県生まれ。大正2年に日本画家・尾竹竹坡の弟子となり日本画修業に励む。大正9年、竹久夢二の紹介で『少女画報』に挿絵を描き始める。日本画の線描を生かした硬質で優美な画風で人気を集め、吉屋信子の『花物語』の挿絵も担当した。大正11年には虹児をメインに据えた雑誌『令女界』も創刊され、人気画家としての地位を揺るぎないものにする。

大正14～昭和4年、アール・デコが花開いたパリに滞在。サロンに入選するなどパリ画壇でも活躍する。帰国後は『少女の友』にも多数の作品を描く。主な挿絵に「古都の乙女（西条八十作、昭和13～14年）」がある。戦後も引き続き少女雑誌各誌に描く。昭和30年代は「講談社の絵本」シリーズなど、童画を数多く発表した。文章もよくし、自叙伝『花嫁人形』や詩画集『睡蓮の夢』『悲しき微笑』など、多数の著書を持つ。詩人としても知られ、代表作に童謡『花嫁人形』がある。

堀口大学　ほりぐち・だいがく

1892（明治25）～1981（昭和56）

詩人、翻訳家。東京都生まれ。父は外交官にして随筆家・漢詩人。父が任地の外国に在り、母死去のため、父の郷里の新潟県長岡に育つ。慶応大学予科入学。夙くより詩作。19歳から10年余り、父に従い欧米各地で過ごす。主としてフランス文学に親しみ、詩作と翻訳に、おびただしい美しい作品を残す。昭和13年頃より『少女の友』に寄稿。少女の為に格調高く、しかも穏やかな作品発表。横山隆一と親交あり。二人のコンビによる作品も発表。昭和54年文化勲章受章。

松本かつぢ　まつもと・かつぢ　本名：勝治

1904（明治37）～1986（昭和61）

画家、漫画家。兵庫県神戸市生まれ。10歳より東京で育つ。立教中学中退後、川端画学校でデッサンを学ぶ。中学在学中より雑誌のカット描きのアルバイトを始める。やがて蕗谷虹児に憧れて抒情画家を志し、昭和初頭に『少女世界』でデビュー。『少女の友』には昭和7年から登場。はつらつとした明るい少女画で人気を博し、中原淳一と並ぶ看板画家となった。異国情緒溢れる繊細な抒情画にも定評があり、外国ものの挿絵も得意とした。また、ユーモアタッチの挿絵や漫画にも挑戦する。一冊の雑誌でいくつもの顔を見せた。漫画の代表作としては少女漫画の先駆け的作品である「くるくるクルミちゃん」（昭和13～15年）がある。主人公のクルミちゃんは次々とグッズ化され、日本の女の子向けキャラクターの元祖となった。

戦後も引き続き『少女の友』に執筆。戦前から続く漫画「ピチ子とチャー公」などを好評連載した。昭和30年頃からは童画やベビーグッズの企画・制作を手がけた。

村岡花子　むらおか・はなこ

1893（明治26）～1968（昭和43）

作家、翻訳家。山梨県生まれ。東洋英和女学院高等科卒業。モンゴメリの作品を多く翻訳、『赤毛のアン』をはじめて日本に紹介したことで知られる。昭和7

年から、ラジオ「コドモの新聞」の解説を担当、「ラジオのおばさん」として人気を博した。『少女の友』では長年にわたり、書評欄「ブック・レヴュー」を執筆したほか、「女学生論」「友情論」を連載。座談会にもたびたび登場するなどブレーンとして活躍した。

安田勝彦 やすだ・かつひこ　本名：良雄

1908（明治41）～1989（平成元）

写真家。東京都生まれ。日本写真学院卒業。江崎三郎に師事。長年にわたり『少女の友』のグラビア写真を撮影。昭和10年代当時、その詩的な作風は斬新で読者の支持を得る。同時期に「子供の科学」でも多くの仕事をした。『少女の友』休刊後も、各誌紙で活躍を続けた。

由利聖子 ゆり・せいこ　本名：鈴木富美子

1911（明治44）～1943（昭和18）

作家。昭和4年3月東京府立第三高等女学校（現・都立駒場高校）卒業。第三高女在学中から『少女の友』に投稿する。機智に富んだ文章が、のちに同誌主筆・内山基に認められ、昭和7年ごろから同誌に短篇を発表。またミス・マミコの筆名で『少女画報』に作品を発表。由利聖子の筆名は『少女の友』昭和9年12月号の「チビ君」から使用。以後約2年間、「チビ君シリーズ」を連載、後に『チビ君物語』正・続（昭和13、16年）として出版された。

以後も昭和12年から、「仔猫ルイの報告書」「あまのじゃく合戦」「次女日記」「小さい先生」「蕾物語」と毎年連載を続けた。昭和15年ごろより健康すぐれず、鎌倉、南伊豆等に転地療養。昭和17年病状悪化。『少女の友』連載中の「五月物語」を7月号で中断。翌年2月、死去。

吉屋信子 よしや・のぶこ

1896（明治29）～1973（昭和48）

作家。新潟県に生まれる。大正元年、栃木高等女学校を卒業。大正2年、一時、日光小学校の代用教員になるが、文学への志を捨てがたくまもなく辞職、文芸雑誌への投稿を続ける。大正5年『少女画報』に「鈴蘭」が採用され、以後大正13年までに52篇を書く。昭和5年『少女の友』に「紅雀」連載、非常な好評を博する。以後、成人向け新聞雑誌への連載とともに、昭和6～7年「桜貝」、7年「わすれなぐさ」、8年「からたちの花」、9年「街の子だち」、10年「小さき花々」、11年「司馬家の子供部屋」と次々に発表。『少女倶楽部』にも、9年「あの道この道」、11年「毬子」と人気作を連載、『少女の友』には、13年「伴先生」、14～15年「乙女手帖」、15年「小さき花々」、16年「少女期」を連載。

戦後も、24年「少年」、25年「花それぞれ」と連載を発表し、大正12年の初登場以来、30年にわたって『少女の友』に筆をふるった。昭和37年鎌倉に移る。このころから短篇や伝記ものに分野をひろげる。昭和41年「徳川の夫人たち」を『朝日新聞』に連載、歴史小説に新境地をひらく。

編集後記

『友』との長いおつきあい

昭和三十年代、私はある児童文学史関係の展覧会を見、がくぜんとした。『少女の友』の棚に並ぶのは、古色蒼然たる大正期の『友』。

華麗な淳一の絵も、付録も、内山主筆の紹介も全くない。さらに諸研究誌を読むと、小葉主筆と令嬢恵美子を混同して、女流作家に小葉を入れたり、とにかく『友』はまるで理解されていない。私はふんがいして以後機会あるごとに、「すばらしき『友』」の紹介につとめているうち「『少女の友』研究者」という有難い肩書をいただくようになった。

かつての『少女の友』を知る読者と連絡がとれはじめたのは、まず『花も嵐も』という今はないシニア向け月刊誌の副編集長、中村史江女史のおかげである。彼女は読者の声をとりあげ、終刊までの三年近く、「内山主筆と少女の友」のタイトルで、私に書かせて下さった。

これによって、散らばっていた旧読者の消息がかなりわかった。さらに、冨久長衣子さんは、中村女史を通じて、美しく保存されていた『友』を私に贈って下さった。戦禍の中でぬけたところの多かった私の『友』は、これでほとんど埋めることができた。

内山主筆の御遺族の御配慮や、弥生美術館の協力、同館学芸員の内田静枝氏の努力があって、旧読者ネットワークが整備されていった。

また、この頃から、『友』への世上の認識もふかまっていった。近年、京都大学の今田絵理香氏（現・京都大学特定助教）が『少女の友』の通信欄に注目し、執筆された論文で学位を得られた。快挙である。

そして復刻版は長い間の旧読者の夢だった。いま百周年記念号と共に、やっとその機が熟して実現に向かっている。実業之日本社の増田義和社長、岩野裕一部長、藤森文乃氏、そして同社の皆様に、あつく御礼申しあげる。

（遠藤寛子）

厚さ十センチの署名簿

一九九九年、弥生美術館で開催された、「『少女の友』展」会場の片隅に一冊の芳名帳が置かれていました。旧愛読者の方が発起人となり、『少女の友』の復刻本出版を求めた署名簿です。展覧会の担当学芸員であった私は、日を追うごとに増えてゆく署名の数に目を見張りつつリフィルの補充を日課としていましたが、展覧会終了後に集まった署名簿を集計してみて驚きました。厚さ（高さというべき？）なんと十センチ！ ご来場の五人にひとりの方がご署名下さった計算になります。

今回、この百周年記念号が出版されたことで、ご署名下さった方々の念願を果たせたことに、ほっとした思いでいます。

『少女の友』の復刊を求めたのには理由があります。

　近年、中原淳一や松本かつぢの仕事がリバイバルして注目を集め、彼らが若き日に活躍の舞台とした『少女の友』へも注目が集まっています。また、遠藤寛子先生を筆頭に、学界からも『少女の友』の素晴らしさを検証する研究が続いており、出版美術を専門とする美術館の学芸員として、世間の注目の高まりを肌で感じていました。

　けれども、ご来館者のこうした期待の高まりに、十分には応えられずにいました。昔の雑誌を見たい、手に入れたい、とのご要望には、通常、国立国会図書館での閲覧や、古書店での探求をお奨めするのですが、『少女の友』は研究機関での収蔵も虫喰い的で、古本市場にもなかなか出ない稀少な雑誌なので、このセオリーが当てはまらないのです。

　素敵な雑誌であったと評判の『少女の友』をちょっと見てみたい、昔愛読した『少女の友』をもう一度手に取りたい、そんな声にすみやかに応えられたら……研究室で『少女の友』をめくりながらずっと歯がゆい思いでいました（弥生美術館には『少女の友』の一大コレクションがありますが、展示を目的とした収蔵資料なので、閲覧希望には添えられないのが実情です）。

　この度の実業之日本社のご英断に心より御礼申しあげます。

　値段は少し張りますが、複数の図書館をハシゴせずとも、閲覧室の堅い椅子に一日座らなくても、『少女の友』のエッセンスが味わえる本です。自分の好きな時に、好きな場所で、くつろぎながらページをめくる。これぞ雑誌の愉しみ方でしょう。新たな〈愛読者〉が増えることを願っています。

　そして、本書が世に出ることで、新たな出会いがあることを願ってやみません。どんな小さなことでも結構です。読者ハガキにてお声を寄せていただければ幸いです。さらなる『少女の友』の魅力が発見できることを期待しています。『少女の友』を愛する人の輪が広がることを祈りつつ。


（内田静枝）

監修者略歴

遠藤寛子　えんどう・ひろこ
1931（昭和6）年、三重県生まれ。三重大学を経て法政大学史学科卒業。教職につくかたわら、児童文学の創作、評論を発表。創作に『深い雪の中で』（講談社、北川千代賞）、『算法少女』（岩崎書店、後にちくま学芸文庫。サンケイ児童出版文化賞）ほか多数。評論に『少女小説名作集 解説』（少年小説大系24・25 三一書房）、『『少女の友』とその時代―編集者の勇気 内山基』（本の泉社）などがある。日本児童文学会会員。

内田静枝　うちだ・しずえ
1969（昭和44）年、埼玉県生まれ。弥生美術館学芸員。玉川大学大学院文学研究科修士課程修了。1997（平成9）年より現職。担当した企画展に「少女の友展」「加藤まさを展」「藤井千秋展」「田村セツコ&水森亜土展」「長沢節展」「松本かつぢ展」などがある。編著（構成）に、『長沢節』『女学生手帖』『松本かつぢ』（いずれも河出書房新社らんぷの本）などがある。

『少女の友』創刊100周年記念号　刊行の辞

明治41（1908）年2月の創刊から昭和30（1955）年6月の終刊まで、48年間ものあいだ全国の少女をとりこにした『少女の友』は、日本の出版史上もっとも長期にわたって刊行された少女雑誌でした。その創刊から1世紀を迎えたことを記念し、実業之日本社では「1号だけの復活号」として、「100周年記念号」を発刊いたします。

『少女の友』の誇りは、その発行期間の長さだけではありません。単なる娯楽ではなく、少女たちに一流のもの、美しきもの、善きものを伝えたいという使命感をもって編集を続けたこの雑誌は、ふたつの世界大戦をはさむ厳しい時代にありながら、書き手と編集者、そして読者が固い絆で結ばれ、ひとつの世界を創り上げるという奇跡を成し遂げました。

黄金期と言われる昭和10年代前半の記事を中心に、『少女の友』の世界を再現した本書が、愛読者の皆様に喜びを与えるだけでなく、いま大きな曲がり角に立ちつつある「雑誌」という存在を改めて見直すよすがとなれば、これにまさる喜びはありません。

なお、本書の刊行にあたっては多数の方々のお力添えを賜りましたが、とりわけ中原淳一画伯の当社出版物への63年ぶりとなるカムバックにあたっては、ご子息である中原蒼二氏のご理解とご協力なくしては実現しませんでした。特に記して感謝申し上げます。

２００９年春

実業之日本社

◆監修
遠藤寛子
内田静枝

◆執筆
宮坂敦子
北 連一

◆写真
石田健一
泉沢美代子
尾上寧彦

◆編集協力
中原蒼二
中原利加子
内山美樹子
宇津原充地栄
北村浩一
小暮令子
佐々木淳
神保明彦
高木 清
二森 騏
初山斗作
花田みよ
蕗谷龍夫
堀口すみれ子
松本 弘
村岡美枝
村岡恵理
安田嘉純
吉屋幸子

財団法人川端康成記念会
手塚プロダクション
ひまわりや
松本かつぢ資料館
森永製菓
弥生美術館
横浜捜真女学校

大阪樟蔭女子大学田辺聖子文学館
大阪府立国際児童文学館
岡山県立図書館
お茶の水女子大学図書館
可児市教育委員会市史編纂室
国立国会図書館国際こども図書館
三康図書館
東京都立多摩図書館
早稲田大学會津八一記念博物館
（以上、順不同）

◆装幀・本文デザイン
澤地真由美
松田行正＋加藤愛子

◆編集
実業之日本社 学芸出版部
藤森文乃、岩野裕一、井上晴美

◆函装画
「四月の風」中原淳一画（初出：昭和15年4月号）

◆カバー装画
「セルの頃」中原淳一画（初出：昭和15年5月号）

◆カバー広告
森永ミルクチョコレート（初出：昭和10年11月号）
ミヤタバンドハーモニカ（初出：昭和12年2月号）
にきびとり美肌水（初出：昭和15年1月号）

［お願いとおことわり］
本書所収の記事・作品中、著作権者に連絡がとれないものがありました。お心あたりの方は恐れ入りますが、編集部までご一報いただければ幸いです。
また、載録した過去の記事・作品中に、今日では使用の許されない差別的な表現が一部にありますが、当時の時代相を映す資料として、そのまま掲載いたしました。
（編集部）

『少女の友』創刊100周年記念号
明治・大正・昭和ベストセレクション

二〇〇九年三月二十一日　初版第一刷発行
二〇〇九年四月十日　初版第四刷発行

編　実業之日本社
監修　遠藤寛子　内田静枝
編集人　岩野裕一
発行人　増田義和
発行所　実業之日本社
〒一〇四-八二三三
東京都中央区銀座一-三-九
電話（編集）〇三-三五三五-二三九三
（販売）〇三-三五三五-四四四一
http://www.j-n.co.jp/
印刷・製本　大日本印刷

ISBN978-4-408-10756-1（学芸）